AF742472

Estadísticas tributarias en América Latina y el Caribe 2024

1990-2022

El presente trabajo se publica bajo la responsabilidad del Secretario General de la OCDE. Las opiniones expresadas y los argumentos utilizados en el mismo no reflejan necesariamente el punto de vista oficial de los países Miembros de la OCDE, ni del Centro de Desarrollo de la OCDE, ni de las Naciones Unidas, ni del Centro Interamericano de Administraciones Tributarias (CIAT), ni del Banco Interamericano de Desarrollo, de su Directorio Ejecutivo ni de los países que representa.

Los nombres de los países y territorios y los mapas utilizados en esta publicación conjunta siguen la práctica de la OCDE.

Tanto este documento, así como cualquier dato y cualquier mapa que se incluya en él, se entenderán sin perjuicio respecto al estatus o la soberanía de cualquier territorio, a la delimitación de fronteras y límites internacionales, ni al nombre de cualquier territorio, ciudad o área.

Por favor, cite esta publicación de la siguiente manera:
OECD et al. (2024), *Estadísticas tributarias en América Latina y el Caribe 2024*, OECD Publishing, Paris, https://doi.org/10.1787/ec57392c-es.

ISBN 978-92-64-75209-2 (impresa)
ISBN 978-92-64-46883-2 (PDF)
ISBN 978-92-64-79410-8 (HTML)
ISBN 978-92-64-44699-1 (epub)

Estadísticas tributarias en América Latina y el Caribe
ISSN 2959-4928 (impresa)
ISSN 2959-4936 (en línea)

Imágenes: Portada © Algunos elementos gráficos en la ilustración principal de la portada fueron adaptados de Freepik.com.

Las erratas de las publicaciones se encuentran en línea en: www.oecd.org/about/publishing/corrigenda.htm.
© OCDE 2024

El uso del contenido del presente trabajo, tanto en formato digital como impreso, se rige por los términos y condiciones que se encuentran disponibles en: https://www.oecd.org/termsandconditions.

Presentación

La publicación *Estadísticas tributarias en América Latina y el Caribe 2024* ha sido elaborada conjuntamente por el Centro de Política y Administración Tributaria de la Organización para la Cooperación y el Desarrollo Económicos (OCDE), el Centro de Desarrollo de la OCDE, la Comisión Económica para América Latina y el Caribe de las Naciones Unidas (CEPAL-NU), el Centro Interamericano de Administraciones Tributarias (CIAT) y el Banco Interamericano de Desarrollo (BID), con el apoyo financiero de la Agencia Española de Cooperación Internacional para el Desarrollo (AECID). Esta publicación presenta datos detallados y comparables a nivel internacional sobre los ingresos tributarios de 27 economías de América Latina y del Caribe (ALC), cuatro de las cuales son miembros de la OCDE.

La publicación *Estadísticas tributarias en América Latina y el Caribe 2024* se basa en la clasificación de ingresos establecida en la Guía Interpretativa de la OCDE. Se presentan también comparaciones con los promedios de indicadores tributarios para las economías de la OCDE. En la presente publicación, el término "impuestos" se limita exclusivamente a los pagos obligatorios sin contraprestación efectuados al gobierno general. Los impuestos carecen de contraprestación en el sentido en que, normalmente, las prestaciones proporcionadas por el gobierno a los contribuyentes no guardan relación directa con los pagos realizados por estos. La metodología de la OCDE clasifica un impuesto de acuerdo con su base: renta, utilidades y ganancias del capital (categoría 1000); nómina (categoría 3000); propiedad (categoría 4000); bienes y servicios (categoría 5000); y otros impuestos (categoría 6000). Las contribuciones obligatorias a la seguridad social pagadas al gobierno general se tratan aquí como impuestos y se clasifican en la categoría 2000. Para mayor detalle sobre el concepto de impuesto, su clasificación y su registro según el criterio de devengo, véase la Guía de Interpretación que figura en el Anexo A.

Aplicar la metodología de la OCDE a América Latina y el Caribe (ALC) posibilita la comparación de sistemas tributarios a partir de una base coherente en la región, entre los países de ALC, con los países miembros de la OCDE, y con todos los países incluidos en la base de datos global de estadísticas tributarias. Sin embargo, en algunas ocasiones, esta metodología difiere de la empleada por la CEPAL-NU, el CIAT y el BID; en esos casos, las diferencias se han indicado en el texto y en las notas.

El informe ofrece un panorama general de las principales tendencias en materia tributaria en la región de ALC. Examina los cambios registrados entre 1990 y 2022 en el nivel y la composición de la tributación, así como en la atribución de la recaudación tributaria a los diversos subsectores de gobierno. El informe incluye dos capítulos especiales: el primero identifica las tendencias de los ingresos fiscales provenientes de los recursos naturales no renovables en la región de ALC en 2022 y 2023; el segundo presenta la Presión Fiscal Equivalente, un indicador complementario de los ingresos de la región de ALC.

Agradecimientos

La publicación *Estadísticas tributarias en América Latina y el Caribe 2024* ha sido elaborada conjuntamente por el Centro de Política y Administración Tributaria de la Organización para la Cooperación y el Desarrollo Económicos (OCDE), el Centro de Desarrollo de la OCDE, la Comisión Económica para América Latina y el Caribe de las Naciones Unidas (CEPAL-NU), el Centro Interamericano de Administraciones Tributarias (CIAT) y el Banco Interamericano de Desarrollo (BID). Esta publicación se benefició del apoyo financiero de la Agencia Española de Cooperación Internacional para el Desarrollo (AECID) en el marco de las actividades dirigidas a mejorar los sistemas fiscales en América Latina y el Caribe (ALC).

Las personas de estas organizaciones responsables de redactar la presente publicación han sido: Emmanuelle Modica del Centro de Política y Administración Tributaria de la OCDE, bajo la supervisión de la Directora, Manal Corwin, del Sub-director, David Bradbury, del Jefe interino de la División de Políticas y Estadísticas Tributarias, Kurt Van Dender, y del Jefe interino de la Unidad de Análisis de Datos Tributarios y Estadísticas, Alexander Pick; Jingjing Xia y René Orozco del Centro de Desarrollo de la OCDE, bajo la supervisión de la Directora, Ragnheiður Elín Árnadóttir, del Director adjunto, Federico Bonaglia, y del Jefe de la Unidad de América Latina y el Caribe, Sebastián Nieto Parra; Indira Romero de la Sede Subregional de la CEPAL-NU en México, Michael Hanni de la División de Desarrollo Económico de la CEPAL-NU, bajo la supervisión del Director, Daniel Titelman, y del Jefe de la Unidad de Asuntos Fiscales, Noel Pérez Benítez; Julio Alberto López de la Dirección de Estudios e Investigaciones Tributarias del CIAT, bajo la supervisión del Director, Santiago Díaz de Sarralde; y Alejandro Rasteletti, Especialista líder y Coordinador de Conocimientos en la División de Gestión Fiscal del BID y el Especialista Líder de Sector en Administración Fiscal, Ubaldo González de Frutos. Michael Hanni de la CEPAL-NU fue autor del capítulo especial sobre los ingresos fiscales provenientes de los recursos naturales no renovables en ALC (Capítulo 2). Santiago Díaz de Sarralde y Dalmiro Morán del CIAT, con aportes de Alejandro Rasteletti del BID, fueron los autores del especial sobre la presión fiscal equivalente en la región de ALC basado en un informe de Dalmiro Morán y Marco Solera (Capítulo 3).

Los autores desean agradecer a otras personas del Centro de Desarrollo y del Centro de Política y Administración Tributaria de la OCDE por su invaluable contribución a la mejora y finalización de la edición 2024 de esta publicación. Karena Garnier and Antonia Vanzini del Centro de Política y Administración Tributaria de la OCDE, Delphine Grandrieux y Elizabeth Nash, del equipo de Comunicaciones y Publicaciones del Centro de Desarrollo de la OCDE, y Damian Garnys del equipo de Comunicaciones de la OCDE, quienes aseguraron la producción de la publicación, tanto física como en formato electrónico. Michael Sharratt, del Centro de Política y Administración Tributaria de la OCDE, brindó una valiosa ayuda con las bases de datos, el sitio web y otras herramientas de difusión. Nicolas Miranda, del Centro de Política y Administración Tributaria de la OCDE y Laura Gutierrez, del Centro de Desarrollo de la OCDE, proporcionaron una ayuda preciada para verificar el texto en español. Los autores también desean agradecer a Ivonne González y Elisa Araneda, de la División de Desarrollo Económico de la CEPAL, por la traducción del artículo especial sobre los ingresos fiscales provenientes de los recursos naturales no renovables en ALC.

Por último, el Centro de Política y Administración Tributaria y el Centro de Desarrollo de la OCDE quisieran agradecer a nuestros colegas de entidades nacionales, a los que hemos consultado con frecuencia durante la preparación de esta publicación. En particular, damos gracias a Eduardo Rodriguez, del Ministerio de Hacienda de Argentina; Jorge Richard Muñoz Nuñez, del Ministerio de Hacienda de Costa Rica; Fidelia Raulina Pérez Castillo y Mariam Ortiz, del Ministerio de Hacienda de la República Dominicana; Luis Alberto Canjura Vásquez del Ministerio de Hacienda de El Salvador; David Fernando Pineda Pinto, del Servicio de Administración de Rentas, y Kervin Andre Sánchez Valle y Neffy Noel Velásquez Sagastume, de la Secretaría de Finanzas de Honduras; Andrea Gregory, de la Administración de Impuestos y Aduanas de Jamaica; Emma Isaza, del Ministerio de Hacienda de Panamá; y Óscar Gustavo Núñez Del Arco Mendoza y Jorge Rivera Calderón, del Ministerio de Economía y Finanzas de Perú.

Índice

GRÁFICOS

CUADROS

Siga las publicaciones de la OCDE en:

https://twitter.com/OECD

https://www.facebook.com/theOECD

https://www.linkedin.com/company/organisation-eco-cooperation-development-organisation-cooperation-developpement-eco/

https://www.youtube.com/user/OECDiLibrary

https://www.oecd.org/newsletters/

Este libro contiene... **StatLinks**

¡Un servicio que transfiere ficheros Excel® utilizados en los cuadros y gráficos!

Busque el logotipo StatLink en la parte inferior de los cuadros y gráficos de esta publicación. Para descargar la correspondiente hoja de cálculo Excel®, solo tiene que escribir el enlace en la barra de direcciones de su navegador o bien hacer clic sobre el enlace que figura en la edición electrónica del libro.

Resumen ejecutivo

Entre 2021 y 2022, la recaudación tributaria como proporción del PIB aumentó en más de un 75% de los países de América Latina y el Caribe (ALC) y el promedio de la región se incrementó 0.3 puntos porcentuales (p.p.), hasta alcanzar el 21.5%, de manera que se mantiene ligeramente por debajo de su nivel prepandemia (21.6%). Este incremento del promedio regional se vio impulsado por el impuesto de sociedades (IS), debido al aumento de las ganancias de las empresas petroleras, aunque fue compensado parcialmente por un descenso de la recaudación de impuestos especiales, debido a la disminución de la demanda y a la adopción de una serie de medidas políticas por parte de los países para mitigar el impacto de las subidas de los precios de la energía y los alimentos en los hogares y las empresas.

El informe *Estadísticas tributarias en América Latina y el Caribe de 2024* proporciona datos internacionalmente comparables sobre los niveles y las estructuras tributarias de 27 países de ALC: Antigua y Barbuda, Argentina, Bahamas, Barbados, Belice, Bolivia, Brasil, Chile, Colombia, Costa Rica, Cuba, la República Dominicana, Ecuador, El Salvador, Guatemala, Guyana, Honduras, Jamaica, México, Nicaragua, Panamá, Paraguay, Perú, Santa Lucía, Trinidad y Tobago, Uruguay y Venezuela. El promedio de ALC representa el promedio no ponderado de 26 países de la región incluidos en esta publicación, a excepción de Venezuela debido a problemas con los datos.

En la presente publicación, los «impuestos» se definen como los pagos obligatorios sin contraprestación a las administraciones públicas. En esta clasificación, también se incluyen las contribuciones a la seguridad social (CSS) obligatorias que se pagan a las administraciones públicas. En la Guía de interpretación del Anexo A se ofrece más información sobre la clasificación de los impuestos.

La recaudación tributaria como proporción del PIB en la región de ALC en 2022

Los coeficientes de la recaudación tributaria como porcentaje del PIB oscilaron entre el 10.6% de Guyana y el 33.3% de Brasil en 2022. En una coyuntura de continua recuperación de la crisis del COVID-19 y elevados precios de las materias primas, la recaudación tributaria como proporción del PIB aumentó en veinte países entre 2021 y 2022, y descendió en seis.

Los mayores incrementos se registraron en Chile (cuya recaudación tributaria como porcentaje del PIB aumentó 1.7 p.p.), Bahamas (1.6 p.p.) y Ecuador (1.5 p.p.). El aumento en Chile se vio impulsado principalmente por el aumento de la recaudación del Impuesto a las Sociedades (IS), mientras que el crecimiento del turismo en Bahamas generó elevados ingresos por el Impuesto al Valor Agregado (IVA). En Ecuador, el sector petrolero y la introducción de impuestos sobre el patrimonio neto contribuyeron al alza de la recaudación. Los mayores descensos de 2022 se produjeron en los países del Caribe, porque el fuerte aumento del PIB de esta subregión superó el ritmo de crecimiento de la recaudación tributaria, en particular en Guyana, donde la recaudación como porcentaje del PIB descendió 6.3 p.p. entre 2021 y 2022.

En 2022, la recaudación del IS aumentó 0.6 p.p. en promedio en la región de ALC desde el año anterior, mientras que la recaudación del impuesto sobre la renta de las personas físicas (IRPF) se mantuvo sin cambios. Al mismo tiempo, la recaudación de impuestos sobre bienes y servicios descendió 0.3 p.p. Dentro de esta categoría, la recaudación de impuestos especiales cayó 0.4 p.p. porque el fuerte aumento del costo de artículos esenciales provocó una caída de la demanda y una reducción de los impuestos (en gran medida sobre los productos combustibles) por parte de los gobiernos. Por el contrario, la recaudación del IVA se mantuvo sin cambios en 2022 con respecto a 2021.

En 2022, el promedio de la recaudación tributaria como proporción del PIB en el Caribe, América Central y México y América del Sur se situó en el 21.7%, el 19.4% y el 23.5%, respectivamente. La recaudación tributaria aumentó 1.0 p.p. y 0.3 p.p. respectivamente en América del Sur y América Central y México, mientras que la recaudación tributaria como proporción del PIB del Caribe disminuyó 0.6 p.p. Si se excluye Guyana, el promedio de la recaudación tributaria como proporción del PIB del Caribe aumentó 0.2 p.p.

Evolución de la recaudación tributaria como proporción del PIB en la región de ALC desde 1990

El promedio de la recaudación tributaria como proporción del PIB de la región de ALC aumentó 6.9 p.p. entre 1990 y 2022 debido principalmente a un incremento de los ingresos por IVA y por los impuestos sobre la renta y las ganancias (de 3.8 p.p. y 3.1 p.p., respectivamente). La diferencia entre los promedios de la recaudación tributaria como proporción del PIB de ALC y de la OCDE se redujo durante este período, de 16.2 p.p. en 1990 a 12.5 p.p. en 2022, pese a haberse incrementado desde 2010. En promedio, la recaudación tributaria como proporción del PIB de América del Sur registró el crecimiento más fuerte de todas las subregiones entre 1990 y 2022.

Estructuras tributarias en la región de ALC

En 2022, los impuestos sobre bienes y servicios generaron prácticamente la mitad de los ingresos tributarios totales de la región de ALC, frente a menos de un tercio en la OCDE (31.9% en 2021, último año disponible). El IVA fue la principal fuente de dichos ingresos en la región de ALC en 2022, al representar un 28.3% de los ingresos tributarios totales y un 6.1% del PIB.

Los impuestos sobre la renta y las ganancias representaron un 30.1% de los ingresos tributarios totales de la región de ALC en 2022. Los ingresos procedentes del IS y del IRPF representaron un 18.8% y un 9.2% respectivamente del promedio de ingresos tributarios totales, frente a un 10.2% y un 23.7% en la OCDE (cifras de 2021). La participación promedio de las CSS en los ingresos tributarios totales fue de un 16.7% en la región de ALC en 2022, por debajo del promedio de la OCDE, del 25.6% (cifra de 2021).

Para los 23 países de ALC sobre los que hay datos disponibles ingresos tributarios relacionados con el medioambiente (ITRM), estos representaron en promedio un 0.8% del PIB en 2022, por debajo del promedio de la OCDE, del 1.9%. Los ITRM de la región de ALC procedieron principalmente de impuestos sobre la energía, en la mayoría de las ocasiones de impuestos especiales al gasóleo y la gasolina (0.5% del PIB, en promedio). El descenso de los ITRM de 0.1 p.p. entre 2021 y 2022 se debió a una reducción de la recaudación de impuestos relacionados con la energía.

Sección especial: Tendencias de los ingresos fiscales procedentes de recursos naturales no renovables

En promedio los ingresos relacionados con los hidrocarburos de los principales productores de petróleo de la región de ALC aumentaron a 4.4% del PIB en 2022, comparado con el 2.6% del PIB en 2021. Esto debido a que los precios del petróleo subieron en la primera mitad de 2022 por el impacto de la invasión de Ucrania por parte de Rusia y la restricción de la oferta mundial. Al mismo tiempo, los ingresos promedio procedentes del sector de la minería aumentaron del 0.7% del PIB en 2021 al 0.8% del PIB en 2022 pese a que los precios se debilitaron y la producción descendió. Por el contrario, la recaudación como proporción del PIB relacionada tanto con los hidrocarburos como con la actividad minera cayó en 2023 a una cifra estimada del 3.9% y del 0.5% del PIB respectivamente, debido a que la tendencia de los precios del petróleo y de los minerales fue a la baja.

Sección especial: Presión fiscal equivalente en la región de ALC

La presión fiscal equivalente (PFE) es un indicador de la carga tributaria que complementa la recaudación tributaria como proporción del PIB, sumando las contribuciones a los sistemas de seguridad social privados y los ingresos no tributarios procedentes de la explotación de recursos naturales a los ingresos tributarios. En promedio, la PFE fue un 1.7% del PIB superior a la recaudación tributaria como porcentaje del PIB de la región de ALC en 2021. En Chile y México, que registraron la mayor recaudación de estos componentes adicionales, la PFE fue en 2021 un 5.9% y un 5.5% del PIB superior a la recaudación de impuestos como proporción del PIB de estos países respectivamente.

1 Tendencias tributarias, 1990-2022

Introducción

Después de que, en 2021, el crecimiento registrase un fuerte repunte tras la crisis originada por la pandemia de COVID-19, en 2022 ese avance se ralentizó en muchos países de América Latina y el Caribe (ALC). Las condiciones externas fueron menos favorables, se produjo un repliegue de las transferencias públicas, se endureció la política monetaria y los efectos de la reapertura de las economías se disiparon (OECD et al., 2023[1]). Persistieron las dificultades en el terreno socioeconómico, ya que la pobreza y la pobreza extrema de la región se mantuvieron por encima de los niveles previos a la pandemia y la inflación siguió mermando el poder adquisitivo de la población. En 2022, en la región de ALC, un 29% de la población estaba en situación de pobreza y un 11.2%, de pobreza extrema (OECD et al., 2023[1]).

Pese a los recientes esfuerzos de consolidación, el espacio tributario sigue siendo limitado en la región de ALC. Para financiar sus programas de desarrollo, las administraciones de esta región tienen que aumentar el gasto público y movilizar más recursos contrayendo más endeudamiento y aumentando los ingresos públicos. Se necesitan sistemas tributarios más justos y eficientes: los reducidos ingresos tributarios de la mayoría de países de ALC limitan la capacidad estatal para reforzar las instituciones y mejorar los servicios públicos. Asimismo, mediante el reequilibrio de la estructura tributaria para no seguir dependiendo de los impuestos al consumo y del impuesto de sociedades, la región podría seguir reduciendo las desigualdades y minimizar las distorsiones que restringen la iniciativa empresarial (OECD et al., 2023[1]). También serán necesarias reformas tributarias para fomentar una transición a formas de energía más limpias, además de promover la iniciativa empresarial en la región. (OECD et al., 2022[2]). En muchos países de ALC, se precisa un pacto tributario más sólido entre la administración y la ciudadanía para garantizar que se mantenga el respaldo político necesario a dichas reformas a lo largo de lo que se prevé será un proceso largo (OECD, 2021[3]).

El informe *Estadísticas tributarias en América Latina y el Caribe 2024* proporciona una base única para llegar a dichos pactos tributarios. Al facilitar datos internacionalmente comparables sobre los ingresos tributarios de 27 países de la región, el informe puede servir de base para emprender análisis detallados de las políticas de los países y ser el punto de partida para el intercambio de conocimientos y el desarrollo de capacidades en toda la región de ALC. En este capítulo se aborda la evolución de los principales indicadores tributarios desde 1990 hasta 2022, entre ellos la recaudación tributaria como proporción del PIB, la estructura tributaria y la proporción de ingresos tributarios que generan los diferentes niveles gubernamentales, así como la eficiencia del impuesto sobre el valor agregado en la región. También se analizan los ingresos procedentes de los impuestos ambientales. Dicho análisis se completa con secciones especiales sobre los ingresos procedentes de recursos naturales no renovables (capítulo 2) y el indicador de presión tributaria equivalente (capítulo 3). En el capítulo 4 se incluyen cuadros comparativos de los indicadores tributarios fundamentales de la región, y los capítulos 5 y 6 contienen un desglose minucioso por país de los ingresos tributarios.

La recaudación tributaria como proporción del PIB: Niveles y variaciones anuales en 2022

La recaudación tributaria como proporción del PIB en 2022

La recaudación tributaria como proporción del PIB mide los ingresos tributarios (incluidas las contribuciones a la seguridad social que reciben las administraciones públicas) como porcentaje del producto interior bruto (PIB). El promedio de los países de ALC refleja el promedio no ponderado de 26 de los países incluidos en esta publicación; se excluye a Venezuela debido a la falta de datos (véase el Recuadro 1.1).

En 2022, el promedio de recaudación tributaria como proporción del PIB en la región de ALC se situó en el 21.5% (Gráfico 1.1). Los porcentajes más altos de este indicador fueron los de Brasil (33.3%), Barbados (30.5%) y Argentina (29.6%), mientras que los países con los promedios más bajos fueron Guyana (10.6%), Panamá (13.1%) y la República Dominicana (13.9%). Todos los países de la región de ALC registraron una recaudación tributaria como proporción del PIB inferior al promedio de la OCDE, que se situó en el 34.0% en 2022[1].

Gráfico 1.1. Recaudación tributaria como proporción del PIB en la región de ALC, 2022

Ingresos tributarios totales como porcentaje del PIB

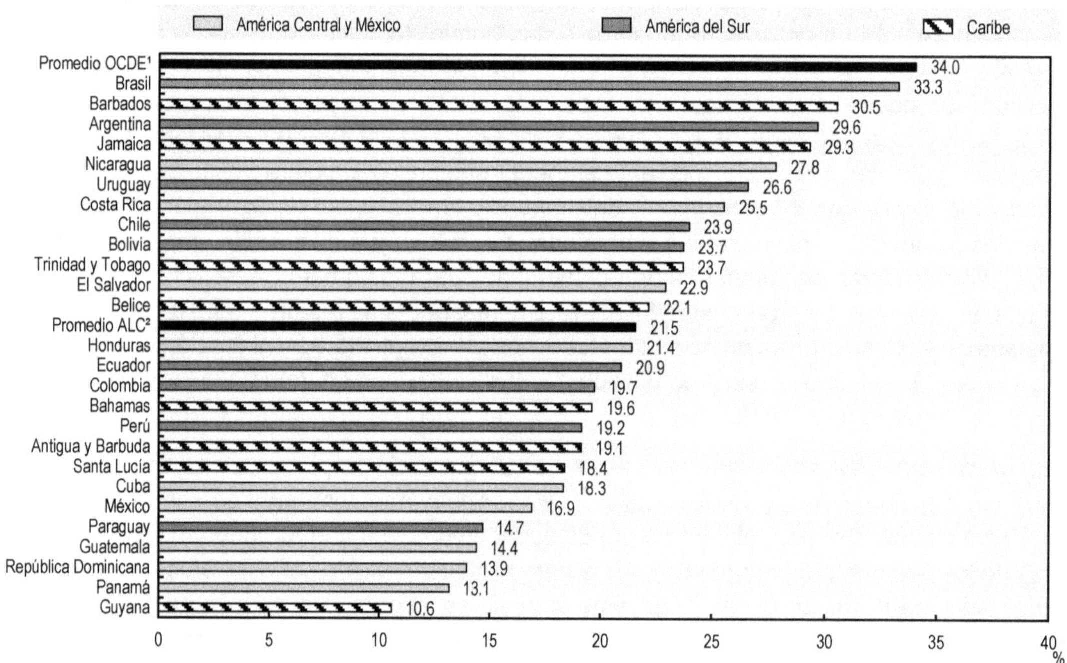

Nota: La clasificación de los países en diferentes subregiones respeta la clasificación de la CEPAL y se basa en el idioma de cada uno de ellos. En el «Caribe» se incluyen los países de habla inglesa y Guyana, mientras que «América Central y México» abarca países hispanohablantes, incluidos la República Dominicana y Cuba.

Las cifras no incluyen los ingresos de la administración local de Antigua y Barbuda, Argentina (aunque incluye los ingresos de las provincias), Bahamas, Barbados, Cuba, la República Dominicana, Santa Lucía, Trinidad y Tobago y Venezuela por la falta de datos disponibles.

1. Representa el promedio no ponderado de los 38 países miembros de la OCDE. Chile, Colombia, Costa Rica y México también forman parte de la OCDE (38).

2. Representa la media no ponderada de 26 países de América Latina y el Caribe incluidos en esta publicación, sin contar con Venezuela por problemas de disponibilidad de los datos.

Fuente: OCDE *et al.* (2024[4]), Cuadro 4.1.

StatLink https://stat.link/5rnloz

En 2022, el promedio de la recaudación tributaria como proporción del PIB de ALC fue 0.3 puntos porcentuales (p.p.) más alto que en 2021 (21.3% del PIB). Los cambios observados entre 2021 y 2022 fueron variados en toda la región (Gráfico 1.2). Veinte países registraron un aumento de su recaudación tributaria como proporción del PIB y seis países experimentaron un descenso.

Entre 2021 y 2022, la recaudación tributaria como proporción del PIB aumentó más de 1.0 p.p. en nueve países. En Chile, Bahamas y Ecuador se registraron los mayores incrementos, de 1.7 p.p., 1.6 p.p. y 1.5 p.p. respectivamente. Durante el mismo período, los coeficientes tributarios de tres países de ALC disminuyeron más de 1 p.p.: Guyana (6.3 p.p.), Barbados y Santa Lucía (ambos 1.4 p.p.). Pese al fuerte crecimiento de los ingresos tributarios en términos nominales en estos últimos países, sus coeficientes tributarios descendieron entre 2021 y 2022 porque el aumento del PIB nominal fue superior a este crecimiento (véase el Recuadro 1.1).

Gráfico 1.2. Variación de la recaudación tributaria como proporción del PIB en la región de ALC en 2021 y 2022

Variación interanual, p.p.

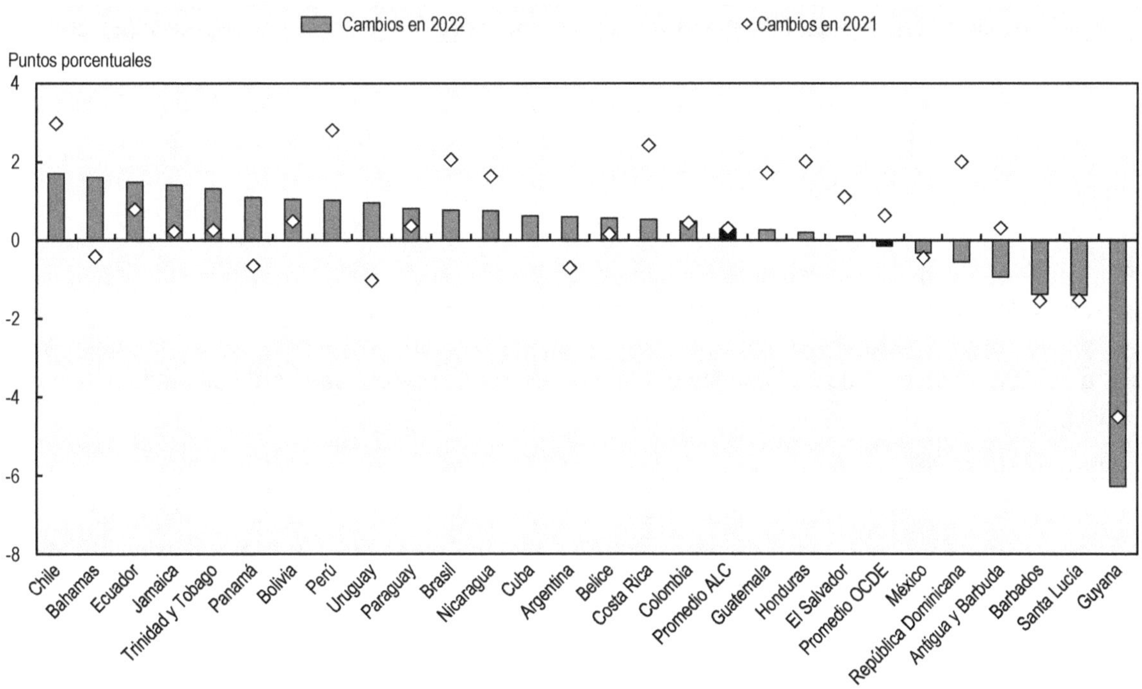

Nota: El promedio de ALC representa el promedio no ponderado de 26 países de ALC incluidos en esta publicación; se excluye Venezuela, dada la falta de datos disponibles. El promedio de la OCDE representa el promedio no ponderado de los 38 países miembros de la OCDE. Chile, Colombia, Costa Rica y México también forman parte de la OCDE (38).
Fuente: Cálculos propios basados en OCDE *et al.* (2024[4]), Cuadro 4.1.

StatLink https://stat.link/iygvou

Recuadro 1.1. Metodología de cálculo de la recaudación tributaria como proporción del PIB

Los coeficientes tributarios que se reflejan en esta publicación expresan la recaudación tributaria total como porcentaje del PIB. El valor de este cociente depende de su denominador (PIB) y su numerador (ingresos tributarios). Ambos, numerador y denominador, pueden experimentar una corrección histórica. La recaudación tributaria como proporción del PIB debe interpretarse con precaución: los ingresos tributarios nominales y el PIB nominal pueden moverse en el mismo sentido (ambos pueden subir o bajar). Sin embargo, la recaudación tributaria como proporción del PIB se moverá en sentido contrario a lo largo del mismo período si la variación de los ingresos tributarios nominales es inferior a la experimentada por el PIB nominal.

En 21 países de ALC, el año de referencia para el informe coincide con el año natural. Los seis países restantes ofrecen datos relativos al ejercicio presupuestario:

- El ejercicio presupuestario en Barbados, Belice y Santa Lucía va de abril a marzo. Esto significa que el año de referencia para el informe 2022 se corresponde con el período comprendido entre el segundo trimestre de 2022 y el primer trimestre de 2023.
- El ejercicio presupuestario en Trinidad y Tobago abarca de octubre a septiembre, de modo que el año de referencia del informe 2022 comprende desde el cuarto trimestre de 2021 al tercer trimestre de 2022.
- El ejercicio presupuestario de Bahamas termina el 30 de junio. El año de referencia del informe 2022 abarca desde el segundo trimestre de 2021 al segundo trimestre de 2022.

El numerador (ingresos tributarios)

Esta publicación utiliza las cifras relativas a los ingresos tributarios que presentan los centros de referencia o que publican anualmente los ministerios de Hacienda, las administraciones tributarias o las oficinas de estadística nacionales. Los datos históricos están supeditados a correcciones anuales, que han sido más importantes en los años más recientes. Las cifras anteriores también pueden variar de una edición a otra cuando mejoran los datos (por ejemplo, si se obtienen nuevos datos o se ajusta la clasificación).

El denominador (PIB)

Las cifras relativas al PIB utilizadas en la presente publicación proceden, en su mayoría, del informe *Perspectivas de la economía mundial* (informe WEO, por sus siglas en inglés) que publica el FMI. La utilización de estos datos sobre el PIB garantiza una coherencia máxima entre países, además de comparabilidad internacional. Los datos relativos al PIB también se revisan y actualizan para reflejar unas mejores fuentes de datos y procedimientos de cálculo más precisos o para acercarse a nuevas directrices internacionales para calcular el valor del PIB. Las últimas cifras disponibles del informe WEO se publicaron en octubre de 2023 (FMI, 2023[5]) e incluyen las correcciones efectuadas en el PIB. Las cifras relativas al PIB de los cuatro países de ALC que también son miembros de la OCDE (Chile, Colombia, Costa Rica y México) se basan en las Cuentas Nacionales anuales de la OCDE.

Las cifras del PIB nominal incluidas en esta edición han sido revisadas a partir de las incluidas en la edición del año pasado en relación con 13 países. De estas, se revisó al alza el PIB de 11 países (en orden ascendente, Costa Rica, Nicaragua, Paraguay, Colombia, El Salvador, Brasil, Bahamas, Uruguay, Belice, Panamá y Santa Lucía). La mayor revisión, del 11.3%, la experimentó Santa Lucía. La consiguiente diferencia entre el coeficiente tributario de 2021 que aparece en las ediciones de 2023 y 2024 de este informe osciló entre -2.0 p.p. en Belice y Santa Lucía y +0.7 p.p. en Costa Rica.

El promedio de recaudación tributaria como proporción del PIB correspondiente a 2021 que aparecía en la edición de 2023 de las *Estadísticas tributarias en América Latina y el Caribe* era del 21.7%. En la edición de este año, es 0.4 p.p. inferior, del 21.3%, principalmente debido a las revisiones del PIB mencionadas anteriormente. También se ha revisado a la baja el incremento del coeficiente tributario de la región de ALC entre 2020 y 2021, de 0.8 p.p. en la edición de 2023 a 0.3 p.p. en esta edición. La diferencia en el promedio de la recaudación tributaria como proporción del PIB de 2021 existente entre ambas ediciones también se debe (en menor medida) a la inclusión de Cuba en el promedio de ALC a partir de 2021 en la edición de este año. En 2021, se introdujo en Cuba una reforma monetaria que modificó de manera significativa la estructura tributaria del país, así como el nivel y la ponderación relativa de sus ingresos tributarios y no tributarios. Cuba solo se incluye en el promedio de ALC desde 2021, porque los datos de ingresos antes de 2021 no son comparables con los datos posteriores a la reforma (OECD et al., 2023[6]).

Variaciones más importantes en la recaudación tributaria como proporción del PIB en los países de ALC, en 2022

En 2022, la región de ALC presentó una difícil coyuntura macroeconómica. El crecimiento regional se ralentizó hasta el 4.0% en términos reales, desde el 7.0% en 2021. La inflación tocó techo en 2022 debido a varios factores, algunos de ellos externos, como las alteraciones del comercio y el bloqueo de la oferta provocado por la pandemia y agravado por la invasión de Ucrania por parte de Rusia, que afectó aún más a los precios de los productos básicos. Al igual que en otras partes del mundo, en la región de ALC, los gobiernos aplicaron medidas para mitigar las presiones inflacionistas sobre hogares y empresas (véase el Recuadro 1.2) (OECD et al., 2023[1]).

Ante tal coyuntura, los ingresos tributarios como porcentaje del PIB aumentaron en la mayoría de los países, pero esos incrementos generalmente fueron inferiores a los observados en 2021. En este apartado se analizan de manera pormenorizada las variaciones más llamativas de la recaudación tributaria como proporción del PIB en los países de ALC, producidas en 2022 con relación a 2021. El incremento de la recaudación tributaria como proporción del PIB en 2022 se debe a dos factores principales: el crecimiento económico y la subida de los precios, así como los niveles de producción del sector petrolero y minero, que provocaron un ascenso de los ingresos tributarios procedentes de recursos naturales no renovables (véase el Capítulo 2 (CEPAL, 2022[7])). Sin embargo, las medidas para mitigar la inflación provocaron un descenso de los ingresos procedentes de los impuestos al consumo.

- Chile registró el mayor incremento de la recaudación tributaria como proporción del PIB de los países de ALC en 2022, que fue de 1.7 p.p. Dicha alza se debió principalmente a un aumento de 1.9 p.p. de los ingresos procedentes del impuesto de sociedades (IS), por la recuperación económica tras el COVID-19.
- Bahamas experimentó el segundo mayor incremento de los ingresos tributarios como porcentaje del PIB (1.6 p.p.) en un clima de recuperación económica, en especial del sector turístico. Este aumento se vio impulsado por los ingresos procedentes del impuesto sobre el valor agregado (IVA), que aumentaron 1.9 p.p. en 2022 en relación con 2021 pese a que el tipo impositivo legal del IVA se redujo del 12% al 10% en enero de 2022 (CEPAL, 2023[8]).
- El coeficiente de recaudación tributaria como proporción del PIB del Ecuador registró el tercer mayor incremento entre 2021 y 2022, de 1.5 p.p. El aumento de los ingresos se debe a diferentes tipos de impuestos: la recaudación del impuesto sobre la renta, el IVA y del impuesto sobre la propiedad (este último reflejado en «otros impuestos» en el Gráfico 1.3) aumentó 0.4 p.p., 0.6 p.p., y 0.5 p.p., respectivamente. Además de beneficiarse de un rendimiento económico más fuerte y de los elevados precios del petróleo, Ecuador introdujo medidas para gravar temporalmente el

patrimonio neto de las personas y las empresas, además de mejorar la eficiencia en la recaudación de impuestos (FMI, 2022[9]).

- En Trinidad y Tobago, la recaudación tributaria como porcentaje del PIB aumentó en 1.3 p.p. entre 2021 y 2022. Los ingresos por el IS crecieron 5.5 p.p. durante este período por el alza de los precios del petróleo y del gas natural. Este incremento se vio compensado parcialmente por una caída de los ingresos por IVA, de 2.9 p.p. en 2022 en relación con 2021, explicada en parte por el aumento de las devoluciones de IVA (Ministry of Finance Trinidad and Tobago, 2022[10]).

Gráfico 1.3. Variaciones en la recaudación tributaria como proporción del PIB de los países ALC, según las principales partidas tributarias, 2022

Variación interanual, p.p.

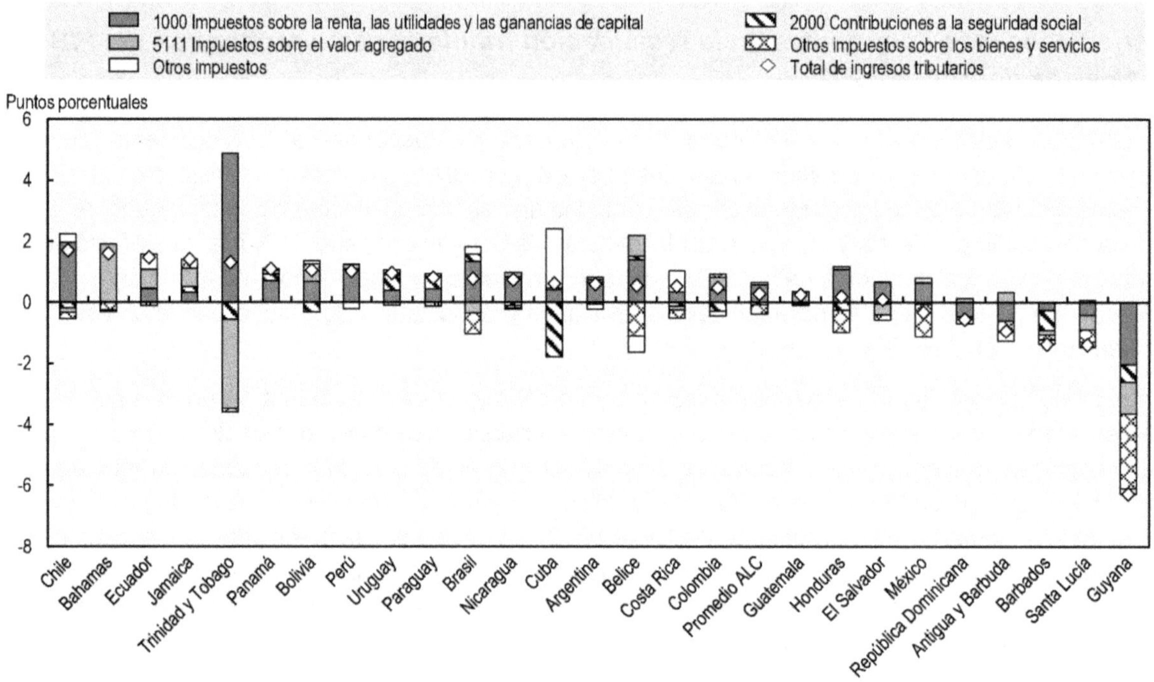

Nota: El promedio de ALC representa el promedio no ponderado de 26 países de ALC incluidos en esta publicación; se excluye Venezuela, dada la falta de datos disponibles.
Fuente: Cálculos propios basados en OCDE et al. (2024[4]), Capítulo 4.

StatLink https://stat.link/vc57zt

Seis países de la región de ALC experimentaron un descenso de su recaudación tributaria como proporción del PIB entre 2021 y 2022; en cada caso, las caídas se debieron a un incremento de los ingresos tributarios nominales inferior al del PIB nominal. Los mayores descensos se produjeron en cuatro países caribeños: Guyana registró el mayor descenso (de 6.3 p.p.), seguida de Barbados y Santa Lucía (ambos de 1.4 p.p.) y Antigua y Barbuda (0.9 p.p.) (Gráfico 1.4).

Guyana experimentó un aumento del PIB nominal del 83% (un 63% en términos reales) entre 2021 y 2022 mientras que los ingresos tributarios nominales aumentaron un 15% durante el mismo período. El crecimiento del PIB en Guyana fue el más alto del mundo en 2022, a consecuencia del fuerte crecimiento de la producción de petróleo y de los elevados precios de esta materia prima. Varias reformas tributarias contribuyeron a la ralentización del crecimiento de los ingresos tributarios, incluido un aumento del valor de los umbrales del impuesto sobre la renta de las personas físicas (IRPF) para beneficiar a los hogares de menos ingresos, la reducción y la eliminación de los impuestos especiales sobre la gasolina y el gasoil para mitigar los altos precios de la energía, así como el cálculo de los derechos de aduana, los impuestos especiales y el impuesto al valor agregado, basado en los costes de transporte prepandemia de los importadores que deben asumir elevados precios del transporte (CEPAL, 2023[11]).

Gráfico 1.4. Variaciones de los impuestos nominales y el PIB nominal por subregiones, 2021-2022

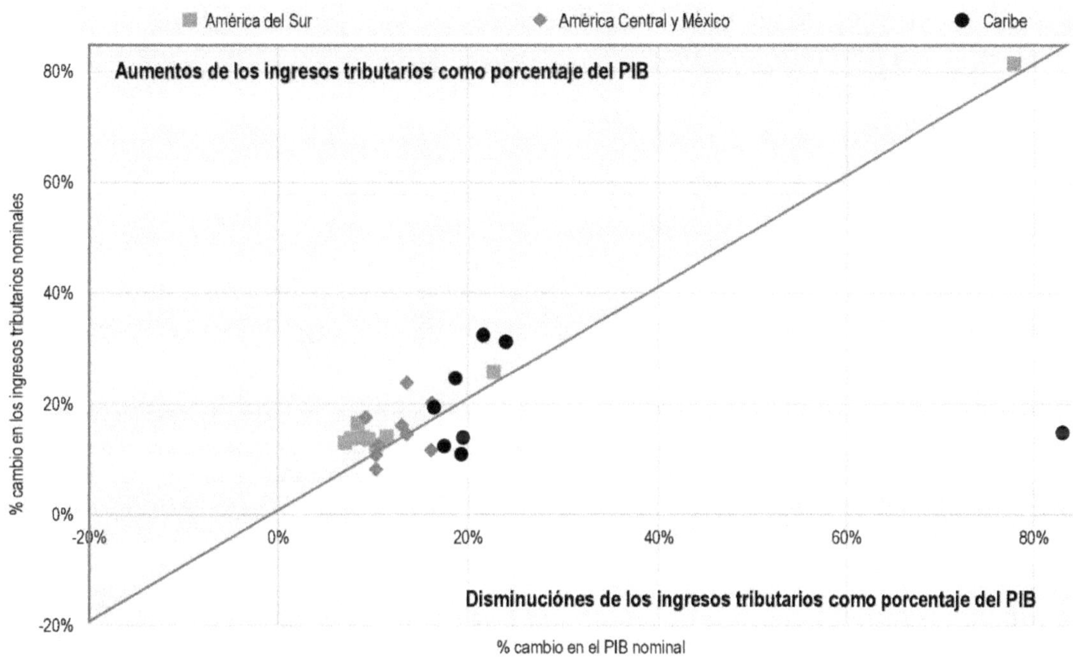

Nota: La línea diagonal que atraviesa el gráfico representa el punto en el que la variación en los ingresos tributarios y el PIB fueron de la misma magnitud y, por tanto, el punto en el que la recaudación tributaria como proporción del PIB se mantuvo inalterada. En los países situados por encima de la diagonal aumentó la presión fiscal y en los países que están por debajo se redujo.
Fuente: Los datos relativos a ALC son cálculos propios basados en OCDE *et al.* (2024[4])

StatLink https://stat.link/xom1ky

Variaciones en los ingresos tributarios de diferentes tipos de impuestos en 2022

Los incrementos de los ingresos tributarios en la región de ALC en 2022 se vieron impulsados por el IS, favorecido por un crecimiento económico mejor de lo previsto y por los altos precios de los productos básicos. Por el contrario, la recaudación de impuestos sobre bienes y servicios se contrajo en 2022 en una coyuntura de elevada inflación y aumento de los costos del crédito que incidió en el poder adquisitivo de los hogares y provocó una caída del consumo privado. Por otra parte, la recaudación de los impuestos sobre bienes y servicios descendió debido a la adopción de medidas para mitigar un repunte de los precios de la energía.

La recaudación del IS aumentó 0.6 p.p. en promedio en toda la región de ALC entre 2021 y 2022. Los elevados precios del petróleo y del gas en 2021 fortalecieron los beneficios de las empresas en 2022, en especial de los países productores de petróleo. Por el contrario, la recaudación IRPF como porcentaje del PIB permaneció sin cambios durante el mismo período pese a un aumento de los salarios debido a la inflación. Los ingresos obtenidos por las contribuciones a la seguridad social (CSS) descendieron 0.1 p.p. en 2022. (Cuadro 1.1).

Dentro de los impuestos sobre bienes y servicios, la recaudación de IVA como porcentaje del PIB se mantuvo sin cambios entre 2021 y 2022. Durante el mismo período, la recaudación de otros impuestos al consumo (OIC), que incluye impuestos especiales, derechos de aduana y derechos de importación, así como impuestos generales diferentes al IVA (por ejemplo, los impuestos sobre ventas), disminuyó 0.3 p.p. La caída de la recaudación del OIC se debió a un descenso de 0.4 p.p. en la recaudación de impuestos especiales, debido principalmente a recortes en los impuestos a los combustibles por parte de varios países en respuesta a un ascenso de los precios (véase el Recuadro 1.2).

Cuadro 1.1. Variaciones de los ingresos tributarios de las principales categorías de impuestos, 2021 y 2022

Variación interanual, p.p.

	2021	2022
IRPF	-0.1	0.0
IS	0.1	0.6
CSS	-0.2	-0.1
IVA	0.2	0.0
OIC	0.0	-0.3
Res.	0.1	0.1
Total impuestos	**0.3**	**0.3**

Nota: El promedio de ALC representa el promedio no ponderado de 26 países de la región incluidos en esta publicación, sin contar con Cuba (hasta 2020) ni con Venezuela, debido a los problemas de disponibilidad de datos. Además, los promedios de IRPF e IS no incluyen a Ecuador debido a problemas de calidad de los datos.
Fuente: Cálculos propios basados en OCDE *et al.* (2024[4])

La recaudación tributaria como proporción del PIB en las subregiones de ALC

En este informe se examinan las tendencias de la recaudación de impuestos en las tres subregiones: América Central y México; el Caribe; y América del Sur. El promedio de recaudación tributaria como proporción del PIB de América Central y México y América del Sur aumentó por segundo año consecutivo en 2022, al alcanzar el 19.4% y el 23.5%, respectivamente, mientras que la recaudación tributaria como porcentaje del PIB del Caribe disminuyó (también por segundo año) hasta el 21.7%. Tanto en América del Sur como en América Central y México, se registró un aumento de 1.0 p.p. y 0.3 p.p. respectivamente entre 2021 y 2022, mientras que la recaudación tributaria como proporción del PIB del Caribe disminuyó 0.6 p.p. durante el período.

Tanto los ingresos tributarios como el PIB aumentaron en términos nominales en las tres subregiones en 2022. Sin embargo, en el caso de cuatro de los ocho países caribeños incluidos en este informe, el PIB aumentó más que los ingresos tributarios, lo que provocó un descenso de la recaudación tributaria como proporción del PIB en esos países y también en el Caribe en promedio (Gráfico 1.4). En particular, este es el caso de la Guyana, cuyo fuerte descenso en la recaudación tributaria como porcentaje del PIB se comenta en la sección anterior. Si se excluye la Guyana, el promedio de la recaudación tributaria como proporción del PIB del Caribe aumentó 0.2 p.p. en 2022.

El crecimiento del PIB en la región del Caribe fue especialmente fuerte en 2022, al crecer un 13,1% en términos reales en 2022, impulsado en amplia media por el sector turístico. Los ingresos tributarios nominales del Caribe también aumentaron, en especial con respecto al IVA y los impuestos procedentes de las transacciones internacionales. América Latina creció a menor ritmo, del 3.9%, en términos reales. Como se puede ver en el Gráfico 1.4, todos los países del Caribe incluidos en esta publicación registraron un crecimiento del PIB nominal del 1-% o más entre 2021 y 2022, mientras que todos los países de América Latina salvo cuatro registraron un crecimiento inferior a dicho nivel.

Recuadro 1.2. La respuesta de la política tributaria a la inflación

En 2022, los precios de la energía y los alimentos se dispararon en todo el mundo, una tendencia agravada por la invasión de Ucrania por parte de Rusia, que ocasionó dificultades a empresas y hogares, en especial a aquellos con bajos ingresos (OECD et al., 2023[1]). En respuesta, los gobiernos de la región de ALC adoptaron una amplia serie de medidas, somo subsidios y transferencias a los hogares y las empresas o medidas de mantenimiento de los precios, para reducir el impacto de la subida de los precios internacionales en los consumidores. Las medidas de mantenimiento de los precios incluyeron controles de precios y reducciones o exenciones de los impuestos sobre bienes y servicios, tales como el IVA y los impuestos especiales.

Según una encuesta del FMI a 22 países de ALC, la mitad de las medidas adoptadas en la región de ALC estuvieron relacionadas con productos energéticos y la mayoría de ellas con los combustibles (Amaglobeli et al., 2023[12]). Las reducciones temporales de los impuestos especiales a productos derivados del petróleo fueron las medidas más frecuentes, seguidas de la rebaja del tipo de IVA aplicado a los combustibles y de los derechos de importación en menor medida.

Entre los países que redujeron los impuestos especiales a los combustibles se encontraron Belice, Brasil, Guyana, Honduras, México y Perú:

- En Belice, las reducciones de los impuestos a los combustibles se aplicaron en abril de 2022; se rebajaron el impuesto especial al gasóleo y la gasolina un 100% y un 77% respectivamente (Government of Belize, 2022[13]).
- Brasil redujo los tipos de la Contribuição sobre Intervenção do Domínio Econômico (más conocida como CIDE) que se aplica a las importaciones y la venta al por menor de gasolina, gasóleo, fuelóleo, queroseno para aviación, GLP, otros productos del petróleo y etanol combustible (OECD, 2024[14]).
- Honduras redujo los precios de la gasolina y el gasóleo, lo que provocó un descenso de los ingresos por el gravamen aplicado a las ventas de combustibles (que se denomina aporte para la atención a programas sociales y conservaciones del patrimonio vial). Asimismo, el Gobierno redujo los impuestos a las importaciones de gasolina (cerca de un 30%) y al gasóleo (cerca de un 50%) (CEPAL, 2023[8]; OECD, 2024[14]).
- México introdujo una bonificación fiscal de los impuestos especiales a los combustibles, que los importadores y productores podían emplear para compensar los pagos mensuales de IS o IVA (OECD, 2022[15]).
- La gasolina y el gasóleo, así como otros productos seleccionados que forman parte de la cesta familiar básica, quedaron exentos del pago del impuesto especial en Perú (OECD, 2024[14]).

Algunos países realizaron cambios en el IVA, entre ellos Barbados, Brasil, Costa Rica, Guyana, Honduras y El Salvador:

- Barbados estableció un límite máximo de IVA al gas y al diésel (en dólares de Estados Unidos) durante seis meses (OECD, 2022[15]).
- Costa Rica introdujo una exención de IVA para las compras de electricidad destinadas a la distribución (OECD, 2022[15]).
- El Salvador redujo temporalmente el tipo de IVA de los combustibles, desde el mes de abril de 2022 (OECD, 2022[15]).
- Honduras amplió el descuento sobre los costes de transporte al calcular la base imponible del IVA de las importaciones hasta junio de 2022 (OECD, 2022[15]).

El Gráfico 1.5 muestra las variaciones en la recaudación del impuesto especial y del IVA entre 2021 y 2022. Las políticas destinadas a reducir los impuestos especiales o el IVA aplicado a los combustibles contribuyeron al descenso de esos tipos de impuestos. Los ingresos por impuestos especiales como porcentaje del PIB descendieron en 19 países; en Bahamas, Belice, Guyana y México los descensos fueron superiores a 1.0 p.p. En promedio, la recaudación de impuestos especiales cayó 0.4 p.p. durante este período. Por el contrario, la recaudación de IVA como porcentaje del PIB se mantuvo sin cambios en promedio entre 2021 y 2022, aunque descendió en los países que redujeron los tipos impositivos de este impuesto para mitigar la inflación; los descensos fueron de 0.1 p.p. en Barbados y Costa Rica, 0.3 p.p. en Brasil, 0.4 p.p. en El Salvador y 1.0 p.p. en Guyana.

Gráfico 1.5. Variaciones en la recaudación del IVA y los impuestos especiales de los países ALC, entre 2021 y 2022

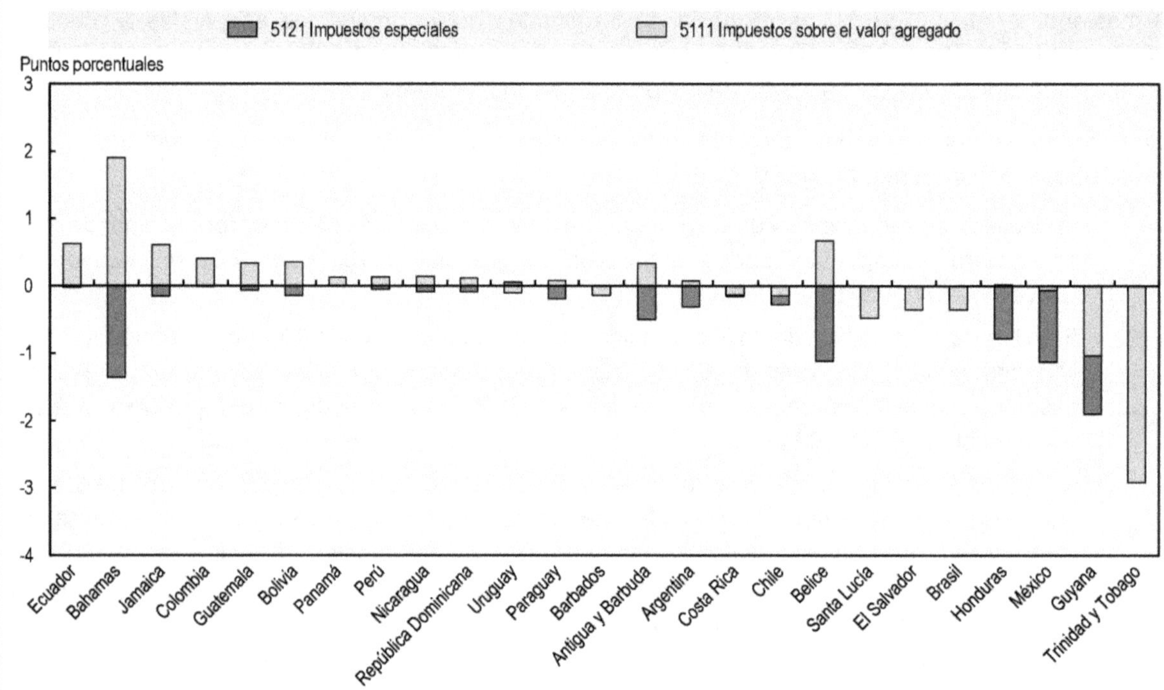

Fuente: Cálculos propios basados en OCDE et al. (2024[4]), Capítulo 4.

StatLink https://stat.link/k20hns

El Cuadro 1.2 refleja las variaciones anuales de la recaudación registradas en el Caribe, América Central y México y América del Sur, por tipo de impuesto principal en 2022. La recaudación de los impuestos sobre la renta aumentó 0.4 p.p. en el Caribe, 0.5 p.p. en América Central y México y 0.8 p.p. en América del Sur en 2022. En los tres casos, fue el IS el que impulsó estos incrementos. Los ingresos por OIC descendieron en todas las subregiones. Las variaciones de ingresos por IVA, IRPF y CSS fueron diferentes entre las distintas subregiones; el Caribe fue la única subregión en la que descendieron los ingresos de estas tres categorías entre 2021 y 2022.

- En el Caribe, los mayores descensos de la recaudación tributaria como proporción del PIB, en 2022, se registraron en los OIC (-0.6 p.p.). La recaudación de otras categorías, a excepción del IS, descendió en menor medida (-0.2 p.p. en el caso del IRPF, las CSS y los impuestos a la propiedad de la categoría «residual» y -0.1 p.p. en el caso del IVA). La recaudación del IS creció 0.7 p.p., en gran parte debido al aumento en Trinidad y Tobago.

- En América Central y México y en América del Sur, los mayores incrementos de la recaudación como proporción del PIB en 2022 los experimentó el IS (0.4 p.p. y 0.7 p.p. respectivamente). Los ingresos obtenidos por IRPF aumentaron 0.1 p.p. en ambas subregiones. La recaudación del IVA aumentó en América del Sur un 0.1% del PIB y, en América Central y México, se mantuvo sin cambios. En América del Sur, la única recaudación que descendió fue la de OIC, que descendió 0.1 p.p. Esta categoría también disminuyó en América Central y México (0.3 p.p.), donde las CSS también cayeron (0.2 p.p.).

Cuadro 1.2. Variaciones en los ingresos tributarios por categoría como proporción del PIB, ALC y subregiones, 2022

Variación interanual, p.p.

	ALC	Caribe	América Central y México	América del Sur
IRPF	0.0	-0.2	0.1	0.1
IS	0.6	0.7	0.4	0.7
CSS	-0.1	-0.2	-0.2	0.1
IVA	0.0	-0.1	0.0	0.1
OIC	-0.3	-0.6	-0.3	-0.1
Res.	0.1	-0.2	0.3	0.1
Total impuestos	**0.3**	**-0.6**	**0.3**	**1.0**

Nota: El promedio excluye a Venezuela por los problemas de disponibilidad de datos. Asimismo, los promedios del IRPF y el IS para ALC y la subregión de América del Sur no tienen en cuenta a Ecuador por problemas relacionados con la calidad de los datos.
Fuente: Cálculos propios basados en OCDE *et al.* (2024[4])

Tendencias a largo plazo de la recaudación tributaria como proporción del PIB

Evolución de la recaudación tributaria como proporción del PIB desde 1990

Pese a los descensos de la recaudación tributaria como proporción del PIB en 2009, provocados por la crisis económica mundial, y en 2020, por la pandemia de COVID-19 (de 0.08 p.p. y 0.7 p.p. respectivamente), el promedio de la recaudación tributaria como proporción del PIB de la región de ALC ha aumentado significativamente en las tres últimas décadas, pasando del 14.6% en 1990 al 21.5% en 2022 (Gráfico 1.6). Esta tendencia contrasta con la de los países de la OCDE, donde el promedio de recaudación tributaria como proporción del PIB se ha mantenido relativamente estable desde 1990 (aunque a un nivel más alto que el promedio de ALC). La recaudación tributaria como proporción del PIB de la OCDE alcanzó el 34.0%, en 2022, 3.2 p.p. por encima de su nivel de 1990. De este modo, la diferencia entre los promedios de este coeficiente tributario de ALC y la OCDE se ha reducido considerablemente a lo largo del tiempo y en 2022 se situó en el 12.5% del PIB.

Gráfico 1.6. Recaudación tributaria como proporción del PIB, promedios de ALC y la OCDE, 1990-2022

Porcentaje del PIB

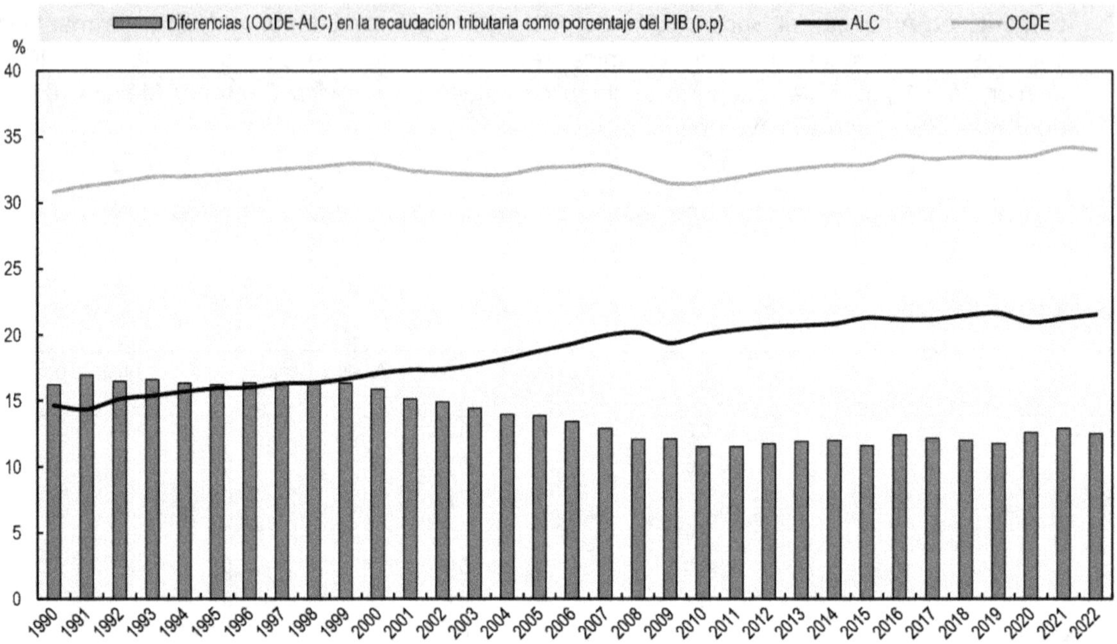

Nota: El promedio de ALC representa el promedio no ponderado de 26 países de la región incluidos en esta publicación, sin contar con Cuba (hasta 2020) ni con Venezuela, debido a problemas de disponibilidad de datos. El promedio de la OCDE representa el promedio no ponderado de los 38 países miembros de la OCDE. Chile, Colombia, Costa Rica y México también forman parte de la OCDE (38).
Fuente: Cálculos propios basados en OCDE *et al.* (2024[4]), Capítulo 4.

StatLink https://stat.link/m341iz

Recuadro 1.3. Factores que influyen en el nivel de recaudación

Existe una serie de factores económicos y estructurales que influyen en la recaudación tributaria como proporción del PIB. Las diferencias entre el promedio de recaudación tributaria como proporción del PIB de ALC y la OCDE son congruentes con la tendencia de los países con niveles de renta más elevados de presentar también mayores coeficientes tributarios (Gráfico 1.7). Argentina, Barbados, Brasil y Uruguay presentan unos coeficientes tributarios y niveles de renta similares a los de algunos países de la OCDE. Los análisis empíricos sugieren que una recaudación impositiva más sólida, unida a mejores instituciones, educación y conocimientos y diversificación económica, ha permitido a varios países de la OCDE evitar la trampa de las rentas medias, a diferencia de lo ocurrido en los países de la región de ALC (Melguizo et al., 2017[16]).

El PIB per cápita (medida del nivel de renta de un país), la apertura comercial, las dotaciones de recursos naturales y la importancia de la agricultura en la economía son factores económicos y estructurales que influyen en la recaudación tributaria como proporción del PIB. La capacidad de las administraciones tributarias, los niveles de corrupción y la moral tributaria (la predisposición de las personas a pagar impuestos) también están íntimamente relacionados con el nivel de ingresos tributarios (OECD, 2014[17]; OECD, 2019[18]).

Gráfico 1.7. PIB per cápita en PPA (USD) y recaudación tributaria como proporción del PIB en la región de ALC, la OCDE y un grupo de economías de África, Asia y el Pacífico, 2021

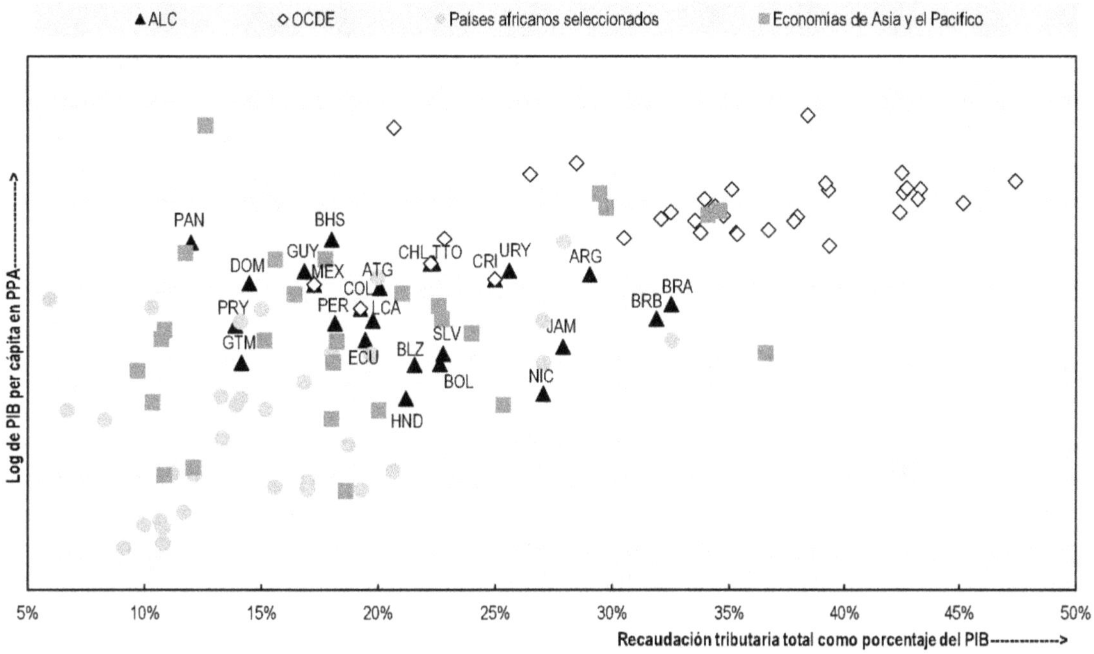

Nota: El año de comparación es 2021, dado que los datos relativos a la recaudación tributaria como proporción del PIB de 2022 de las economías seleccionadas de África, Asia y el Pacífico no están disponibles. No se incluyen ni Cuba ni Venezuela debido a los problemas de datos. La paridad de poder adquisitivo (PPA) entre dos países es el tipo de cambio entre las divisas de dos países para garantizar que una determinada suma en la moneda del primer país sirve para adquirir la misma cantidad de bienes y servicios en el segundo país. El tipo de conversión PPA implícito se expresa como moneda nacional por dólar internacional actual. El dólar internacional tiene el mismo poder adquisitivo que el dólar estadounidense en los Estados Unidos. El dólar internacional es una moneda hipotética que se utiliza como medio para convertir y comparar los costos de un país a otro utilizando un punto de referencia común, el dólar estadounidense (USD).
Fuente: FMI (2022) para las cifras del PIB per cápita. La fuente de la recaudación tributaria como proporción del PIB es la base de datos de estadísticas tributarias mundiales *Global Revenue Statistics* (http://www.oecd.org/tax/tax-policy/global-revenue-statistics-database.htm).

StatLink https://stat.link/hremzv

La recaudación tributaria como proporción del PIB también refleja las opciones políticas acerca del papel que desempeña el gobierno y su tamaño. Por ejemplo, el alcance de la participación pública en la financiación de la seguridad social es un factor importante que subyace a los dispares coeficientes tributarios de la región de ALC. Desde la década de 1980, muchos países de ALC, como Chile, El Salvador y México, han privatizado la salud y las pensiones, en mayor o menor medida: estos aportes a entidades privadas no se consideran contribuciones a la seguridad social. En Colombia y Perú, los sistemas públicos y privados conviven y los trabajadores pueden optar entre ellos (OECD et al., 2015[19]; OECD/IDB/The World Bank, 2014[20]). Por otro lado, Argentina, Brasil y Uruguay siguen un modelo de complementariedad entre los sistemas público y privado. En estos países, se emprendieron reformas sustanciales para ampliar la cobertura de los sistemas de seguridad social a las personas que estaban excluidas. Esto también ha sido fundamental para el aumento de los ingresos tributarios (CEPAL, 2014[21]).

La informalidad es otro factor que impacta la recaudación de tributos en la región al reducir considerablemente la base imponible. El empleo informal representa cerca del 60% de los trabajadores en América Latina y el Caribe (OECD, 2020[22]).

La región de ALC pierde cantidades importantes de ingresos tributarios como consecuencia de la evasión impositiva y la planificación fiscal abusiva. Se calcula que los ingresos no recaudados fruto del incumplimiento tributario en la región alcanzaron el 6.1% del PIB en 2018, principalmente por el impuesto sobre la renta (3.8% del PIB) y el IVA (2.3% del PIB (CEPAL, 2020[23]).

Asimismo, también pueden afectar a la recaudación tributaria como proporción del PIB la ubicación geográfica y factores históricos: por ejemplo, los países sin litoral tienen menos capacidad de gravar los bienes y servicios en un puerto de entrada que los costeros. Además, los condicionantes sociodemográficos, como el nivel educativo o la participación femenina en el mercado laboral, también son importantes. Por último, factores internacionales, como las políticas tributarias de otros países, pueden tener un efecto sobre la recaudación tributaria como proporción del PIB.

El Gráfico 1.8 muestra la evolución, desde 1990, del promedio de recaudación tributaria como proporción del PIB de las tres subregiones de ALC. Aunque los niveles tributarios de las tres subregiones han mostrado una tendencia creciente durante las últimas tres décadas, sus trayectorias reflejan importantes diferencias:

- En promedio, América del Sur experimentó el crecimiento más fuerte entre 1990 y 2022, de 10.0 p.p. La subregión registró un firme aumento de su recaudación tributaria como proporción del PIB durante la década de 1990. Sin embargo, a partir de 2015, el cociente se fue acercando al promedio de ALC y, a partir de 2019, ha seguido la tendencia de este. En 2022, la recaudación tributaria como proporción del PIB de América del Sur se situó en el 23.5%, 2.0 p.p. por encima del promedio de ALC y 1.0 p.p. por encima del nivel anterior a la crisis de 2019.
- El aumento del promedio de la recaudación tributaria como proporción del PIB de América Central y México durante el período ha seguido una tendencia similar al promedio de ALC, al ascender a 6.4 p.p. Entre 1990 y 2022, el promedio de recaudación tributaria como proporción del PIB de esta subregión se mantuvo por debajo del promedio de la región de ALC; en 2022 se situó en el 19.4%, 2.2 p.p. menos que el promedio de ALC, pero 0.9 p.p. por encima de su nivel antes de la crisis (18.5% en 2019).
- Entre 1990 y 2022, el promedio de recaudación tributaria como proporción del PIB del Caribe aumentó 3.4 p.p. entre 1990 y 2022, y ha se ha mantenido constantemente por encima del promedio de ALC. Tras un fuerte aumento entre 2017 y 2019, la recaudación tributaria como porcentaje del PIB del Caribe experimentó un fuerte descenso desde entonces. El Caribe es la única subregión que no ha recuperado su nivel anterior a la crisis: el promedio de la recaudación tributaria como proporción del PIB se situó en el 21.7% en 2022, 2.2 p.p. menos que en 2019.

Gráfico 1.8. Promedio de recaudación tributaria como proporción del PIB, ALC y subregiones, 1990-2022

Porcentaje del PIB

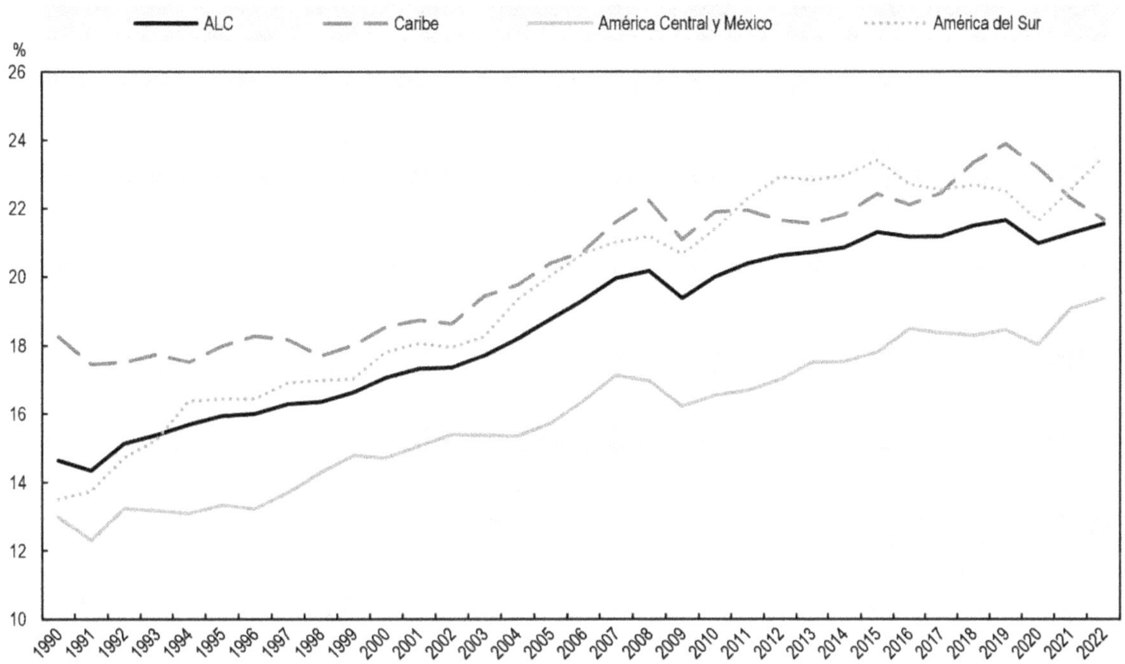

Nota: El promedio de ALC representa el promedio no ponderado de 26 países de la región incluidos en esta publicación, sin contar con Cuba (hasta 2020) ni con Venezuela, debido a los problemas de disponibilidad de datos. El Caribe incluye ocho países (Antigua y Barbuda, Bahamas, Barbados, Belice, Guyana, Jamaica, Santa Lucía y Trinidad y Tobago), América Central y México, nueve países (Costa Rica, Cuba desde 2021, República Dominicana, El Salvador, Guatemala, Honduras, México, Nicaragua y Panamá) y América del Sur, nueve países (Argentina, Bolivia, Brasil, Chile, Colombia, Ecuador, Paraguay, Perú y Uruguay). La clasificación de los países en las diferentes subregiones sigue la clasificación de la CEPAL y se basa en el idioma oficial de cada uno de ellos. En el «Caribe» se incluyen los países de habla inglesa y Guyana, mientras que «América Central y México» abarca países hispanohablantes e incluye a la República Dominicana.
Fuente: Cálculos propios basados en OCDE *et al.* (2024[4]), Capítulo 4.

StatLink https://stat.link/xb1y6z

Evolución de la recaudación por tipo de impuesto desde 1990

La recaudación tributaria como proporción del PIB en los países de ALC aumentó a principios de los años noventa, tras una década de inestabilidad macroeconómica. Durante los años ochenta, muchos países sufrieron grandes desequilibrios presupuestarios y algunos recurrieron a formas alternativas de financiación del gasto (préstamos o emisión de moneda), con lo que se originó una rápida inflación en toda la región, que menoscabó el valor real de los ingresos tributarios. Las reformas emprendidas en los años noventa se centraron en la estabilidad de los precios, la liberalización del comercio y la disciplina presupuestaria. La mayoría de los gobiernos redujeron el gasto y aplicaron políticas dirigidas a aumentar los ingresos tributarios; la gestión presupuestaria y el equilibrio presupuestario mejoraron considerablemente. Los responsables políticos pusieron en marcha reformas en la política impositiva y la administración encaminadas a reforzar los regímenes tributarios frente a los episodios inflacionistas, reduciendo los desfases recaudatorios e indexando las deudas tributarias (CEPAL, 2018[24]).

La introducción del IVA ha sido la reforma tributaria más importante de la región de ALC, en las últimas tres décadas. A principios de la década de 1990, casi todos los países estaban implantando el régimen del IVA y realizando reformas dirigidas a aumentar su tipo o tasa impositiva, a fin de ampliar su base y aumentar la recaudación. Varios países han pasado a regímenes de IVA de tipo único (CEPAL, 2018[24]).

Durante las dos últimas décadas, los países de la región de ALC han realizado grandes esfuerzos para modernizar la administración tributaria. Se han implantado sistemas informáticos nuevos, los sistemas de recaudación se han hecho más eficientes y el personal ha adquirido experiencia (BID, 2013[25]). Las reformas tributarias han incluido la introducción o el desarrollo de regímenes simplificados para pequeños contribuyentes, la tributación de la propiedad en regímenes de rentas presuntas y la ampliación de la tributación a los rendimientos del trabajo y del capital, incluidos los dividendos. Las reformas también han incluido la creación de impuestos mínimos, impuestos sobre las operaciones financieras y reducciones graduales en el nivel de ingresos reales gravados al tipo marginal máximo (CEPAL, 2013[26]; CEPAL, 2018[24]).

Gráfico 1.9. Recaudación de algunos impuestos en la región de ALC, 1990-2022

Porcentaje del PIB

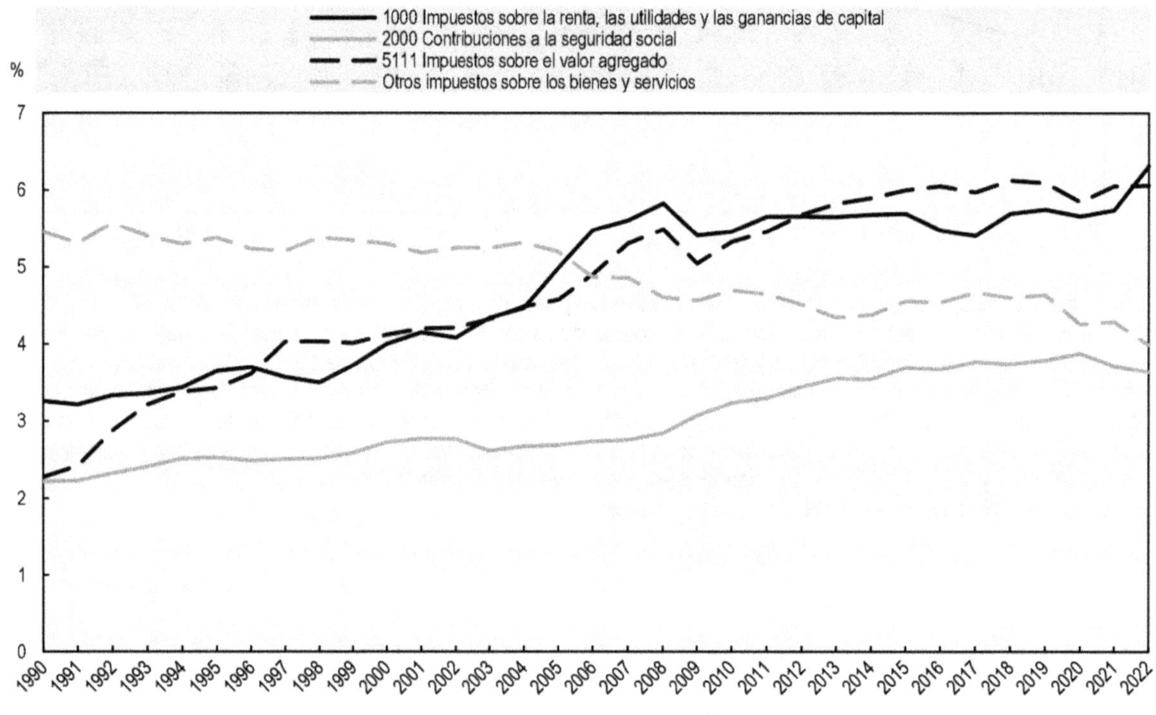

Nota: El promedio de ALC representa el promedio no ponderado de 26 países de la región incluidos en esta publicación, sin contar con Cuba (hasta 2020) ni con Venezuela, debido a problemas de disponibilidad de datos.
Fuente: Cálculos propios basados en OCDE *et al.* (2024[4]), Capítulo 4.

StatLink https://stat.link/8xd7fz

Desde 1990, el incremento del promedio de recaudación tributaria como proporción del PIB de la región de ALC se ha visto en gran medida impulsado por los aumentos de la recaudación del IVA y de los impuestos sobre la renta y las ganancias (IRPF e IS combinados), que se alzaron 3.8 p.p. y 3.1 p.p. respectivamente, entre 1990 y 2022. En este último año, la recaudación del IVA equivalió al 6.1% del PIB, mientras que los ingresos procedentes de los impuestos sobre la renta y las ganancias representaron el 6.3% del PIB (Gráfico 1.9).

Entre 1990 y 2022, la recaudación de OIC como porcentaje del PIB se redujo en la región de ALC. Esta reducción está asociada a la liberalización del comercio, cuyo resultado fue que los países de ALC cambiaron la forma de gravar los bienes importados y exportados, así como determinados bienes y servicios. Estos cambios incluyeron una reducción de los derechos de importación, la limitación de la base de productos y servicios sujetos a impuestos especiales y la eliminación de impuestos sobre las exportaciones. Una excepción es Argentina, país en el que se restablecieron los impuestos sobre las exportaciones en 2002, se abolieron parcialmente en 2015 y se volvieron a introducir en 2018.

Pueden diferenciarse cinco etapas en la evolución de los ingresos tributarios:

- Entre 1990 y 2002, el IVA contribuyó más al aumento de los ingresos tributarios que los impuestos sobre la renta y las ganancias (el 1.9% del PIB frente al 0.8%). Durante este período, cinco países introdujeron el IVA (Barbados, Belice, El Salvador, Jamaica y Paraguay). Otros países aumentaron sus tipos generales de IVA y emprendieron reformas para incrementar la base imponible y mejorar la recaudación tributaria.
- Entre 2002 y 2008, los ingresos procedentes de los impuestos sobre la renta y las ganancias contribuyeron más que el IVA al aumento del promedio de la recaudación tributaria como proporción del PIB (los incrementos representaron el 1.7% y el 1.3% del PIB, respectivamente). El incremento de los impuestos sobre la renta se explica, en parte, por la fuerte alza que experimentaron los precios de los productos básicos a partir de 2003, que impulsó los ingresos por el IS del sector de los recursos naturales (CEPAL, 2014[21]; Barreix, Benítez and Pecho, 2017[27]). En varios países, este incremento también se explica por las políticas que redujeron los estímulos fiscales en las zonas de libre comercio, la introducción de impuestos mínimos para las sociedades, las reformas en la tributación internacional y los acuerdos entre países para luchar contra la evasión de impuestos.
- Los ingresos procedentes del IVA y de los impuestos sobre la renta sufrieron un descenso durante la crisis financiera mundial. En la recuperación posterior, la recaudación del IVA aumentó con mayor rapidez que la recaudación promedio del impuesto sobre la renta como porcentaje del PIB de la región y en 2013, la superó. Los precios de los productos básicos contribuyeron al estancamiento de la recaudación de los impuestos sobre la renta entre 2011 y 2015 y, entre 2015 y 2016, a su descenso. Durante este período, dos nuevos países del Caribe introdujeron el IVA (Santa Lucía en 2012 y Bahamas, en 2015).
- Entre 2016 y el principio de la crisis de COVID-19 en 2020, se recuperaron los precios de los productos básicos y repuntaron los ingresos procedentes del impuesto sobre la renta. Entre 2017 y 2018, los ingresos por impuestos sobre la renta experimentaron su mayor aumento desde 2011, de 0.3 p.p. en promedio, gracias a las fuertes ganancias generadas en los sectores de la minería y de extracción de gas y petróleo.
- En 2020, todas las categorías de impuestos principales, salvo las CCS, sufrieron un descenso como porcentaje del PIB debido a la pandemia de COVID-19 antes de incrementarse en 2021. En 2022, solo aumentó el IS como porcentaje del PIB en relación con 2021, tal como se ha explicado previamente en este capítulo.

El Gráfico 1.11 muestra la evolución de la recaudación por IRPF, IS y los impuestos sobre la renta en total desde 2005. Durante este período, el IS se ha mantenido como el impuesto que representa la proporción principal de la recaudación de impuestos sobre la renta en la región de ALC, al situarse cerca del 60% en promedio. Aunque la recaudación del IS como porcentaje del PIB ha mostrado mayor volatilidad que los ingresos por IRPF, ha sido el principal motor de crecimiento de la recaudación total a lo largo del tiempo. Los tipos impositivos del IS son relativamente elevados en la región de ALC y las disposiciones en materia tributaria son menos generosas que en otros países, lo que provoca un promedio efectivo más alto y tipos impositivos marginales del impuesto de sociedades en la región de ALC (véase el Recuadro 1.4).

Recuadro 1.4. Tipos impositivos efectivos del impuesto de sociedades en América Latina y el Caribe

Los tipos impositivos que se aplican a las ganancias empresariales en la región de ALC son elevados según los estándares internacionales, lo que puede perjudicar la competencia y las inversiones. Este es un asunto especialmente preocupante, habida cuenta del escaso nivel de inversión privada de los países de ALC.

La percepción de que las cargas impositivas sobre las ganancias empresariales son elevadas en la región de ALC se basa en dos factores. En primer lugar, la recaudación promedia del IS es relativamente alta; en 2021, ascendió a un 3.4% del PIB, frente a un 3.3% del PIB en los países de la OCDE. En segundo lugar, los tipos impositivos legales del IS son relativamente elevados; mientras que el tipo promedio de este impuesto es del 23.6% en la OCDE, en la región de ALC asciende al 24.1%.

Sin embargo, los niveles de la recaudación y los tipos impositivos legales del IS no reflejan una visión completa del impacto que tiene el régimen tributario en las inversiones empresariales. Por ejemplo, los tipos impositivos legales no tienen en cuenta disposiciones en materia tributaria que afectan a la definición de las bases del impuesto de sociedades. Estas disposiciones incluyen provisiones relativas a la amortización tributaria, las deducciones por pagos de intereses y la financiación de capital. Puesto que dichas disposiciones pueden afectar de manera significativa a las obligaciones tributarias, resultan fundamentales para la correcta medición de una imposición efectiva en los diferentes regímenes tributarios.

Para calibrar mejor las cargas tributarias que soportan las empresas, (Hanappi et al., 2023[28]) ha calculado los tipos impositivos efectivos a futuro de 21 países de ALC. Su metodología se basa en las *Estadísticas del Impuesto de Sociedades (Corporate Tax Statistics* (OECD, 2022[29]) y permite comparar 77 jurisdicciones. Esta metodología no precisa información de las declaraciones de impuestos porque los cálculos se basan en supuestos sobre los beneficios financieros de proyectos de inversión hipotéticos, a los que se aplican las leyes tributarias existentes para determinar la cantidad del impuesto que se adeuda. Se calculan dos modalidades de tipos impositivos efectivos: (i) el tipo impositivo promedio efectivo, que mide el porcentaje de ganancias que las empresas destinan a pagar el IS y (ii) el tipo impositivo marginal efectivo, que mide el grado en que los impuestos aumentan el coste marginal del capital (para obtener más información, véase (Hanappi et al., 2023[28])).

Los resultados muestran que los países de ALC presentan altos tipos impositivos efectivos marginales y promedio. En 2021, la media del tipo impositivo promedio efectivo de los 21 países de ALC era de 23.9%, en comparación con el 21.9% de los países de la OCDE y el 17.1% de los restantes países analizados por la OCDE. En el caso del tipo impositivo marginal efectivo, el tipo promedio en la región de ALC fue del 13.8%, prácticamente el doble del promedio de los países de la OCDE, que se situó en el 7.6% y del resto de países, del 7.8% (Gráfico 1.10).

Por países, el tipo impositivo efectivo promedio de Argentina, Brasil y Chile es el más elevado de las 89 jurisdicciones analizadas. Por lo que se refiere al tipo impositivo marginal efectivo, Argentina, Bolivia, Chile, Jamaica y Perú parecen situarse entre los diez países con un tipo más elevado.

Gráfico 1.10. Tipos impositivos reglamentarios y tipos impositivos efectivos, 2021

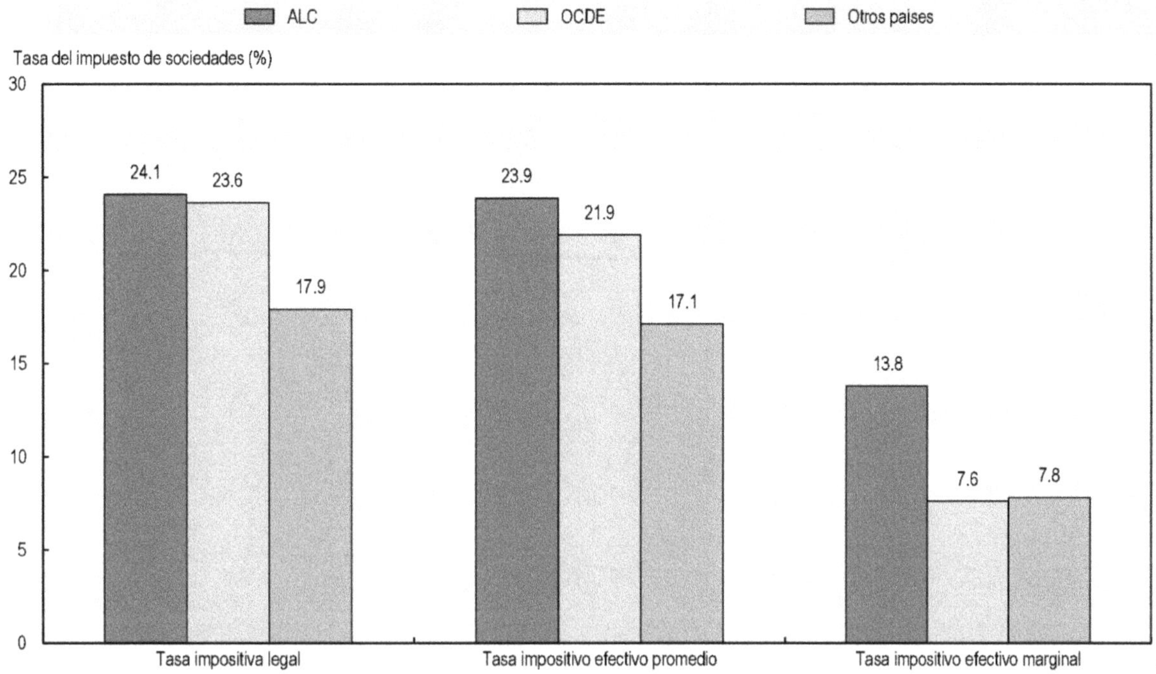

Fuente: (Hanappi et al., 2023[28])

StatLink https://stat.link/1jf74h

Los elevados tipos impositivos efectivos de los países de ALC se deben principalmente a las elevadas tasas impositivas legales del IS pero también, en parte, a unas disposiciones en materia tributaria que son poco generosas. La media del tipo impositivo promedio efectivo de los países de ALC es solo 0.2 p.p. inferior a los tipos reglamentarios, mientras que en los países de la OCDE es 1.7 p.p. inferior en promedio.

Un claro ejemplo de lo poco generosas que son las disposiciones en materia tributaria es el tratamiento de la amortización de los programas informáticos en varios países de la región de ALC. Pese a que la tasa de amortización económica anual real de los programas informáticos se estima que es del 40%, la legislación chilena no permite amortizar los programas informáticos y las tasas de amortización de Argentina y Bolivia son muy bajas (del 2% y el 5%, respectivamente).

Fuente: (Hanappi et al., 2023[28])

Al mismo tiempo, la recaudación promedio por IRPF ha ido aumentando de forma constante en toda la región y resistió mejor la crisis financiera mundial y la de COVID-19 que la recaudación del IS. En 2022, los promedios de los ingresos por estos dos impuestos en ALC se situaron en el 3.9% y el 2.0% del PIB, respectivamente.

Gráfico 1.11. Recaudación de los impuestos sobre la renta y las ganancias, IS e IRPF en la región de ALC, 2005-2022

Porcentaje del PIB

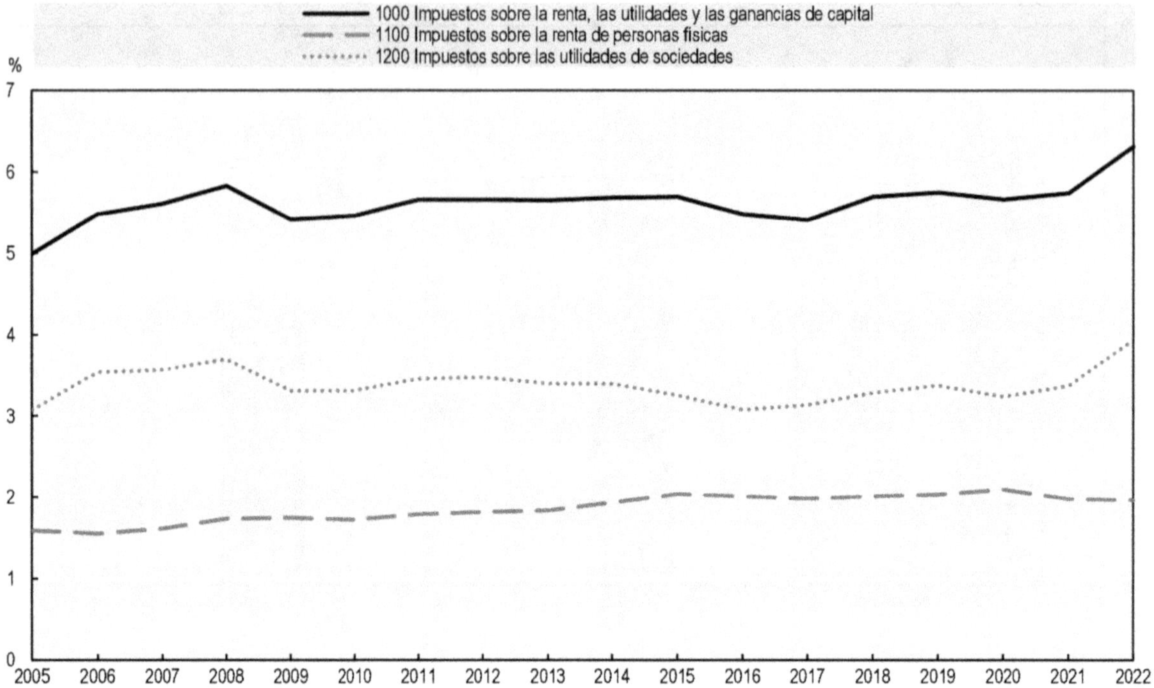

Nota: Los promedios de ALC no incluyen a Cuba (hasta 2020) ni a Venezuela por problemas de datos. Ecuador está incluido en el promedio de ALC correspondiente a los ingresos totales por impuestos sobre la renta, pero está excluido de los promedios de ALC correspondientes a los ingresos por IRPF e IS como porcentaje del PIB.
Fuente: OCDE *et al.* (2024[4]), "Revenue Statistics in Latin America and the Caribbean: Comparative tables", *OECD Tax Statistics* (base de datos), http://dx.doi.org/10.1787/data-00641-en.

StatLink https://stat.link/bvh583

En las dos últimas décadas, se aprecian importantes diferencias en la evolución de las principales categorías tributarias entre las tres subregiones de ALC:

- El Caribe registró un considerable aumento de la recaudación promedio por IVA como porcentaje del PIB. Siete de los ocho países caribeños incluidos en este informe[2] introdujeron el régimen del IVA durante este período, más tarde que la mayoría de los países de América Central y México y de América del Sur. El IVA fue el factor que más impulsó el aumento global de la recaudación tributaria como proporción del PIB del Caribe durante este período.
- En América Central y México y en América del Sur, los impuestos sobre la renta y las ganancias fueron los que más contribuyeron al aumento de la recaudación tributaria total como proporción del PIB, seguidos de la recaudación del IVA. El aumento de los precios de los minerales y del petróleo, entre 2003 y 2010, condicionó los ingresos procedentes de los impuestos sobre la renta y las ganancias.

Estructuras tributarias en la región de ALC

La estructura tributaria (definida como la participación de los principales tipos de impuestos en la recaudación tributaria total) refleja la composición de los ingresos tributarios según los diferentes tipos de impuestos. Se trata de un importante indicador para entender los efectos económicos y sociales de los regímenes tributarios en la región de ALC.

Evolución de las estructuras tributarias, 1990-2022

En 2022, los impuestos sobre bienes y servicios generaron la mayor proporción de ingresos tributarios totales en la región de ALC, pues constituyeron, en promedio, aproximadamente la mitad de la tributación total. Durante las últimas tres décadas, la estructura tributaria, en promedio, de ALC se ha desplazado hacia el IVA, los impuestos sobre la renta y las ganancias y las contribuciones a la seguridad social, mientras que los otros impuestos al consumo han perdido relevancia.

- En 2022, la participación de la recaudación del IVA en los ingresos tributarios totales alcanzó el 28.3%, que representa un aumento de 12.1 p.p. desde 1990. La participación en la recaudación de otros impuestos sobre bienes y servicios (como los impuestos especiales, y los derechos de aduana y de importación) se redujo 22.1 p.p., durante el mismo período.
- Entre 1990 y 2022, la participación de la recaudación de los impuestos sobre la renta y las ganancias creció 9.4 p.p. (del 20.3% al 29.8% de los ingresos tributarios totales).
- Desde 1990, la participación de las contribuciones a la seguridad social en los ingresos tributarios totales ha aumentado 2.7 p.p. hasta alcanzar el 16.7%, en 2022. Dos factores (opuestos) han influido en la trayectoria de las contribuciones a la seguridad social. Aunque el aumento de la base imponible regular se tradujo en una mayor recaudación, esta se vio contrarrestada por la privatización total o parcial de la seguridad social que se produjo en muchos países, sobre todo entre mediados de los años noventa y 2010 (OECD et al., 2015[19]).

La participación del IRPF en los ingresos tributarios totales creció del 8.0%, en 2005, al 9.2%, en 2022, en parte, gracias al incremento de las rentas de las personas físicas en toda la región, durante las últimas dos décadas, antes del impacto de la COVID-19. No obstante, en comparación con los países de la OCDE, la participación media de la recaudación del IRPF se mantiene en niveles bajos en los países de ALC, a pesar de que algunos países han introducido reformas para ampliar su base imponible. Tras la crisis financiera mundial, varios países establecieron tipos fijos sobre rentas del capital que antes estaban exentas y aplicaron tipos progresivos sobre rentas del trabajo (CEPAL, 2014[21]). En la región de ALC, hay relativamente pocos sujetos pasivos del IRPF, debido en gran parte a los elevados niveles de informalidad y a que la población se concentra en los niveles de bajos ingresos: en 2013, solo un 10% de la población de América Latina eran contribuyentes registrados (BID, 2013[25]).

Gráfico 1.12. Estructura tributaria promedio en la región de ALC, 2005-2022

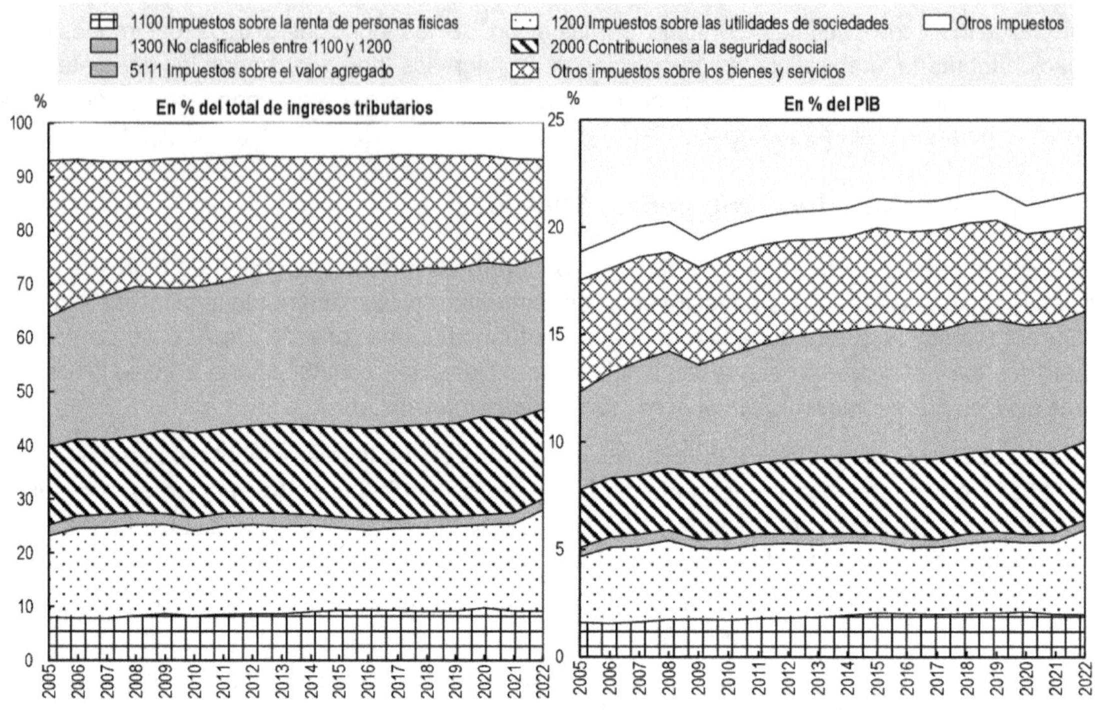

Nota: Se excluye a Cuba (hasta 2020) y Venezuela del promedio de ALC por los problemas de disponibilidad de datos. A su vez, se excluye a Ecuador del promedio de la recaudación del IS como porcentaje del PIB de ALC por problemas de calidad de los datos.
Fuente: Cálculos propios basados en OCDE *et al.* (2024[4]), "Revenue Statistics in Latin America: Comparative tables", *OECD Tax Statistics* (base de datos), http://dx.doi.org/10.1787/data-00641-en.

StatLink https://stat.link/75axgp

Existe otra serie de factores que contribuyen a limitar los ingresos del IRPF, como la existencia de una base imponible reducida integrada principalmente por salarios (puesto que los privilegios fiscales se suelen otorgar a los rendimientos del capital), las elevadas desgravaciones fiscales (por ejemplo deducciones personales y exenciones en el impuesto sobre la renta), así como los elevados niveles de evasión (Barreix, Benítez and Pecho, 2017[27]; CEPAL, 2014[21]; CEPAL, 2023[8]). (CEPAL, 2020[23]) concluye que, en determinados países de ALC, existen unas altas tasas de evasión del IRPF, según los datos que arrojan estudios efectuados sobre la evasión de impuestos, que oscilan entre el 18.7%, en México (cifra de 2016, equivalente a unas pérdidas de ingresos tributarios del 0.8% del PIB), y el 69.9%, en Guatemala (cifra de 2006, equivalente a unas pérdidas de ingresos tributarios del 0.5% del PIB). La evasión es más habitual entre los autónomos que entre los trabajadores por cuenta ajena. Un estudio relativo a México concluyó que las pérdidas de ingresos tributarios como porcentaje del PIB de las personas que desarrollan actividades profesionales son cinco veces más altas que las de los asalariados y, en el caso de las personas con ingresos por alquiler son siete veces superiores. De manera similar, en Costa Rica, la tasa de evasión de los asalariados y los pensionistas fue únicamente del 3.5% en 2018, mientras que la tasa de incumplimiento en relación con actividades lucrativas se situó en el 82.7% en 2018 y, desde 2015, ha seguido una tendencia al alza (CEPAL, 2023[8])

El efecto redistributivo del IRPF en América Latina es escaso, ya que se consigue una reducción de tan solo el 2% en la desigualdad en materia de ingresos, lo que contrasta notablemente con los países de la Unión Europea, donde los impuestos sobre la renta redujeron la desigualdad un 12% en 2014. La reducción del coeficiente Gini que puede atribuirse al IRPF en la región de ALC osciló en 2014 entre un

0.3% (Paraguay) y un 5.9% (México) (OECD, 2018[30]). Un gran número de países de ALC aplican con frecuencia diferimientos en el pago de impuestos, tipos reducidos y exenciones, que suelen tener un efecto redistributivo menor al de las desgravaciones tributarias específicas. Los diferimientos posponen la fecha límite para declarar y liquidar los impuestos, pero no ajustan el cálculo en función de los ingresos de los hogares. Las exenciones del IRPF, por otra parte, pueden reducir los ingresos y menoscabar el efecto redistributivo. Sin embargo, es importante considerar la heterogeneidad de la región, puesto que la eliminación de muchos de esos privilegios tributarios o la reducción de sus umbrales podría potenciar el efecto redistributivo, aunque a costa de agravar las distorsiones en la eficiencia distributiva, lo que podría influir en las decisiones y el comportamiento de los contribuyentes (CEPAL, 2023[8]).

Mejorar el diseño del IRPF podría aumentar la progresividad de los sistemas tributarios de la región de ALC e incrementar la recaudación. Los regímenes tributarios más progresivos de la región precisan de administraciones tributarias más eficientes. Resulta esencial que el diseño del IRPF de cada país, así como las posibles reformas encaminadas a su efectividad, muestren un equilibrio entre los principios de la simplicidad administrativa, la equidad distributiva y la suficiencia de los ingresos (CEPAL, 2023[8]).

La participación del IS en los ingresos tributarios totales aumentó 3.6 p.p. entre 2005 y 2022, al alcanzar un 18.8%, debido principalmente al importante aumento de recaudación del impuesto de sociedades y el descenso de la recaudación de los otros impuestos al consumo entre 2021 y 2022. La evasión del impuesto de sociedades también es un problema importante en la región de ALC, ya que las tasas de evasión de este impuesto son superiores a las del IRPF. La CEPAL (2020[23]) afirma que «el rango de tasas de evasión en este impuesto van desde el 19.9% en México hasta casi el 80%, en Guatemala». Se calcula que las pérdidas de ingresos tributarios atribuidas a la evasión de impuestos superan el 4% del PIB en la República Dominicana, Guatemala, Perú y Panamá.

En 2022, la mayor participación en los ingresos correspondía a los impuestos del IVA en las tres subregiones. En 2022, América del Sur presentó la mayor participación del IVA, con un 30.8% en promedio. En 2022, las contribuciones a la seguridad social más bajas fueron las del Caribe, que representaron el 11.8% de los ingresos tributarios totales, en promedio. Esta cifra se sitúa ligeramente por debajo de la mitad del promedio de las otras subregiones (el 18.9% y 18.5%, respectivamente en América Central y México, y en América del Sur). Las tres subregiones generaron más ingresos procedentes del IS que del IRPF.

Estructuras tributarias promedio en ALC y la OCDE

En relación con el promedio de los países de la OCDE, la composición media de la estructura tributaria de la región de ALC se caracteriza por unos ingresos bajos procedentes del impuesto sobre la renta de las personas físicas y las contribuciones a la seguridad social (Gráfico 1.13). Los países de ALC dependen fuertemente de los impuestos sobre bienes y servicios, que representan, en promedio, la mitad de los ingresos tributarios, frente al aproximadamente un tercio de las economías de la OCDE. Sin embargo, como porcentaje del PIB, en 2021, la recaudación procedente de los impuestos sobre bienes y servicios de la región de ALC y la OCDE fueron similares, un 10.3% y un 10.7%, respectivamente[3].

Por el contrario, la participación combinada de los impuestos sobre la renta y los beneficios y las CSS como porcentaje de la recaudación de impuestos total fue mucho menor en la región de ALC que en la OCDE en 2021 (el 45.0% frente al 60.7%, como promedio). Como porcentaje del PIB, estas dos categorías alcanzaron el 9.5% en la región de ALC, menos de la mitad del promedio de la OCDE (que se sitúa en el 21.0%). Esta diferencia se explica, en parte, por la tendencia a privatizar las prestaciones de la seguridad social en muchos países de ALC.

Como promedio, el IS generó el 16.3% de los ingresos tributarios totales en la región de ALC frente al 10.2% en la zona de la OCDE (el 3.4% y el 3.3% del PIB respectivamente). La diferencia más llamativa entre los promedios de ambas regiones se relaciona con la recaudación del IRPF, que en 2021 representó el 23.7% de los ingresos tributarios totales de la OCDE y el 9.2% de la región de ALC. Como promedio, la recaudación del IRPF ascendió al 2.0% del PIB, en la región de ALC, frente al 8.3% en la OCDE.

Gráfico 1.13. Estructura tributaria promedio en ALC y la OCDE, 2021

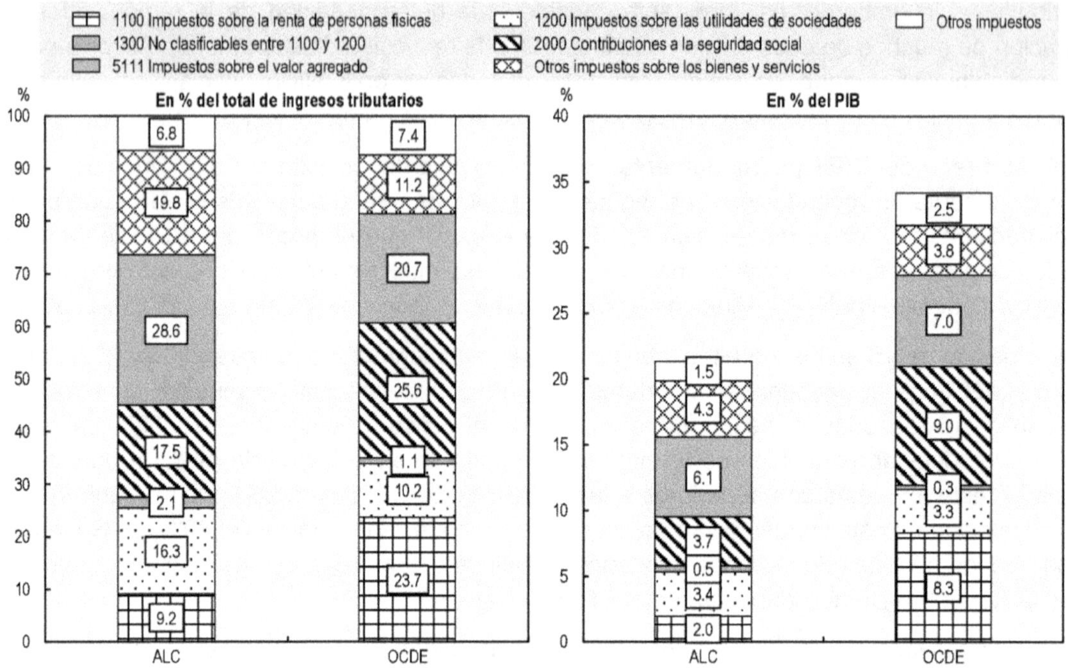

Nota: El año de comparación es 2021, puesto que los datos relativos al promedio de la OCDE del año 2022 no están disponibles. Se excluye a Venezuela del promedio de ALC por los problemas de disponibilidad de datos. A su vez, se excluye a Ecuador del promedio de la recaudación del IS como porcentaje del PIB de ALC por problemas de calidad de los datos. El promedio de la OCDE representa el promedio no ponderado de los 38 países miembros de la OCDE. Chile, Colombia, Costa Rica y México también forman parte de la OCDE (38).
Fuente: Cálculos propios basados en OCDE *et al.* (2024[4]), "Revenue Statistics in Latin America: Comparative tables", *OECD Tax Statistics* (base de datos), http://dx.doi.org/10.1787/data-00641-en.

StatLink https://stat.link/rc7nip

En la región de ALC, los impuestos sobre los bienes inmuebles y las nóminas (que se incluyen en la categoría «otros impuestos»), en promedio, son una fuente de ingresos menos relevante que en la OCDE, aunque hay dificultades de disponibilidad de datos relativos a los impuestos sobre la propiedad.

Estructura tributaria en los países de ALC

Los impuestos sobre los bienes y servicios fueron la principal fuente de ingresos en todos los países de ALC, excepto en Costa Rica, Cuba, Guyana, México, Panamá y Trinidad y Tobago en 2022 (Gráfico 1.14). En Cuba, Guayana, México y Trinidad y Tobago, la recaudación procedente de los impuestos sobre la renta y los beneficios representó la mayor proporción, mientras que, en Costa Rica y Panamá, la principal fuente de ingresos fueron las CSS.

En la mayoría de los países en los que los impuestos sobre bienes y servicios fueron la principal fuente de ingresos, la recaudación del IVA supuso una mayor proporción que la de los OIC. Diecisiete países presentaron mayores ingresos tributarios procedentes del IVA, que variaron entre el 21.0% de la recaudación total en Brasil y el 46.8% en las Bahamas. Por el contrario, en tres países (de los cuales, dos eran del Caribe), la mayor proporción de la recaudación procedió de los impuestos sobre bienes y servicios distintos del IVA. En este grupo se incluye a Argentina, que obtuvo el 26.7% de sus ingresos tributarios totales de impuestos sobre bienes y servicios distintos al IVA: los impuestos a la exportación representaron casi una cuarta parte de esta categoría y fueron equivalentes al 2.1% del PIB, frente a menos del 0.1% del PIB, en promedio, de la región.

Gráfico 1.14. Estructuras tributarias en los países de ALC, 2022

Porcentaje de los ingresos tributarios totales

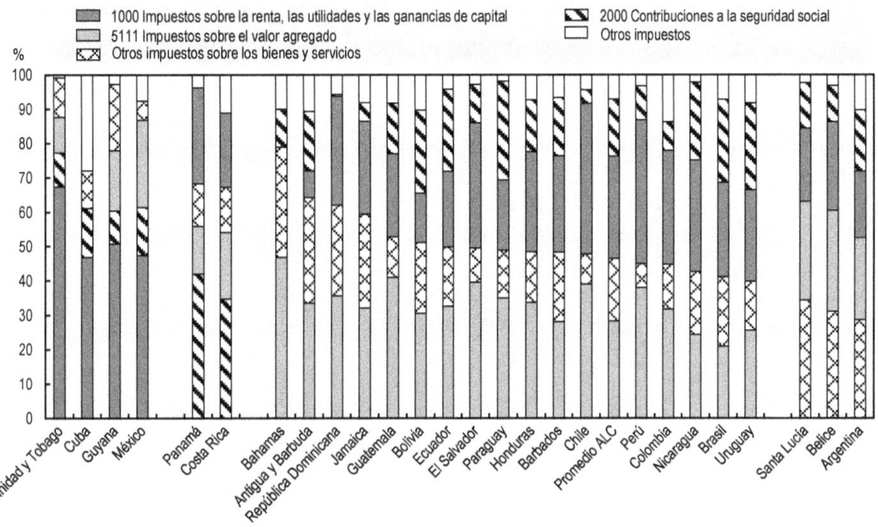

Nota: Los países están agrupados en función de la principal proporción de ingresos tributarios entre 1000 impuestos sobre la renta y los beneficios, 2000 contribuciones a la seguridad social, 5111 impuestos sobre el valor añadido y otros impuestos sobre bienes y servicios. Bahamas no grava la renta. En Cuba, no existe un régimen de IVA. El promedio de ALC representa el promedio no ponderado de 26 países de ALC incluidos en esta publicación, sin contar con Venezuela por los problemas de disponibilidad de datos.
Fuente: Cálculos propios basados en OCDE *et al.* (2024[4]), Capítulo 4.

StatLink https://stat.link/bwhaj5

En 2022, las CSS oscilaron entre el 0.6% de los ingresos tributarios totales de la República Dominicana y el 42.0%, de Panamá. El nivel de estos ingresos refleja las opciones de financiación de la seguridad social (véase el Recuadro 1.3): en países que cuentan con sistemas de seguridad social públicos o mixtos (como Argentina, Bolivia, Brasil, Costa Rica, Panamá, Paraguay y Uruguay), las CSS representaron más del 17% de los ingresos tributarios totales.

Ratio de recaudación del IVA

Este apartado trata sobre el ratio de recaudación del IVA de los países de ALC en 2022. El ratio de recaudación del IVA «mide la diferencia entre los ingresos recaudados por IVA y los ingresos que teóricamente se habrían recaudado si se hubiera aplicado el tipo general del IVA a la totalidad de la base imponible potencial en un régimen de IVA "puro" y se hubiera recaudado la totalidad de los ingresos» (OECD, 2022[31]) . El ratio de recaudación del IVA es el cociente entre los ingresos reales recaudados por IVA y el producto del consumo final (una vez descontada la recaudación del IVA) y el tipo de IVA general. A continuación, se muestra la fórmula de cálculo.

$$\frac{\text{Recaudación del IVA}}{(\text{Gasto de consumo final} - \text{Recaudación de IVA}).\text{Tipo normal del IVA}}$$

Este indicador ofrece una idea de la pérdida de ingresos por IVA que se produce al aplicar exenciones y tipos reducidos o por fraude, evasión y planificación tributaria y deficiencias de las administraciones tributarias. No obstante, ha de interpretarse teniendo en cuenta las características subyacentes del régimen de IVA de cada país, ya que un ratio de recaudación del IVA más elevado podría deberse a un efecto dominó (por ejemplo, si la exención se aplica en las primeras fases de la cadena de suministro) o a que no se hayan reembolsado aún las devoluciones de IVA. También pueden influir en el aumento o descenso de este indicador otros factores, por ejemplo, el hecho de que las normas del lugar de tributación aplicables al comercio internacional se desvíen del principio de imposición en destino o si no se cobra el impuesto por suministros digitales importados. Asimismo, cabe señalar que también resulta más difícil interpretar el ratio de recaudación del IVA en el caso de los países que tienen una importante dependencia del sector turístico, ya que podrían registrar altos niveles de este indicador por motivos metodológicos: las compras efectuadas por no residentes podrían no incluirse en el gasto de consumo final (el denominador) pero sí incluirse el IVA aplicado a esas compras en los ingresos totales por IVA (el numerador) (Keen, 2013[32]).

Cuadro 1.3. Ratio de recaudación del IVA y tipos de IVA en los países de ALC por subregión, 2022

	Ratio de recaudación del IVA	Tipo de IVA (%)
América Central y México	**0.49**	**13.6**
Costa Rica	0.50	13.0
República Dominicana	0.38	18.0
El Salvador	0.73	13.0
Guatemala	0.52	12.0
Honduras	0.52	15.0
México	0.33	16.0
Nicaragua	0.52	15.0
Panamá	0.41	7.0
América del Sur	**0.60**	**16.8**
Argentina	0.47	21.0
Bolivia	0.70	13.0
Chile	0.71	19.0
Colombia	0.42	19.0
Ecuador	0.81	12.0
Paraguay	0.69	10.0
Perú	0.58	18.0
Uruguay	0.45	22.0
Caribe	**0.64**	**13.6**
Antigua y Barbuda	0.71	15.0
Bahamas	1.26	10.0
Barbados	0.62	17.5
Belice	0.71	12.5
Guyana	0.22	14.0
Jamaica	0.73	15.0
Santa Lucía	0.59	12.5
Trinidad y Tobago	0.27	12.5
Promedio ALC	**0.58**	**14.7**
Promedio OCDE (2020)	**0.56**	**19.1**

Nota: No se incluye a Brasil, Cuba ni Venezuela. En Brasil existe un régimen tributario en el que se aplican diferentes tipos del impuesto en cada nivel subnacional. En 2022, Cuba no contaba con un sistema de IVA. No hay datos disponibles sobre la recaudación de Venezuela.
Fuente: Los tipos de IVA se han obtenido de (OECD, 2022[31]), las cifras sobre gasto de consumo final del informe WEO (FMI, 2023[5]) y los ingresos por IVA de los cuadros relativos a cada país de la OCDE et al. (2024[4]), Capítulo 5, (OECD, 2022[31]) en relación con las demás cifras de la OCDE.

El Cuadro 1.3 presenta el ratio de recaudación del IVA de los países de ALC y de las tres subregiones. Los niveles máximos de este indicador los registra Bahamas y se sitúan bastante por encima de 1. Este es un ejemplo destacado del impacto de la metodología en la interpretación del ratio de recaudación del IVA, tal como se ha explicado con anterioridad en esta sección. El elevado ratio de recaudación del IVA de Bahamas se debe a que el nominador es artificialmente alto mientras que el denominador no se corresponde con la base impositiva real. En parte esto se explica por el elevado porcentaje de ingresos que recibe el país del sector turístico, que elevan el ratio de recaudación del IVA, porque los recibos del turismo no se contabilizan en el gasto de consumo final del denominador. A pesar de esto, cabe señalar que Bahamas introdujo el IVA en 2015 siguiendo una buena práctica internacional, al incluir un IVA de base amplia con un tipo general bajo (del 7.5%, incrementado al 12.0% en 2018), un reducido número de exenciones y no aplicar tipos reducidos. Esto también contribuye al elevado ratio de recaudación de IVA del país.

Por el contrario, las cifras más bajas del ratio de recaudación del IVA se observaron en Guyana y Trinidad y Tobago en el Caribe, así como en la República Dominicana y México en América Central y México. Existen varios factores que contribuyen al bajo nivel de este indicador en México, entre ellos el alcance de las exenciones de IVA, la aplicación de un tipo cero nacional a numerosos bienes y servicios, y el escaso cumplimiento (OECD, 2022[31]); (OECD, 2018[33]). No obstante, México introdujo una reforma del IVA en enero de 2014, que incluyó la sustitución de algunos tipos reducidos y tipos cero por el tipo general y la mejora de los procesos. El ratio de recaudación del IVA de México pasó del 0.26 en 2013 al 0.29 en 2014. Este indicador se incrementó a 0.35 en 2020, como consecuencia de la ampliación de la base imponible de IVA de los servicios digitales, en consonancia con las recomendaciones de la OCDE (KPMG, 2019[34]), a partir de junio de 2020.

Hay varios factores que pueden contribuir al bajo nivel del ratio de recaudación del IVA de la República Dominicana. El diseño del IVA de este país es uno de esos factores, ya que la República Dominicana aplica numerosas exenciones de este impuesto (Schlotterbeck, 2017[35]), entre otras a los materiales educativos, los medicamentos, los servicios de salud, los servicios financieros, los servicios públicos, el equipamiento para energías renovables y los servicios de transporte terrestre, además de estar exentos también servicios como la educación, los de carácter cultural y la electricidad (OECD, 2022[36]). La evasión del IVA es otro factor importante que incide en el bajo nivel de este indicador. La CEPAL (2020[23]) calcula que el nivel de evasión del IVA de la República Dominicana se encuentra entre los más elevados de la región de ALC, del 43.8% (cifra de 2017), frente a un promedio del 30% en una muestra de 12 países de ALC.

La evasión de IVA sigue constituyendo un desafío importante en otros lugares de la región de ALC. La CEPAL (2020[23]) examinó varios estudios sobre la evasión del IVA en 12 países y observó que las tasas de incumplimiento de las obligaciones relacionadas con este impuesto en 2016 oscilaban en esta región entre un 14.8% en Uruguay y un 45.3% en Panamá. Guatemala, la República Dominicana y Panamá registraron los mayores incrementos (del 30% o más) en su tasa de evasión del IVA desde 2009.

Ingresos tributarios relacionados con el medioambiente

A raíz del Acuerdo de París de 2016, los países se han comprometido a reducir las emisiones de carbono de sus economías para mediados del siglo XXI, lo que implica el abandono de los combustibles fósiles como fuente de energía. Para reducir las emisiones y promover la descarbonización, cada vez son más los países que están introduciendo impuestos relacionados con el medioambiente e instrumentos políticos basados en los precios. Al introducir una señal de precios en las decisiones del consumidor, estos impuestos aplican el principio de «quien contamina, paga» para favorecer las actividades económicas más respetuosas con el medioambiente sobre las que más contaminan. Un régimen de impuestos medioambientales adecuadamente diseñados puede fomentar que tanto las empresas como los hogares se planteen los costes ambientales de sus acciones.

Un impuesto relacionado con el medio ambiente es un impuesto cuya base es una unidad física (o un equivalente a una unidad física) de algo que tiene un efecto negativo específico y contrastado sobre el medioambiente, con independencia de si el impuesto tiene por objeto cambiar las conductas o si persigue otro propósito (OECD, 2005[37]).

Los países de la región ALC generalmente han tardado en aplicar los impuestos relacionados con el medioambiente. Aunque se han introducido impuestos sobre los combustibles (más para percibir ingresos que por finalidades medioambientales), muchos países también ofrecen subvenciones a los productos energéticos (Lorenzo, 2016[38]) a pesar de la carga que puede suponer para los presupuestos nacionales mitigar el impacto de unos precios de los combustibles elevados y volátiles, controlar la inflación, estimular la competitividad y proteger a los segmentos más pobres de la población. Aunque las ayudas a la energía disminuyeron entre 2012 y 2019 en torno a un 30%, en 2021 se duplicaron con creces (OECD, 2023[39]).

Sin embargo, los ingresos por impuestos energéticos fueron superiores al coste de las subvenciones en cinco de los seis países de ALC incluidos en un reciente informe de la OCDE (OECD, 2021[40]) (Costa Rica, República Dominicana, Guatemala, Jamaica y Uruguay, con la excepción de Ecuador), lo que supone un impacto neto positivo, en promedio, sobre las cuentas públicas de estos seis países (aproximadamente el 0.6% del PIB en 2018, en promedio).

Al margen de los impuestos sobre los combustibles y los impuestos de matriculación y circulación de vehículos, los impuestos medioambientales aún están poco desarrollados en la región de ALC. Sin embargo, un número reducido de países de ALC han introducido importantes reformas en los impuestos ecológicos en los últimos años. Argentina, Chile, Colombia, México y Uruguay introdujeron políticas de tarificación del carbono a través de impuestos al carbono, principalmente en el sector del transporte, aunque siguen siendo limitados y los tipos efectivos de los impuestos al carbono no se sitúan a un nivel que posibilite la reducción de las emisiones de carbonos de manera efectiva (OECD, 2023[39]).

Un análisis pormenorizado de los impuestos específicos de cada país[4] demuestra que los ingresos por impuestos relacionados con el medioambiente de la región de ALC en 2022 oscilaron entre el 0.1% del PIB, en Belice, y el 1.7%, en República Dominicana (Gráfico 1.15). En promedio, en los 23 países de ALC incluidos en este informe, los ingresos por impuestos medioambientales representaron el 0.8%[5] del PIB, en 2022, un nivel inferior al promedio de la OCDE, que se situó en el 1.9% del PIB (cifra estimada de 2022) (OECD, 2022[41]).

Gráfico 1.15. Ingresos por impuestos medioambientales en los países de ALC, por base imponible principal, 2022

Porcentaje del PIB

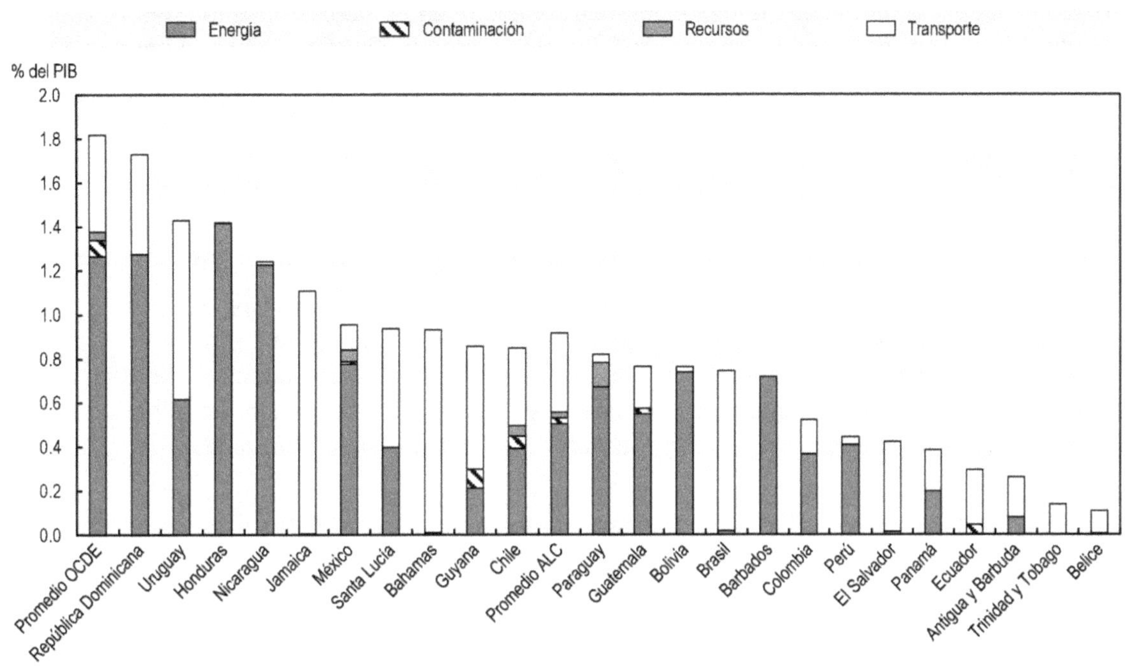

Nota: El promedio de ALC representa el promedio no ponderado de 23 países de la región incluidos en esta publicación, sin contar con Argentina, Costa Rica, Cuba ni con Venezuela, debido a problemas de disponibilidad de datos. El gráfico no incluye los ingresos procedentes de impuestos especiales sobre el consumo de productos petrolíferos de Jamaica (que se calcula que fue superior al 2.0% del PIB, en 2018) (OECD, 2021[40]), puesto que los datos no están disponibles. El promedio de la OCDE representa el promedio no ponderado de los 37 países miembros de la OCDE excepto Costa Rica.
Fuente: Base de datos PINE para Chile, Colombia y México y cálculos propios para los demás países basados en OCDE *et al.* (2024[4]), Capítulo 5.

StatLink https://stat.link/6vy8s0

En 2022, los ingresos por impuestos sobre la energía (normalmente, impuestos especiales sobre el gasóleo y la gasolina) representaron la mayor proporción de los ingresos por impuestos relacionados con el medioambiente totales de la región de ALC. Los ingresos procedentes de los impuestos de la energía ascendieron al 0.5% del PIB en promedio, mientras que los ingresos de los servicios de transporte y vehículos a motor ascendieron a un 0.4% del PIB y representaron la mayor proporción del resto. Los ingresos procedentes de impuestos que gravan otras bases relacionadas con el medioambiente fueron insignificantes (a saber, inferiores al 1.5% de los impuestos medioambientales totales). Los ingresos por impuestos relacionados con el medioambiente fueron más elevados en la OCDE que en la región de ALC en 2022 en todas las bases imponibles, sobre todo con respecto a los impuestos relacionados con la energía, que ascendieron al 1.3% del PIB (OECD, 2022[41]).

En 2022, hubo importantes diferencias en la composición media de los ingresos por impuestos relacionados con el medioambiente entre las subregiones (Gráfico 1.16). Los ingresos procedentes de impuestos relacionados con la energía representaron la mayor proporción de los ingresos por impuestos relacionados con el medioambiente en América Central y México (0.8% del PIB de un total de 1.1%); en América del Sur, el porcentaje de impuestos relacionados con el transporte y la energía fue prácticamente el mismo, del 0.4% y el 0.3% del PIB respectivamente en 2022, y los impuestos relacionados con el transporte representaron la mayor proporción de los ingresos por impuestos relacionados con el medioambiente en la región del Caribe, próximo al 0.5% del PIB. En la mayoría de los países del Caribe, los ingresos procedentes de impuestos relacionados con el transporte procedían principalmente de los impuestos de viaje o salida, una importante fuente de ingresos en países que dependen del turismo.

Entre 2021 y 2022, el promedio de impuestos relacionados con el medioambiente en la región de ALC descendió 0.1 p.p. debido a una caída de la recaudación tributaria relacionada con la energía. Ocurrió lo mismo en las tres subregiones y en la OCDE, que registró un descenso promedio del 0.2% durante el mismo período. El descenso de la recaudación de impuestos relacionados con la energía en toda la región y subregiones de ALC estuvo asociado a una menor demanda y a las reducciones y suspensiones de los impuestos sobre la energía (por ejemplo, la reducción o suspensión del tipo impositivo de IVA o de impuestos especiales) como un componente importante de estas medidas de apoyo, adoptadas en una apuesta por reducir los precios que pagaban efectivamente los consumidores (véase el Recuadro 1.3).

En la mayoría de los países de ALC, los impuestos medioambientales como porcentaje del PIB descendieron (14 países) o se mantuvieron en el mismo nivel (8 países) en 2022. Solo tres de los 23 países de ALC de los que hay datos disponibles registraron aumentos de su recaudación por impuestos relacionados con el medioambiente. Las variaciones de dichos impuestos durante el período oscilaron entre un descenso del 1.8% del PIB en Guyana y un aumento del 0.5% en Bahamas.

Gráfico 1.16. Recaudación por impuestos relacionados con el medioambiente en la OCDE, ALC y subregiones, en promedio, por base imponible principal, 2022

Porcentaje del PIB

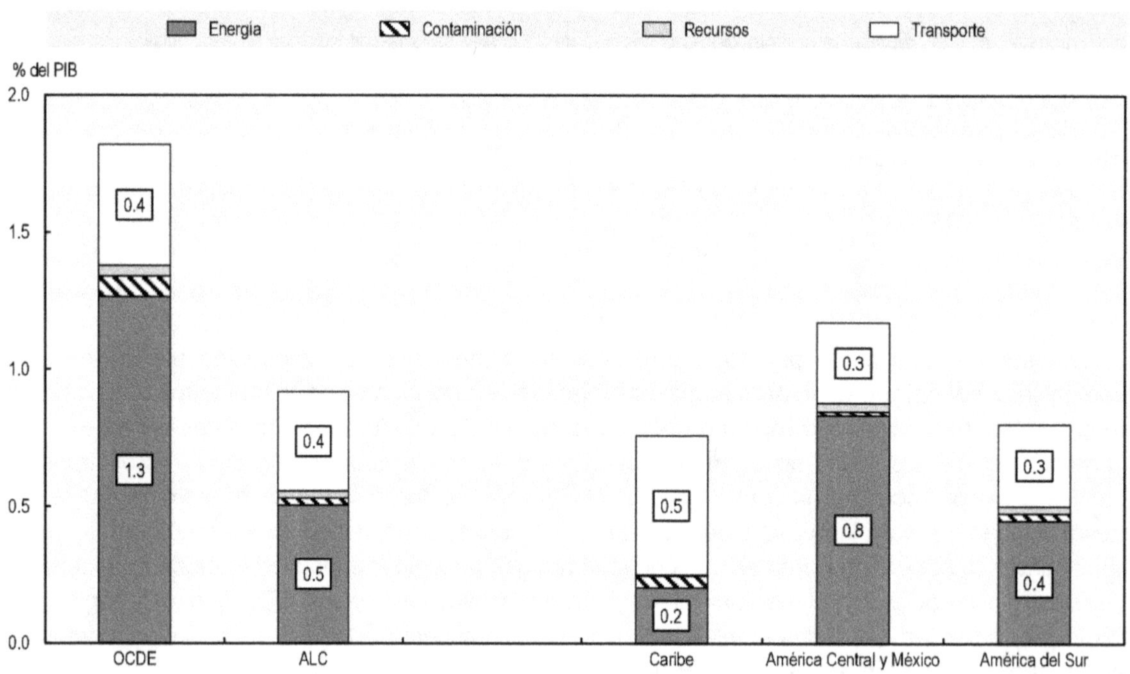

Nota: El promedio de ALC representa el promedio no ponderado de 23 países de la región incluidos en esta publicación, sin contar con Argentina, Costa Rica, Cuba ni con Venezuela, debido a los problemas de disponibilidad de datos. El promedio de la OCDE representa el promedio no ponderado de los 37 países miembros de la OCDE excepto Costa Rica. Además de formar parte de la región ALC, Chile, Colombia y México también son países miembros de la OCDE y, por lo tanto, se incorporan en ambos promedios.

Fuente: Base de datos PINE para Chile, Colombia y México y cálculos propios para los demás países basados en OCDE *et al.* (2024[4]), Capítulo 5.

StatLink https://stat.link/hvkygj

Impuestos por nivel gubernamental

En los países de ALC, la recaudación de tributos está en manos mayoritariamente de la administración central o federal. El gasto público de las administraciones de ámbito inferior al nacional se financia mediante transferencias de los niveles gubernamentales superiores a los inferiores en mayor grado que en los países de la OCDE. Los países que abarca este informe presentan diferentes configuraciones estructurales: Argentina, Brasil, México y Venezuela son sistemas federales, mientras que los demás son estados unitarios.

En los casos en los que se disponen de datos a nivel subnacional de los países de ALC, estos arrojan que la recaudación de tributos por parte del Gobierno central representaba más de dos tercios de la recaudación total, mientras que la cifra correspondiente de los países de la OCDE se situó cerca del 60% (cifras de 2021). Brasil constituye una notoria excepción: la recaudación tributaria del Gobierno central supuso el 46.2% de la recaudación tributaria en 2022 (Cuadro 1.4).

Existen dos problemas estadísticos que deben tenerse en cuenta cuando se compara la asignación de los ingresos en los países de ALC con la de los miembros de la OCDE. En primer lugar, los ingresos de ambos grupos han sido asignados a diferentes niveles gubernamentales de acuerdo con las directrices establecidas en el Sistema de Cuentas Nacionales (SCN) de 2008[6]. En segundo lugar, algunos países de ALC no disponen de estadísticas tributarias relativas al nivel subnacional.

En relación con los 19 países de ALC de este informe sobre los que hay datos relativos al nivel subnacional disponibles, en 2022, la proporción de los ingresos tributarios procedentes de este nivel respecto del total de la recaudación se situó por debajo del 7.0%, excepto en Argentina, Brasil y Colombia. Los sistemas federales suelen contar con recaudaciones más sustanciales que las de los estados unitarios. En Brasil, los estados y los municipios recaudan aproximadamente un tercio del total de los ingresos tributarios, lo que indica un grado significativo de descentralización de la recaudación tributaria. Una buena parte del IVA brasileño (que, en Brasil, es el ICMS – *imposto sobre operações relativas à circulação de mercadorias e prestação de serviços de transporte interestadual e intermunicipal e de comunicação*) lo recaudan los estados.

La recaudación de tributos a nivel subnacional en Argentina y Colombia representa más del 16% de los ingresos tributarios totales. Argentina presenta una importante recaudación a nivel estatal, debido en parte al impuesto sobre los ingresos brutos, de ámbito provincial. Como porcentaje del PIB, la recaudación de impuestos subnacionales osciló entre menos del 0.1% de Guyana y Guatemala y el 9.9% de Brasil en 2022, y el valor mediano se situó en el 0.4% del PIB. La escasa recaudación tributaria subnacional en la región de ALC refleja el hecho de que los gobiernos subnacionales de los países de esa región suelen tener un número de impuestos relativamente pequeño bajo su jurisdicción. Los impuestos que más se suelen ceder a las entidades subnacionales son los impuestos sobre la propiedad, los permisos de circulación, los impuestos sobre determinados servicios y las tasas municipales. La capacidad de generar ingresos de estos instrumentos es relativamente limitada, en comparación con las bases imponibles que están en manos de la administración central, como el IVA y los impuestos sobre la renta.

En 2022, todos los ingresos tributarios recaudados a nivel subnacional en Belice, Guatemala y Jamaica y más del 50% de los ingresos tributarios recaudados a nivel subnacional en Perú, Uruguay, Ecuador y Paraguay provenían de impuestos sobre la propiedad (Gráfico 1.17). Todos los demás países de la región dependen principalmente de los impuestos sobre bienes y servicios. México es el único país que también recaudó ingresos de diferentes bases imponibles. En 2022, casi la mitad de los ingresos tributarios obtenidos a nivel subnacional en México provenían de los impuestos sobre las nóminas. En los países de la OCDE, las entidades subnacionales suelen contar con bases imponibles en potencia mucho más amplias. Una parte importante de la recaudación de impuestos que llevan a cabo las administraciones subnacionales en los países de la OCDE la generan los impuestos sobre la renta y las ganancias (que representan más de un tercio de la recaudación total, en promedio, que se obtiene en el nivel subnacional).

La crisis del COVID19 ha puesto de manifiesto la necesidad de llevar a cabo reformas estructurales encaminadas a mejorar la recaudación y las fuentes de ingresos en el ámbito subnacional. Entre las opciones para conseguirlo se incluye introducir mejoras en la información y las estadísticas relativas a los ingresos procedentes de estos impuestos, la capacidad recaudatoria de la administración local, la coordinación eficaz con las autoridades nacionales y la promoción de fuentes de ingresos impositivos sostenibles a este nivel (Nieto-Parra and Orozco, 2020[42]).

Gráfico 1.17. Estructura tributaria de los ingresos tributarios a nivel subnacional en los países de ALC, 2022

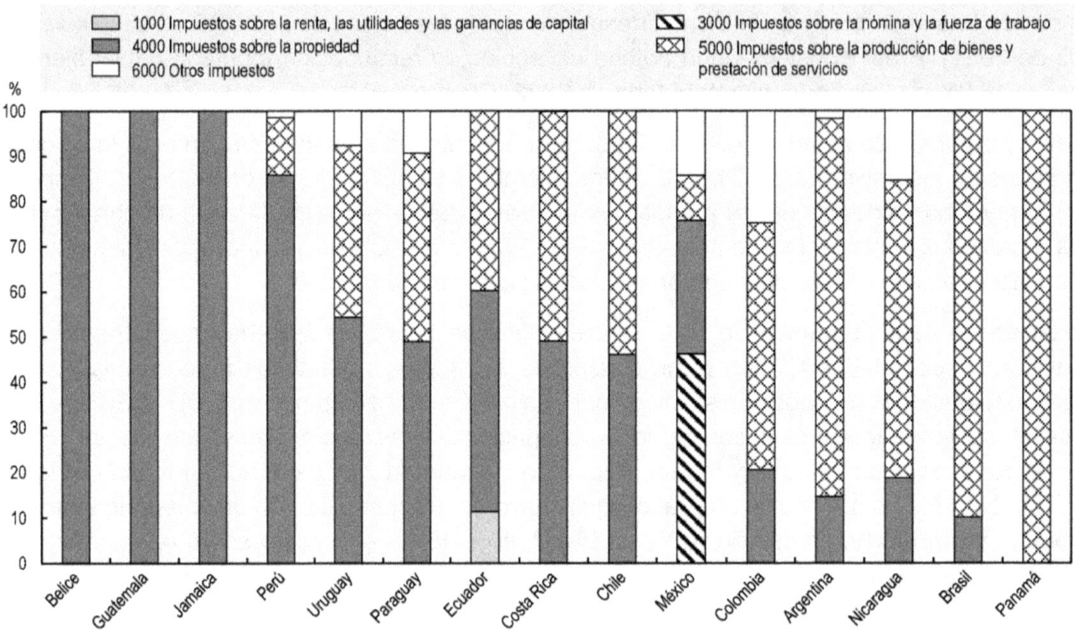

Nota: No se incluyen las cifras de Antigua y Barbuda, Bahamas, Barbados, Bolivia, Cuba, República Dominicana, El Salvador, Guyana, Honduras, Santa Lucía, Trinidad y Tobago y Venezuela por la falta de datos relativos a los ingresos tributarios a nivel subnacional o de datos sobre la composición de los ingresos tributarios a nivel subnacional por categoría impositiva principal. Las cifras no incluyen la recaudación local de Argentina, pero sí la de ámbito provincial. Los datos de Ecuador, Nicaragua, Panamá y Uruguay se estiman para 2022.
Fuente: Cálculos propios basados en OCDE *et al.* (2024[4]), Capítulo 6.

StatLink https://stat.link/6aw3nb

La escasa recaudación tributaria del nivel subnacional en los países de ALC puede deberse a una falta de capacidad administrativa y técnica. Los impuestos sobre la propiedad requieren una información y sistemas sofisticados, y recaudarlos es costoso. Muchos países no tienen registros de la propiedad adecuados y cuando existen no suelen estar actualizados (Canavire-Bacarreza, Martínez-Vázquez and Sepúlveda, 2012[43]); (OECD et al., 2023[6]). Por consiguiente, las autoridades tributarias no tienen acceso a valoraciones precisas de los terrenos y los edificios; y los registros de la propiedad suelen mostrarse reacios a comunicar esta información. Además, los impuestos sobre la propiedad también sufren los altos niveles de informalidad: se construyen edificios sin licencia, no se registran las propiedades y los precios que se comunican relativos a algunas de las operaciones con bienes raíces son falsos. Habida cuenta de que el impuesto sobre la propiedad es uno de los impuestos más polémicos entre la ciudadanía, al que se asocia un gran coste político, los políticos suelen ser reacios a invertir recursos suficientes para obtener ingresos a través de este instrumento.

Cuadro 1.4. Asignación de ingresos tributarios a los subsectores de la Administración general en los países de ALC

Porcentaje de los ingresos tributarios totales

	Gobierno central			Gobierno estatal o regional			Administraciones locales[1]			Fondos de seguridad social		
	1995	2000	2022	1995	2000	2022	1995	2000	2021	1995	2000	2022
Países federales												
Argentina	59.0	66.4	65.1	17.5	17.8	17.1	..	..	..	23.4	15.8	17.7
Brasil	44.8	47.9	46.2	26.5	25.0	23.4	3.7	3.4	6.2	25.0	23.7	24.2
México	73.9	78.3	79.5	2.8	2.7	4.5	1.5	1.0	1.8	21.8	18.0	14.1
Venezuela[3]	94.6	94.6	..	..	..	..	..	..	..	5.4	5.4	..
Países regionales												
Colombia[4]	63.2	68.7	75.2	5.5	5.6	4.8	8.6	9.4	11.7	22.7	16.3	8.3
Países unitarios												
Antigua y Barbuda[2]	100.0	100.0	82.8				..	..	..	..	..	17.2
Bahamas[2]	89.1	88.1	89.0				..	..	..	10.9	11.9	11.0
Barbados	85.6	84.4	83.0				..	..	..	14.4	15.6	17.0
Belice	93.2	93.5	88.8				0.5	0.7	0.5	6.3	5.8	10.7
Bolivia	94.3	86.4	71.5				5.7	6.3	4.4	..	7.3	24.1
Chile[3]	89.9	87.8	89.9				6.5	7.9	6.9	3.6	4.4	3.2
Costa Rica[3]	65.5	63.3	61.4				1.6	1.9	2.7	33.0	34.8	35.9
Cuba[5]	..	..	..				..	..	..	11.3	10.4	14.4
República Dominicana	99.3	99.0	99.4				..	..	..	0.7	1.0	0.6
Ecuador[2]	70.5	87.7	73.3				4.0	1.6	2.7	25.5	10.7	24.0
El Salvador	80.9	80.5	86.9				..	..	1.9	19.1	19.5	11.2
Guatemala	83.6	83.6	84.5				0.6	0.9	0.9	15.8	15.5	14.7
Guyana	92.6	88.6	90.3				..	..	0.0	7.4	11.4	9.7
Honduras	86.1	85.3	81.2				4.4	5.2	3.6	9.5	9.4	15.2
Jamaica	100.0	99.3	93.2				..	0.7	1.3	..	..	5.5
Nicaragua[2]	80.4	72.5	71.3				4.6	9.5	5.9	15.0	18.0	22.8
Panamá[2]	67.2	59.6	56.4				..	2.2	1.6	32.8	38.2	42.0
Paraguay	92.0	74.4	68.8				..	..	2.4	8.0	25.6	28.8
Perú	88.7	86.5	88.0				..	1.6	2.1	11.3	11.9	9.9
Santa Lucía[2]	100.0	90.0	86.7				..	..	..	..	10.0	13.3
Trinidad y Tobago	96.8	93.6	90.1				..	..	..	3.2	6.4	9.9
Uruguay[2]	61.7	63.6	69.2				8.8	8.9	5.6	29.5	27.5	25.2

1. Los datos no incluyen los ingresos de la administración local de Antigua y Barbuda, Argentina (aunque incluye los ingresos provinciales), Bahamas, Barbados, Cuba, la República Dominicana, Santa Lucía, Trinidad y Tobago y Venezuela porque no se dispone de dicha información. Los datos sobre la recaudación de la administración local están disponibles desde 1991, en el caso de Nicaragua; desde 1994, en el caso de Bolivia; desde 1995, en el caso de Guatemala; desde 1998, en el caso de Jamaica; desde 1999, en el caso de Panamá; desde 2000, en el caso de Perú; desde 2002, en el caso de El Salvador y Guyana; desde 2006, en el caso de Paraguay; y desde 1990, en el caso del resto de países.
2. Los datos incluyen las siguientes estimaciones: Antigua y Barbuda (contribuciones a la seguridad social de 2019-2022), Bahamas (contribuciones a la seguridad social de 2021 y 2022), Ecuador (recaudación local de 2021 y 2022), Nicaragua (recaudación local de 2022), Panamá (recaudación de impuestos locales y contribuciones a la seguridad social de 2022), Santa Lucía (contribuciones a la seguridad social de 2021 y 2022) y Uruguay (recaudación de impuestos locales de 2022). Para obtener más información, consulte los cuadros relativos a cada país.
3. No están disponibles algunos datos relativos a los ingresos tributarios de 2014 a 2017 y ninguno de los datos relativos a 2018. No está disponible el desglose por subsectores de la Administración general correspondiente a estos años.
4. Colombia es constitucionalmente un estado unitario cuyas entidades territoriales gozan de una amplia autonomía.
5. Solo se dispone de datos correspondientes a los subsectores de la Administración general de Cuba relativos al período comprendido entre 2002 y 2012.

Fuente: OCDE *et al.* (2024[4]), Cuadro 4.11.

Referencias

Amaglobeli, D. et al. (2023), *Policy Responses to High Energy and Food Prices*, https://doi.org/10.5089/9798400237768.001. [12]

Barreix, A., J. Benítez and M. Pecho (2017), "Revisiting personal income tax in Latin America: Evolution and impact", *OECD Development Centre Working Papers*, No. 338, OECD Publishing, Paris, https://doi.org/10.1787/16d42b4a-en. [27]

BID (2013), *More than revenues, Taxation as a development tool*, Inter-American Development Bank, https://publications.iadb.org/en/publication/more-revenue-taxation-development-tool-executive-summary. [25]

Canavire-Bacarreza, G., J. Martínez-Vázquez and C. Sepúlveda (2012), *Sub-national Revenue Mobilization in Peru, IDB Working Paper Series No. 299*, IDB, https://publications.iadb.org/en/sub-national-revenue-mobilization-peru. [43]

CEPAL (2023), *Economic Survey of Latin America and the Caribbean*, Economic Commission for Latin America and the Caribbean, https://repositorio.cepal.org/server/api/core/bitstreams/3e801708-1d17-4f7b-bb58-256903679cae/content. [11]

CEPAL (2023), *Fiscal Panorama of Latin America and the Caribbean 2023: fiscal policy for growth, redistribution and productive transformation*, Economic Commission for Latin America and the Caribbean, https://www.cepal.org/en/publications/48900-fiscal-panorama-latin-america-and-caribbean-2023-fiscal-policy-growth. [8]

CEPAL (2022), *Fiscal Panorama of Latin America and the Caribbean 2022*, Economic Commission for Latin America and the Caribbean, Santiago., https://www.cepal.org/en/publications/48015-fiscal-panorama-latin-america-and-caribbean-2022-fiscal-policy-challenges. [7]

CEPAL (2020), *Fiscal Panorama of Latin America and the Caribbean 2020: Fiscal policy amid the crisis arising from the coronavirus disease (COVID-19) pandemic*, Economic Commission for Latin America and the Caribbean, https://repositorio.cepal.org/items/a4a90b62-2e90-4eca-87ca-ce61fb15693f. [23]

CEPAL (2018), *The Fiscal Panorama of Latin America and the Caribbean*, United Nations, https://www.cepal.org/en/publications/43406-fiscal-panorama-latin-america-and-caribbean-2018-public-policy-challenges. [24]

CEPAL (2014), *Tax policy in Latin America: Assessment and guidelines for a second generation of reforms*, United Nations, https://repositorio.cepal.org/handle/11362/36806. [21]

CEPAL (2013), *Fiscal Panorama of Latin America and the Caribbean: Tax reform and renewal of the fiscal covenant*, United Nations, https://www.cepal.org/en/publications/3101-fiscal-panorama-latin-america-and-caribbean-2013-tax-reform-and-renewal-fiscal. [26]

FMI (2023), *World Economic Outlook Database, October 2023*, https://www.imf.org/en/Publications/WEO/weo-database/2023/October (accessed on 20 September 2021). [5]

FMI (2022), *Sixth Review under the Extended Arrangement under the Extended Fund Facility and Financing Assurances Review*, International Monetary Fund, https://www.finanzas.gob.ec/wp-content/uploads/downloads/2023/05/Staff-Report-diciembre-2022-ingles29052023.pdf. [9]

Government of Belize (2022), *Government Mitigating Impacts of Fuel Prices*, Government of Belize, https://www.pressoffice.gov.bz/government-mitigating-impacts-of-fuel-prices/. [13]

Hanappi, T. et al. (2023), "Corporate Effective Tax Rates in Latin America and the Caribbean", *Technical Note No IDB-TN- 2782*, https://doi.org/10.18235/0005168. [28]

Keen, M. (2013), *The anatomy of VAT, WP/13/111*, IMF, https://www.imf.org/en/Publications/WP/Issues/2016/12/31/The-Anatomy-of-the-VAT-40543. [32]

KPMG (2019), *Mexico: Tax reform 2020, VAT on services provided from digital platforms*, https://home.kpmg/us/en/home/insights/2019/11/tnf-mexico-tax-reform-2020-vat-services-digital-platforms.html. [34]

Lorenzo, F. (2016), *Inventario de instrumentos fiscales verdes en América Latina*, CEPAL, https://agua.org.mx/biblioteca/inventario-instrumentos-fiscales-verdes-en-america-latina-experiencias-efectos-alcances/. [38]

Melguizo, A. et al. (2017), "No sympathy for the devil! Policy priorities to overcome the middle-income trap in Latin America", *OECD Development Centre Working Papers*, No. 340, OECD, https://doi.org/10.1787/26b78724-en. [16]

Ministry of Finance Trinidad and Tobago (2022), *Budget Statement 2023: Tenacity and Stability in the Face of Global Challenges*, Ministry of Finance Trinidad and Tobago, https://www.finance.gov.tt/wp-content/uploads/2022/09/Budget-Statement-2023-E-Version.pdf. [10]

Nieto-Parra, S. and R. Orozco (2020), *Potencializar los impuestos subnacionales en América Latina y el Caribe en tiempos del Covid-19 in Los desafíos de las finanzas intergubernamentales ante el Covid-19*, AIFIL - Asociación Iberoamericana de Financiación, https://www.aifil-jifl.org/wp-content/uploads/2020/11/AIFIL-2.11.pdf. [42]

OECD (2024), *OECD Tax Database*, OECD Publishing, Paris, https://www.oecd.org/tax/tax-policy/tax-database/. [14]

OECD (2023), *Environment at a Glance in Latin America and the Caribbean , Spotlight on Climate Change*, OECD Publishing, https://doi.org/10.1787/2431bd6c-en. [39]

OECD (2022), *Consumption Tax Trends 2022: VAT/GST and Excise, Core Design Features and Trends*, OECD Publishing, Paris, https://doi.org/10.1787/6525a942-en. [31]

OECD (2022), *Corporate Tax Statistics: Fourth Edition*, OECD Publishing, https://doi.org/10.1787/5c8d8887-en. [29]

OECD (2022), *Multi-dimensional Review of the Dominican Republic: Towards Greater Well-being for All, OECD Development Pathways*, OECD Publishing, Paris, https://doi.org/10.1787/560c12bf-en. [36]

OECD (2022), *PINE database*, OECD Publishing, Paris, http://www.oecd.org/environment/tools-evaluation/environmentaltaxation.htm. [41]

OECD (2022), *Tax Policy Reforms 2022*, OECD Publishing, Paris, https://doi.org/10.1787/067c593d-en. [15]

OECD (2021), *Environmental policy: Environmentally related tax revenue accounts, OECD Environment Statistics (database)*, https://stats.oecd.org/Index.aspx?DataSetCode=ERTR_ACC. [44]

OECD (2021), *Perspectivas económicas de América Latina 2021: Avanzando juntos hacia una mejor recuperación*, OECD Publishing, Paris, https://doi.org/10.1787/2958a75d-es. [3]

OECD (2021), *Taxing Energy Use for Sustainable Development*, OECD Publishing, Paris, https://www.oecd.org/tax/tax-policy/taxing-energy-use-for-sustainable-development.htm. [40]

OECD (2020), "COVID-19 en América Latina y el Caribe : Consecuencias socioeconómicas y prioridades de política", *Medidas políticas clave de la OCDE ante el coronavirus (COVID-19)*, https://www.oecd.org/coronavirus/policy-responses/covid-19-en-america-latina-y-el-caribe-consecuencias-socioeconomicas-y-prioridades-de-politica-26a07844/. [22]

OECD (2019), *Tax Morale: What Drives People and Businesses to Pay Tax?*, OECD Publishing, Paris, https://doi.org/10.1787/f3d8ea10-en. [18]

OECD (2018), *Consumption Tax Trends 2018: VAT/GST and Excise Rates, Trends and Policy Issues*, OECD Publishing, Paris, https://doi.org/10.1787/ctt-2018-en. [33]

OECD (2018), *Estadísticas tributarias en América Latina y el Caribe 2018*, OECD Publishing, Paris, https://doi.org/10.1787/rev_lat_car-2018-en-fr. [30]

OECD (2014), *Development Co-operation Report 2014: Mobilising Resources for Sustainable Development*, OECD Publishing, Paris, https://doi.org/10.1787/dcr-2014-en. [17]

OECD (2005), *Glossary of statistical terms*, https://stats.oecd.org/glossary/detail.asp?ID=6437. [37]

OECD et al. (2024), *Estadísticas tributarias en América Latina y el Caribe 2024*, OECD Publishing, Paris, https://doi.org/10.1787/ec57392c-es. [4]

OECD et al. (2023), *Perspectivas económicas de América Latina 2023: Invirtiendo para un desarrollo sostenible*, OECD Publishing, Paris, https://doi.org/10.1787/5cf30f87-es. [1]

OECD et al. (2023), *Revenue Statistics in Latin America and the Caribbean*, OECD Publishing, Paris, https://doi.org/10.1787/a7640683-en. [6]

OECD et al. (2022), *Perspectivas económicas de América Latina 2022: Hacia una transición verde y justa*, OECD Publishing, Paris, https://doi.org/10.1787/f2f0c189-es. [2]

OECD et al. (2015), *Estadísticas tributarias en América Latina y el Caribe*, OECD Publishing, Paris, https://doi.org/10.1787/rev_lat-2015-en-fr. [19]

OECD/IDB/The World Bank (2014), *Un Panorama de las Pensiones en America Latina y el Caribe*, OECD Publishing, Paris, https://doi.org/10.1787/9789264233195-es. [20]

Schlotterbeck, S. (2017), *Tax Administration Reforms in the Caribbean, "Challenges, Achievements, and Next Steps"*. [35]

Notas

[1] La cifra de la OCDE es provisional y se basa en datos preliminares relativos a 2022. Los datos deben interpretarse con prudencia, pues están sujetos a futuras revisiones que pueden afectar a la magnitud y, con menos frecuencia, a la dirección del cambio entre los dos últimos años de datos.

[2] El IVA se introdujo en Jamaica en 1991; en Barbados, en 1997; en Belice (el Impuesto General sobre las Ventas), en 2006; en Guyana y Antigua y Barbuda, en 2007; en Santa Lucía, en 2012; y en Bahamas, en 2014.

[3] El año de comparación es 2021 al no disponer de la información relativa a la estructura tributaria, en promedio, correspondiente a 2022 para los países de la OCDE en el momento de redacción de este documento.

[4] Pese a que en la clasificación normalizada de ingresos tributarios de la OCDE no se pueden identificar los ingresos tributarios relacionados con el medioambiente, estos sí aparecen identificados en la pormenorizada lista de impuestos específicos incluidos, en relación con la mayoría de los países, en esta clasificación general. En consecuencia, se incluyen en la base de datos de la OCDE de Instrumentos de Política Ambiental (PINE, por sus siglas en inglés) (OECD, 2022[41]). En 2020, la OCDE empezó la recopilación de las cuentas de los Ingresos Tributarios Medioambientales de conformidad con el Sistema de Contabilidad Ambiental y Económica Integrada y desglosa las cuentas de ingresos por impuestos medioambientales por sectores y hogares (OECD, 2021[44]).

[5] Tanto los datos de ALC como los de la OCDE aluden en este caso a promedios no ponderados de 26 países, en el caso de la región de ALC, y 38 países, en el caso de la OCDE.

[6] Esto significa que los ingresos se suelen asignar al nivel gubernamental que ostenta las potestades para imponer el impuesto o que tiene la facultad de decisión última para modificar el tipo impositivo. Esto tiene implicaciones en aquellos casos en los que un nivel gubernamental recauda tributos y los transfiere, total o parcialmente, a otros niveles. Los ejemplos regionales de este tipo de mecanismo los encontramos en la Ley de Coparticipación de Argentina, las participaciones federales de México (establecidas en la Ley de Coordinación Fiscal) y los fondos de participación de Brasil (definidos en el Artículo 159 de la Constitución).

2 Ingresos fiscales provenientes de los recursos naturales no renovables en América Latina y el Caribe

Principales Hallazgos

Los ingresos por hidrocarburos aumentaron en 2022 en el contexto de una elevada volatilidad del mercado.

Los precios internacionales del petróleo y el gas se dispararon en el primer semestre de 2022 debido a la invasión de Rusia a Ucrania y la limitación del suministro mundial. Si bien los precios del petróleo cedieron en la segunda mitad del año, cuando las preocupaciones macroeconómicas afectaron la confianza del mercado, los precios del gas natural siguieron siendo excepcionalmente volátiles. El aumento de la producción de hidrocarburos en la región llevó a que los ingresos por hidrocarburos registraran el 4,4% del PIB (en comparación con el 2,6% del PIB en 2021), un repunte significativo.

Los ingresos mineros aumentaron marginalmente en 2022 en medio de precios más débiles y menores volúmenes de producción.

Después de un breve salto tras la invasión de Rusia a Ucrania, los precios de varios metales y minerales cayeron durante el año. La demanda en China se vio afectada por los cierres consecutivos de COVID-19, el debilitamiento de la construcción residencial y la reducción de la producción de acero. Sin embargo, los precios del carbón y el litio siguieron aumentando con fuerza. Los ingresos fiscales de la minería aumentaron al 0,75% del PIB (frente al 0,67% del PIB en 2021), impulsados por los buenos resultados en Chile (donde los ingresos del litio compensaron una caída en los ingresos del cobre) y Colombia.

La incertidumbre del mercado y los obstáculos macroeconómicos impactaron los ingresos fiscales provenientes de recursos naturales no renovables en América Latina y el Caribe durante 2023.

Los mercados energéticos mundiales siguieron siendo volátiles en 2023, lo que refleja cambios en las perspectivas del mercado, la normalización de los precios del gas natural en Europa y tendencias dispares en la oferta y la demanda de hidrocarburos. Si bien la tendencia general de los precios se mantuvo a la baja, una demanda de petróleo mayor de lo esperado en el tercer trimestre provocó un repunte que recibió un mayor impulso por la escalada del conflicto entre Israel y Hamás después de los ataques del 7 de octubre. Los precios de los metales y minerales cayeron en gran medida durante el año, pero algunos se recuperaron en el segundo semestre debido al aumento de la demanda en China.

Los ingresos por hidrocarburos en la región cayeron a aproximadamente el 3,9% del PIB (en comparación con el 4,4% del PIB en 2022). Los precios más bajos arrastraron a la baja los pagos de regalías y otras participaciones estatales en el valor comercial de la producción, que representan los principales instrumentos fiscales aplicados al sector. Se estima que los ingresos de la minería se han contraído drásticamente, cayendo al 0,5% del PIB en 2023 (en comparación con el 0,8% del PIB en 2022). La volatilidad de los ingresos por impuestos sobre la renta de sociedades fue el principal factor detrás de esta caída.

Los ingresos por hidrocarburos aumentaron en 2022 en el contexto de una elevada volatilidad del mercado

Los mercados energéticos mundiales estuvieron marcados por una volatilidad significativa en 2022. Los precios del petróleo y el gas natural se dispararon en la primera mitad del año debido a la invasión de Rusia a Ucrania en febrero de 2022 y la posterior aplicación de sanciones económicas a la Federación de Rusia por parte de la Unión Europea y de los Estados Unidos. En marzo, los precios de referencia aumentaron para la mayoría de los productos energéticos, incluidos aumentos intermensuales del 56% para el gas natural en Europa (o 592% interanual) y del 21% para el petróleo crudo Brent (o 77% interanual). Los precios se mantuvieron altos durante el resto del primer semestre del año debido a medidas políticas adicionales, una producción limitada (especialmente en los países de la OPEP+) y un reordenamiento del comercio energético. Los miembros de la Unión Europea adoptaron un plan para reducir las importaciones de gas natural de la Federación de Rusia en dos tercios para fines de 2023. Además, en marzo, Estados Unidos prohibió las importaciones de petróleo, gas natural licuado (GNL) y carbón desde la Federación de Rusia.

Las tendencias de los precios de la energía se desacoplaron en gran medida en la segunda mitad del año. Los precios del gas natural eran muy volátiles; en Europa, los precios alcanzaron un máximo histórico de 70 dólares por millón de unidades térmicas británicas (MMBtu) en agosto, debido a las grandes compras europeas de GNL en los mercados globales y al recorte del suministro por parte de la Federación de Rusia a algunos países europeos. Sin embargo, posteriormente los precios tendieron a bajar a medida que los almacenes de gas en Europa se llenaron antes de lo previsto y la demanda industrial y residencial disminuyó. En diciembre, el precio del gas natural en Europa había bajado un 49% desde su máximo de agosto y un 5% respecto al año anterior. En cambio, los precios del petróleo cayeron a medida que los mercados valoraron el impacto de una mayor producción de petróleo crudo, una política monetaria cada vez más restrictiva y una desaceleración del crecimiento global. El precio spot del Brent en diciembre estuvo un 33% por debajo de su máximo de junio, pero un 9% por encima del precio a finales de 2021. A pesar de su débil desempeño en el segundo semestre, el precio promedio anual del Brent subió un 41,7% durante el año.

América Latina y el Caribe (ALC) experimentó un fuerte aumento en la producción y exportaciones de hidrocarburos en 2022. La región produjo 7,9 millones de barriles por día, un 7,6% más que el año anterior, pero aún muy por debajo del máximo de 9,6 millones de barriles por día en 2014 (Cuadro 2.1). La producción en Brasil alcanzó un máximo histórico durante el año y la producción de petróleo crudo en México alcanzó su nivel más alto desde 2018. La producción de petróleo continuó aumentando en Guyana a medida que entró en operación la Liza Unity, una unidad flotante adicional de almacenamiento y descarga de producción (Banco de Guyana, 2023[1]). También se observaron aumentos considerables de la producción en Argentina –especialmente provenientes de la formación Vaca Muerta– y en la República Bolivariana de Venezuela. El aumento de las exportaciones de petróleo crudo fue impulsado en gran medida por Brasil, Colombia y Guyana.

Cuadro 2.1. América Latina y el Caribe y grupos de países seleccionados: producción y exportaciones de petróleo crudo y gas natural, 2021-2022

Miles de barriles diarios, miles de millones de metros cúbicos estándar y porcentajes

Agrupaciones de países y países seleccionados	Petróleo crudo (miles de barriles diarios)						Gas natural seco (miles de millones de metros cúbicos estándar)					
	Producción			Exportaciones			Producción			Exportaciones		
	2021	2022	%	2021	2022	%	2021	2022	%	2021	2022	%
América Latina y el Caribe	**7301**	**7858**	**7.6**	**3829**	**4072**	**6.3**	**178**	**183**	**2.6**	**27**	**30**	**11.3**
Argentina	508	583	14.8	...	...	...	40	43	7.1	1	3	290.5
Bolivia	31	28	-10.9	...	...	...	15	14	-9.5	12	10	-15.4
Brasil	2905	3022	4.0	1292	1346	4.2	24	23	-5.5	...	...	...
Colombia	736	754	2.4	422	487	15.4	1	1	0.0	...	...	...
Ecuador	473	481	1.7	316	313	-0.8	11	11	-1.2	...	...	...
Guatemala	7	7	-1.8	...	...	...	0	0	...	...	...	...
Guyana	117	290	147.7	42	101	139.4	...	...	...	...	...	...
México	1780	1843	3.6	1091	1012	-7.3	30	31	5.7	...	...	...
Perú	38	41	5.6	...	...	...	12	12	1.5	4	5	22.5
Trinidad y Tobago	60	58	-2.4	61	54	-11.9	26	27	4.1	9	11	15.7
Venezuela	595	704	18.3	448	438	-2.2	16	18	11	...	...	...
Otros ALC	51	49	-4.5	156	320	105.1	2	2	0.0	...	...	...
Total Mundo	**77 214**	**80 833**	**4.7**	**40 794**	**43 477**	**6.6**	**4 083**	**4 108**	**0.6**	**1 286**	**1 288**	**0.1**
OPEP	27 190	29 556	8.7	19 656	21 389	8.8	640	649	1.4	110	103	-5.9
Arabia Saudita	9 313	10 644	14.3	6 227	7 364	18.2	116	122	5.4	...	...	...
No-OPEP	50 025	51 277	2.5	21 138	22 088	4.5	3 443	3 459	0.5	1 177	1 185	0.7
Federación de Rusia	10 112	10 314	2.0	4 510	4 780	6.0	702	618	-11.9	251	176	-29.8
Estados Unidos	11 268	11 911	5.7	2 963	3 604	21.6	978	1 029	5.3	188	195	3.8

Fuente: Comisión Económica para América Latina y el Caribe (CEPAL), con base en datos de la Administración de Información Energética de Estados Unidos (EIA) y Boletín Estadístico Anual 2023, Organización de Países Exportadores de Petróleo (OPEP).

La producción de gas natural también aumentó en 2022, aunque la tendencia no fue generalizada en toda la región. En Argentina, la producción de gas natural aumentó un 7%, lo que refleja una fuerte producción de gas desde la formación Vaca Muerta. Las exportaciones de Argentina, principalmente a Chile, también crecieron con fuerza. Trinidad y Tobago también experimentó un aumento de la producción (lo que marca un modesto repunte después de una fuerte contracción en 2020 y 2021) y un aumento significativo de las exportaciones. Perú registró una dinámica similar, con mayores exportaciones por un efecto base; la planta de licuefacción de gas natural Pampa Melchorita cerró temporalmente durante los meses de mayo, julio y agosto de 2021 (Banco Central de Reserva del Perú, 2023[2]). En el Estado Plurinacional de Bolivia, la producción siguió teniendo una tendencia a la baja a medida que se agotaban los campos existentes. Los volúmenes exportados también disminuyeron debido a la menor demanda en Argentina y Brasil.

En este contexto, los ingresos por hidrocarburos en la región de ALC registraron un marcado aumento en 2022. Los ingresos fiscales totales procedentes de la exploración y producción de petróleo y gas –actividades upstream– alcanzaron los 115.500 millones de dólares durante el año, aproximadamente el doble del nivel de 2021 de 58.400 millones de dólares (.

Cuadro 2.2). En relación con el PIB, los ingresos promediaron un 4,4% del PIB (en comparación con el 2,6% del PIB en 2021), impulsados por un aumento excepcional en Trinidad y Tobago (+6,9 puntos porcentuales del PIB interanual). Los ingresos no tributarios, principalmente relacionados con regalías y otros pagos relacionados asociados con el valor comercial de la producción, alcanzaron el 3,5% del PIB (en comparación con el 2,3% del PIB en 2021), con aumentos significativos en la mayoría de los países, especialmente en Guyana. Los ingresos tributarios también registraron un dinamismo significativo, especialmente en Trinidad y Tobago.

Cuadro 2.2. América Latina y el Caribe (10 países): Ingresos fiscales del gobierno general provenientes de la exploración y producción de petróleo y gas, por tipo de ingresos, 2021-2022

Porcentaje del PIB, puntos porcentuales del PIB y porcentajes

Países	Miles de millones de dólares corrientes			En porcentajes del PIB								
	Total ingresos			Total ingresos			Ingresos tributarios			Ingresos no tributarios		
	2021	2022	2022/2021 (%)	2021	2022	2022/2021 (p.p. del PIB)	2021	2022	2022/2021 (p.p. del PIB)	2021	2022	2022/2021 (p.p. del PIB)
Argentina	2.2	3.4	55	0.4	0.5	0.1	0.05	0.12	0.1	0.4	0.4	0.0
Bolivia (Estado Plur. de)	1.3	1.7	30	3.2	3.8	0.6	0.1	0.1	0.0	3.1	3.7	0.6
Brasil	21.4	50.0	134	1.3	2.6	1.3	0.18	0.73	0.5	1.1	1.9	0.8
Colombia	3.5	9.4	172	1.1	2.7	1.7	0.4	0.6	0.2	0.7	2.1	1.4
Ecuador	8.7	11.2	29	8.2	9.8	1.6	...	...	...	8.2	9.8	1.6
Guatemala	0.04	0.06	44	0.05	0.06	0.01	0.02	0.02	-0.003	0.03	0.04	0.02
Guyana	0.4	1.4	245	5.3	9.7	4.4	...	...	...	5.3	9.7	4.4
México	18.3	32.2	75	1.4	2.2	0.8	0.03	0.04	0.01	1.4	2.2	0.8
Perú	1.6	2.9	82	0.7	1.2	0.5	0.2	0.4	0.3	0.5	0.8	0.2
Trinidad y Tobago	1.0	3.2	216	4.4	11.3	6.9	2.6	7.2	4.7	1.8	4.0	2.2
ALC	58.4	115.5	98	2.6	4.4	1.8	0.4	0.9	0.6	2.3	3.5	1.2

Nota: Las ratios de ingresos fiscales/PIB de América Latina y el Caribe corresponden a un promedio simple de los países incluidos en la muestra. Es posible que las cifras no coincidan debido al redondeo. Los datos de México corresponden a ingresos petroleros del gobierno federal; excluyen los ingresos propios de Pemex, el productor estatal de petróleo y gas. Los datos de Ecuador corresponden a los ingresos petroleros del sector público no financiero derivados de las exportaciones de petróleo crudo. Los datos de Guyana se refieren a los ingresos depositados en el Fondo de Recursos Naturales.
Fuente: Comisión Económica para América Latina y el Caribe (CEPAL), sobre la base de datos de la base de datos de Ingresos Fiscales provenientes de Recursos Naturales No Renovables en América Latina y el Caribe de la CEPAL.

Los ingresos por impuestos a los hidrocarburos se vieron impulsados por un aumento sustantivo de los pagos del ISR durante 2022. En comparación con 2021, los ingresos del ISR se duplicaron con creces en términos de dólares estadounidenses en varios países de la región (Gráfico 2.1). Una mayor producción y una dinámica de precios favorable mejoraron la rentabilidad y llevaron a mayores pagos anticipados de impuestos para el año fiscal 2022. Las ganancias de actividades operacionales de Ecopetrol aumentaron significativamente en términos de dólares estadounidenses (+79%) (Ecopetrol, 2023[3]). Asimismo, las ganancias de actividades operacionales de Petrobras aumentaron un 52% en términos de dólares estadounidenses, reforzando el aumento de 274 % en 2021 (Petrobras, 2022[4]; Petrobras, 2023[5]). Las fuertes ganancias en 2021 también llevaron a un aumento en los pagos por las declaraciones de impuestos anuales realizadas en 2022, ya que los pagos de impuestos estimados pagados durante el año fiscal 2021 no alcanzaron las obligaciones tributarias de fin de año.

Gráfico 2.1. América Latina y el Caribe (5 países): Variación interanual de los ingresos por ISR del gobierno general provenientes de la exploración y producción de petróleo y gas, 2021-2022

Puntos porcentuales del PIB y porcentajes basados en dólares corrientes

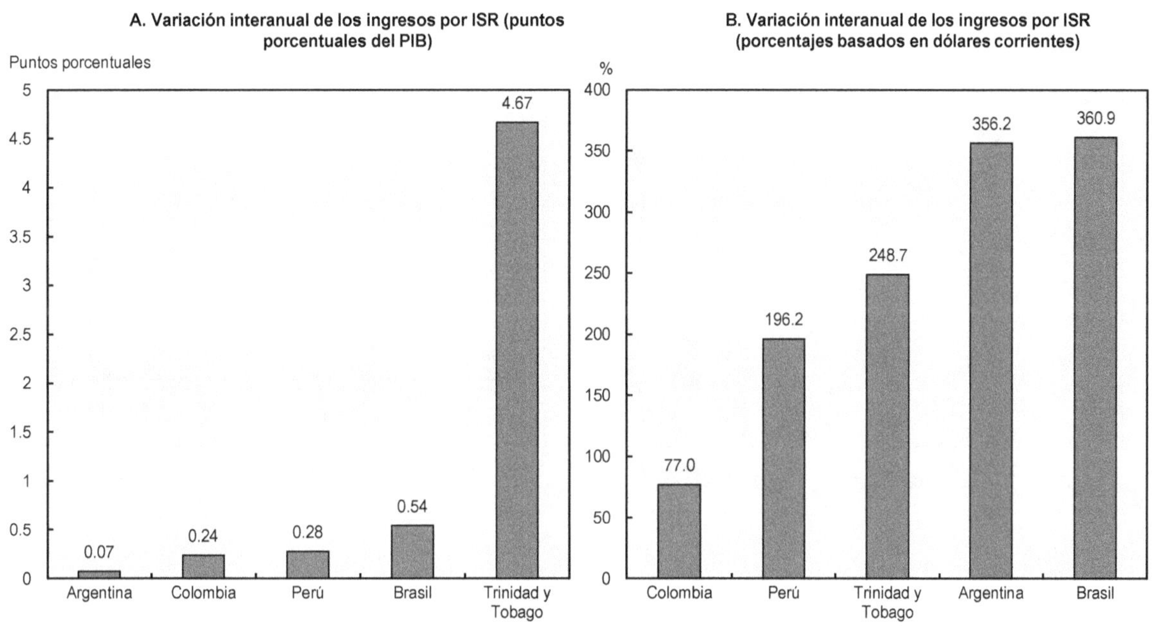

Nota: Los datos de México corresponden a ingresos petroleros del gobierno federal, excluyen los ingresos propios de Pemex, el productor estatal de petróleo y gas.
Fuente: Comisión Económica para América Latina y el Caribe (CEPAL), sobre la base de datos de la base de datos de Ingresos Fiscales provenientes de Recursos Naturales No Renovables en América Latina y el Caribe de la CEPAL.

StatLink https://stat.link/pj3tb7

Los ingresos no tributarios por hidrocarburos, que constituyen la mayor parte de los ingresos del petróleo y el gas en la mayoría de los países, también crecieron con fuerza. Los pagos de regalías y otras participaciones en el valor comercial de la producción aumentaron en términos de dólares estadounidenses y en algunos países superaron el aumento del precio spot promedio anual del petróleo Brent (Gráfico 2.2).

Esta dinámica fue particularmente evidente en Guyana y Trinidad y Tobago. En Guyana, la producción de petróleo sigue aumentando rápidamente a medida que se ponen en funcionamiento nuevos yacimientos. La mayor producción de hidrocarburos también fue un factor determinante del fuerte crecimiento de los ingresos de Brasil, México y Perú. En Colombia, el fuerte resultado también reflejó una más que triplicación de los pagos por la participación del gobierno en la producción, que está determinada por el precio del Western Texas Intermediate y los umbrales especificados en los contratos con los productores (ANH, 2023[6]). A diferencia de otros países, el impulso a las regalías en Trinidad y Tobago se debió exclusivamente a los precios, ya que la producción de hidrocarburos disminuyó en gran medida durante el año.

Gráfico 2.2. América Latina y el Caribe (10 países): Variación interanual de los ingresos no tributarios del gobierno general por exploración y producción de petróleo y gas, 2021-2022

Puntos porcentuales del PIB y porcentajes basados en dólares corrientes

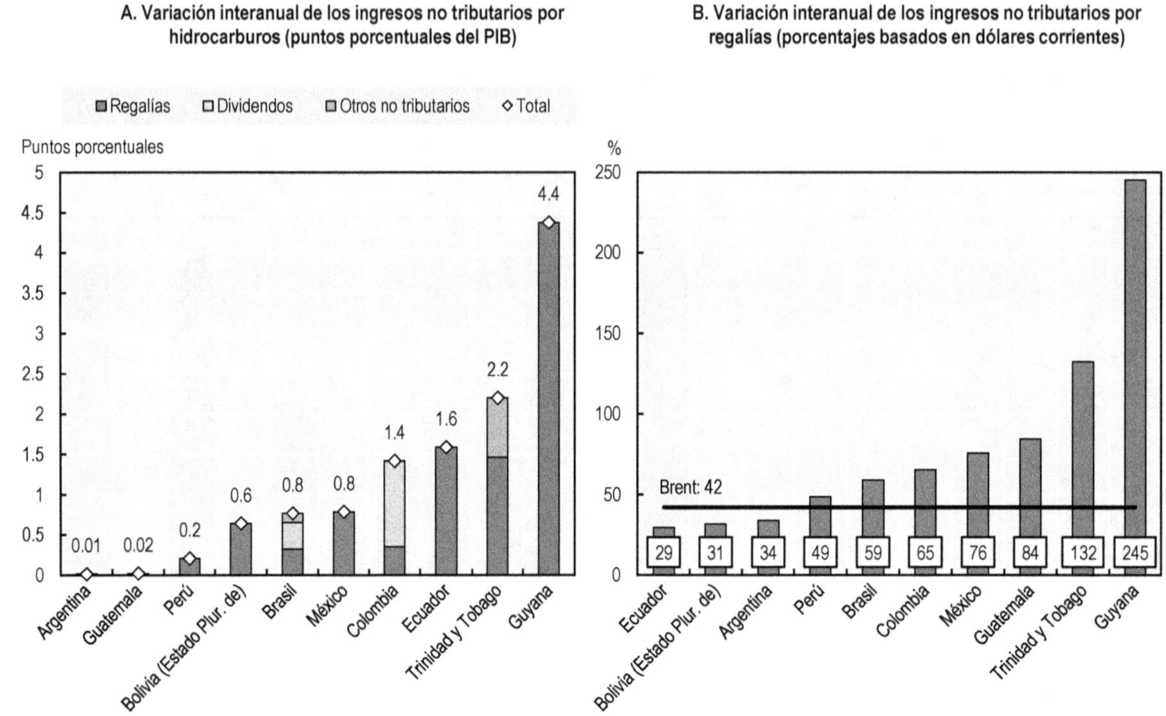

Nota: Los datos de México corresponden a los ingresos petroleros del gobierno federal, excluyen los ingresos propios de Pemex, el productor estatal de petróleo y gas. Los datos de Ecuador corresponden a los ingresos petroleros del sector público no financiero derivados de las exportaciones de petróleo crudo. Los datos de Guyana se refieren a los ingresos depositados en el Fondo de Recursos Naturales.
Fuente: Comisión Económica para América Latina y el Caribe (CEPAL), sobre la base de datos de la base de datos de Ingresos Fiscales provenientes de Recursos Naturales No Renovables en América Latina y el Caribe de la CEPAL.

StatLink https://stat.link/nqoylc

Otros ingresos no tributarios también fueron significativos en algunos países. En Brasil, los pagos de dividendos de Petrobras al gobierno federal alcanzaron el 0,6% del PIB (en comparación con el 0,2% del PIB en 2021). Esto se complementó con un 0,1% adicional del PIB en bonos de firma de la segunda subasta de producción compartida de transferencia de derechos que se celebró en diciembre de 2021 (Tesouro Nacional, 2023[7]). En Colombia, los pagos de dividendos de Ecopetrol al Tesoro alcanzaron el 1,1% del PIB, en comparación con menos del 0,1% del PIB en 2021, lo que refleja las altas ganancias durante el año anterior y la emisión de un dividendo extraordinario pagado en junio June (Ecopetrol, 2023[3]; Ministerio de Hacienda y Crédito Público de Colombia, 2023[8]). En el caso de Trinidad y Tobago, el país recibió pagos extraordinarios, equivalentes al 0,9% del PIB, en el marco de un acuerdo entre el país y grandes productores, como British Petroleum (BP) y Royal Dutch Shell, para saldar obligaciones pasadas (Banco Central de Trinidad y Tobago, 2023[9]).

Los ingresos mineros aumentaron modestamente en 2022 en medio de precios más débiles y menores volúmenes de producción

Los mercados de metales y minerales en 2022 se vieron sacudidos por la guerra en Ucrania y la creciente incertidumbre sobre las condiciones económicas globales. Durante el primer semestre del año, los precios de muchos metales y minerales continuaron su impulso alcista, reforzando el fuerte aumento experimentado en 2021 a medida que se recuperó la actividad económica. Sin embargo, este repunte se vio truncado cuando la producción industrial se desaceleró y los participantes del mercado se volvieron cada vez más cautelosos ante el deterioro de los fundamentos macroeconómicos mundiales. Los mercados se vieron significativamente afectados por los confinamientos por el COVID-19 en China, que perturbaron la producción industrial nacional, así como por la desaceleración del mercado inmobiliario. La variación de precios de varios de los metales y minerales industriales terminaron el año con cifras negativas (Gráfico 2.3). Si bien los precios del mineral de hierro cayeron (-25%), experimentaron un alto nivel de volatilidad durante el año, alcanzando un máximo en marzo como respuesta a la invasión de Ucrania –uno de los mayores exportadores del mineral– para luego caer significativamente debido a la disminución en la construcción residencial y la producción de acero en China.

Gráfico 2.3. Variación interanual de los precios spot internacionales de minerales y metales seleccionados, 2021-2022

Porcentaje

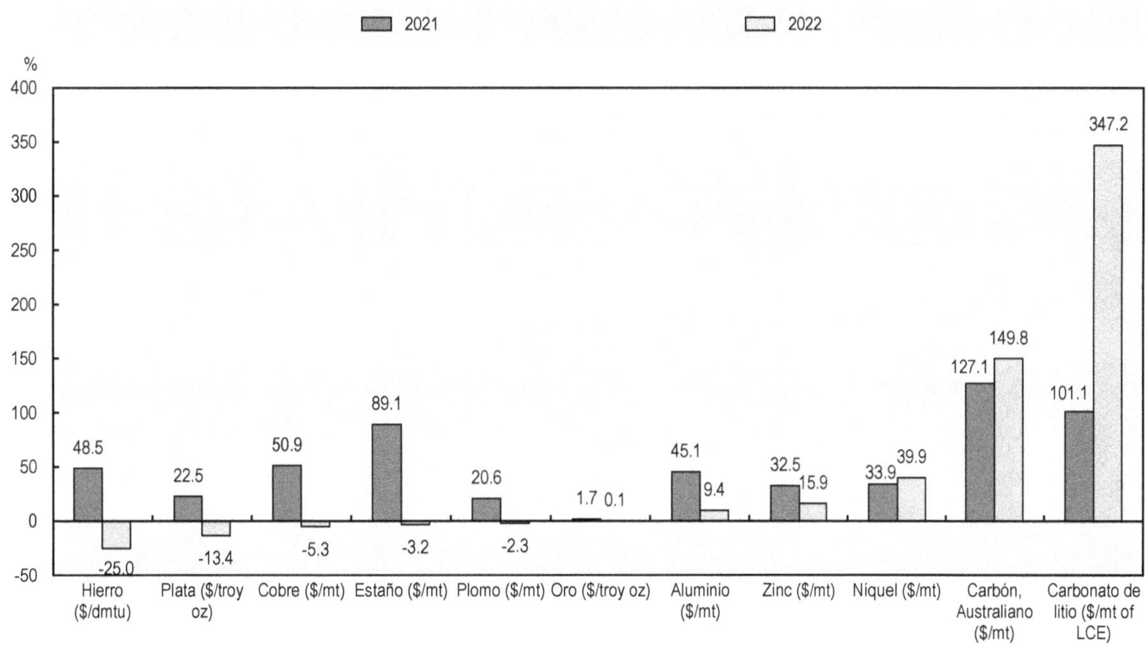

Fuente: Comisión Económica para América Latina y el Caribe (CEPAL), sobre la base de Commodity Price Data (The Pink Sheet) del Banco Mundial, Banco Mundial y Ministerio de Economía de la Argentina.

StatLink https://stat.link/x51hn9

Sin embargo, la dinámica del mercado también hizo subir los precios de algunos metales y minerales durante el año. El aumento de los precios del gas natural, impulsado aún más por la guerra en Ucrania y las posteriores sanciones económicas impuestas a la Federación de Rusia, hizo que los precios del carbón se duplicaran con creces. Los precios spot del carbón australiano alcanzaron un máximo histórico de 431 dólares por tonelada métrica en septiembre, antes de decrecer en el cuarto trimestre del año. Los precios del níquel también registraron una fortaleza constante debido principalmente a la menor oferta causada por las interrupciones en la producción en la Federación de Rusia y a una mayor demanda a medida que los comerciantes realizaron grandes compras para cubrir posiciones cortas (LME, 2023[10]). La fuerte demanda de litio para la producción de baterías y la escasez de oferta hicieron que los precios se cuadruplicaran.

La producción mineral en América Latina y el Caribe tuvo en general una tendencia a la baja en 2022 (Cuadro 2.3). La producción de cobre en Chile, el mayor productor del mundo, se contrajo un 5,2%, impulsada en gran parte por una caída del 10,4% en la producción de Codelco debido a la menor ley del mineral y el agotamiento de las minas existentes (Codelco, 2023[11]). En contraste, la producción de cobre se expandió en Perú, en gran medida debido al inicio de producción en la mina Quellaveco y al aumento de la producción en la mina Cerro Verde, lo que compensó la menor producción en otras minas debido a conflictos sociales (Banco Central de Reserva del Perú, 2023[2]).

La producción de otros metales industriales tales como el zinc, el plomo y el estaño también disminuyó en la mayoría de los países. La producción de mineral de hierro también se contrajo, en gran parte debido a las interrupciones de la producción en Brasil, provocadas por las fuertes lluvias (Vale, 2023[12]). La producción de plata se contrajo significativamente entre los mayores productores, particularmente en México y Perú. La producción de oro también cayó, pero una mayor producción en México y el Estado Plurinacional de Bolivia compensó parcialmente la disminución.

Cuadro 2.3. América Latina y el Caribe (11 países): Producción minera, por país y producto, 2021-2022

Miles de toneladas métricas y porcentajes

Metales y minerales	Año y cambio porcentual	Precio	Producción en miles de toneladas métricas a menos que se especifique lo contrario											
			ALC-11	Argentina	Bolivia (Estado Plur. de)	Brasil	Chile	Colombia	República Dominicana	Ecuador	Jamaica	México	Nicaragua	Perú
Cobre	2021	6 174	9 584		3	1 153	5 625		5			473		2 326
	2022	9 317	9 295		4	1 024	5 330		5			486		2 445
	% cambio	50.9	-3.0			-11.1	-5.2					2.8		5.1
Zinc	2021	2 266	2 854		500	426						395		1 533
	2022	3 003	2 626		518	418						319		1 370
	% cambio	32.5	-8.0		3.8	-1.9						-19.1		-10.7
Plomo	2021	1 825	540		93							182		264
	2022	2 200	488		90							143		255
	% cambio	20.6	-9.6		-3.4							-21.7		-3.4
Estaño	2021	17 125	65		20	18								27
	2022	32 384	59		18	13								28
	% cambio	89.1	-8.6		-10.7	-25.9								4.6
Níquel	2021	13 787	408			342		38	28					
	2022	18 465	432			361		42	29					
	% cambio	33.9	5.7			5.4		9.2	5.0					
Hierro	2021	109	442 892			423 185		750				6 807		12 149

	2022	162	423 259			403 025		497				6 800		12 937
	% cambio	48.5	-4.4			-4.8		-33.7				-0.1		6.5
Carbón	2021	61	65 460					60 747				4 569		145
	2022	138	67 696					62 872				4 633		192
	% cambio	127.1	3.4					3.5				1.4		
Bauxita / alúmina	2021	1 704	39 386			33 365			72		5 950			
	2022	2 473	36 711			31 608			104		4 999			
	% cambio	45.1	-6.8			-5.3			45.6		-16.0			
Litio	2021	1 770	36	6		2	28							
	2022	1 800	47	6		2	39							
	% cambio	1.7	32.3	6.9		29.4	37.8							
Oro	2021	1 770	480	35	46	82	34	55	25	13		81	11	97
	2022	1 800	475	35	53	77	31	49	22	15		83	11	97
(toneladas métricas)	% cambio	1.7	-1.0	0.0	16.8	-6.2	-9.6	-10.9	-12.4	19.8		3.1	5.7	-0.8
Plata (toneladas métricas)	2021	21	11 141	824	1 292		1 383	27	80	2		4 176	23	3 334
	2022	25	10 199	551	1 219		1 274	34	73	2		3 941	22	3 083
	% cambio	22.5	-8.5	-33.2	-5.7		-7.9	26.5	-7.9	-10.8		-5.6	-6.5	-7.5

Fuente: Comisión Económica para América Latina y el Caribe (CEPAL), sobre la base de Instituto Nacional de Estadísticas del Estado Plurinacional de Bolivia; Agência Nacional de Mineração do Brasil; Comisión Chilena de Cobre (Cochilco); Agencia Nacional de Minería de Colombia; Oficina Nacional de Estadística de la República Dominicana; Banco Central del Ecuador; Instituto Nacional de Estadística y Geografía de México; Banco Central de Nicaragua, Instituto Nacional de Estadística e Informática del Perú; Energy Institute; y, United States Geological Survey, Mineral Commodities Summaries: Bauxite and Alumina, 2024.

A pesar del debilitamiento de los precios internacionales y los niveles de producción generalmente más bajos, los ingresos fiscales de la minería aumentaron en la región de ALC en 2022. Los ingresos totales de la minería alcanzaron los 30.400 millones de dólares (un 11% más que el nivel de 27.400 millones de dólares de 2021) (Cuadro 2.4). Sin embargo, este aumento se debió en gran medida al resultado excepcional en Colombia, que se vio impulsado por los altos precios del carbón y el aumento de la producción. En términos relativos, los ingresos de la minería promediaron el 0,75% del PIB (frente al 0,67% del PIB en 2021). Los ingresos por impuestos a la minería siguieron siendo dominantes, con un promedio del 0,47% del PIB (en comparación con el 0,42% del PIB en 2021), impulsados por aumentos en Colombia, el Perú y el Estado Plurinacional de Bolivia. Los ingresos no tributarios, en gran parte pagos de regalías vinculados al valor comercial de la producción, se vieron afectados por la dinámica de los precios y la producción en algunos países. Sin embargo, el promedio regional se benefició de un aumento en los pagos por litio en Chile y mayores regalías del carbón en Colombia.

Cuadro 2.4. América Latina y el Caribe (12 países): Ingresos del gobierno general provenientes de la minería, 2021-2022

Miles de millones de dólares corrientes, porcentajes, porcentajes del PIB y puntos porcentuales del PIB

Países	Miles de millones de dólares corrientes			En porcentajes del PIB								
	Total ingresos			Total ingresos			Ingresos tributarios			Ingresos no tributarios		
	2021	2022	2022/2021 (%)	2021	2022	2022/2021 (p.p. del PBI)	2021	2022	2022/2021 (p.p. del PBI)	2021	2022	2022/2021 (p.p. del PBI)
Argentina	0.3	0.3	-4	0.05	0.04	-0.01	0.04	0.03	-0.01	0.02	0.01	0.00
Boliva (Estado Plur. de)	0.4	0.6	53	0.90	1.27	0.37	0.28	0.69	0.41	0.62	0.58	-0.04
Brasil	8.0	7.7	-3	0.48	0.40	-0.08	0.36	0.30	-0.05	0.13	0.10	-0.03
Chile	9.5	9.8	3	3.01	3.25	0.24	1.85	1.79	-0.06	1.16	1.47	0.31
Colombia	1.0	2.9	206	0.30	0.85	0.55	0.09	0.30	0.21	0.21	0.54	0.33
Ecuador	0.1	0.4	190	0.12	0.33	0.21	0.07	0.17	0.10	0.05	0.16	0.11
Guatemala	0.03	0.03	1	0.03	0.03	0.00	0.02	0.02	-0.001	0.006	0.005	0.00
Jamaica	0.02	0.01	-34	0.14	0.08	-0.06	0.00	0.00	0.000	0.14	0.08	-0.06
México	3.8	4.2	13	0.29	0.29	0.00	0.29	0.29	0.002	...	...	...
Nicaragua	0.1	0.1	13	0.57	0.58	0.01	0.40	0.42	0.02	0.17	0.17	0.00
Perú	3.8	4.3	13	1.66	1.74	0.08	1.23	1.48	0.25	0.43	0.26	-0.17
República Dominicana	0.5	0.2	-65	0.54	0.15	-0.38	0.43	0.15	-0.28	0.11	0.01	-0.10
ALC	27.4	30.4	11	0.67	0.75	0.08	0.42	0.47	0.05	0.25	0.28	0.03

Nota: La relación ingresos/PIB de América Latina y el Caribe corresponde a un promedio simple de los países incluidos en la muestra. Es posible que las cifras no coincidan debido al redondeo. En el caso de Chile, los ingresos por litio se refieren a rentas inmobiliarias que recibe el gobierno central por la participación del Estado en las ventas de litio según lo establecido en los contratos con SQM Salar S.A. y Albemarle Ltda.

Fuente: Comisión Económica para América Latina y el Caribe (CEPAL), sobre la base de datos de la base de datos de Ingresos Fiscales provenientes de Recursos Naturales No Renovables en América Latina y el Caribe de la CEPAL.

El aumento regional de los ingresos tributarios fue impulsado por mayores pagos del ISR en Colombia, el Ecuador, el Perú y el Estado Plurinacional de Bolivia (Gráfico 2.4). El aumento en el Estado Plurinacional de Bolivia reflejó grandes pagos anuales por declaraciones de impuestos, ya que las ganancias del sector aumentaron considerablemente en 2021 debido al aumento de los precios del estaño y el zinc. Minera San Cristóbal, la principal empresa minera privada de zinc del país, registró en 2021 sus mayores ganancias desde 2017, una marcada mejora con respecto a la pérdida financiera reportada en 2020 (Minera San Cristóbal, 2023[13]). Los pagos por las declaraciones anuales de impuestos también impulsaron los ingresos del ISR en Perú, especialmente en el primer semestre del año. El pago del impuesto a la renta en 2022 para la operación de renta correspondiente al año fiscal 2021 alcanzó un máximo histórico en el país, representando el sector minero el 43% del total[1]. Sin embargo, los ingresos por impuestos del sector aumentaron de manera menos dramática durante el año, debido en gran parte a la alta base de comparación con el cuarto trimestre de 2021, cuando las empresas mineras realizaron sustanciales pagos extraordinarios para abordar las obligaciones tributarias pendientes (Ministerio de Economía y Finanzas del Perú, 2023[14]). En Colombia, hubo un repunte similar en los ingresos del ISR para la operación de renta anual, lo que refleja tanto mayores ganancias por el gran aumento en el precio del carbón como de pagos anticipados para el año fiscal 2022.

Gráfico 2.4. América Latina y el Caribe (11 países): Variación interanual de los ingresos por ISR del gobierno general provenientes de la minería, 2021-2022

Puntos porcentuales del PIB y porcentajes basados en dólares corrientes

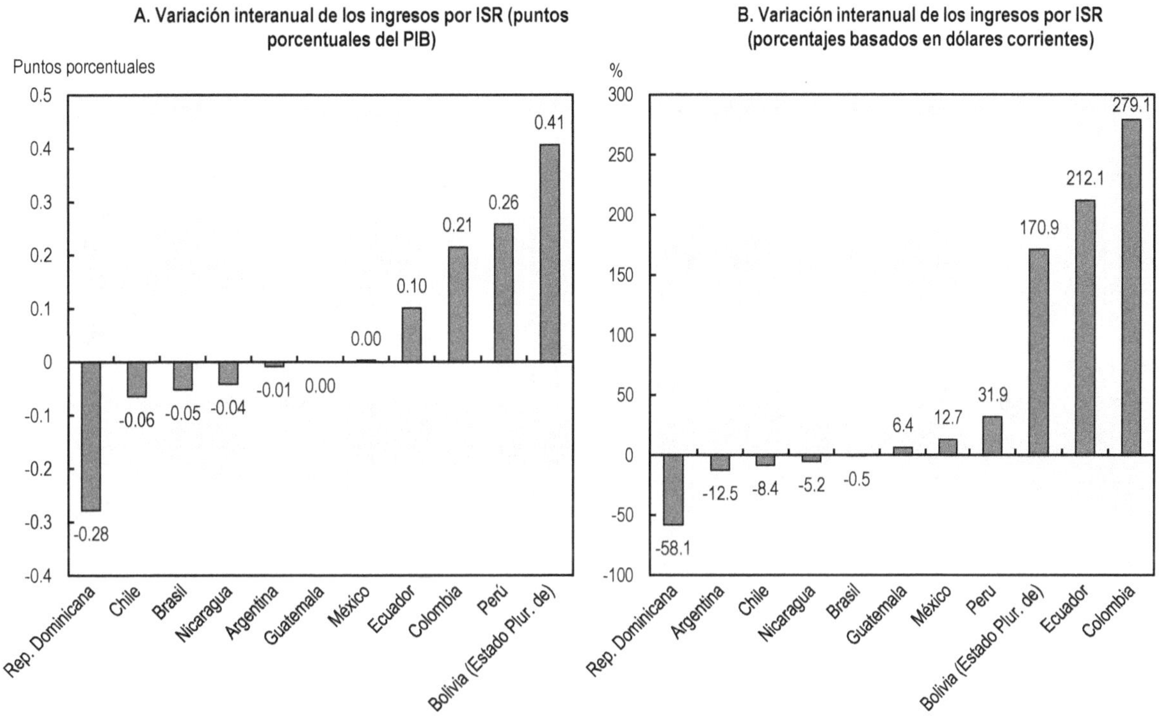

Fuente: Comisión Económica para América Latina y el Caribe (CEPAL), sobre la base de datos de la base de datos de Ingresos Fiscales provenientes de Recursos Naturales No Renovables en América Latina y el Caribe de la CEPAL.

StatLink https://stat.link/yjle1m

Los ingresos no tributarios de la minería en 2022 se vieron afectados por el debilitamiento de los precios y, en algunos casos, por una menor producción (Gráfico 2.5). En Brasil, los pagos de regalías federales, así como los pagos a nivel estatal basados en el valor comercial de la producción, disminuyeron a medida que los precios del mineral de hierro cayeron durante el año. Asimismo, los ingresos por regalías en Perú disminuyeron, pero esto también se vio influenciado por pagos extraordinarios en 2021 para liquidar pasivos pendientes de dos importantes empresas mineras. Si bien los precios y la producción influyeron en los pagos de regalías, las caídas en algunos países también fueron resultado de acontecimientos excepcionales. En República Dominicana, los ingresos se vieron afectados por los prepagos realizados por la empresa Barrick Gold para los años 2021-2023 durante 2020 para apoyar los esfuerzos de ayuda por el COVID-19 en el país[2]. Los pagos del gravamen sobre la exportación de mineral de bauxita (gravamen de bauxita) en Jamaica disminuyeron debido a un gran incendio que provocó el cierre de la refinería de alúmina Jamalco en agosto de 2021 (Ministerio de Hacienda y Función Pública de Jamaica, 2023[15]). La producción comenzó en agosto de 2022 de forma limitada, con la intención de alcanzar niveles regulares para finales de 2023.

Gráfico 2.5. América Latina y el Caribe (11 países): Variación interanual de los ingresos no tributarios del gobierno general provenientes de la minería, 2021-2022

Puntos porcentuales del PIB y porcentajes basados en dólares corrientes

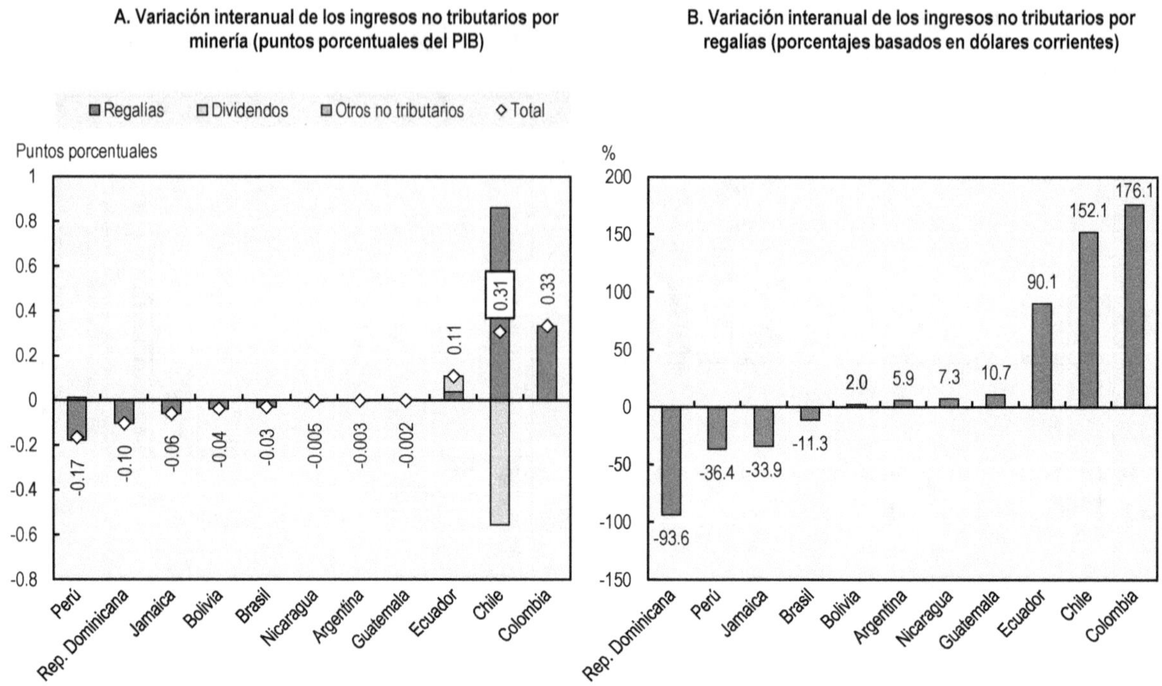

Fuente: Comisión Económica para América Latina y el Caribe (CEPAL), sobre la base de datos de la base de datos de Ingresos Fiscales provenientes de Recursos Naturales No Renovables en América Latina y el Caribe de la CEPAL.

StatLink https://stat.link/hrecvl

Por el contrario, los ingresos no tributarios aumentaron fuertemente en Chile, Colombia y Ecuador en 2022. En Chile, el aumento interanual fue el resultado de la interacción entre la caída de los ingresos relacionados con el cobre y un fuerte repunte en los pagos relacionados con el litio a el gobierno central. La caída de los precios del cobre provocó menores ingresos de la contribución especial pagada por Codelco sobre el valor en dólares de sus exportaciones[3]. Además, los pagos de dividendos de Codelco al Tesoro cayeron drásticamente hasta el 0,1% del PIB (en comparación con el 0,6% del PIB en 2021) (Codelco, 2023[16]). Sin embargo, estas pérdidas fueron más que compensadas por la participación del Estado en las ventas de productos de litio de SQM Salar S.A. y Albemarle Limitada, que generaron ingresos equivalentes al 1% del PIB (DIPRES, 2023[17]). En Colombia, las regalías asociadas a la minería del carbón continuaron expandiéndose significativamente, en línea con el fuerte crecimiento de los precios y el repunte de la producción. La mayor producción y exportaciones de oro en Ecuador impulsaron los pagos de regalías. Esto se complementó con pagos de participación en las ganancias realizados por los concesionarios mineros al Tesoro que equivalían al 0,1% del PIB.

La incertidumbre y la volatilidad de los precios impactaron fuertemente los ingresos fiscales provenientes de recursos naturales no renovables en la región de ALC durante 2023

La creciente incertidumbre sobre las tendencias macroeconómicas en un entorno de altas tasas de interés afectó a los mercados energéticos a principios de 2023. La producción industrial en las economías avanzadas se desaceleró e incluso se contrajo en algunos países europeos, particularmente Alemania. La producción económica también resultó débil en China; el crecimiento en el segundo trimestre superó significativamente las expectativas del mercado. En este contexto, en junio los precios del Brent y del Western Texas Intermediate disminuyeron un 38% y un 39% interanual, respectivamente, mientras que los precios spot del gas natural en Europa se contrajeron bruscamente (-69%) (Gráfico 2.6).

Gráfico 2.6. Precios spot internacionales de bienes energéticos seleccionados, enero de 2021 – diciembre de 2023

Dólares por barril y dólares por millón de BTU

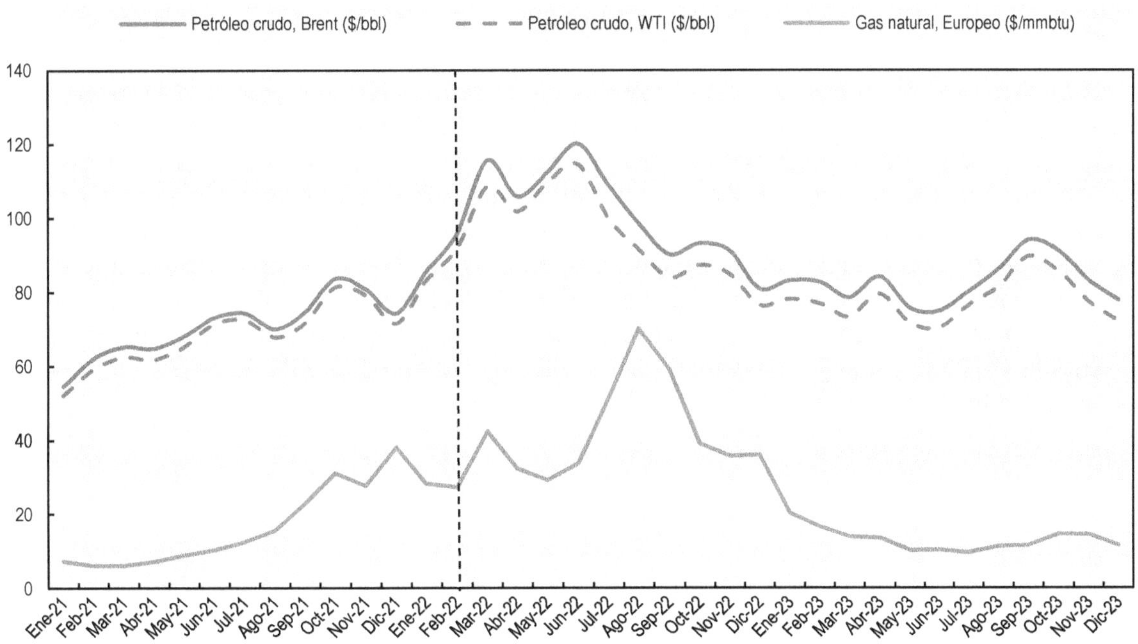

Fuente: Comisión Económica para América Latina y el Caribe (CEPAL), a partir de Commodity Price Data del Banco Mundial [en línea] https://www.worldbank.org/en/research/commodity-markets.

StatLink https://stat.link/jxb3es

La dinámica de los precios durante el primer semestre del año también estuvo determinada por las persistentes condiciones de exceso de oferta. Aunque el consumo se recuperó, la producción siguió superando la demanda. Ante esta situación, varios miembros de la Organización de Países Exportadores de Petróleo y países aliados (OPEP+) anunciaron recortes voluntarios de producción de 1,66 millones de barriles diarios entre mayo y finales de año[4]. En julio, Arabia Saudita anunció un recorte voluntario adicional de 1 millón de barriles por día; la Federación de Rusia también se comprometió a reducir sus exportaciones de petróleo.

Los mercados petroleros mundiales exhibieron una volatilidad significativa en la segunda mitad de 2023. La actividad económica en Estados Unidos superó las expectativas durante el tercer trimestre. Asimismo, el consumo de petróleo en China aumentó considerablemente, impulsado por un gran incremento de la producción petroquímica y un repunte del transporte después del levantamiento de las restricciones por la COVID-19 en 2022. Los precios del petróleo subieron en el tercer trimestre reflejando el cambio de sentimiento del mercado; el Brent alcanzó los 94 dólares por barril en septiembre, frente a los 74,89 dólares de junio (+26%). Sin embargo, estos avances se revirtieron en gran medida a finales de año, cuando la producción en los Estados Unidos y el Brasil alcanzó niveles récord y la producción en la República Islámica de Irán alcanzó su máximo en cinco años (AIE, 2023[18]).

La escalada del conflicto entre Israel y Hamás tras los atentados del 7 de octubre intensificó la incertidumbre en los mercados globales en el cuarto trimestre del año. Si bien los precios internacionales del petróleo continuaron con una tendencia a la baja, los precios del gas natural en Europa aumentaron. Los precios del gas natural en el continente se vieron significativamente afectados por el cierre de un campo de gas costero en Israel y una explosión de la infraestructura de gasoductos en el Mar Báltico (Banco Mundial, 2023[19]). Las perturbaciones del tráfico de petroleros en el Mar Rojo también ejercieron presión sobre los precios del petróleo, pero resultó ser transitoria y se vio compensada por la desaceleración de la demanda mundial de petróleo y el aumento de la producción en el cuarto trimestre del año.

Los ingresos por hidrocarburos en la región de ALC cayeron en 2023, en línea con las condiciones del mercado. Los ingresos del gobierno general provenientes de actividades de exploración y producción de petróleo y gas promediaron aproximadamente el 3,9% en 2023 (frente al 4,4% del PIB en 2022) (Gráfico 2.7). Los ingresos no tributarios por regalías y otras participaciones en el valor comercial de la producción, que constituyen la mayor parte de los ingresos de la región, disminuyeron en la mayoría de los países debido a la caída de los precios del petróleo. En Brasil, una producción récord atenuó la caída de los pagos de regalías y participaciones especiales, pero no pudo compensar la reducción a la mitad de los dividendos pagados por Petrobras al gobierno federal. Si bien la producción petrolera aumentó en México, los ingresos en moneda nacional cayeron debido a la apreciación del peso mexicano y el diferimiento hasta 2024 del pago del derecho por la utilidad compartida de Pemex para los meses de octubre y noviembre[5].

Gráfico 2.7. América Latina y el Caribe (10 países): Ingresos del gobierno general por exploración y producción de petróleo y gas, 2013 – 2023

Porcentaje del PIB

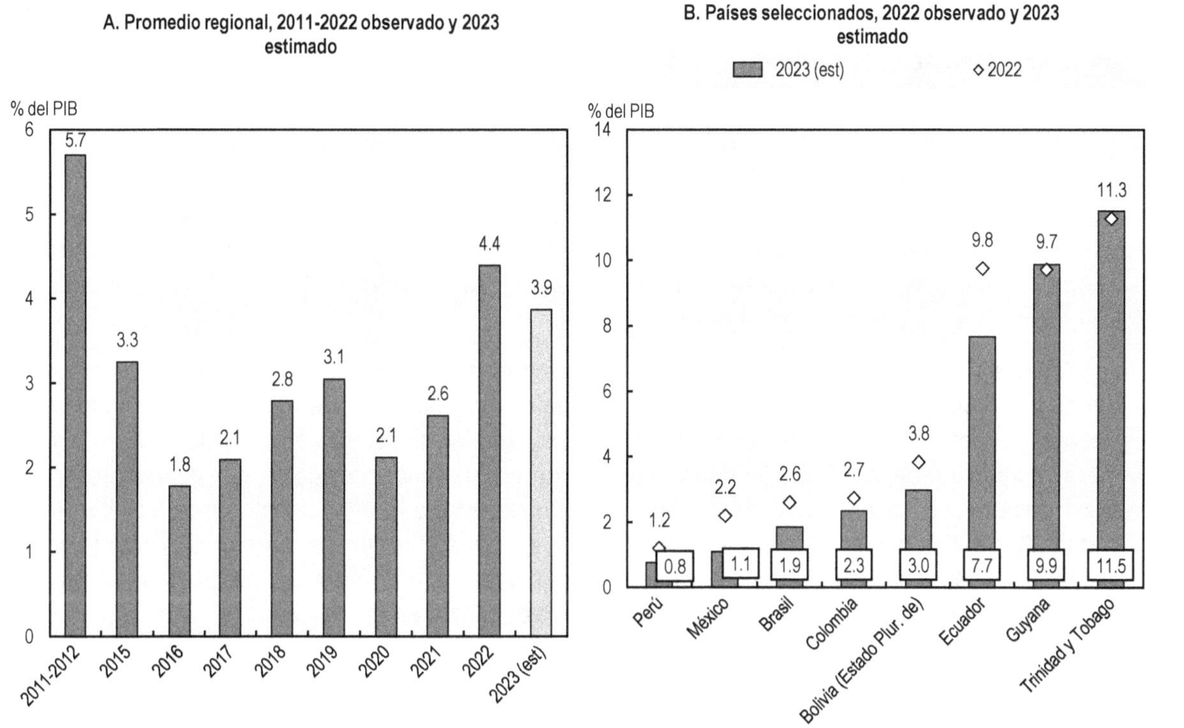

Nota: 10 países incluyen Argentina, Bolivia (Estado Plurinacional de), Brasil, Colombia, Ecuador, Guatemala, Guyana, México, Perú y Trinidad y Tobago. Los datos de México corresponden a los ingresos petroleros del gobierno federal, excluyen los ingresos propios de Pemex, el productor estatal de petróleo y gas. En Ecuador a los ingresos petroleros del sector público no financiero derivados de las exportaciones de petróleo crudo. En Guyana a los ingresos depositados en el Fondo de Recursos Naturales. Los promedios regionales son promedios simples. Las cifras de 2023 se basan en fuentes oficiales, previsiones y estimaciones basadas en la variación anual de 2023 de productos representativos aplicada a los ingresos de 2022.

Fuente: Comisión Económica para América Latina y el Caribe (CEPAL), sobre la base de datos de la base de datos de Ingresos Fiscales provenientes de Recursos Naturales No Renovables en América Latina y el Caribe de la CEPAL.

StatLink https://stat.link/zlp7f6

La menor producción de petróleo y gas agravó el impacto de los precios más bajos sobre los ingresos no tributarios en algunos países. Una reducción marginal de la producción de petróleo en Ecuador combinada con la caída del precio de exportación condujo a una fuerte contracción de los ingresos petroleros como proporción del PIB; al ser una economía dolarizada, estos shocks de precios no se ven amortiguados por movimientos en el tipo de cambio (Ministerio de Economía y Finanzas del Ecuador, 2024[20]). Aunque la producción de petróleo crudo se contrajo significativamente en Trinidad y Tobago, los ingresos por regalías aumentaron, en parte debido a los pagos de contratos de producción compartida relacionados con el año anterior, cuando los precios eran altos. En el Estado Plurinacional de Bolivia, los ingresos por hidrocarburos cayeron debido al agotamiento progresivo de los campos existentes, lo que redujo la producción de gas natural y la disminución de la demanda, lo que redujo las exportaciones a Brasil Brazil (Banco Central de Bolivia, 2023[21]).

Los ingresos por impuestos a los hidrocarburos en general tuvieron una tendencia a la baja en 2023, ya que la caída de los precios internacionales afectó los márgenes de ganancia. Los ingresos por impuestos a la renta se contrajeron en Brasil y Perú debido a menores pagos de las declaraciones de impuestos anuales para el año fiscal 2022 y una disminución en los pagos de impuestos estimados para el año fiscal 2023 (Secretaría da Receita Federal de Brasil, 2024[22]; Ministerio de Economía y Finanzas del Perú,

2024[23]). Una dinámica similar ocurrió en Trinidad y Tobago, donde los pagos del ISR, que constituyen una parte significativa de los ingresos totales del petróleo, se contrajeron marcadamente. Por el contrario, los ingresos del ISR en Colombia se mantuvieron estables frente a los precios más bajos, debido en gran parte a la reforma fiscal estructural aprobada a finales de 2022[6]. En particular, la reforma fijó la tasa del ISR en el 35% e incluyó varias disposiciones dirigidas específicamente a los sectores del petróleo y del gas. Los productores de hidrocarburos ahora deben pagar un recargo del ISR que oscila entre 5 y 15 puntos porcentuales, dependiendo del nivel de precios. Los pagos de regalías tampoco son deducibles del ISR[7].

Los factores que agitaron los mercados energéticos en 2023 también afectaron a los mercados globales de minerales y metales. La desaceleración de la producción industrial en las economías avanzadas y la débil construcción residencial en China provocaron una corrección significativa en los precios de una amplia gama de minerales y metales durante la primera mitad del año (Gráfico 2.8). Sin embargo, los precios repuntaron en la segunda mitad del año.

Las importaciones de concentrados de cobre y cobre refinado desde China crecieron fuertemente, respaldadas por crecientes inversiones en el sector eléctrico del país, lo que respaldó una recuperación de los precios del cobre. Los precios del mineral de hierro también se recuperaron por la no aplicación de límites a la producción de acero de fin de año en China, lo cual había reducido la producción en años anteriores. Los precios del oro subieron en parte debido a la escalada del conflicto entre Israel y Hamás tras los ataques del 7 de octubre. En cambio, los precios del carbón térmico cayeron notablemente porque la mayor oferta de Australia e Indonesia superó el crecimiento de la demanda. Los precios del litio, que se dispararon en 2022, se desplomaron debido al exceso de oferta en el mercado.

Gráfico 2.8. Variación interanual de los precios spot internacionales de minerales y metales seleccionados, 2022-2023

Porcentaje

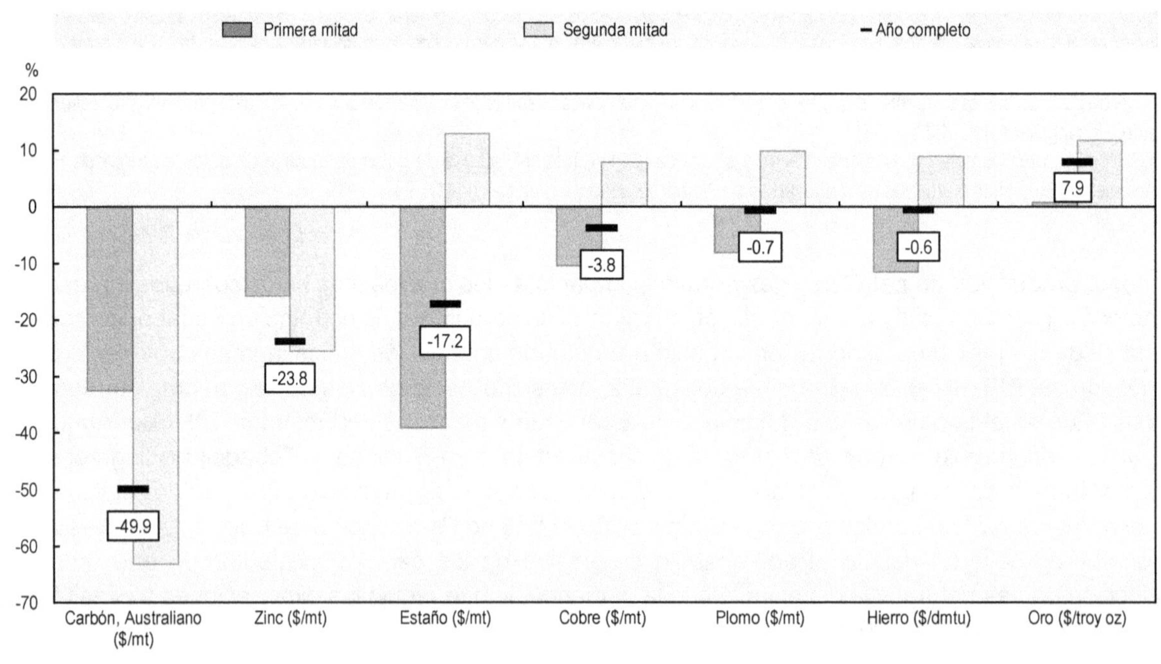

Fuente: Comisión Económica para América Latina y el Caribe (CEPAL), a partir de Commodity Price Data del Banco Mundial [en línea] https://www.worldbank.org/en/research/commodity-markets.

StatLink https://stat.link/qtrm62

Los ingresos fiscales de la minería en América Latina y el Caribe se vieron afectados por las tendencias de los mercados globales y la producción interna. Se estima que los ingresos mineros han caído al 0,53% del PIB (en comparación con un máximo del 0,75% del PIB en 2022) (Gráfico 2.9). Los precios más bajos incidieron negativamente en los ingresos no tributarios provenientes de regalías vinculadas al valor comercial de la producción en la mayoría de los países. Sin embargo, los pagos del litio en Chile se mantuvieron fuertes a pesar de la caída de los precios. El principal impulsor de los menores ingresos mineros fue el colapso de los pagos del ISR en Brasil, Chile y Perú. Los pagos anticipados del ISR realizados en 2022 fueron superiores a las obligaciones tributarias de fin de año en algunos casos, lo que llevó a una disminución significativa de los pagos de impuestos anuales realizados en 2023 (DIPRES, 2024[24]; Secretaría da Receita Federal de Brasil, 2024[22]). Los pagos anticipados de impuestos en 2023 fueron menores ya que los contribuyentes utilizaron los pagos en exceso de 2022 para cubrir sus pasivos estimados (Ministerio de Economía y Finanzas del Perú, 2024[23]).

Gráfico 2.9. América Latina y el Caribe (12 países): Ingresos fiscales del gobierno general provenientes de la minería, 2011-2023

Porcentaje del PIB

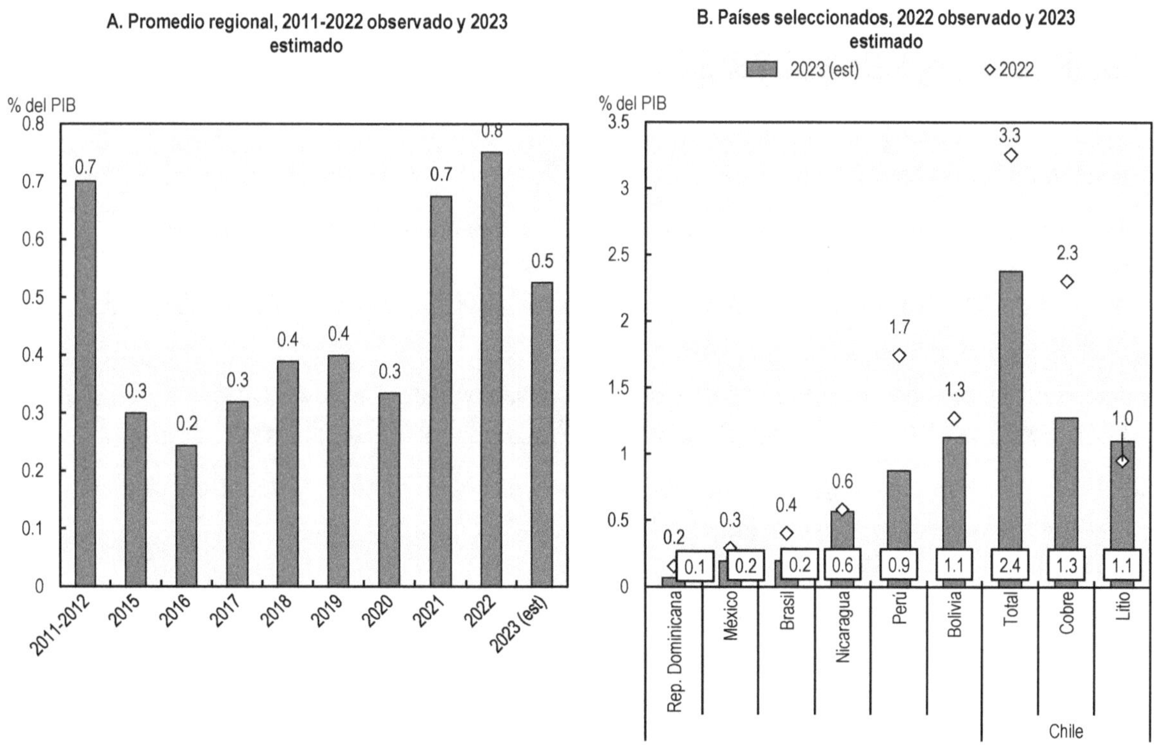

Nota: 12 países incluyen Argentina, Bolivia (Estado Plurinacional de), Brasil, Chile, Colombia, Ecuador, Guatemala, Jamaica, México, Nicaragua, Perú y República Dominicana. En el caso de Chile, los ingresos por litio se refieren a rentas inmobiliarias que recibe el gobierno central por la participación del Estado en las ventas de litio según lo establecido en los contratos con SQM Salar S.A. y Albemarle Ltda. Los promedios regionales son promedios simples. Las cifras de 2023 se basan en fuentes oficiales, previsiones y estimaciones basadas en la variación anual de 2023 de productos representativos aplicada a los ingresos de 2022.

Fuente: Comisión Económica para América Latina y el Caribe (CEPAL), sobre la base de datos de la base de datos de Ingresos Fiscales provenientes de Recursos Naturales No Renovables en América Latina y el Caribe de la CEPAL.

StatLink https://stat.link/um7cz1

Referencias

AIE (2023), *Informe sobre el mercado del petróleo - Diciembre de 2023*, Agencia Internacional de la Energía, https://www.iea.org/reports/oil-market-report-december-2023. [18]

ANH (2023), *Informe de Gestión 2022*, Agencia Nacional de Hidrocarburos de Colombia, https://www.anh.gov.co/documents/21271/Informe_de_gesti%C3%B3n_2022.pdf. [6]

Banco Central de Bolivia (2023), *Memoria 2022*, Banco Central de Bolivia, https://www.bcb.gob.bo/webdocs/publicacionesbcb/2023/05/28/CAP%201.pdf. [21]

Banco Central de Reserva del Perú (2023), *Memoria 2022*, Banco Central de Reserva del Perú, https://www.bcrp.gob.pe/publicaciones/memoria-anual/memoria-2022.html. [2]

Banco Central de Trinidad y Tobago (2023), *Annual Economic Survey 2022*, Central Bank of Trinidad and Tobago, https://www.central-bank.org.tt/sites/default/files/page-file-uploads/annual-economic-survey-2022-20230515.pdf. [9]

Banco de Guyana (2023), *Annual Report 2022*, Bank of Guyana, https://bankofguyana.org.gy/bog/images/research/Reports/ANNREP2022.pdf. [1]

Banco Mundial (2023), *Perspectivas de los mercados de materias primas: Octubre 2023*, Banco Mundial, Washington, D.C., https://openknowledge.worldbank.org/server/api/core/bitstreams/27189ca2-d947-4ca2-8e3f-a36b3b5bf4ba/content. [19]

Codelco (2023), *Estados financieros consolidados (31 de diciembre de 2022)*, Corporación Nacional del Cobre de Chile, https://www.codelco.com/prontus_codelco/site/docs/20220630/20220630204408/2022_12_31_codelco_v3.pdf. [16]

Codelco (2023), *Memoria Integrada 2022*, Corporación Nacional del Cobre de Chile, https://www.codelco.com/sites/site/docs/20230607/20230607094540/m22_eng__1_.pdf. [11]

DIPRES (2024), *Informe de ejecución del gobierno central: cuarto trimester 2023*, Dirección de Presupuestos de Chile, https://www.dipres.gob.cl/598/articles-309977_doc_pdf_Presentacion_IT.pdf. [24]

DIPRES (2023), *Informe de finanzas públicas: cuarto trimester 2022*, Dirección de Presupuestos de Chile, https://www.dipres.gob.cl/598/articles-306313_Informe_PDF.pdf. [17]

Ecopetrol (2023), *Form 20-F 2022, U.S. Securities and Exchange Commission*, https://www.sec.gov/ixviewer/ix.html?doc=/Archives/edgar/data/1444406/000141057823000400/ec-20221231x20f.htm. [3]

Instituto de Energía (2023), *Statistical Review of World Energy 2023*, https://www.energyinst.org/__data/assets/pdf_file/0004/1055542/EI_Stat_Review_PDF_single_3.pdf. [29]

LME (2023), *Revisión independiente de los acontecimientos en el mercado del níquel en marzo de 2022*, London Metal Exchange, https://www.lme.com/-/media/Files/Trading/New-initiatives/Nickel-independent-review/Independent-Review-of-Events-in-the-Nickel-Market-in-March-2022---Final-Report.pdf. [10]

Minera San Cristóbal (2023), *Informe de sostenibilidad 2022*, https://www.minerasancristobal.com/reportedesostenibilidad/pdfs/Sustainability%20Report%20MSC%202022.pdf?v=21. [13]

Ministerio de Economía y Finanzas del Ecuador (2024), *Informe de ejecución del Presupuesto General del Estado, correspondiente a los períodos octubre-diciembre 2023 y enero-diciembre 2023*, https://www.finanzas.gob.ec/wp-content/uploads/downloads/2024/02/Informe_ejecucion_PGE_ene_dic_4to-trim_2023_vf-1.pdf. [20]

Ministerio de Economía y Finanzas del Perú (2024), *Report fiscal trimestral: seguimiento de las reglas macrofiscales cuarto trimestre 2023*, https://cdn.www.gob.pe/uploads/document/file/5782584/5135441-informe-trimestral-de-reglas-fiscales-4t2023.pdf?v=1706667603. [23]

Ministerio de Economía y Finanzas del Perú (2023), *Reporte fiscal trimestral: seguimiento de las reglas macrofiscales cuarto trimestre 2022*, https://cdn.www.gob.pe/uploads/document/file/4081096/Informe_Trimestral_de_Reglas_Fiscales_IV_Trim2022.pdf.pdf?v=1675185187. [14]

Ministerio de Hacienda y Crédito Público de Colombia (2024), *Plan Financiero 2024*, https://www.minhacienda.gov.co/webcenter/ShowProperty?nodeId=%2FConexionContent%2FWCC_CLUSTER-238250%2F%2FidcPrimaryFile&revision=latestreleased. [25]

Ministerio de Hacienda y Crédito Público de Colombia (2023), *Cierre fiscal: gobierno nacional central 2022*, https://www.minhacienda.gov.co/webcenter/ShowProperty?nodeId=%2FConexionContent%2FWCC_CLUSTER-214767%2F%2FidcPrimaryFile&revision=latestreleased. [8]

Ministerio de Hacienda y Función Pública de Jamaica (2023), *Presentación inicial del presupuesto 2023*, https://www.mof.gov.jm/wp-content/uploads/HMFPS-BUDGET-PRESENTATION-Edited-Final-1-5.pdf. [15]

Ministerio de Minería y Metalurgia de Bolivia (2023), *Anuario Estadístico y Situación del la Minería 2022*, https://mineria.gob.bo/revista/pdf/20230322-15-01-44.pdf. [26]

Petrobras (2023), *Annual report and Form 20-F 2022*, https://api.mziq.com/mzfilemanager/v2/d/25fdf098-34f5-4608-b7fa-17d60b2de47d/23f48cb9-9972-be78-2996-b3a79b5c351c?origin=1. [5]

Petrobras (2022), *Annual report and Form 20-F 2021*, https://api.mziq.com/mzfilemanager/v2/d/25fdf098-34f5-4608-b7fa-17d60b2de47d/2741b9b8-e6d8-4d84-0458-43d96f085287?origin=1. [4]

Secretaría da Receita Federal de Brasil (2024), *Análisis de la recaudación de ingresos federales - Diciembre de 2023*, https://www.gov.br/receitafederal/pt-br/centrais-de-conteudo/publicacoes/relatorios/arrecadacao-federal/2023/analise-mensal-dez-2023.pdf. [22]

SQM (2023), *Form 20-F 2022*, Sociedad Química y Minera de Chile, https://s25.q4cdn.com/757756353/files/doc_financials/2022/ar/20f-2022_final.pdf. [27]

Tesouro Nacional (2023), *Resultado do Tesouro Nacional: Dezembro 2022*, Secretaria do Tesouro Nacional Brasil, https://sisweb.tesouro.gov.br/apex/f?p=2501:9::::9:P9_ID_PUBLICACAO:46073. [7]

USGS (2024), *Mineral Commodity Summaries: Lithium, January 2024*, United States Geological Survey, https://pubs.usgs.gov/periodicals/mcs2024/mcs2024-lithium.pdf. [28]

Vale (2023), *Producción y ventas de Vale en 4T22 y 2022*, https://api.mziq.com/mzfilemanager/v2/d/53207d1c-63b4-48f1-96b7-19869fae19fe/3273bd23-534d-9b9f-8bc3-3d0643bae6ee?origin=1. [12]

Notas

[1] Sunat, "campaña de renta alcanza recaudación histórica de más de s/ 13 mil millones," https://www.sunat.gob.pe/salaprensa/2022/abril/NotaPrensaN0272022.doc.

[2] Barrick Gold, "El pago de impuestos y regalías de $108 millones de Pueblo Viejo lleva las contribuciones al Gobierno a más de $385 millones en 2020", https://www.barrick.com/Spanish/noticias/news-details/2020/El-pago-de-impuestos-y-regalas-de-108-millones-de-Pueblo-Viejo-lleva-las-contribuciones-al-Gobierno-a-ms-de-385-millones-en-2020/default.aspx.

[3] La Ley 13.196 establece que Codelco remitirá al fisco el 10% del valor en dólares de las exportaciones de cobre y subproductos asociados.

[4] Organization of the Petroleum Exporting Countries (OPEC), press release, "48th Meeting of the Joint Ministerial Monitoring Committee", 3 April 2023, https://www.opec.org/opec_web/en/press_room/7120.htm.

[5] Diario Official de la Federación, "Décima resolución de modificaciones a la resolución miscelánea fiscal para 2023", 28 December 2023, https://www.dof.gob.mx/nota_detalle.php?codigo=5712946&fecha=28/12/2023#gsc.tab=0.

[6] Ley 2277 de 2022, "Por medio de la cual se adopta una reforma tributaria para la igualdad y la justicia social y se dictan otras disposiciones", https://www.funcionpublica.gov.co/eva/gestornormativo/norma.php?i=199883.

[7] En noviembre de 2023 la Corte Suprema de Justicia de Colombia falló en contra de la no deducibilidad de regalías (sentencia C-489 de 2023). Sin embargo, los pagos anticipados para el año fiscal 2023 ya se realizaron durante el año con base en la no deducibilidad de regalías. El Ministerio de Hacienda proyecta que los contribuyentes reclamarán estos pagos en exceso en sus declaraciones de impuestos en 2024, lo que deprimirá los ingresos del impuesto sobre la renta para ese año.

3 Presión fiscal equivalente en América Latina y el Caribe (1990-2021): Actualización del mapa ampliado de los ingresos tributarios de la región

Introducción a la presión fiscal equivalente (PFE)

La presión fiscal es una variable crucial para las políticas públicas, definida como la cantidad de recursos financieros -en porcentaje del producto interior bruto (PIB)- que un país recauda a través de los impuestos y las cotizaciones a los regímenes públicos de seguridad social para financiar el gasto público. Sin embargo, en los distintos países existen otras fuentes de ingresos públicos y configuraciones alternativas de las funciones básicas del Estado, lo que podría afectar a la comparabilidad de los indicadores de presión fiscal.

Por ejemplo, la disponibilidad de recursos naturales - renovables o no renovables - puede permitir a los gobiernos complementar las finanzas públicas mediante la obtención de ingresos a través de instrumentos no tributarios, como regalías o dividendos e intereses, ingresos no computados en el coeficiente de presión fiscal. Este es el caso de ciertos recursos derivados de la explotación de hidrocarburos y minerales, de gran relevancia en varios países de América Latina y el Caribe (ALC), así como la gestión de otras infraestructuras, como el canal transoceánico en Panamá o las centrales hidroeléctricas de Itaipú y Yacyretá en Paraguay.

De forma similar, en los ámbitos de la salud y la seguridad social, algunos países aplican regímenes privados de capitalización individual - de carácter obligatorio, establecidos en la legislación - que sustituyen, complementan o compiten con el sistema público de seguridad social. Estas cotizaciones privadas a la seguridad social, aunque no están incluidas en la financiación pública y son administradas por entidades privadas, forman parte del conjunto de recursos obligatorios y movilizados colectivamente; su consideración permite realizar comparaciones más homogéneas entre países.

Para tener en cuenta estas vías alternativas de financiación del gasto público, en este capítulo se aborda el concepto de "Presión Fiscal Equivalente" (PFE), que incluye dos fuentes de ingresos adicionales a las tradicionalmente consideradas (ingresos tributarios, incluidas las cotizaciones públicas a la seguridad social [CSS]), y que también suponen un esfuerzo fiscal exigido a los contribuyentes cuando son obligatorias: las cotizaciones a un sistema privado de seguridad social (pensiones y salud) y los ingresos no tributarios (dividendos, royalties, entre otros) procedentes de la explotación de recursos naturales.

La consideración de todos estos componentes adicionales (cuando se dispone de datos oficiales) contribuye a nutrir y enriquecer los análisis de las condiciones fiscales en los países de ALC. Sin embargo, el indicador PFE no invalida ni contradice las mediciones convencionales del nivel de financiamiento público. Se trata más bien de ampliar las posibilidades de comparación regional e internacional y de aportar nuevos elementos que son, al menos para el contexto específico de ALC, cruciales para obtener una perspectiva amplia e integral de estas cuestiones[1].

Evolución de la presión fiscal equivalente en ALC

El análisis de este capítulo, así como las medias regionales y subregionales citadas en el mismo, se refieren a 25 de los 27 países de los que aparecen datos en esta publicación, y no incluyen a Cuba ni a Venezuela[2]. Los indicadores de ingresos no son directamente comparables con los resultados mostrados en el Capítulo 1, ya que se basan en datos disponibles antes de la publicación de este informe.

La ratio impuestos/PIB (que incluye ingresos fiscales y CSS públicos) para los países de ALC considerados en este capítulo se situó en el 21,9% del PIB en 2021 (Gráfico 3.1). Los ingresos adicionales contabilizados utilizando la metodología PFE aumentan esta ratio en un 1,7% del PIB, situando el total en el 23,6% del PIB.

En promedio en la región ALC, las contribuciones a la seguridad social de los sistemas privados ascendieron al 0,9% del PIB en 2021, un valor que ha aumentado en 0,6 puntos porcentuales (p.p.) desde 1990 y que se ha mantenido estable en los últimos cinco años hasta 2021 inclusive. Por su parte, los ingresos públicos no tributarios procedentes de los recursos naturales ascienden al 0,8% del PIB en 2021, lo que supone una contracción de 0,3 p.p. desde 1990, con un descenso aún mayor en relación con las cifras registradas por dichos ingresos en 2008 y 2013 (1,5% del PIB).

Gráfico 3.1. Presión fiscal equivalente en América Latina y el Caribe, 1990-2021

Porcentaje del PIB

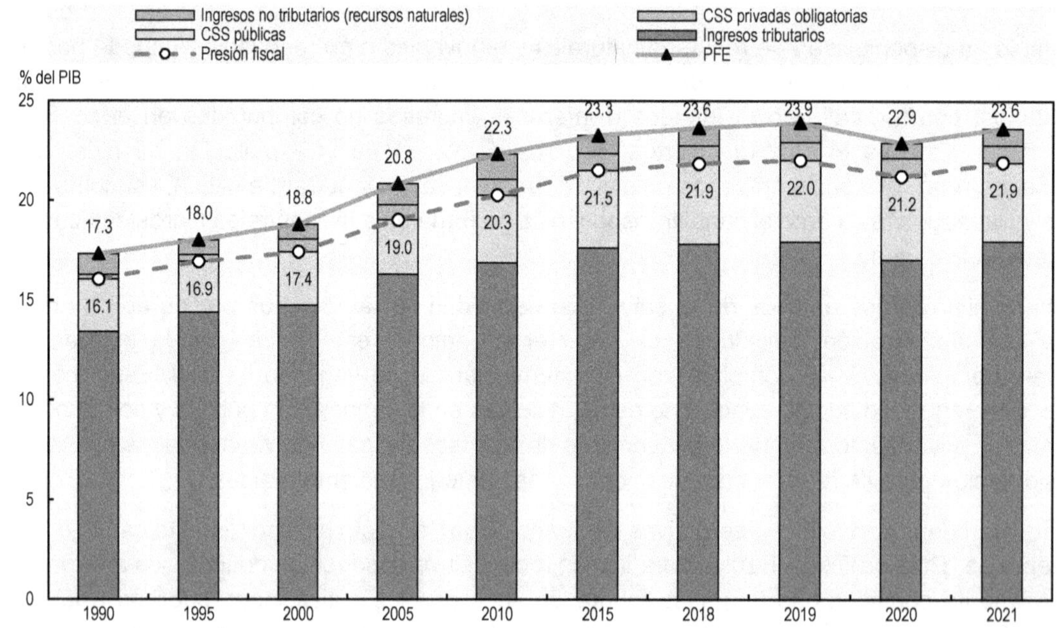

Nota: Los datos se refieren a la media simple de los 25 países de ALC incluidos en esta publicación, excluidos Cuba y Venezuela por problemas de datos.

Fuente: Elaboración propia a partir de datos de (IDB-CIAT, 2023[1]).

StatLink https://stat.link/3xcazi

Por lo que se refiere a la composición de la PFE, la parte de los ingresos tributarios (incluidas las cotizaciones públicas a la Seguridad Social) se ha mantenido relativamente estable desde 1990. En 2021, representaba el 92,8% del total de la PFE; excluyendo las CSS públicas, esta proporción ha fluctuado en torno al 75% a lo largo del periodo. Las CSS privadas han aumentado su participación desde su implementación en varios países de la región en la década de 1990, y en 2021 representaron el 3,7% de la PFE de la región de ALC. La participación de los ingresos no tributarios procedentes de los recursos naturales fue del 3,6% de la PFE en 2021, pero ha sido más volátil dentro de la estructura de la PFE a lo largo del tiempo.

Evolución de la PFE por país

Los distintos países de la región de ALC muestran un alto grado de heterogeneidad en cuanto a la evolución y el nivel de los ingresos tributarios y la PFE (Gráfico 3.2). Aunque los ingresos tributarios han aumentado en todos los países analizados entre 1990 y 2021, con las excepciones de Panamá y Trinidad y Tobago, la magnitud del cambio ha sido muy desigual, con incrementos especialmente grandes en Argentina (+13,7 p.p.), Bolivia (+13,0 p.p.), Ecuador (+12,1 p.p.) y El Salvador (+11,7 p.p.).

Se observan tendencias similares con respecto a los niveles de la PFE. Con la excepción de Panamá y Trinidad y Tobago (donde la PFE disminuyó 2,4 p.p. y 2,5 p.p., respectivamente, entre 1990 y 2021), todos los países de la región muestran un aumento de este indicador. Destacan los aumentos de Argentina (+16,2 p.p.), El Salvador (+15,3 p.p.), Ecuador (+13,0 p.p.), Bolivia (+12,5 p.p.), República Dominicana (+10,2 p.p.) y Colombia (+9,8 p.p.).

El Gráfico 3.2 ordena los países según el nivel de su PFE en 2021. Esta clasificación difiere de la que se obtiene cuando los países se ordenan según el nivel de ingresos fiscales, debido a las importantes diferencias entre los respectivos indicadores para algunos países en particular, como puede apreciarse en el Gráfico 3.3.

Gráfico 3.2. Ingresos tributarios y presión fiscal equivalente (PFE) en los países de ALC, 1990 y 2021

Porcentaje del PIB

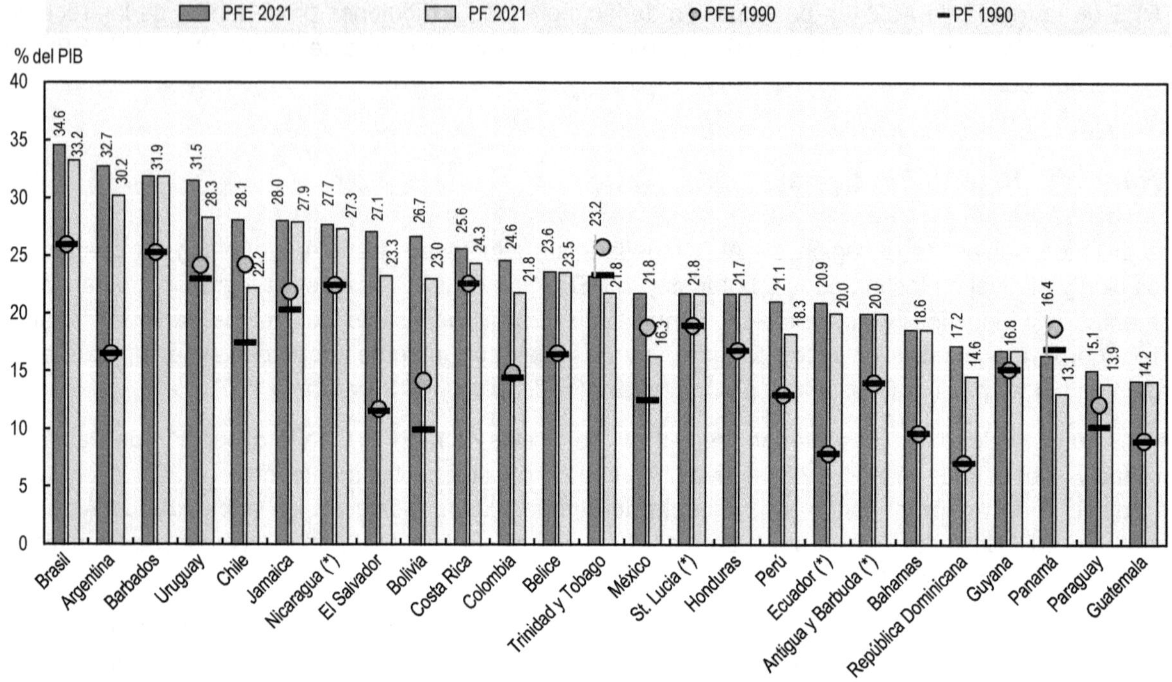

Nota: Los países se ordenaron de mayor a menor según el nivel de la Presión Fiscal Equivalente (PFE) en 2021. Para los países marcados con un asterisco (*) no hay datos para 1990. En estos casos, tanto para los ingresos fiscales como para la PFE, se utilizó como referencia el primer año con información disponible, a saber: 1991 en Antigua y Barbuda y Nicaragua; 1992 en Santa Lucia; y 1993 en Ecuador. No se presentan los casos de Cuba (según cifras oficiales, en 1990 la PFE se situaba en el 29,1% del PIB y en 2021 en el 17,7%) ni Venezuela (por falta de información oficial desde 2016 hasta la fecha), aunque las cifras recogidas pueden consultarse en la base de datos actualizada de la PFE (véase el Anexo Estadístico al final de este capítulo).
Fuente: Elaboración propia con datos de la Presión Fiscal Equivalente para América Latina y el Caribe 1990-2021 (IDB-CIAT, 2023[1]).

StatLink https://stat.link/g69of4

Gráfico 3.3. Componentes de los ingresos no tributarios procedentes de los recursos naturales y de la CSS privada de la Presión Fiscal Equivalente, Países de América Latina y el Caribe, 2021

En porcentaje del PIB (eje izquierdo) y en porcentaje de los ingresos tributarios totales (eje derecho)

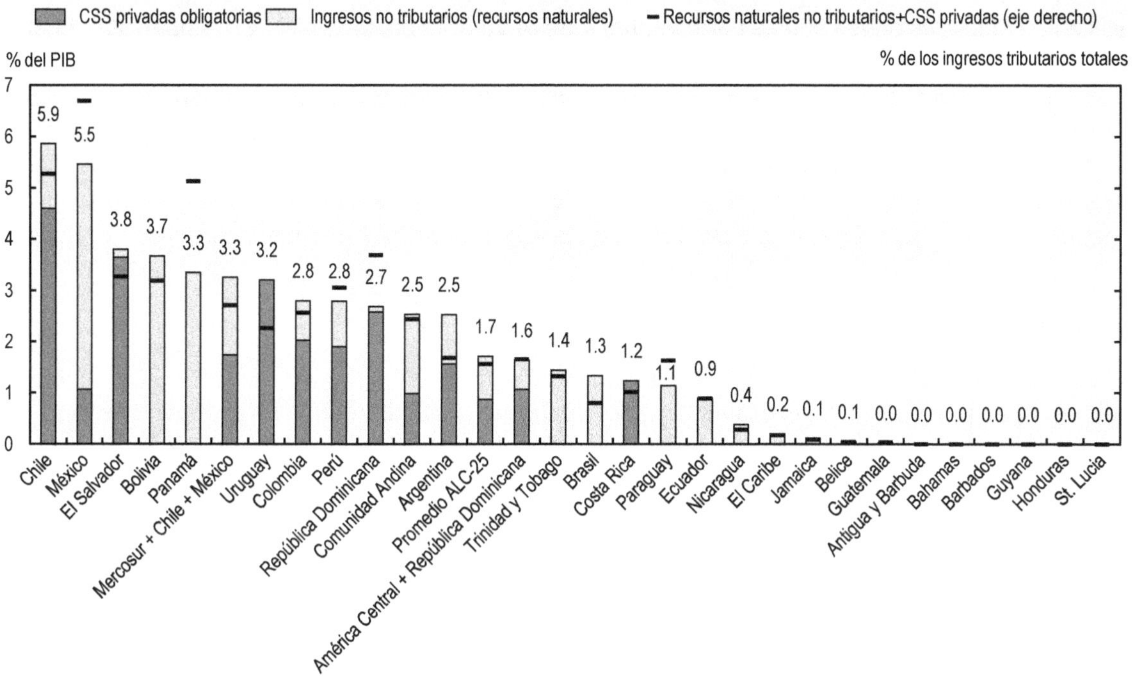

Fuente: Elaboración propia con datos de la Presión Fiscal Equivalente para América Latina y el Caribe 1990-2021 (IDB-CIAT, 2023[1]).

StatLink https://stat.link/4tlq9d

En dos países, las cotizaciones obligatorias a la seguridad social privada y los ingresos no tributarios procedentes de los recursos naturales (que se incluyen en el indicador PFE pero no en la ratio impuestos/PIB) ascendieron a más del 5% del PIB en 2021: Chile (5,9% del PIB) y México (5,5% del PIB). En cuatro países, ascendían a más del 3% del PIB (El Salvador, Bolivia, Panamá y Uruguay); y en otros cuatro países a más del 2% del PIB (Colombia, Perú, República Dominicana y Argentina). Por el contrario, hay un conjunto de países (la mayoría del Caribe) en los que estos ingresos son prácticamente nulos.

En términos relativos, por lo que se refiere a la relación entre impuestos y PIB, la consideración de las CSS privadas obligatorias y de los recursos naturales no tributarios cambia sustancialmente el panorama para la comparación entre países. En particular, la PFE es un 33,5% superior a la relación impuestos/PIB en México, un 26,4% superior en Chile y un 25,6% superior en Panamá.

Por subconjuntos de países, la consideración de la PFE en lugar de la ratio impuestos/PIB aumenta significativamente la media de Mercosur+Chile+México (+3,3% del PIB y 13,6% más de recursos), mientras que las cifras de otras subregiones se mantienen prácticamente invariables (sobre todo entre los países del Caribe). La PFE media de todos los países de ALC considerados es 1,7 puntos porcentuales del PIB superior a la ratio impuestos/PIB (o un 7,8% más).

El equilibrio entre la aportación adicional de las CSS privadas obligatorias y los recursos naturales no tributarios también varía entre países. Las CSS privadas representan el grueso de los recursos adicionales en Chile, El Salvador, Uruguay, República Dominicana y Costa Rica, mientras que los ingresos no tributarios procedentes de los recursos naturales lo hacen en México, Bolivia, Panamá, Trinidad y Tobago, Brasil, Paraguay, Ecuador y Nicaragua.[3]

Comentarios finales

Los diferentes enfoques de los países para diseñar y estructurar el gasto público y, en particular, la forma en que éste se financie, pueden dar lugar en algunos casos concretos a interpretaciones erróneas o sesgadas de los indicadores y ratios generalmente utilizados para evaluar sus dimensiones y efectos económicos. El objetivo de la PFE es complementar la ratio impuestos/PIB de referencia para los países que adoptan opciones significativamente diferentes, como es el caso de los países de ALC, para recaudar ingresos públicos procedentes de los recursos naturales (instrumentos tributarios o no tributarios) o para recaudar las cotizaciones obligatorias a los sistemas de seguridad social (regímenes públicos y privados).

Referencias

Barreix, A. et al. (2013), *Putting Pressure: Estimating the real fiscal burden in Latin America and the Caribbean. Concept, development and international comparison*, s. IDB, CIAT, IEF. [2]

IDB-CIAT (2023), *IDB-CIAT Revenue Collection database*, https://www.ciat.org/idb-ciat-revenue-collection-database/?lang=en (accessed on 16 January 2024). [1]

Morán, D. and M. Solera (2023), *Equivalent Fiscal Pressure in Latin America and the Caribbean (1990-2021)*, IDB and CIAT, https://biblioteca.ciat.org/opac/book/5852. [3]

OECD et al. (2020), *Estadísticas tributarias en América Latina y el Caribe 2020*, OECD Publishing, Paris, https://doi.org/10.1787/68739b9b-en-es. [4]

Anexo 3.A. Anexo estadístico

Anexo Cuadro 3.A.1. Estructura de la Presión Fiscal Equivalente (por principal tipo de impuesto) en los países de América Latina y el Caribe, 2021

Datos individuales, en porcentaje del PIB

País	Código ISO	Impuesto sobre la renta				CSS Públicas	Propiedad	Bienes y servicios				Otros impuestos	Ingresos tributarios (IT)	CSS Privadas	Ingresos no tributarios procedentes de los recursos naturales	PFE Total
		Personal	Sociedades	No Clasificable	IT Total			General		Impuestos especiales	Comercio internacional					
								IVA	Otros							
Antigua y Barbuda	ATG	0.0	2.1	0.0	2.1	3.3	0.6	6.1	1.9	3.5	2.4	0.1	20.0	0.0	0.0	20.0
Argentina	ARG	2.2	2.5	0.4	5.1	5.1	1.3	7.0	3.8	3.5	3.1	1.3	30.2	1.6	1.0	32.7
Bahamas	BHS	0.0	0.0	0.0	0.0	2.2	1.5	7.5	0.0	2.6	2.9	1.9	18.6	0.0	0.0	18.6
Barbados	BRB	3.8	4.4	0.6	8.8	5.8	2.0	8.7	0.0	4.2	2.2	0.1	31.9	0.0	0.0	31.9
Belice	BLZ	2.2	2.9	0.0	5.1	2.4	0.2	6.6	0.0	5.1	4.1	0.1	23.5	0.0	0.1	23.6
Bolivia	BOL	0.2	2.6	0.0	2.8	6.0	0.1	6.9	1.8	1.9	1.1	2.4	23.0	0.0	3.7	26.7
Brasil	BRA	2.9	3.6	1.3	7.8	7.7	1.6	7.4	4.9	1.5	0.7	1.6	33.2	0.0	1.3	34.6
Chile	CHL	2.4	3.8	2.3	8.5	1.2	0.8	9.5	0.0	1.5	0.2	0.5	22.2	4.6	1.3	28.1
Colombia	COL	1.3	4.5	0.3	6.1	4.6	1.0	5.9	0.9	1.7	0.4	1.1	21.8	2.0	0.8	24.6
Costa Rica	CRI	1.6	3.1	0.5	5.2	9.9	1.1	5.1	0.4	2.2	0.5	0.0	24.3	1.2	0.0	25.6
República Dominicana	DOM	1.3	2.8	1.0	5.1	0.1	0.6	4.8	0.0	3.2	0.8	0.1	14.6	2.6	0.1	17.2
Ecuador	ECU	0.1	0.6	3.2	3.9	5.0	0.6	6.2	0.0	2.1	1.1	1.0	20.0	0.0	0.9	20.9
El Salvador	SLV	3.0	3.5	1.1	7.6	2.8	0.1	9.7	0.0	1.7	1.0	0.3	23.3	3.6	0.2	27.1
Guatemala	GTM	0.7	2.8	0.8	4.3	2.2	0.3	5.6	0.0	1.1	0.5	0.3	14.2	0.0	0.0	14.2
Guyana	GUY	2.6	4.5	0.3	7.4	1.6	0.3	2.9	0.0	2.8	1.5	0.4	16.8	0.0	0.0	16.8
Honduras	HND	2.1	3.1	0.0	5.1	3.5	0.2	7.2	0.0	4.0	0.8	0.9	21.7	0.0	0.0	21.7

Jamaica	JAM	3.5	3.1	2.4	9.0	1.4	0.4	8.8	0.0	3.8	2.9	1.5	27.9	0.0	0.1	28.0
México	MEX	3.6	3.4	0.2	7.2	1.8	0.0	4.3	0.0	1.6	0.3	1.2	16.3	1.1	4.4	21.8
Nicaragua	NIC	1.6	6.7	0.0	8.3	6.5	0.3	6.7	0.9	3.5	0.7	0.4	27.3	0.0	0.4	27.7
Panamá	PAN	1.7	0.9	0.5	3.1	5.6	0.5	1.8	0.0	0.8	0.4	0.8	13.1	0.0	3.3	16.4
Paraguay	PRY	0.1	2.4	0.0	2.6	3.8	0.2	5.1	0.1	1.1	0.9	0.2	13.9	0.0	1.1	15.1
Perú	PER	1.5	4.7	0.8	7.0	1.9	0.4	7.2	0.0	1.1	0.0	0.8	18.3	1.9	0.9	21.1
St. Lucia	LCA	2.7	1.8	0.3	4.8	2.4	0.2	6.4	0.0	3.5	4.3	0.1	21.8	0.0	0.0	21.8
Trinidad y Tobago	TTO	3.6	7.1	0.0	10.8	2.8	0.0	5.2	0.5	0.8	1.4	0.2	21.8	0.0	1.4	23.2
Uruguay	URY	3.7	2.4	0.3	6.4	8.9	1.9	7.9	0.0	2.5	1.1	-0.3	28.3	3.2	0.0	31.5
Mercosur + Chile + México		2.5	3.0	0.8	6.3	4.7	1.0	6.8	1.5	1.9	1.1	0.7	24.0	1.7	1.5	27.3
Comunidad Andina		0.8	3.1	1.1	5.0	4.4	0.5	6.5	0.7	1.7	0.7	1.3	20.8	1.0	1.6	23.3
América Central y República Dominicana		1.7	3.3	0.6	5.5	4.4	0.4	5.8	0.2	2.4	0.7	0.4	19.8	1.1	0.6	21.4
El Caribe		2.3	3.3	0.5	6.0	2.7	0.6	6.5	0.3	3.3	2.7	0.6	22.8	0.0	0.2	23.0
Promedio ALC-25		1.9	3.2	0.7	5.8	3.9	0.6	6.4	0.6	2.5	1.4	0.7	21.9	0.9	0.8	23.6
Cuba	CUB	1.4	6.8	0.0	8.2	4.4	0.0	0.0	1.2	0.8	0.0	3.2	17.7	0.0	0.0	17.7

Nota: "Otros impuestos" incluye los impuestos sobre las nóminas, los impuestos sobre las transacciones financieras, los impuestos y regímenes simplificados no clasificables, entre otros.
Fuente: Elaboración propia con datos de la Presión Fiscal Equivalente para América Latina y el Caribe 1990-2021 (IDB-CIAT, 2023[1]).

Anexo Cuadro 3.A.2. Estructura de la Presión Fiscal Equivalente (por principal tipo de impuesto) en los países de América Latina y el Caribe, 2021

Datos individuales, en porcentaje del total de la PFE

País	Código ISO	Impuesto sobre la renta				CSS Públicas	Propiedad	Bienes y servicios				Otros impuestos	Ingresos tributarios (IT)	CSS Privadas	Ingresos no tributarios procedentes de los recursos naturales	PFE Total
		Personal	Sociedades	No Clasificable	IT Total			General IVA	General Otros	Impuestos especiales	Comercio internacional					
Antigua y Barbuda	ATG	0.0	10.4	0.0	10.4	16.5	3.0	30.4	9.3	17.7	12.2	0.5	100.0	0.0	0.0	100.0
Argentina	ARG	6.6	7.6	1.3	15.5	15.7	3.9	21.4	11.8	10.6	9.6	3.9	92.3	4.8	3.0	100.0
Bahamas	BHS	0.0	0.0	0.0	0.0	12.0	7.8	40.4	0.0	14.0	15.7	10.0	100.0	0.0	0.0	100.0
Barbados	BRB	11.9	13.9	1.9	27.7	18.4	6.3	27.3	0.0	13.1	6.8	0.4	100.0	0.0	0.0	100.0
Belice	BLZ	9.2	12.5	0.0	21.6	10.0	0.7	27.8	0.0	21.7	17.3	0.6	99.8	0.0	0.2	100.0
Bolivia	BOL	0.6	9.7	0.0	10.3	22.6	0.3	25.8	6.8	7.2	4.0	9.1	86.2	0.0	13.8	100.0
Brasil	BRA	8.5	10.5	3.7	22.7	22.3	4.7	21.4	14.1	4.3	2.0	4.7	96.1	0.0	3.9	100.0
Chile	CHL	8.6	13.5	8.2	30.3	4.2	2.9	33.8	0.0	5.4	0.7	1.8	79.1	16.4	4.5	100.0
Colombia	COL	5.3	18.5	1.2	25.0	18.9	4.1	23.8	3.6	7.1	1.4	4.7	88.6	8.2	3.2	100.0
Costa Rica	CRI	6.2	12.0	1.9	20.1	38.7	4.4	19.9	1.4	8.7	1.9	0.1	95.2	4.8	0.0	100.0
República Dominicana	DOM	7.4	16.2	5.7	29.4	0.4	3.2	28.1	0.0	18.5	4.6	0.3	84.4	14.9	0.6	100.0
Ecuador	ECU	0.6	2.9	15.3	18.8	23.9	3.1	29.6	0.0	10.2	5.4	4.7	95.7	0.0	4.3	100.0
El Salvador	SLV	11.1	12.9	4.0	28.1	10.5	0.5	35.7	0.0	6.3	3.7	1.1	86.0	13.5	0.6	100.0
Guatemala	GTM	5.1	19.6	5.7	30.4	15.2	2.0	39.2	0.0	7.5	3.7	1.8	99.8	0.0	0.2	100.0
Guyana	GUY	15.2	26.9	1.9	43.9	9.5	1.8	17.1	0.0	16.4	9.1	2.2	100.0	0.0	0.0	100.0
Honduras	HND	9.6	14.1	0.0	23.7	16.2	0.7	33.2	0.0	18.5	3.6	4.2	100.0	0.0	0.0	100.0
Jamaica	JAM	12.6	11.1	8.5	32.2	5.1	1.5	31.4	0.0	13.7	10.2	5.4	99.6	0.0	0.4	100.0
México	MEX	16.4	15.8	1.0	33.2	8.2	0.0	19.6	0.0	7.2	1.3	5.4	74.9	4.9	20.2	100.0
Nicaragua	NIC	5.7	24.2	0.0	29.9	23.5	1.3	24.2	3.2	12.8	2.4	1.3	98.6	0.0	1.4	100.0
Panamá	PAN	10.6	5.6	3.0	19.2	34.2	3.1	10.8	0.0	4.9	2.7	4.6	79.6	0.0	20.4	100.0
Paraguay	PRY	0.9	16.1	0.0	17.0	25.2	1.6	33.6	0.6	7.4	5.9	1.1	92.5	0.0	7.5	100.0
Perú	PER	7.0	22.5	3.7	33.2	8.9	1.8	34.0	0.0	5.1	0.2	3.7	86.7	9.0	4.3	100.0

St. Lucia	LCA	12.5	8.1	1.5	22.1	10.9	0.8	29.6	0.0	16.3	19.6	0.7	100.0	0.0	0.0	100.0
Trinidad y Tobago	TTO	15.6	30.7	0.0	46.4	12.2	0.0	22.4	2.4	3.5	6.2	0.8	93.8	0.0	6.2	100.0
Uruguay	URY	11.7	7.5	1.0	20.3	28.1	5.9	25.0	0.0	7.8	3.6	-1.0	89.8	10.2	0.0	100.0
Mercosur + Chile + México		9.1	11.1	2.8	23.0	17.4	3.5	25.1	5.4	7.1	3.9	2.7	88.1	6.4	5.6	100.0
Comunidad Andina		3.3	13.4	4.6	21.3	18.8	2.3	28.0	2.9	7.4	2.8	5.7	89.1	4.2	6.7	100.0
América Central y República Dominicana		8.0	15.2	2.6	25.8	20.4	2.1	27.2	0.8	11.0	3.1	1.8	92.3	5.0	2.7	100.0
El Caribe		10.0	14.1	2.0	26.1	11.9	2.8	28.4	1.3	14.4	11.8	2.4	99.1	0.0	0.9	100.0
Promedio ALC-25		8.2	13.5	2.8	24.4	16.7	2.7	27.1	2.6	10.4	6.0	2.9	92.8	3.7	3.6	100.0
Cuba	CUB	7.6	38.5	0.0	46.2	25.0	0.0	0.0	6.7	4.2	0.0	17.9	100.0	0.0	0.0	100.0

Nota: "Otros impuestos" incluye los impuestos sobre las nóminas, los impuestos sobre las transacciones financieras, los impuestos y regímenes simplificados no clasificables, entre otros.
Fuente: Elaboración propia con datos de la Presión Fiscal Equivalente para América Latina y el Caribe 1990-2021 (IDB-CIAT, 2023[1]).

Notas

[1] Para más detalles sobre la base metodológica de la PFE y el análisis previo de las cifras disponibles durante la última década, consulte la página web de la base de datos de Recaudación de Ingresos BID-CIAT (https://www.ciat.org/idb-ciat-revenue-collection-database/?lang=en) y (Barreix et al., 2013[2]). Las cifras utilizadas en este capítulo se basan en Morán y Solera (2023). El capítulo actualiza el análisis previo de la PFE, anterior a la pandemia de COVID-19, contenido en la edición de 2020 de este informe (OECD et al., 2020[4]).

[2] En el caso de Cuba, una reciente reforma monetaria y la inflación desencadenada por la pandemia del COVID-19 provocaron un fuerte aumento del PIB nominal entre 2020 y 2021 (un aumento de más de cinco veces en términos nominales) y crearon una ruptura estructural en el nivel y la estructura impositivos del país. Esto se tradujo en una caída sin precedentes del PFE, que pasó del 37,5% del PIB en 2020 al 17,7% del PIB en 2021, lo que se explica principalmente por la caída de la tasa del impuesto a las ventas y la reclasificación de los ingresos extraordinarios como no tributarios. En un análisis de mediano plazo, esto sin duda introduciría un sesgo artificial en los promedios calculados para el conjunto de la región. En el caso de Venezuela, no se dispone de datos oficiales desde 2016. Sin embargo, se incluyen cifras recopiladas a nivel individual (en Cuba hasta 2021 y en Venezuela hasta 2015), que se ponen a disposición de los usuarios interesados en la base de datos en línea de la PFE. Tampoco se dispone de información estadística oficial para determinados países en años concretos, a saber: Antigua y Barbuda (1990), Ecuador (1990-92), Nicaragua (1990) y Santa Lucía (1990-91).

[3] Las cifras detalladas se encuentran en el anexo estadísticos al final de este capítulo, mientras que la metodología y las fuentes de información pueden consultarse en (Morán and Solera, 2023[3]).

4 Niveles impositivos y estructuras tributarias, 1990-2022

En todos los cuadros siguientes, (..) indica dato indisponible. Las principales series de datos de esta sección cubren el periodo que va de 1990 a 2022.

Las cifras relativas a 1991-99, 2001-06, 2008-09, 2011-16 en Cuadros 4.1 hasta 4.2 y Cuadros 4.15 hasta 4.17 y las cifras relativas a 1991-99, 2001-09 y 2011-20 en Cuadros 4.5 hasta 4.10 y las cifras relativas a 1990-94, 1996-99 y 2001-21 en Cuadros 4.11 hasta 4.13 se han omitido por falta de espacio. Sin embargo, las series completas están disponibles en línea en www.latameconomy.org y en la base de datos OCDE (2024), "Revenue Statistics in Latin America and the Caribbean: Comparative tables", *OECD Tax Statistics*, http://dx.doi.org/10.1787/data-00641-en.

Cuadro 4.1. Total de ingresos tributarios en % del PIB, 1990-2022

	1990	2000	2005	2010	2017	2018	2019	2020	2021	2022
Antigua y Barbuda[1]	..	12.0	15.4	21.3	19.6	19.0	18.0	19.8	20.1	19.1
Argentina	13.3	19.2	24.5	29.1	30.0	28.5	28.5	29.7	29.0	29.6
Bahamas[1]	9.7	12.2	11.2	12.7	17.3	16.9	19.1	18.4	18.0	19.6
Barbados	25.3	30.9	31.3	30.0	32.7	33.3	32.3	33.4	31.9	30.5
Belice	15.9	14.1	16.6	21.0	23.0	24.1	24.7	21.4	21.6	22.1
Bolivia	6.5	17.6	20.0	22.9	25.9	25.0	24.7	22.2	22.6	23.7
Brasil	27.8	29.4	32.7	31.7	31.7	32.0	31.9	30.5	32.5	33.3
Chile	16.8	18.7	20.8	19.7	20.2	21.3	21.0	19.3	22.2	23.9
Colombia	11.3	15.7	18.3	18.1	19.0	19.3	19.7	18.8	19.2	19.7
Costa Rica	22.4	21.1	21.8	22.1	23.0	23.2	23.4	22.6	25.0	25.5
Cuba[2]	31.9	37.2	41.1	37.2	42.4	42.3	42.1	37.5	17.7	18.3
República Dominicana	8.3	12.1	13.8	12.2	13.1	13.1	13.4	12.5	14.5	13.9
Ecuador[1]	7.1	11.6	13.8	16.8	20.2	21.1	19.9	18.7	19.4	20.9
El Salvador	11.3	14.2	17.0	18.7	21.0	21.3	21.0	21.7	22.8	22.9
Guatemala	7.9	11.7	13.1	12.5	13.2	13.2	13.0	12.4	14.1	14.4
Guyana	15.2	15.7	17.6	16.0	19.5	22.2	23.2	21.3	16.8	10.6
Honduras	12.4	17.2	17.9	18.2	21.7	21.9	21.5	19.2	21.2	21.4
Jamaica	20.3	22.2	23.3	24.9	27.3	27.7	28.6	27.7	27.9	29.3
México	12.1	11.5	11.4	12.8	16.1	16.1	16.3	17.7	17.3	16.9
Nicaragua[1]	..	14.3	17.4	19.3	23.8	23.2	25.5	25.4	27.0	27.8
Panamá[1]	16.6	15.5	13.6	16.4	15.1	14.3	13.5	12.7	12.0	13.1
Paraguay	8.5	11.6	10.7	12.1	14.0	13.9	13.9	13.5	13.9	14.7
Perú	12.0	15.2	16.6	17.8	15.3	16.5	16.7	15.3	18.1	19.2
Santa Lucía[1]	..	19.3	19.4	20.6	20.4	20.7	20.8	21.3	19.8	18.4
Trinidad y Tobago	23.3	21.9	28.3	28.7	19.7	22.8	24.3	22.1	22.4	23.7
Uruguay[1]	18.3	21.3	22.9	24.2	26.5	26.7	26.2	26.6	25.6	26.6
Venezuela[3]	21.2	13.5	15.9	11.8	..	..	..	..	..	..
Promedio no ponderado										
ALC[4]	**14.6**	**17.1**	**18.8**	**20.0**	**21.2**	**21.5**	**21.6**	**21.0**	**21.3**	**21.5**
OCDE[5]	**30.8**	**32.9**	**32.6**	**31.5**	**33.3**	**33.5**	**33.4**	**33.6**	**34.2**	**34.0**

.. No disponible

Nota : Las cifras excluyen los ingresos subnacionales para Antigua y Barbuda, Argentina (pero se incluyen los ingresos de las provincias), Las Bahamas, Barbados, Cuba (excepto 2002-2012), República Dominicana, Santa Lucía, Trinidad y Tobago y Venezuela, dado que los datos no están disponibles. Los datos de ingresos subnacionales están disponibles desde 1991 para Nicaragua, desde 1994 para Bolivia, desde 1995 para Guatemala, desde 1998 para Jamaica, desde 1999 para Panamá, desde 2000 para Perú, desde 2002 para El Salvador y Guyana, desde 2006 para Paraguay y desde 1990 para todos los demás países.

1. Los datos incluyen las siguientes estimaciones: Antigua y Barbuda (cotizaciones a la seguridad social para 2019-2022), Bahamas (cotizaciones a la seguridad social para 2021 y 2022), Ecuador (ingresos tributarios locales para 2021 y 2022), Nicaragua (ingresos tributarios locales para 2022), Panamá (ingresos tributarios locales y cotizaciones a la seguridad social para 2022), Santa Lucía (cotizaciones a la seguridad social para 2021 y 2022) y Uruguay (ingresos tributarios locales para 2022). Consulte las tablas de países correspondientes para obtener más información.
2. Las cifras de 2021 y posteriores no son comparables con los datos de años anteriores debido a grandes cambios como consecuencia de la reforma monetaria de Cuba.
3. Algunos datos de ingresos tributarios no están disponibles entre 2014 y 2017 y, por lo tanto, no se han incluido las cifras totales. Los datos de 2018 y años posteriores no están disponibles.
4. Representa al grupo de 26 países de América Latina y el Caribe incluidos en esta publicación y excluye a Cuba (hasta 2020) y Venezuela debido a problemas de los datos. Chile, Colombia, Costa Rica y México también forman parte del grupo OCDE (38).
5. Calculado mediante la aplicación del cambio porcentual promedio no ponderado para 2022 en los 36 países que proporcionan datos para ese año al promedio del recaudación tributario sobre PIB en 2021.

Cuadro 4.2. Total de ingresos tributarios en millones de US dólares a tipos de cambio de mercado, 1990-2022

	1990	2000	2005	2010	2017	2018	2019	2020	2021	2022
Antigua y Barbuda[1]	..	99	158	244	287	305	304	271	295	336
Argentina	20 952	61 084	48 885	123 456	193 442	149 532	127 342	114 585	141 542	186 877
Bahamas[1]	505	965	1 060	1 277	2 118	2 120	2 486	2 076	1 831	2 425
Barbados	513	946	1 225	1 368	1 640	1 717	1 721	1 491	1 621	1 822
Belice	89	159	247	370	527	565	577	467	564	673
Bolivia	317	1 478	1 910	4 527	9 777	10 136	10 173	8 176	9 213	10 498
Brasil	133 077	192 661	291 327	700 962	654 769	613 148	598 172	449 511	536 248	638 812
Chile	5 829	14 650	25 487	42 836	55 902	62 806	58 332	49 029	70 363	72 000
Colombia	5 136	14 657	26 583	51 824	59 207	64 358	63 721	50 780	61 288	67 788
Costa Rica	1 285	3 182	4 363	8 397	13 903	14 449	15 086	14 086	16 125	17 504
Cuba[2]	6 870	11 367	17 528	23 949	41 022	42 307	43 504	40 263	4 022	2 577
República Dominicana	664	2 951	4 946	6 600	10 509	11 237	11 935	9 854	13 683	15 868
Ecuador[1]	1 078	2 125	5 724	11 693	21 036	22 656	21 501	18 543	20 647	24 070
El Salvador	543	1 669	2 497	3 447	5 234	5 545	5 640	5 404	6 708	7 430
Guatemala	593	2 129	3 560	5 153	9 481	9 643	10 018	9 652	12 166	13 673
Guyana	104	234	302	549	927	1 061	1 200	1 168	1 355	1 556
Honduras	515	1 233	1 751	2 887	5 009	5 274	5 386	4 543	5 998	6 743
Jamaica	1 027	1 998	2 617	3 286	4 026	4 338	4 514	3 842	4 093	4 982
México	35 908	81 160	99 772	135 866	186 897	198 032	207 926	193 857	220 159	240 116
Nicaragua[1]	..	733	1 097	1 693	3 288	3 025	3 244	3 223	3 824	4 353
Panamá[1]	948	1 942	2 257	4 815	9 366	9 631	9 382	7 240	8 106	10 038
Paraguay	494	1 029	1 146	3 286	5 469	5 575	5 289	4 791	5 544	6 124
Perú	3 389	7 674	12 338	26 478	33 099	37 473	38 777	31 635	41 038	46 947
Santa Lucía[1]	..	178	227	307	410	429	437	342	388	430
Trinidad y Tobago	1 158	1 746	4 414	6 261	4 617	5 449	5 686	4 630	5 142	6 749
Uruguay[1]	2 051	5 303	4 351	10 618	17 275	17 404	16 273	14 288	15 725	18 905
Venezuela[3]	10 259	12 758	23 076	38 220	..	..	..	..	..	..

.. No disponible

Nota : Las cifras excluyen los ingresos subnacionales para Antigua y Barbuda, Argentina (pero se incluyen los ingresos de las provincias), Las Bahamas, Barbados, Cuba (excepto 2002-2012), República Dominicana, Santa Lucía, Trinidad y Tobago y Venezuela, dado que los datos no están disponibles. Los datos de ingresos subnacionales están disponibles desde 1991 para Nicaragua, desde 1994 para Bolivia, desde 1995 para Guatemala, desde 1998 para Jamaica, desde 1999 para Panamá, desde 2000 para Perú, desde 2002 para El Salvador y Guyana, desde 2006 para Paraguay y desde 1990 para todos los demás países.

1. Los datos incluyen las siguientes estimaciones: Antigua y Barbuda (cotizaciones a la seguridad social para 2019-2022), Bahamas (cotizaciones a la seguridad social para 2021 y 2022), Ecuador (ingresos tributarios locales para 2021 y 2022), Nicaragua (ingresos tributarios locales para 2022), Panamá (ingresos tributarios locales y cotizaciones a la seguridad social para 2022), Santa Lucía (cotizaciones a la seguridad social para 2021 y 2022) y Uruguay (ingresos tributarios locales para 2022). Consulte las tablas de países correspondientes para obtener más información.
2. Las cifras de 2021 y posteriores no son comparables con los datos de años anteriores debido a grandes cambios como consecuencia de la reforma monetaria de Cuba.
3. Algunos datos de ingresos tributarios no están disponibles entre 2014 y 2017 y, por lo tanto, no se han incluido las cifras totales. Los datos de 2018 y años posteriores no están disponibles.

Cuadro 4.3. Ingresos tributarios en las principales partidas en % del PIB, 2022

	1000 Ingresos y utilidades	2000 Seguridad social	3000 Nómina	4000 Propiedad	5000 Bienes y servicios	6000 Otros
Antigua y Barbuda[1]	1.5	3.3	0.0	2.0	12.3	0.0
Argentina	5.7	5.3	0.0	2.9	15.6	0.2
Bahamas[1]	0.0	2.2	0.0	1.9	15.5	0.0
Barbados	8.6	5.2	0.0	2.0	14.7	0.0
Belice	5.7	2.4	0.0	0.7	13.4	0.0
Bolivia	3.4	5.7	0.0	0.3	12.1	2.2
Brasil	9.2	8.1	0.5	1.6	13.7	0.2
Chile	10.5	1.0	0.0	1.2	11.5	-0.2
Colombia	6.6	1.6	0.3	1.5	8.8	0.9
Costa Rica	5.5	8.9	1.4	0.5	8.3	0.9
Cuba	8.6	2.6	1.0	0.0	2.0	4.1
República Dominicana	4.4	0.1	0.1	0.7	8.7	0.0
Ecuador[1]	4.6	5.0	0.0	0.9	10.4	0.0
El Salvador	8.3	2.6	0.1	0.2	11.3	0.3
Guatemala	3.5	2.1	0.2	0.2	7.6	0.8
Guyana	5.4	1.0	0.0	0.2	3.9	0.1
Honduras	6.2	3.3	0.2	0.6	10.4	0.8
Jamaica	7.9	1.6	1.5	0.8	17.4	0.1
México	8.0	2.4	0.5	0.3	5.3	0.4
Nicaragua[1]	9.0	6.3	0.0	0.3	11.9	0.3
Panamá[1]	3.7	5.5	0.2	0.3	3.5	0.0
Paraguay	3.0	4.2	0.0	0.2	7.2	0.1
Perú	8.0	1.9	0.0	0.4	8.6	0.2
Santa Lucía[1]	3.9	2.4	0.0	0.4	11.6	0.0
Trinidad y Tobago	16.0	2.4	0.0	0.2	5.2	0.0
Uruguay[1]	7.1	6.7	0.0	2.0	10.6	0.2
Venezuela[2]	..	..	..	..	..	..
Promedio no ponderado						
ALC[3]	**6.3**	**3.6**	**0.2**	**0.9**	**10.1**	**0.4**
OCDE[4]	**12.0**	**9.0**	**0.5**	**1.9**	**10.7**	**0.1**

.. No disponible

Nota : Las cifras excluyen los ingresos subnacionales para Antigua y Barbuda, Argentina (pero se incluyen los ingresos de las provincias), Las Bahamas, Barbados, Cuba (excepto 2002-2012), República Dominicana, Santa Lucía, Trinidad y Tobago y Venezuela, dado que los datos no están disponibles. Los datos de ingresos subnacionales están disponibles desde 1991 para Nicaragua, desde 1994 para Bolivia, desde 1995 para Guatemala, desde 1998 para Jamaica, desde 1999 para Panamá, desde 2000 para Perú, desde 2002 para El Salvador y Guyana, desde 2006 para Paraguay y desde 1990 para todos los demás países.

1. Los datos incluyen las siguientes estimaciones: Antigua y Barbuda (cotizaciones a la seguridad social para 2019-2022), Bahamas (cotizaciones a la seguridad social para 2021 y 2022), Ecuador (ingresos tributarios locales para 2021 y 2022), Nicaragua (ingresos tributarios locales para 2022), Panamá (ingresos tributarios locales y cotizaciones a la seguridad social para 2022), Santa Lucía (cotizaciones a la seguridad social para 2021 y 2022) y Uruguay (ingresos tributarios locales para 2022). Consulte las tablas de países correspondientes para obtener más información.
2. Los datos de 2018 y años posteriores no están disponibles.
3. Representa al grupo de 26 países de América Latina y el Caribe incluidos en esta publicación y excluye a Cuba (hasta 2020) y Venezuela debido a problemas de los datos. Chile, Colombia, Costa Rica y México también forman parte del grupo OCDE (38).
4. Representa el promedio no ponderado de los países miembros de la OCDE. Se utilizan los datos de 2021 porque los datos de 2022 no estaban disponibles en el momento de la publicación.

Cuadro 4.4. Ingresos tributarios en las principales partidas en % del total de ingresos tributarios, 2022

	1000 Ingresos y utilidades	2000 Seguridad social	3000 Nómina	4000 Propiedad	5000 Bienes y servicios	6000 Otros
Antigua y Barbuda[1]	7.8	17.2	0.0	10.6	64.4	0.0
Argentina	19.4	17.7	0.0	9.8	52.6	0.5
Bahamas[1]	0.0	11.0	0.0	9.9	79.1	0.0
Barbados	28.1	17.0	0.0	6.5	48.3	0.0
Belice	25.6	10.7	0.0	3.1	60.6	0.0
Bolivia	14.4	24.1	0.0	1.1	51.1	9.3
Brasil	27.6	24.2	1.6	4.9	41.1	0.6
Chile	43.7	4.1	0.0	5.1	47.8	-0.8
Colombia	33.2	8.3	1.5	7.8	44.8	4.4
Costa Rica	21.5	34.8	5.7	2.0	32.6	3.5
Cuba	46.8	14.4	5.4	0.0	10.9	22.5
República Dominicana	31.7	0.6	0.4	5.2	62.2	0.0
Ecuador[1]	22.1	24.0	0.0	4.1	49.8	0.0
El Salvador	36.4	11.2	0.6	0.8	49.6	1.4
Guatemala	24.2	14.7	1.0	1.5	52.8	5.8
Guyana	50.8	9.7	0.0	2.0	36.9	0.6
Honduras	29.1	15.2	0.7	2.9	48.5	3.6
Jamaica	26.9	5.5	5.0	2.7	59.5	0.3
México	47.3	14.1	2.9	1.9	31.1	2.7
Nicaragua[1]	32.5	22.8	0.0	1.2	42.7	0.9
Panamá[1]	28.0	42.0	1.3	2.1	26.4	0.3
Paraguay	20.4	28.8	0.0	1.2	48.9	0.7
Perú	41.9	9.9	0.1	2.0	44.9	1.2
Santa Lucía[1]	21.2	13.3	0.0	2.3	63.2	0.0
Trinidad y Tobago	67.4	9.9	0.0	0.8	21.8	0.0
Uruguay[1]	26.6	25.2	0.0	7.7	39.9	0.6
Venezuela[2]	..	..	..	..	..	..
Promedio no ponderado						
ALC[3]	**29.8**	**16.7**	**1.0**	**3.8**	**46.5**	**2.2**
OCDE[4]	**35.1**	**25.6**	**1.3**	**5.6**	**31.9**	**0.4**

.. No disponible

Nota : Las cifras excluyen los ingresos subnacionales para Antigua y Barbuda, Argentina (pero se incluyen los ingresos de las provincias), Las Bahamas, Barbados, Cuba (excepto 2002-2012), República Dominicana, Santa Lucía, Trinidad y Tobago y Venezuela, dado que los datos no están disponibles. Los datos de ingresos subnacionales están disponibles desde 1991 para Nicaragua, desde 1994 para Bolivia, desde 1995 para Guatemala, desde 1998 para Jamaica, desde 1999 para Panamá, desde 2000 para Perú, desde 2002 para El Salvador y Guyana, desde 2006 para Paraguay y desde 1990 para todos los demás países.

1. Los datos incluyen las siguientes estimaciones: Antigua y Barbuda (cotizaciones a la seguridad social para 2019-2022), Bahamas (cotizaciones a la seguridad social para 2021 y 2022), Ecuador (ingresos tributarios locales para 2021 y 2022), Nicaragua (ingresos tributarios locales para 2022), Panamá (ingresos tributarios locales y cotizaciones a la seguridad social para 2022), Santa Lucía (cotizaciones a la seguridad social para 2021 y 2022) y Uruguay (ingresos tributarios locales para 2022). Consulte las tablas de países correspondientes para obtener más información.
2. Los datos de 2018 y años posteriores no están disponibles.
3. Representa al grupo de 26 países de América Latina y el Caribe incluidos en esta publicación y excluye a Cuba (hasta 2020) y Venezuela debido a problemas de los datos. Chile, Colombia, Costa Rica y México también forman parte del grupo OCDE (38).
4. Representa el promedio no ponderado de los países miembros de la OCDE. Se utilizan los datos de 2021 porque los datos de 2022 no estaban disponibles en el momento de la publicación.

Cuadro 4.5. Impuestos sobre la renta y las utilidades (1000) en % del PIB y del total de ingresos tributarios

	% del PIB					% del total de ingresos tributarios				
	1990	2000	2010	2021	2022	1990	2000	2010	2021	2022
Antigua y Barbuda	..	1.7	3.0	2.1	1.5	..	14.0	14.0	10.5	7.8
Argentina	0.7	3.6	4.7	5.1	5.7	5.3	18.5	16.2	17.5	19.4
Bahamas	0.0	0.0	0.0	0.0	0.0	0.0	0.0	0.0	0.0	0.0
Barbados	6.1	9.8	8.4	8.8	8.6	24.3	31.7	28.0	27.7	28.1
Belice	3.3	3.4	7.1	4.3	5.7	20.9	23.9	33.6	19.8	25.6
Bolivia	0.4	2.3	4.6	2.7	3.4	6.7	13.2	20.0	12.1	14.4
Brasil	5.1	5.7	6.7	7.8	9.2	18.3	19.5	21.0	24.1	27.6
Chile	3.9	4.4	7.5	8.5	10.5	23.2	23.3	38.1	38.3	43.7
Colombia	3.4	3.6	4.8	6.1	6.6	29.9	23.2	26.6	31.9	33.2
Costa Rica	2.3	2.8	3.8	5.1	5.5	10.0	13.2	17.1	20.6	21.5
Cuba[1]	0.1	6.0	5.6	8.2	8.6	0.2	16.1	15.0	46.2	46.8
República Dominicana	2.1	2.7	2.7	4.9	4.4	25.7	22.0	21.7	33.7	31.7
Ecuador	0.9	1.5	4.2	4.2	4.6	12.9	12.6	25.0	21.5	22.1
El Salvador	2.0	3.6	5.4	7.7	8.3	17.6	25.7	28.9	33.7	36.4
Guatemala	1.5	2.3	2.3	3.5	3.5	19.2	19.9	18.6	24.7	24.2
Guyana	5.1	5.9	5.7	7.4	5.4	33.5	37.8	35.4	43.9	50.8
Honduras	2.5	2.7	4.4	5.1	6.2	20.3	15.9	24.3	24.3	29.1
Jamaica	9.5	9.0	9.2	7.6	7.9	47.0	40.4	36.9	27.1	26.9
México	4.1	4.1	5.1	7.4	8.0	34.0	36.0	39.8	42.7	47.3
Nicaragua	..	1.8	4.5	8.2	9.0	..	12.3	23.1	30.3	32.5
Panamá	3.8	3.9	4.5	3.0	3.7	22.9	25.0	27.4	24.6	28.0
Paraguay	1.0	1.5	1.6	2.6	3.0	12.1	13.1	13.4	18.4	20.4
Perú	0.7	2.9	6.5	7.0	8.0	5.8	19.0	36.5	38.4	41.9
Santa Lucía	..	5.5	5.6	4.3	3.9	..	28.6	27.1	21.9	21.2
Trinidad y Tobago	12.3	12.4	19.6	11.1	16.0	52.7	56.8	68.5	49.5	67.4
Uruguay	0.9	2.9	4.8	6.7	7.1	4.7	13.6	20.0	26.1	26.6
Venezuela[2]	17.7	5.8	3.6	..	..	83.7	43.2	30.7	..	..
Promedio no ponderado										
ALC[3]	**3.3**	**4.0**	**5.5**	**5.7**	**6.3**	**20.3**	**22.4**	**26.4**	**27.3**	**29.8**
OCDE[4]	**11.5**	**11.4**	**10.2**	**12.0**	**..**	**36.2**	**33.9**	**32.2**	**35.1**	**..**

.. No disponible

Nota : Las cifras excluyen los ingresos subnacionales para Antigua y Barbuda, Argentina (pero se incluyen los ingresos de las provincias), Las Bahamas, Barbados, Cuba (excepto 2002-2012), República Dominicana, Santa Lucía, Trinidad y Tobago y Venezuela, dado que los datos no están disponibles. Los datos de ingresos subnacionales están disponibles desde 1991 para Nicaragua, desde 1994 para Bolivia, desde 1995 para Guatemala, desde 1998 para Jamaica, desde 1999 para Panamá, desde 2000 para Perú, desde 2002 para El Salvador y Guyana, desde 2006 para Paraguay y desde 1990 para todos los demás países.

1. Las cifras de 2021 y posteriores no son comparables con los datos de años anteriores debido a grandes cambios como consecuencia de la reforma monetaria de Cuba.
2. Algunos datos de ingresos tributarios entre 2014 y 2017 no están disponibles. Para esos años, no se pueden calcular los ingresos como porcentaje de los ingresos tributarios totales. Los datos de 2018 y años posteriores no están disponibles.
3. Representa al grupo de 26 países de América Latina y el Caribe incluidos en esta publicación y excluye a Cuba (hasta 2020) y Venezuela debido a problemas de los datos. Chile, Colombia, Costa Rica y México también forman parte del grupo OCDE (38).
4. Representa el promedio no ponderado para los países miembros de la OCDE.

Cuadro 4.6. Contribuciones a la seguridad social (2000) en % del PIB y del total de ingresos tributarios

	% del PIB					% del total de ingresos tributarios				
	1990	2000	2010	2021	2022	1990	2000	2010	2021	2022
Antigua y Barbuda[1]	..	..	2.7	3.3	3.3	..	..	12.6	16.4	17.2
Argentina	3.4	3.0	6.2	5.2	5.3	25.3	15.8	21.2	17.8	17.7
Bahamas[1]	1.3	1.5	1.7	2.2	2.2	13.2	11.9	13.1	12.0	11.0
Barbados	3.3	4.8	6.2	5.9	5.2	13.1	15.6	20.6	18.4	17.0
Belice	0.9	0.8	1.7	2.2	2.4	5.7	5.8	8.2	10.4	10.7
Bolivia	0.0	1.3	3.8	6.0	5.7	0.0	7.3	16.7	26.6	24.1
Brasil	6.8	7.0	8.1	7.8	8.1	24.3	23.7	25.7	24.0	24.2
Chile	1.5	1.4	1.3	1.2	1.0	9.0	7.3	6.8	5.3	4.1
Colombia	0.9	2.6	2.1	1.9	1.6	7.9	16.3	11.7	10.0	8.3
Costa Rica	6.5	6.4	7.3	9.0	8.9	28.9	30.4	33.1	36.0	34.8
Cuba[2]	3.5	3.9	4.6	4.4	2.6	11.0	10.4	12.4	25.0	14.4
República Dominicana	0.1	0.1	0.1	0.1	0.1	0.8	1.0	0.8	0.4	0.6
Ecuador	1.6	1.2	3.7	5.0	5.0	22.5	10.7	21.7	25.7	24.0
El Salvador	2.2	2.8	2.5	2.6	2.6	19.2	19.5	13.6	11.5	11.2
Guatemala	1.3	1.8	1.9	2.2	2.1	16.5	15.5	15.2	15.2	14.7
Guyana	0.6	1.8	1.4	1.6	1.0	3.7	11.4	9.0	9.5	9.7
Honduras	1.0	1.6	2.9	3.5	3.3	8.5	9.4	15.9	16.5	15.2
Jamaica	..	..	0.7	1.4	1.6	..	..	2.9	5.1	5.5
México	2.0	2.1	2.1	2.4	2.4	16.8	18.0	16.2	13.7	14.1
Nicaragua	..	2.6	4.3	6.4	6.3	..	18.0	22.4	23.8	22.8
Panamá[1]	5.7	5.9	5.6	5.3	5.5	34.2	38.2	34.0	44.0	42.0
Paraguay	0.4	3.0	2.8	3.8	4.2	4.8	25.6	22.7	27.5	28.8
Perú	0.9	1.8	1.9	1.9	1.9	7.8	11.9	10.6	10.3	9.9
Santa Lucía[1]	..	1.9	2.3	2.4	2.4	..	10.0	11.1	12.0	13.3
Trinidad y Tobago	0.9	1.4	1.9	2.9	2.4	3.7	6.4	6.7	13.0	9.9
Uruguay[3]	5.5	5.9	5.6	6.2	6.7	29.9	27.5	23.4	24.2	25.2
Venezuela[4]	1.0	0.7	1.0	..	..	4.9	5.4	8.1	..	..
Promedio no ponderado										
ALC[5]	**2.2**	**2.7**	**3.2**	**3.7**	**3.6**	**14.1**	**15.5**	**15.8**	**17.5**	**16.7**
OCDE[6]	**7.1**	**8.4**	**8.6**	**9.0**	..	**21.8**	**24.9**	**26.6**	**25.6**	..

.. No disponible

Nota : Las cifras excluyen los ingresos subnacionales para Antigua y Barbuda, Argentina (pero se incluyen los ingresos de las provincias), Las Bahamas, Barbados, Cuba (excepto 2002-2012), República Dominicana, Santa Lucía, Trinidad y Tobago y Venezuela, dado que los datos no están disponibles. Los datos de ingresos subnacionales están disponibles desde 1991 para Nicaragua, desde 1994 para Bolivia, desde 1995 para Guatemala, desde 1998 para Jamaica, desde 1999 para Panamá, desde 2000 para Perú, desde 2002 para El Salvador y Guyana, desde 2006 para Paraguay y desde 1990 para todos los demás países.

1. Los ingresos por las cotizaciones a la seguridad social se estiman en los siguientes países: Antigua y Barbuda (2019-2022), Bahamas (2021 y 2022), Panamá (2022) y Santa Lucía (2021 y 2022).
2. Las cifras de 2021 y posteriores no son comparables con los datos de años anteriores debido a grandes cambios como consecuencia de la reforma monetaria de Cuba.
3. Las cifras de 1990-98 son estimaciones de la Dirección General de Impuestos dado que el empleo de la metodología actual utilizada para calcular las contribuciones a la seguridad social tuvo lugar en 1999.
4. Algunos datos de ingresos tributarios entre 2014 y 2017 no están disponibles. Para esos años, no se pueden calcular los ingresos como porcentaje de los ingresos tributarios totales. Los datos de 2018 y años posteriores no están disponibles.
5. Representa al grupo de 26 países de América Latina y el Caribe incluidos en esta publicación y excluye a Cuba (hasta 2020) y Venezuela debido a problemas de los datos. Chile, Colombia, Costa Rica y México también forman parte del grupo OCDE (38).
6. Representa el promedio no ponderado para los países miembros de la OCDE.

Cuadro 4.7. Impuestos sobre la nómina (3000) en % del PIB y del total de ingresos tributarios

	% del PIB					% del total de ingresos tributarios				
	1990	2000	2010	2021	2022	1990	2000	2010	2021	2022
Antigua y Barbuda	..	0.0	0.0	0.0	0.0	..	0.0	0.0	0.0	0.0
Argentina	0.0	0.0	0.0	0.0	0.0	0.0	0.0	0.0	0.0	0.0
Bahamas	0.0	0.0	0.0	0.0	0.0	0.0	0.0	0.0	0.0	0.0
Barbados	0.0	0.0	0.0	0.0	0.0	0.0	0.0	0.0	0.0	0.0
Belice	0.0	0.0	0.0	0.0	0.0	0.0	0.0	0.0	0.0	0.0
Bolivia	0.0	0.0	0.0	0.0	0.0	0.0	0.0	0.0	0.0	0.0
Brasil	0.4	0.5	0.5	0.5	0.5	1.6	1.5	1.7	1.6	1.6
Chile	0.0	0.0	0.0	0.0	0.0	0.0	0.0	0.0	0.0	0.0
Colombia	0.0	0.7	0.7	0.3	0.3	0.0	4.2	4.1	1.7	1.5
Costa Rica	1.4	1.3	1.3	1.4	1.4	6.4	6.3	5.9	5.7	5.7
Cuba[1]	0.0	3.2	6.9	1.1	1.0	0.0	8.5	18.4	6.2	5.4
República Dominicana	0.0	0.0	0.1	0.1	0.1	0.0	0.0	0.6	0.5	0.4
Ecuador	0.0	0.0	0.0	0.0	0.0	0.0	0.0	0.0	0.0	0.0
El Salvador	0.0	0.0	0.1	0.1	0.1	0.0	0.0	0.6	0.6	0.6
Guatemala	0.0	0.0	0.1	0.2	0.2	0.0	0.0	1.1	1.1	1.0
Guyana	0.0	0.0	0.0	0.0	0.0	0.0	0.0	0.0	0.0	0.0
Honduras	0.0	0.0	0.2	0.2	0.2	0.0	0.0	0.9	0.7	0.7
Jamaica	0.8	1.0	1.1	1.5	1.5	3.9	4.4	4.5	5.2	5.0
México	0.2	0.2	0.3	0.5	0.5	1.8	1.5	2.2	2.6	2.9
Nicaragua	..	0.0	0.0	0.0	0.0	..	0.0	0.0	0.0	0.0
Panamá	0.0	0.3	0.2	0.2	0.2	0.0	1.9	1.2	1.4	1.3
Paraguay	0.0	0.0	0.0	0.0	0.0	0.0	0.0	0.0	0.0	0.0
Perú	0.0	0.7	0.0	0.0	0.0	0.0	4.4	0.1	0.1	0.1
Santa Lucía	..	0.0	0.0	0.0	0.0	..	0.0	0.0	0.0	0.0
Trinidad y Tobago	0.0	0.0	0.0	0.0	0.0	0.0	0.0	0.0	0.0	0.0
Uruguay	0.0	0.0	0.0	0.0	0.0	0.0	0.0	0.0	0.0	0.0
Venezuela[2]	0.0	0.0	0.0	..	..	0.0	0.0	0.0	..	..
Promedio no ponderado										
ALC[3]	**0.1**	**0.2**	**0.2**	**0.2**	**0.2**	**0.6**	**1.0**	**0.9**	**1.1**	**1.0**
OCDE[4]	**0.4**	**0.4**	**0.4**	**0.5**	**..**	**1.2**	**1.2**	**1.2**	**1.3**	**..**

.. No disponible

Nota : Las cifras excluyen los ingresos subnacionales para Antigua y Barbuda, Argentina (pero se incluyen los ingresos de las provincias), Las Bahamas, Barbados, Cuba (excepto 2002-2012), República Dominicana, Santa Lucía, Trinidad y Tobago y Venezuela, dado que los datos no están disponibles. Los datos de ingresos subnacionales están disponibles desde 1991 para Nicaragua, desde 1994 para Bolivia, desde 1995 para Guatemala, desde 1998 para Jamaica, desde 1999 para Panamá, desde 2000 para Perú, desde 2002 para El Salvador y Guyana, desde 2006 para Paraguay y desde 1990 para todos los demás países.

1. Las cifras de 2021 y posteriores no son comparables con los datos de años anteriores debido a grandes cambios como consecuencia de la reforma monetaria de Cuba.
2. Algunos datos de ingresos tributarios entre 2014 y 2017 no están disponibles. Para esos años, no se pueden calcular los ingresos como porcentaje de los ingresos tributarios totales. Los datos de 2018 y años posteriores no están disponibles.
3. Representa al grupo de 26 países de América Latina y el Caribe incluidos en esta publicación y excluye a Cuba (hasta 2020) y Venezuela debido a problemas de los datos. Chile, Colombia, Costa Rica y México también forman parte del grupo OCDE (38).
4. Representa el promedio no ponderado para los países miembros de la OCDE.

Cuadro 4.8. Impuestos sobre la propiedad (4000) en % del PIB y del total de ingresos tributarios

	% del PIB					% del total de ingresos tributarios				
	1990	2000	2010	2021	2022	1990	2000	2010	2021	2022
Antigua y Barbuda	..	0.6	1.6	2.3	2.0	..	4.9	7.5	11.6	10.6
Argentina	1.5	1.2	2.6	3.1	2.9	11.4	6.3	9.0	10.5	9.8
Bahamas	1.1	2.6	2.7	2.0	1.9	11.2	21.6	21.1	11.1	9.9
Barbados	3.6	1.8	1.4	2.2	2.0	14.4	5.7	4.8	6.7	6.5
Belice	3.1	0.6	0.6	1.2	0.7	19.2	4.2	3.1	5.6	3.1
Bolivia	0.0	0.0	0.3	0.3	0.3	0.1	0.0	1.2	1.2	1.1
Brasil	1.6	2.0	1.4	1.6	1.6	5.9	6.7	4.3	4.9	4.9
Chile	1.0	1.3	0.8	1.1	1.2	6.2	7.0	4.1	4.9	5.1
Colombia	0.2	1.0	1.6	1.7	1.5	2.2	6.6	8.7	8.7	7.8
Costa Rica	0.3	0.2	0.3	0.5	0.5	1.3	0.9	1.5	2.1	2.0
Cuba	0.0	0.0	0.0	0.0	0.0	0.0	0.0	0.0	0.0	0.0
República Dominicana	0.1	0.2	0.6	0.8	0.7	1.2	1.3	5.1	5.9	5.2
Ecuador	0.1	0.1	0.2	0.3	0.9	1.5	0.8	1.4	1.7	4.1
El Salvador	0.5	0.1	0.1	0.2	0.2	4.8	0.7	0.6	0.7	0.8
Guatemala	0.4	0.2	0.4	0.2	0.2	5.6	2.1	2.9	1.5	1.5
Guyana	0.2	0.3	0.3	0.3	0.2	1.0	1.6	1.8	2.0	2.0
Honduras	0.1	0.3	0.3	0.6	0.6	0.7	1.5	1.8	2.8	2.9
Jamaica	2.5	1.1	0.9	0.8	0.8	12.5	4.9	3.5	2.9	2.7
México	0.2	0.2	0.3	0.4	0.3	1.9	1.8	2.3	2.0	1.9
Nicaragua	..	0.0	0.2	0.4	0.3	..	0.1	1.2	1.3	1.2
Panamá	0.6	0.3	0.5	0.3	0.3	3.4	2.2	2.9	2.2	2.1
Paraguay	0.2	0.2	0.2	0.2	0.2	2.8	2.0	1.8	1.3	1.2
Perú	1.6	0.2	0.5	0.4	0.4	13.6	1.2	3.0	2.1	2.0
Santa Lucía	..	0.4	0.5	0.6	0.4	..	2.2	2.3	3.0	2.3
Trinidad y Tobago	0.4	0.3	0.1	0.2	0.2	1.8	1.6	0.5	0.8	0.8
Uruguay	1.6	1.8	2.2	2.0	2.0	8.9	8.6	8.9	7.6	7.7
Venezuela[1]	0.1	0.5	0.0	..	..	0.3	3.7	0.2	..	..
Promedio no ponderado										
ALC[2]	**1.0**	**0.7**	**0.8**	**0.9**	**0.9**	**6.0**	**3.9**	**4.2**	**4.0**	**3.8**
OCDE[3]	**1.7**	**1.7**	**1.6**	**1.9**	..	**5.5**	**5.3**	**5.4**	**5.6**	..

.. No disponible

Nota : Las cifras excluyen los ingresos subnacionales para Antigua y Barbuda, Argentina (pero se incluyen los ingresos de las provincias), Las Bahamas, Barbados, Cuba (excepto 2002-2012), República Dominicana, Santa Lucía, Trinidad y Tobago y Venezuela, dado que los datos no están disponibles. Los datos de ingresos subnacionales están disponibles desde 1991 para Nicaragua, desde 1994 para Bolivia, desde 1995 para Guatemala, desde 1998 para Jamaica, desde 1999 para Panamá, desde 2000 para Perú, desde 2002 para El Salvador y Guyana, desde 2006 para Paraguay y desde 1990 para todos los demás países.

1. Algunos datos de ingresos tributarios entre 2014 y 2017 no están disponibles. Para esos años, no se pueden calcular los ingresos como porcentaje de los ingresos tributarios totales. Los datos de 2018 y años posteriores no están disponibles.
2. Representa al grupo de 26 países de América Latina y el Caribe incluidos en esta publicación y excluye a Cuba (hasta 2020) y Venezuela debido a problemas de los datos. Chile, Colombia, Costa Rica y México también forman parte del grupo OCDE (38).
3. Representa el promedio no ponderado para los países miembros de la OCDE.

Cuadro 4.9. Impuestos sobre bienes y servicios (5000) en % del PIB y del total de ingresos tributarios

	% del PIB					% del total de ingresos tributarios				
	1990	2000	2010	2021	2022	1990	2000	2010	2021	2022
Antigua y Barbuda	..	9.7	14.0	12.3	12.3	..	81.1	65.9	61.5	64.4
Argentina	7.3	10.9	15.2	15.6	15.6	55.2	56.5	52.4	53.6	52.6
Bahamas	7.4	7.9	7.8	13.8	15.5	76.4	64.3	61.1	76.9	79.1
Barbados	12.2	14.5	14.0	15.1	14.7	48.2	47.0	46.6	47.2	48.3
Belice	8.6	9.3	11.6	13.8	13.4	54.1	66.1	55.2	64.2	60.6
Bolivia	5.9	12.8	12.9	11.5	12.1	90.2	72.7	56.4	50.9	51.1
Brasil	13.5	14.1	15.0	14.7	13.7	48.7	48.0	47.2	45.3	41.1
Chile	10.6	11.9	10.1	11.8	11.5	62.9	63.8	51.2	53.1	47.8
Colombia	6.1	7.3	8.2	8.3	8.8	53.8	46.3	45.1	43.3	44.8
Costa Rica	10.2	9.9	8.9	8.7	8.3	45.5	46.7	40.3	34.8	32.6
Cuba[1]	27.7	22.0	19.1	1.9	2.0	86.9	59.2	51.3	11.0	10.9
República Dominicana	5.8	9.1	8.8	8.6	8.7	69.8	74.7	71.9	59.5	62.2
Ecuador	4.5	8.8	8.7	9.9	10.4	63.0	75.7	51.9	50.9	49.8
El Salvador	5.4	7.7	10.2	11.9	11.3	47.7	54.1	54.5	52.1	49.6
Guatemala	4.6	7.3	7.0	7.3	7.6	58.7	62.4	56.0	51.7	52.8
Guyana	6.4	7.6	8.5	7.4	3.9	42.0	48.6	53.0	43.9	36.9
Honduras	8.2	11.7	9.7	11.1	10.4	66.2	68.0	53.1	52.3	48.5
Jamaica	7.4	11.1	13.0	16.5	17.4	36.4	50.1	52.1	59.3	59.5
México	5.3	4.8	4.9	6.4	5.3	44.0	41.7	38.0	37.0	31.1
Nicaragua	..	8.6	10.1	11.8	11.9	..	60.0	52.4	43.6	42.7
Panamá	6.1	4.9	5.5	3.3	3.5	36.8	31.3	33.7	27.4	26.4
Paraguay	6.1	6.7	7.3	7.2	7.2	72.1	58.0	60.5	52.1	48.9
Perú	8.5	9.2	8.6	8.5	8.6	71.4	60.8	48.6	46.7	44.9
Santa Lucía	..	11.4	12.3	12.5	11.6	..	59.1	59.5	63.2	63.2
Trinidad y Tobago	9.7	7.7	7.0	8.2	5.2	41.7	35.2	24.3	36.7	21.8
Uruguay	10.4	10.7	11.4	10.6	10.6	56.6	50.1	47.1	41.5	39.9
Venezuela[2]	2.4	6.4	7.2	..	..	11.1	47.7	61.1	..	..
Promedio no ponderado										
ALC[3]	**7.7**	**9.4**	**10.0**	**10.3**	**10.1**	**56.4**	**56.9**	**51.1**	**48.4**	**46.5**
OCDE[4]	**9.9**	**10.8**	**10.5**	**10.7**	**..**	**33.7**	**33.9**	**34.0**	**31.9**	**..**

.. No disponible

Nota : Las cifras excluyen los ingresos subnacionales para Antigua y Barbuda, Argentina (pero se incluyen los ingresos de las provincias), Las Bahamas, Barbados, Cuba (excepto 2002-2012), República Dominicana, Santa Lucía, Trinidad y Tobago y Venezuela, dado que los datos no están disponibles. Los datos de ingresos subnacionales están disponibles desde 1991 para Nicaragua, desde 1994 para Bolivia, desde 1995 para Guatemala, desde 1998 para Jamaica, desde 1999 para Panamá, desde 2000 para Perú, desde 2002 para El Salvador y Guyana, desde 2006 para Paraguay y desde 1990 para todos los demás países.

1. Las cifras de 2021 y posteriores no son comparables con los datos de años anteriores debido a grandes cambios como consecuencia de la reforma monetaria de Cuba.
2. Algunos datos de ingresos tributarios entre 2014 y 2017 no están disponibles. Para esos años, no se pueden calcular los ingresos como porcentaje de los ingresos tributarios totales. Los datos de 2018 y años posteriores no están disponibles.
3. Representa al grupo de 26 países de América Latina y el Caribe incluidos en esta publicación y excluye a Cuba (hasta 2020) y Venezuela debido a problemas de los datos. Chile, Colombia, Costa Rica y México también forman parte del grupo OCDE (38).
4. Representa el promedio no ponderado para los países miembros de la OCDE.

Cuadro 4.10. Impuesto al valor agregado (5111) en % del PIB y del total de ingresos tributarios

	% del PIB					% del total de ingresos tributarios				
	1990	2000	2010	2021	2022	1990	2000	2010	2021	2022
Antigua y Barbuda	..	..	5.8	6.1	6.4	..	..	27.2	30.3	33.5
Argentina	2.1	6.0	7.0	7.0	7.1	15.6	31.1	24.1	24.1	23.9
Bahamas	0.0	0.0	0.0	7.3	9.2	0.0	0.0	0.0	40.4	46.8
Barbados	0.0	8.0	8.4	8.7	8.6	0.0	26.0	28.1	27.3	28.1
Belice	0.0	0.0	5.7	5.9	6.5	0.0	0.0	26.9	27.1	29.5
Bolivia	2.8	5.7	7.4	6.9	7.2	43.0	32.2	32.5	30.4	30.6
Brasil	8.0	6.9	6.9	7.3	7.0	28.7	23.3	21.7	22.5	21.0
Chile	6.3	7.8	7.6	9.5	9.3	37.4	41.8	38.5	42.6	39.0
Colombia	2.6	4.3	5.3	5.9	6.3	22.6	27.6	29.3	30.5	31.8
Costa Rica	4.1	4.8	4.6	5.1	5.0	18.1	22.8	21.0	20.4	19.4
Cuba	0.0	0.0	0.0	0.0	0.0	0.0	0.0	0.0	0.0	0.0
República Dominicana	1.3	2.5	4.1	4.8	5.0	15.1	20.8	33.5	33.4	35.6
Ecuador	2.0	5.0	5.4	6.2	6.8	28.0	43.5	32.1	31.9	32.6
El Salvador	0.0	6.1	7.8	9.4	9.1	0.0	42.8	41.6	41.3	39.6
Guatemala	2.3	4.4	5.1	5.6	5.9	28.8	37.9	40.9	39.3	41.0
Guyana	0.0	0.0	3.9	2.9	1.9	0.0	0.0	24.2	17.1	17.5
Honduras	2.0	4.8	5.4	7.2	7.2	16.2	28.1	29.4	34.0	33.8
Jamaica	0.8	5.7	7.1	8.8	9.4	3.8	25.5	28.7	31.6	32.1
México	3.2	2.8	3.8	4.4	4.3	26.1	24.7	29.4	25.2	25.4
Nicaragua	..	4.5	5.5	6.6	6.8	..	31.5	28.6	24.5	24.4
Panamá	1.4	0.6	2.6	1.7	1.8	8.5	3.6	15.9	14.2	14.0
Paraguay	0.0	3.7	4.6	5.1	5.1	0.0	32.1	38.3	36.5	35.0
Perú	2.1	5.5	6.9	7.2	7.3	17.1	36.0	38.9	39.4	38.0
Santa Lucía	..	0.0	0.0	5.8	5.3	..	0.0	0.0	29.2	28.9
Trinidad y Tobago	4.4	3.8	4.4	5.3	2.4	18.8	17.3	15.2	23.9	10.2
Uruguay	5.0	6.0	7.9	6.9	6.8	27.5	28.0	32.8	27.0	25.6
Venezuela[1]	0.0	4.1	5.5	..	..	0.0	30.2	46.7	..	..
Promedio no ponderado										
ALC[2]	**2.3**	**4.1**	**5.3**	**6.1**	**6.1**	**16.2**	**24.0**	**27.2**	**28.6**	**28.3**
OCDE[3]	**5.1**	**6.3**	**6.4**	**7.0**	**..**	**17.0**	**19.6**	**20.5**	**20.7**	**..**

.. No disponible

Nota : Las cifras excluyen los ingresos subnacionales para Antigua y Barbuda, Argentina (pero se incluyen los ingresos de las provincias), Las Bahamas, Barbados, Cuba (excepto 2002-2012), República Dominicana, Santa Lucía, Trinidad y Tobago y Venezuela, dado que los datos no están disponibles. Los datos de ingresos subnacionales están disponibles desde 1991 para Nicaragua, desde 1994 para Bolivia, desde 1995 para Guatemala, desde 1998 para Jamaica, desde 1999 para Panamá, desde 2000 para Perú, desde 2002 para El Salvador y Guyana, desde 2006 para Paraguay y desde 1990 para todos los demás países.

1. Algunos datos de ingresos tributarios entre 2014 y 2017 no están disponibles. Para esos años, no se pueden calcular los ingresos como porcentaje de los ingresos tributarios totales. Los datos de 2018 y años posteriores no están disponibles.
2. Representa al grupo de 26 países de América Latina y el Caribe incluidos en esta publicación y excluye a Cuba (hasta 2020) y Venezuela debido a problemas de los datos. Chile, Colombia, Costa Rica y México también forman parte del grupo OCDE (38).
3. Representa el promedio no ponderado para los países miembros de la OCDE.

Cuadro 4.11. Ingresos tributarios por subsector del gobierno general, en % del total de ingresos tributarios

	Gobierno central			Gobierno estatal o regional			Gobierno local			Fondos de seguridad social		
	1995	2000	2022	1995	2000	2022	1995	2000	2022	1995	2000	2022
Países federales												
Argentina	59.0	66.4	65.1	17.5	17.8	17.1	..	..	..	23.4	15.8	17.7
Brasil	44.8	47.9	46.2	26.5	25.0	23.4	3.7	3.4	6.2	25.0	23.7	24.2
México	73.9	78.3	79.5	2.8	2.7	4.5	1.5	1.0	1.8	21.8	18.0	14.1
Venezuela[1]	94.6	94.6	..	..	..	..	..	..	..	5.4	5.4	..
País régional												
Colombia	63.2	68.7	75.2	5.5	5.6	4.8	8.6	9.4	11.7	22.7	16.3	8.3
Países unitarios												
Antigua y Barbuda	100.0	100.0	82.8	..	..	..	..	..	..	..	..	17.2
Bahamas	89.1	88.1	89.0	..	..	..	..	..	..	10.9	11.9	11.0
Barbados	85.6	84.4	83.0	..	..	..	..	..	..	14.4	15.6	17.0
Belice	93.2	93.5	88.8	..	..	..	0.5	0.7	0.5	6.3	5.8	10.7
Bolivia	94.3	86.4	71.5	..	..	..	5.7	6.3	4.4	..	7.3	24.1
Chile	89.9	87.8	89.9	..	..	..	6.5	7.9	6.9	3.6	4.4	3.2
Costa Rica	65.5	63.3	61.4	..	..	..	1.6	1.9	2.7	33.0	34.8	35.9
Cuba[2]	..	..	..	..	..	..	..	..	..	11.3	10.4	14.4
República Dominicana	99.3	99.0	99.4	..	..	..	..	..	..	0.7	1.0	0.6
Ecuador[3]	70.5	87.7	73.3	..	..	..	4.0	1.6	2.7	25.5	10.7	24.0
El Salvador	80.9	80.5	86.9	..	..	..	..	..	1.9	19.1	19.5	11.2
Guatemala	83.6	83.6	84.5	..	..	..	0.6	0.9	0.9	15.8	15.5	14.7
Guyana	92.6	88.6	90.3	..	..	..	..	..	0.0	7.4	11.4	9.7
Honduras	86.1	85.3	81.2	..	..	..	4.4	5.2	3.6	9.5	9.4	15.2
Jamaica	100.0	99.3	93.2	..	..	..	..	0.7	1.3	..	..	5.5
Nicaragua[3]	80.4	72.5	71.3	..	..	..	4.6	9.5	5.9	15.0	18.0	22.8
Panamá[3]	67.2	59.6	56.4	..	..	..	..	2.2	1.6	32.8	38.2	42.0
Paraguay	92.0	74.4	68.8	..	..	..	..	..	2.4	8.0	25.6	28.8
Perú	88.7	86.5	88.0	..	..	..	..	1.6	2.1	11.3	11.9	9.9
Santa Lucía	100.0	90.0	86.7	..	..	..	..	..	..	..	10.0	13.3
Trinidad y Tobago	96.8	93.6	90.1	..	..	..	..	..	..	3.2	6.4	9.9
Uruguay[3]	61.7	63.6	69.2	..	..	..	8.8	8.9	5.6	29.5	27.5	25.2

.. No disponible

Nota : Las cifras excluyen los ingresos subnacionales para Antigua y Barbuda, Argentina (pero se incluyen los ingresos de las provincias), Las Bahamas, Barbados, Cuba (excepto 2002-2012), República Dominicana, Santa Lucía, Trinidad y Tobago y Venezuela, dado que los datos no están disponibles. Los datos de ingresos subnacionales están disponibles desde 1991 para Nicaragua, desde 1994 para Bolivia, desde 1995 para Guatemala, desde 1998 para Jamaica, desde 1999 para Panamá, desde 2000 para Perú, desde 2002 para El Salvador y Guyana, desde 2006 para Paraguay y desde 1990 para todos los demás países.

1. Algunos datos de ingresos tributarios entre 2014 y 2017 y tos datos de 2018 y años posteriores no están disponibles. El desglose por subsectores del gobierno general no está disponible para esos años.
2. Las cifras de 2021 y posteriores no son comparables con los datos de años anteriores debido a grandes cambios como consecuencia de la reforma monetaria de Cuba.
3. Los ingresos de las administraciones locales se estiman en los siguientes países: Ecuador (ingresos tributarios locales para 2021 y 2022), Nicaragua (ingresos tributarios locales para 2022), Panamá (ingresos tributarios locales para 2022), y Uruguay (ingresos tributarios locales para 2022). Consulte las tablas de países correspondientes para obtener más información.

Cuadro 4.12. Impuestos principales del gobierno central en % del total de ingresos tributarios del gobierno central, 2022

	Ingresos y utilidades	Seguridad social	Nómina	Propiedad	Bienes y servicios	Otros
Países federales						
Argentina	29.7	0.0	0.0	11.2	58.7	0.4
Brasil	59.8	0.0	3.6	4.0	31.4	1.3
México	59.5	0.0	0.0	0.0	38.3	2.2
Venezuela	..	..	..	..	..	..
País régional						
Colombia	44.2	0.0	2.0	5.8	47.6	0.4
Países unitarios						
Antigua y Barbuda	9.4	0.0	0.0	12.8	77.8	0.0
Bahamas	0.0	0.0	0.0	11.2	88.8	0.0
Barbados	33.8	0.0	0.0	7.9	58.3	0.0
Belice	28.9	0.0	0.0	3.0	68.2	0.0
Bolivia	20.2	0.0	0.0	1.5	71.5	6.8
Chile	48.6	1.0	0.0	2.2	49.1	-0.9
Costa Rica	35.1	7.4	0.0	1.0	50.8	5.7
Cuba	..	..	..	..	..	..
República Dominicana	31.8	0.0	0.4	5.2	62.5	0.0
Ecuador	29.7	0.0	0.0	3.8	66.5	0.0
El Salvador	41.9	0.0	0.6	0.7	56.7	0.0
Guatemala	28.7	0.0	1.2	0.7	62.6	6.9
Guyana	56.3	0.0	0.0	2.2	40.9	0.6
Honduras	35.8	0.0	0.9	3.6	59.7	0.0
Jamaica	28.9	0.0	5.3	1.6	63.9	0.4
Nicaragua	45.5	0.0	0.0	0.1	54.4	0.0
Panamá	49.6	0.0	2.3	3.7	44.0	0.5
Paraguay	29.7	0.0	0.0	0.0	69.6	0.7
Perú	47.6	0.0	0.1	0.2	50.8	1.3
Santa Lucía	24.4	0.0	0.0	2.6	72.9	0.0
Trinidad y Tobago	74.9	0.0	0.0	0.9	24.2	0.0
Uruguay	38.5	0.0	0.0	6.7	54.6	0.2

.. No disponible

Nota : Se excluyen las contribuciones a la seguridad social recaudadas por los fondos de la seguridad social.

Cuadro 4.13. Impuestos principales del gobierno estatal en % del total de ingresos tributarios del gobierno estatal, 2022

	Ingresos y utilidades	Seguridad social	Nómina	Propiedad	Bienes y servicios	Otros
Países federales						
Argentina	0.0	0.0	0.0	14.7	83.6	1.7
Brasil	0.0	0.0	0.0	1.9	98.1	0.0
México	0.0	0.0	64.5	15.3	13.5	6.6
Venezuela	..	..	..	..	..	..
País régional						
Colombia	0.0	0.0	0.0	0.0	70.7	29.3
Países unitarios						
Antigua y Barbuda	..	..	..	..	..	..
Bahamas	..	..	..	..	..	..
Barbados	..	..	..	..	..	..
Belice	..	..	..	..	..	..
Bolivia	..	..	..	..	..	..
Chile	..	..	..	..	..	..
Costa Rica	..	..	..	..	..	..
Cuba	..	..	..	..	..	..
República Dominicana	..	..	..	..	..	..
Ecuador	..	..	..	..	..	..
El Salvador	..	..	..	..	..	..
Guatemala	..	..	..	..	..	..
Guyana	..	..	..	..	..	..
Honduras	..	..	..	..	..	..
Jamaica	..	..	..	..	..	..
Nicaragua	..	..	..	..	..	..
Panamá	..	..	..	..	..	..
Paraguay	..	..	..	..	..	..
Perú	..	..	..	..	..	..
Santa Lucía	..	..	..	..	..	..
Trinidad y Tobago	..	..	..	..	..	..
Uruguay	..	..	..	..	..	..

.. No disponible

Cuadro 4.14. Impuestos principales del gobierno local en % del total de ingresos tributarios del gobierno local, 2022

	Ingresos y utilidades	Seguridad social	Nómina	Propiedad	Bienes y servicios	Otros
Países federales						
Argentina	..	..	..	..	..	..
Brasil	0.0	0.0	0.0	41.1	58.7	0.2
México	0.0	0.0	0.0	65.3	1.0	33.7
Venezuela	..	..	..	..	..	..
País régional						
Colombia	0.0	0.0	0.0	28.9	48.1	22.9
Países unitarios						
Antigua y Barbuda	..	..	..	..	..	..
Bahamas	..	..	..	..	..	..
Barbados	..	..	..	..	..	..
Belice	0.0	0.0	0.0	100.0	0.0	0.0
Bolivia	0.0	0.0	0.0	0.0	0.0	100.0
Chile	0.0	0.0	0.0	46.1	53.9	0.0
Costa Rica	0.0	0.0	0.0	49.1	50.9	0.1
Cuba	..	..	..	..	..	..
República Dominicana	..	..	..	..	..	..
Ecuador	11.3	0.0	0.0	48.9	39.8	0.0
El Salvador	0.0	0.0	0.0	7.8	14.7	77.5
Guatemala	0.0	0.0	0.0	100.0	0.0	0.0
Guyana	0.0	0.0	0.0	0.0	0.0	100.0
Honduras	0.0	0.0	0.0	0.0	0.0	100.0
Jamaica	0.0	0.0	0.0	100.0	0.0	0.0
Nicaragua	0.0	0.0	0.0	18.7	65.8	15.4
Panamá	0.0	0.0	0.0	0.0	100.0	0.0
Paraguay	0.0	0.0	0.0	49.0	41.7	9.3
Perú	0.0	0.0	0.0	85.7	12.8	1.5
Santa Lucía	..	..	..	..	..	..
Trinidad y Tobago	..	..	..	..	..	..
Uruguay	0.0	0.0	0.0	54.3	38.1	7.6

.. No disponible

Cuadro 4.15. Producto interno bruto para los años fiscales a precios de mercado, en millones de moneda local

		1990	2000	2005	2010	2017	2018	2019	2020	2021	2022
Antigua y Barbuda	XCD	1 241	2 231	2 762	3 101	3 964	4 336	4 556	3 700	3 972	4 746
Argentina	ARS	77 060	317 759	582 538	1 661 721	10 660 228	14 744 811	21 558 444	27 209 814	46 346 227	82 436 434
Bahamas	BSD	5 218	7 880	9 446	10 039	12 243	12 541	13 024	11 270	10 170	12 370
Barbados	BBD	4 059	6 116	7 838	9 124	10 021	10 308	10 654	8 921	10 166	11 943
Belice	BZD	1 124	2 256	2 983	3 518	4 587	4 681	4 665	4 366	5 230	6 087
Bolivia	BOB	15 443	51 928	77 024	137 876	259 185	278 388	282 587	253 112	279 206	304 097
Brasil	BRL	12	1 199 092	2 170 585	3 885 847	6 585 479	7 004 141	7 389 131	7 609 597	8 898 727	9 915 316
Chile	CLP	10 594 797	42 215 030	68 467 940	110 777 867	179 314 910	189 434 867	195 752 228	201 428 894	240 371 473	262 593 356
Colombia	COP	22 731 433	195 108 574	337 958 000	544 060 000	920 471 000	987 791 000	1 060 068 000	997 742 000	1 192 586 000	1 463 873 100
Costa Rica	CRC	525 310	4 627 051	9 577 022	19 802 011	34 343 647	36 014 719	37 832 150	36 495 246	40 112 925	44 251 690
Cuba	CUP	19 645	30 565	42 644	64 328	96 851	100 050	103 428	107 352	545 218	633 442
República Dominicana	DOP	77 344	393 303	1 083 445	1 983 202	3 802 656	4 235 847	4 562 235	4 456 657	5 392 714	6 260 564
Ecuador	USD	15 232	18 319	41 507	69 555	104 296	107 562	108 108	99 291	106 166	115 049
El Salvador	USD	4 818	11 785	14 698	18 448	24 979	26 021	26 881	24 930	29 451	32 489
Guatemala	GTQ	33 613	140 702	207 729	333 093	526 507	551 368	593 972	600 089	665 568	736 109
Guyana	GYD	34 523	273 054	342 157	699 064	980 498	994 472	1 078 729	1 140 757	1 676 624	3 068 784
Honduras	HNL	17 141	106 654	183 747	299 286	543 403	575 285	614 918	585 734	684 204	776 636
Jamaica	JMD	38 145	395 009	700 275	1 152 780	1 895 025	2 027 251	2 110 433	1 966 928	2 210 219	2 623 255
México	MXN	843 623	6 693 683	9 562 648	13 366 377	21 934 168	23 524 390	24 445 735	23 430 377	25 803 508	28 463 841
Nicaragua	NIO	519	64 812	105 777	187 053	414 279	410 988	420 614	435 395	497 524	562 208
Panamá	PAB	5 723	12 502	16 638	29 440	62 203	67 294	69 722	57 087	67 407	76 523
Paraguay	PYG	7 147 738	30 874 088	66 335 828	129 092 883	219 122 277	230 576 477	236 681 497	239 914 729	270 633 896	291 336 457
Perú	PEN	5 322	175 862	244 652	420 906	703 501	745 710	775 571	720 778	877 822	939 444
Santa Lucía	XCD	1 587	2 489	3 154	4 021	5 439	5 593	5 677	4 332	5 295	6 317
Trinidad y Tobago	TTD	21 105	50 098	97 612	138 557	157 931	161 436	157 875	141 395	155 360	192 660
Uruguay	UYU	13 103	301 275	463 684	881 592	1 864 140	2 003 380	2 187 545	2 254 724	2 674 703	2 930 192
Venezuela	VES	0	1	3	10	2 009	..	..	..	..	..

.. No disponible

Fuente : Datos de las Cuentas Nacionales de la OCDE para Chile, Colombia, Costa Rica y México, *Perspectivas de la Economía Mundial* (FMI) para Barbados, Belice, Santa Lucía, Trinidad y Tobago y Uruguay, y datos oficiales de las Cuentas Nacionales para Bolivia, Brasil, Ecuador, Paraguay, Perú y Venezuela. Para Antigua y Barbuda, Argentina, Bahamas, El Salvador, Guatemala, Guyana, Honduras, Jamaica, Nicaragua, Panamá y la República Dominicana, se utilizan fuentes nacionales oficiales donde los datos están disponibles, junto con datos del FMI. Para Cuba, las cifras desde 1996 provienen de la Oficina Nacional de Estadística e Información (ONEI), mientras que los datos anteriores a 1996 proceden de la CEPAL. Para Bahamas, Barbados, Belice, Santa Lucía y Trinidad y Tobago, las cifras del PIB se informan sobre la base del año fiscal. Para Jamaica, el PIB reportado para 1990-2003 se presenta sobre la base del año fiscal, mientras que en los demás años se presenta sobre la base del año civil.

Cuadro 4.16. Producto interno bruto para los años fiscales a precios de mercado, en millones de US dólares

	1990	2000	2005	2010	2017	2018	2019	2020	2021	2022
Antigua y Barbuda	459	826	1 023	1 149	1 468	1 606	1 687	1 370	1 472	1 758
Argentina	158 024	317 759	199 273	424 729	643 861	524 431	446 762	385 219	487 377	630 606
Bahamas	5 218	7 880	9 446	10 039	12 243	12 541	13 024	11 270	10 170	12 370
Barbados	2 030	3 058	3 919	4 562	5 011	5 154	5 327	4 461	5 083	5 972
Belice	562	1 128	1 491	1 759	2 293	2 340	2 332	2 183	2 615	3 043
Bolivia	4 868	8 385	9 573	19 786	37 782	40 581	41 193	36 897	40 701	44 329
Brasil	478 052	655 453	891 633	2 208 704	2 063 519	1 916 934	1 873 286	1 476 092	1 649 626	1 920 023
Chile	34 748	78 265	122 329	217 219	276 432	295 118	278 331	254 421	316 353	300 707
Colombia	45 258	93 461	145 588	286 379	311 888	334 063	323 087	269 980	318 505	343 744
Costa Rica	5 736	15 054	20 040	37 943	60 487	62 397	64 448	62 419	64 558	68 632
Cuba	21 541	30 565	42 644	64 328	96 851	100 050	103 428	107 352	22 717	14 064
República Dominicana	7 995	24 306	35 948	53 921	80 082	85 630	89 032	78 923	94 458	113 873
Ecuador	15 232	18 319	41 507	69 555	104 296	107 562	108 108	99 291	106 166	115 049
El Salvador	4 818	11 785	14 698	18 448	24 979	26 021	26 881	24 930	29 451	32 489
Guatemala	7 535	18 124	27 203	41 327	71 624	73 331	77 156	77 714	86 041	95 004
Guyana	685	1 497	1 712	3 432	4 748	4 788	5 174	5 471	8 042	14 718
Honduras	4 169	7 187	9 757	15 839	23 136	24 068	25 091	23 662	28 291	31 523
Jamaica	5 058	8 997	11 233	13 193	14 755	15 648	15 808	13 885	14 674	17 003
México	296 972	708 096	878 139	1 058 146	1 162 291	1 226 624	1 272 106	1 094 833	1 275 927	1 418 556
Nicaragua	519	5 109	6 321	8 759	13 786	13 025	12 713	12 682	14 145	15 671
Panamá	5 723	12 502	16 638	29 440	62 203	67 294	69 722	57 087	67 407	76 523
Paraguay	5 812	8 856	10 738	27 129	38 997	40 225	37 925	35 432	39 951	41 722
Perú	28 326	50 414	74 232	148 991	215 740	226 858	232 419	206 199	226 231	245 008
Santa Lucía	588	922	1 168	1 489	2 014	2 071	2 103	1 604	1 961	2 340
Trinidad y Tobago	4 966	7 986	15 573	21 841	23 399	23 894	23 367	20 945	22 993	28 516
Uruguay	11 204	24 892	18 986	43 967	65 068	65 229	62 056	53 664	61 413	71 177
Venezuela	48 391	94 665	145 343	323 200	143 834	..	..	..	..	..

.. No disponible

Fuente : Las cifras se obtienen de la división de los datos del PIB en el Cuadro 4.15 por el tipo de cambio en el Cuadro 4.17.

Cuadro 4.17. Tasas de cambio utilizadas, moneda local por US dólares a precios de mercado

		1990	2000	2005	2010	2017	2018	2019	2020	2021	2022
Antigua y Barbuda	XCD	2.704	2.701	2.700	2.699	2.700	2.700	2.701	2.701	2.699	2.700
Argentina	ARS	0.488	1.000	2.923	3.912	16.557	28.116	48.255	70.635	95.093	130.726
Bahamas	BSD	1.000	1.000	1.000	1.000	1.000	1.000	1.000	1.000	1.000	1.000
Barbados	BBD	2.000	2.000	2.000	2.000	2.000	2.000	2.000	2.000	2.000	2.000
Belice	BZD	2.000	2.000	2.000	2.000	2.000	2.000	2.000	2.000	2.000	2.000
Bolivia	BOB	3.172	6.193	8.046	6.968	6.860	6.860	6.860	6.860	6.860	6.860
Brasil	BRL	0.000	1.829	2.434	1.759	3.191	3.654	3.944	5.155	5.394	5.164
Chile	CLP	304.903	539.388	559.705	509.982	648.677	641.896	703.308	791.715	759.820	873.254
Colombia	COP	502.259	2 087.587	2 321.331	1 899.793	2 951.288	2 956.897	3 281.065	3 695.612	3 744.319	4 258.609
Costa Rica	CRC	91.579	307.357	477.895	521.889	567.781	577.188	587.023	584.680	621.350	644.765
Cuba	CUP	0.912	1.000	1.000	1.000	1.000	1.000	1.000	1.000	24.000	45.040
República Dominicana	DOP	9.674	16.181	30.139	36.780	47.485	49.467	51.243	56.468	57.091	54.978
Ecuador	USD	1.000	1.000	1.000	1.000	1.000	1.000	1.000	1.000	1.000	1.000
El Salvador	USD	1.000	1.000	1.000	1.000	1.000	1.000	1.000	1.000	1.000	1.000
Guatemala	GTQ	4.461	7.763	7.636	8.060	7.351	7.519	7.698	7.722	7.735	7.748
Guyana	GYD	50.399	182.401	199.858	203.670	206.508	207.701	208.490	208.510	208.489	208.505
Honduras	HNL	4.112	14.840	18.832	18.896	23.487	23.902	24.508	24.754	24.185	24.637
Jamaica	JMD	7.541	43.907	62.341	87.378	128.433	129.553	133.504	141.658	150.621	154.282
México	MXN	2.841	9.453	10.890	12.632	18.871	19.178	19.217	21.401	20.223	20.065
Nicaragua	NIO	1.000	12.686	16.734	21.356	30.051	31.554	33.085	34.332	35.173	35.876
Panamá	PAB	1.000	1.000	1.000	1.000	1.000	1.000	1.000	1.000	1.000	1.000
Paraguay	PYG	1 229.845	3 486.234	6 177.671	4 758.483	5 618.952	5 732.168	6 240.778	6 771.131	6 774.146	6 982.802
Perú	PEN	0.188	3.488	3.296	2.825	3.261	3.287	3.337	3.496	3.880	3.834
Santa Lucía	XCD	2.700	2.700	2.700	2.700	2.700	2.700	2.700	2.700	2.700	2.700
Trinidad y Tobago	TTD	4.250	6.273	6.268	6.344	6.749	6.756	6.756	6.751	6.757	6.756
Uruguay	UYU	1.169	12.103	24.422	20.051	28.649	30.713	35.251	42.016	43.553	41.168
Venezuela	VES	0.000	0.000	0.000	0.000	0.014	..	..	..	..	..

.. No disponible
Nota : Se utilizan tasas de cambio de promedio anual de mercados.
Fuente : *Perspectivas de la economía mundial* (FMI), octubre de 2023.

5 Cuadros país, 1990-2022 – Ingresos tributarios

En todos los cuadros siguientes un ("..") indica no disponible. Las principales series de este volumen abarcan los años 1990 a 2022.

Las cifras referidas a 1991-99, 2001-04, 2006-09 y 2011-16 de los cuadros 5.1 a 5.27 se han omitido por falta de espacio. Se puede acceder a las series cronológicas completas en línea en http://dx.doi.org/10.1787/data-00641-fr.

Considere por favor que en esta edición se han mantenido algunos elementos en inglés en los cuadros.

Cuadro 5.1. Antigua y Barbuda

Ingresos tributarios detallados
Millones XCD

	1990	2000	2005	2010	2017	2018	2019	2020	2021	2022
Total de ingresos tributarios	**..**	**268**	**426**	**660**	**776**	**823**	**822**	**732**	**797**	**908**
1000 Imp. renta, utilidades y ganancias de capital	**..**	**38**	**62**	**92**	**74**	**78**	**79**	**87**	**83**	**71**
1100 De personas físicas	..	0	23	33	2	0	1	0	0	0
1110 Renta y utilidades	..	0	23	33	2	0	1	0	0	0
1120 Ganancias de capital	..	..	..	..	..	..	..	..	..	..
1200 De sociedades	..	37	38	59	72	78	79	87	83	71
1210 Renta y utilidades	..	37	38	59	72	78	79	87	83	71
1220 Ganancias de capital de sociedades	..	..	..	..	..	..	..	..	..	..
1300 No clasificables entre 1100 y 1200	..	0	0	0	0	0	0	0	0	0
2000 Contribuciones a la seguridad social	**..**	**..**	**..**	**83**	**140**	**143**	**150**	**122**	**131**	**156**
2100 Empleados	..	..	..	..	..	..	..	..	..	..
2110 Sobre la base de la nómina	..	..	..	..	..	..	..	..	..	..
2120 Sobre la base del impuesto sobre la renta	..	..	..	..	..	..	..	..	..	..
2200 Empleadores	..	..	..	..	..	..	..	..	..	..
2210 Sobre la base de la nómina	..	..	..	..	..	..	..	..	..	..
2220 Sobre la base del impuesto sobre la renta	..	..	..	..	..	..	..	..	..	..
2300 Trabajadores por cuenta propia o no empleados	..	..	..	..	..	..	..	..	..	..
2310 Sobre la base de la nómina	..	..	..	..	..	..	..	..	..	..
2320 Sobre la base del impuesto sobre la renta	..	..	..	..	..	..	..	..	..	..
2400 No clasificables entre 2100, 2200 y 2300	..	..	..	83	140	143	150	122	131	156
2410 Sobre la base de la nómina	..	..	..	83	140	143	150	122	131	156
2420 Sobre la base del impuesto sobre la renta	..	..	..	0	0	0	0	0	0	0
3000 Impuestos sobre la nómina y la fuerza de trabajo	**..**	**0**	**0**	**0**	**0**	**0**	**0**	**0**	**0**	**0**
4000 Impuestos sobre la propiedad	**..**	**13**	**36**	**49**	**70**	**62**	**72**	**56**	**93**	**96**
4100 Impuestos recurrentes sobre la propiedad inmueble	..	0	0	18	20	21	29	18	24	32
4110 Hogares	..	..	..	18	20	21	29	18	24	32
Property tax	..	..	..	18	19	20	24	18	23	30
Land tax	..	..	..	0	2	1	2	0	0	2
Non-Citizens Undeveloped Land Tax	..	..	..	0	0	0	3	0	0	1
4120 Otros	..	..	..	0	0	0	0	0	0	0
4200 Impuestos recurrentes sobre la riqueza neta	..	0	0	0	0	0	0	0	0	0
4210 Personas físicas	..	..	..	..	..	..	..	..	..	..
4220 Sociedades	..	..	..	..	..	..	..	..	..	..
4300 Impuestos sobre sucesiones y donaciones	..	0	0	0	0	0	0	0	0	0
4310 Impuestos sobre sucesiones y herencias	..	..	..	..	..	..	..	..	..	..
4320 Impuestos sobre donaciones	..	..	..	..	..	..	..	..	..	..
4400 Imp. sobre transacciones financieras y de capital	..	13	36	32	50	41	43	38	69	64
Stamp duties	..	13	36	31	50	41	43	38	69	64
Other taxes on transactions	..	0	0	0	0	0	0	0	0	0
4500 Otros impuestos no recurrentes sobre la propiedad	..	0	0	0	0	0	0	0	0	0
4510 Otros impuestos sobre la riqueza neta	..	..	..	..	..	..	..	..	..	..
4520 Otros impuestos no recurrentes	..	..	..	..	..	..	..	..	..	..
4600 Otros impuestos recurrentes sobre la propiedad	..	0	0	0	0	0	0	0	0	0
5000 Impuestos sobre los bienes y servicios	**..**	**217**	**328**	**435**	**492**	**539**	**521**	**467**	**490**	**585**
5100 Imp. sobre la producción, venta, etc.	..	217	328	429	489	535	517	464	487	581
5110 Impuestos generales	..	0	0	179	312	362	333	273	315	396
5111 Impuestos sobre el valor agregado	..	..	..	179	237	278	253	207	242	305
5112 Impuestos sobre las ventas	..	..	..	0	75	84	80	66	74	91
5113 Otros impuestos generales	..	..	..	0	0	0	0	0	0	0
5120 Impuestos sobre bienes y servicios específicos	..	217	328	250	177	173	185	191	171	186
5121 Impuestos selectivos	..	72	111	34	68	56	67	83	52	39
Consumption duties	..	72	103	31	64	53	64	79	48	35
Environmental tax	..	0	8	3	3	3	3	4	5	4
5122 Utilidades de los monopolios fiscales	..	0	0	0	0	0	0	0	0	0
5123 Derechos de aduanas y de importación	..	83	137	96	93	101	102	86	97	113
Import duties	..	57	71	79	88	97	98	82	93	110
Throughput Levy on Fuel Products	..	0	0	12	5	4	4	4	4	4
Other customs charges	..	26	66	5	0	0	0	0	0	0
5124 Impuestos sobre las exportaciones	..	0	0	0	0	0	0	0	0	0
5125 Impuestos sobre los bienes de inversión	..	0	0	0	0	0	0	0	0	0

	1990	2000	2005	2010	2017	2018	2019	2020	2021	2022
5126 Impuestos sobre servicios específicos	..	53	78	54	17	16	15	22	22	33
Travel tax	..	4	5	4	6	7	7	3	3	7
Insurance levy	..	0	0	4	7	5	5	7	8	6
Money transfer levy	..	0	1	1	2	2	1	1	1	1
Other taxes on hospitality, transport and telecommunication services	..	49	73	44	2	2	2	11	9	20
5127 Otros imp. sobre el comercio y transacciones intern.	..	9	1	66	0	0	0	0	0	0
5128 Otros impuestos sobre bienes y servicios específicos	..	0	0	0	0	0	0	0	0	0
5130 No clasificables entre 5110 y 5120	..	0	0	0	0	0	0	0	0	0
5200 Sobre el uso de bienes y permiso para actividades	..	0	0	6	3	3	4	3	3	4
5210 Impuestos recurrentes	..	..	..	6	3	3	4	3	3	4
5211 Por los hogares sobre vehículos automotores	..	..	..	0	0	0	0	0	0	0
5212 Por otros sobre vehículos automotores	..	..	..	3	2	2	2	2	2	2
5213 Otros impuestos recurrentes	..	..	..	2	1	1	2	1	1	2
5220 Impuestos no recurrentes	..	..	..	0	0	0	0	0	0	0
5300 No clasificables entre 5100 y 5200	..	0	0	0	0	0	0	0	1	0
6000 Otros impuestos	**..**	**0**	**0**	**0**	**0**	**0**	**0**	**0**	**0**	**0**
6100 Pagados únicamente por empresas	..	..	..	..	..	..	..	..	..	..
6200 Pagados por otros o no identificables	..	..	..	..	..	..	..	..	..	..

.. No disponible

Nota : Notas: Ejercicio cerrado a 31 de diciembre.

Los datos siguen el criterio de caja.

Las cifras no incluyen los ingresos tributarios locales porque no hay datos disponibles.

Partida 2000: Las contribuciones a la seguridad social del período 2019-2022 son una estimación.

Partida 5112: El gravamen de recuperación fiscal impuesto a todos los bienes que se importan a Antigua y Barbuda o se fabrican en este país se incluye dentro de esta partida de acuerdo con la clasificación de la OCDE descrita en la Guía de interpretación.

Partida 5121: El impuesto ambiental que se aplica a bienes específicos importados a Antigua y Barbuda o fabricados en este país se incluye dentro de esta partida de acuerdo con la clasificación de la OCDE descrita en la Guía de interpretación.

Partida 5126: En esta partida se incluye la tasa a los alojamientos turísticos introducida en 2021.

Fuente : Fuente: Ministerio de Finanzas; Junta de Gobierno Corporativo y Seguridad Social (Ministry of Finance; Corporate Governance and Social Security Board).

Cuadro 5.2. Argentina

Ingresos tributarios detallados
Millones ARS

	1990	2000	2005	2010	2017	2018	2019	2020	2021	2022
Total de ingresos tributarios	**10 217**	**61 084**	**142 906**	**483 014**	**3 202 762**	**4 204 218**	**6 144 864**	**8 093 674**	**13 459 652**	**24 429 642**
1000 Imp. renta, utilidades y ganancias de capital	**542**	**11 303**	**29 203**	**78 427**	**559 755**	**746 994**	**1 102 982**	**1 470 348**	**2 351 998**	**4 727 878**
1100 De personas físicas	141	3 937	8 192	23 980	236 284	297 200	433 621	634 425	1 004 641	2 083 662
1110 Renta y utilidades	130	3 854	8 151	23 858	234 117	294 320	429 882	632 276	999 346	2 071 777
1120 Ganancias de capital	11	82	41	122	2 167	2 880	3 739	2 150	5 295	11 886
1200 De sociedades	357	6 575	19 602	50 664	297 111	401 270	589 993	756 440	1 151 704	2 398 339
1210 Renta y utilidades	357	6 575	19 602	50 664	297 111	401 270	589 993	756 440	1 151 704	2 398 339
Corporate income taxes	198	5 956	18 494	49 012	294 546	399 210	587 272	755 545	1 151 650	2 397 764
Tax on assets	160	19	5	4	5	5	5	2	3	9
Tax on assumed minimum income	0	600	1 102	1 648	2 560	2 055	2 716	893	51	565
1220 Ganancias de capital de sociedades	..	..	..	..	..	..	..	..	..	..
1300 No clasificables entre 1100 y 1200	43	792	1 409	3 783	26 360	48 524	79 367	79 483	195 653	245 876
Non resident taxpayers	11	792	1 409	3 783	26 360	48 524	79 367	79 483	195 653	245 876
Other	33	0	0	0	0	0	0	0	0	0
2000 Contribuciones a la seguridad social	**2 583**	**9 670**	**17 400**	**102 460**	**733 527**	**914 436**	**1 225 664**	**1 548 052**	**2 398 126**	**4 331 972**
2100 Empleados	..	2 486	3 690	37 990	288 985	364 291	481 007	626 400	967 274	1 719 052
2110 Sobre la base de la nómina	..	2 486	3 690	37 990	288 985	364 291	481 007	626 400	967 274	1 719 052
2120 Sobre la base del impuesto sobre la renta	..	0	0	0	0	0	0	0	0	0
2200 Empleadores	..	6 069	12 557	54 713	413 212	512 615	699 601	864 329	1 356 354	2 492 899
2210 Sobre la base de la nómina	..	6 069	12 557	54 713	413 212	512 615	699 601	864 329	1 356 354	2 492 899
2220 Sobre la base del impuesto sobre la renta	..	0	0	0	0	0	0	0	0	0
2300 Trabajadores por cuenta propia o no empleados	98	1 115	1 153	9 757	31 330	37 529	45 056	57 323	74 498	120 021
2310 Sobre la base de la nómina	98	1 115	1 153	9 757	31 330	37 529	45 056	57 323	74 498	120 021
2320 Sobre la base del impuesto sobre la renta	0	0	0	0	0	0	0	0	0	0
2400 No clasificables entre 2100, 2200 y 2300	2 485	0	0	0	0	0	0	0	0	0
2410 Sobre la base de la nómina	2 485	..	..	..	..	..	..	..	..	..
2420 Sobre la base del impuesto sobre la renta	0	..	..	..	..	..	..	..	..	..
3000 Impuestos sobre la nómina y la fuerza de trabajo	**0**	**0**	**0**	**0**	**0**	**0**	**0**	**0**	**0**	**0**
4000 Impuestos sobre la propiedad	**1 164**	**3 867**	**15 997**	**43 538**	**303 382**	**395 484**	**562 785**	**883 844**	**1 417 635**	**2 401 021**
4100 Impuestos recurrentes sobre la propiedad inmueble	419	1 809	2 837	5 035	44 236	66 035	87 589	113 268	170 405	262 053
4110 Hogares	0	0	0	0	0	0	0	0	0	0
4120 Otros	419	1 809	2 837	5 035	44 236	66 035	87 589	113 268	170 405	262 053
4200 Impuestos recurrentes sobre la riqueza neta	246	1 084	1 867	5 248	22 786	15 296	32 383	209 929	283 469	428 916
4210 Personas físicas	3	1 024	1 813	5 147	22 165	14 517	31 184	207 382	278 770	421 969
Personal assets	0	1 024	1 813	5 147	22 165	14 517	31 184	207 382	278 770	421 969
Recurrent taxes on net wealth	3	0	0	0	0	0	0	0	0	0
4220 Sociedades	242	60	55	101	621	778	1 199	2 547	4 699	6 947
4300 Impuestos sobre sucesiones y donaciones	0	0	0	0	0	0	0	0	0	0
4310 Impuestos sobre sucesiones y herencias	..	..	..	..	..	..	..	..	..	..
4320 Impuestos sobre donaciones	..	..	..	..	..	..	..	..	..	..
4400 Imp. sobre transacciones financieras y de capital	459	904	11 272	33 252	236 360	314 153	442 812	560 648	963 760	1 710 052
Immovable property transfers	0	54	116	539	4 091	5 935	5 575	4 958	9 796	14 368
Movable property transfers	44	0	0	0	0	0	0	0	0	0
Bank accounts' credits and debits	205	0	9 434	26 885	172 838	234 300	349 559	452 459	750 414	1 343 374
Stamp taxes	211	850	1 722	5 829	59 431	73 918	87 678	103 231	203 551	352 310
4500 Otros impuestos no recurrentes sobre la propiedad	40	70	21	3	0	0	0	0	0	0
4510 Otros impuestos sobre la riqueza neta	0	0	0	0	..	..	..	..	..	..
4520 Otros impuestos no recurrentes	40	70	21	3	..	..	..	..	..	..
4600 Otros impuestos recurrentes sobre la propiedad	0	0	0	0	0	0	0	0	0	0
5000 Impuestos sobre los bienes y servicios	**5 636**	**34 539**	**77 959**	**253 092**	**1 531 220**	**2 119 852**	**3 209 278**	**4 131 958**	**7 210 692**	**12 838 534**
5100 Imp. sobre la producción, venta, etc.	5 462	34 288	78 555	252 550	1 520 300	2 112 824	3 181 178	4 088 803	7 154 673	12 758 527
5110 Impuestos generales	2 384	25 123	51 467	167 534	1 188 317	1 671 105	2 317 817	2 957 036	5 022 050	9 143 893
5111 Impuestos sobre el valor agregado	1 594	19 009	36 853	116 386	765 336	1 104 580	1 532 597	1 905 385	3 243 608	5 831 330
5112 Impuestos sobre las ventas	0	0	0	0	0	0	0	0	0	0
5113 Otros impuestos generales	791	6 114	14 613	51 148	422 981	566 524	785 220	1 051 651	1 778 442	3 312 564
5120 Impuestos sobre bienes y servicios específicos	3 077	9 166	27 088	85 016	331 983	441 719	863 362	1 131 767	2 132 623	3 614 634

	1990	2000	2005	2010	2017	2018	2019	2020	2021	2022
5121 Impuestos selectivos	1 866	5 850	10 609	26 208	182 818	204 903	282 001	394 311	665 896	931 669
Alcoholic beverages	25	36	73	238	1 591	2 186	4 571	5 779	10 862	22 140
Non alcoholic beverages	25	90	189	501	3 136	3 700	6 415	8 520	15 274	28 044
Beers	0	50	131	212	2 811	4 626	1 695	15 523	27 401	43 535
Tobacco products	425	1 875	3 460	6 884	60 249	67 264	90 857	132 703	188 239	275 753
Liquid fuels and gas	1 073	3 478	6 017	15 269	102 846	116 409	161 666	195 659	356 273	431 487
Electricity	72	205	283	591	1 768	2 174	7 818	7 139	13 507	19 294
Motor vehicles	59	20	0	27	476	342	242	3 616	10 156	39 383
Other	189	96	456	2 485	9 942	8 202	8 736	25 372	44 185	72 033
5122 Utilidades de los monopolios fiscales	0	0	0	0	0	0	0	0	0	0
5123 Derechos de aduanas y de importación	219	1 976	3 877	11 428	70 635	107 178	163 076	199 737	371 011	639 130
Import duties	166	1 938	3 780	11 183	69 259	104 991	132 405	164 888	305 698	531 892
Import fees	53	38	96	246	1 376	2 187	30 671	34 848	65 312	107 238
5124 Impuestos sobre las exportaciones	724	32	12 323	45 547	66 121	114 160	398 312	387 643	963 117	1 649 418
5125 Impuestos sobre los bienes de inversión	0	0	0	0	0	0	0	0	0	0
5126 Impuestos sobre servicios específicos	163	1 233	150	1 429	7 792	9 389	10 692	11 683	16 556	23 919
Insurance services	42	194	8	21	167	198	289	376	590	930
Financial services	32	855	2	0	0	0	0	0	0	0
Telephone services	82	33	110	936	4 061	4 722	4 312	4 497	5 910	7 498
Other specific services	7	151	31	472	3 564	4 469	6 090	6 809	10 055	15 491
5127 Otros imp. sobre el comercio y transacciones intern.	98	74	129	404	4 616	6 089	9 281	138 394	116 043	370 498
5128 Otros impuestos sobre bienes y servicios específicos	8	0	0	0	0	0	0	0	0	0
5130 No clasificables entre 5110 y 5120	0	0	0	0	0	0	0	0	0	0
5200 Sobre el uso de bienes y permiso para actividades	177	833	1 289	3 598	35 873	41 628	57 370	75 337	121 969	189 977
5210 Impuestos recurrentes	177	833	1 289	3 598	35 873	41 628	57 370	75 337	121 969	189 977
5211 Por los hogares sobre vehículos automotores	177	833	1 289	3 598	35 873	41 628	57 370	75 337	121 969	189 977
5212 Por otros sobre vehículos automotores	0	0	0	0	0	0	0	0	0	0
5213 Otros impuestos recurrentes	0	0	0	0	0	0	0	0	0	0
5220 Impuestos no recurrentes	0	0	0	0	0	0	0	0	0	0
5300 No clasificables entre 5100 y 5200	-3	-583	-1 885	-3 056	-24 953	-34 600	-29 270	-32 182	-65 950	-109 970
6000 Otros impuestos	**292**	**1 704**	**2 347**	**5 497**	**74 878**	**27 452**	**44 156**	**59 470**	**81 201**	**130 238**
6100 Pagados únicamente por empresas	0	354	757	2 093	10 544	16 052	20 635	29 169	31 500	39 721
Simplified system for small taxpayers	..	354	757	2 093	10 544	16 052	20 635	29 169	31 500	39 721
6200 Pagados por otros o no identificables	292	1 351	1 590	3 404	64 334	11 399	23 521	30 301	49 702	90 517
Tax debt payments	135	24	112	293	46 131	-8 646	-1 070	6 215	5 262	18 284
Special payments	79	6	1	0	0	0	0	0	0	0
Other national level	0	12	7	0	0	0	0	0	0	0
Other provincial level	78	1 309	1 469	3 110	18 202	20 045	24 591	24 086	44 440	72 233

.. No disponible

Nota : Ejercicio cerrado a 31 de diciembre.

Los datos siguen el criterio de caja.

Las cifras no incluyen los ingresos tributarios de las administraciones locales, porque no hay datos disponibles (pero sí incluyen los ingresos provinciales).

Partida 2000: Es posible que se hayan infraestimado las cifras, porque excluyen determinados tipos de contribuciones a la seguridad social a cuyos datos no es fácil acceder.

Partida 5212: En los datos de la CEPAL, el impuesto a la propiedad de vehículos automotores se clasifica en la categoría 4000.

Partida 5300: Las cifras son negativas porque representan reembolsos generales de impuestos a las exportaciones e impuestos específicos sobre bienes y servicios.

Partida 6200: Los pagos de deudas tributarias de 2016 incluyen la recaudación tras la aplicación de un nuevo régimen de declaración de información voluntario en julio de 2016 (Ley 27260).

Fuente : Subsecretaría de Ingresos Públicos, Dirección Nacional de Investigaciones y Análisis Fiscal, Ministerio de Hacienda.

Cuadro 5.3. Bahamas

Ingresos tributarios detallados
Millones BSD

	1990	2000	2005	2010	2017	2018	2019	2020	2021	2022
Total de ingresos tributarios	**505**	**965**	**1 060**	**1 277**	**2 118**	**2 120**	**2 486**	**2 076**	**1 831**	**2 425**
1000 Imp. renta, utilidades y ganancias de capital	**0**	**0**	**0**	**0**	**0**	**0**	**0**	**0**	**0**	**0**
1100 De personas físicas	0	0	0	0	0	0	0	0	0	0
1110 Renta y utilidades	..	..	..	..	..	..	..	..	..	..
1120 Ganancias de capital	..	..	..	..	..	..	..	..	..	..
1200 De sociedades	0	0	0	0	0	0	0	0	0	0
1210 Renta y utilidades	..	..	..	..	..	..	..	..	..	..
1220 Ganancias de capital de sociedades	..	..	..	..	..	..	..	..	..	..
1300 No clasificables entre 1100 y 1200	0	0	0	0	0	0	0	0	0	0
2000 Contribuciones a la seguridad social	**66**	**115**	**136**	**167**	**277**	**284**	**287**	**226**	**219**	**267**
2100 Empleados	..	..	..	60	110	111	115	..	..	..
2110 Sobre la base de la nómina	..	..	..	..	..	..	..	..	..	..
2120 Sobre la base del impuesto sobre la renta	..	..	..	..	..	..	..	..	..	..
2200 Empleadores	..	..	..	104	161	166	166	..	..	..
2210 Sobre la base de la nómina	..	..	..	..	..	..	..	..	..	..
2220 Sobre la base del impuesto sobre la renta	..	..	..	..	..	..	..	..	..	..
2300 Trabajadores por cuenta propia o no empleados	..	..	..	3	7	8	7	..	..	..
2310 Sobre la base de la nómina	..	..	..	..	..	..	..	..	..	..
2320 Sobre la base del impuesto sobre la renta	..	..	..	..	..	..	..	..	..	..
2400 No clasificables entre 2100, 2200 y 2300	66	115	136	0	-1	-1	-1	226	219	267
2410 Sobre la base de la nómina	..	..	..	..	..	..	..	..	..	..
2420 Sobre la base del impuesto sobre la renta	..	..	..	..	..	..	..	..	..	..
3000 Impuestos sobre la nómina y la fuerza de trabajo	**0**	**0**	**0**	**0**	**0**	**0**	**0**	**0**	**0**	**0**
4000 Impuestos sobre la propiedad	**56**	**208**	**302**	**269**	**233**	**237**	**345**	**174**	**203**	**241**
4100 Impuestos recurrentes sobre la propiedad inmueble	19	32	54	92	121	124	109	100	143	147
4110 Hogares	0	0	0	0	0	0	0	0	0	0
4120 Otros	19	32	54	92	121	124	109	100	143	147
4200 Impuestos recurrentes sobre la riqueza neta	0	0	0	0	0	0	0	0	0	0
4210 Personas físicas	..	..	..	..	..	..	..	..	..	..
4220 Sociedades	..	..	..	..	..	..	..	..	..	..
4300 Impuestos sobre sucesiones y donaciones	0	0	0	0	0	0	0	0	0	0
4310 Impuestos sobre sucesiones y herencias	..	..	..	..	..	..	..	..	..	..
4320 Impuestos sobre donaciones	..	..	..	..	..	..	..	..	..	..
4400 Imp. sobre transacciones financieras y de capital	37	176	248	177	112	114	235	74	60	94
Stamp Tax from Imports	0	102	112	15	0	0	0	0	0	0
Stamp Tax from Exports	0	0	0	0	0	0	0	0	0	0
All Other Stamp Tax	37	74	135	162	112	114	235	74	60	94
4500 Otros impuestos no recurrentes sobre la propiedad	0	0	0	0	0	0	0	0	0	0
4510 Otros impuestos sobre la riqueza neta	..	..	..	..	..	..	..	..	..	..
4520 Otros impuestos no recurrentes	..	..	..	..	..	..	..	..	..	..
4600 Otros impuestos recurrentes sobre la propiedad	0	0	0	0	0	0	0	0	0	0
5000 Impuestos sobre los bienes y servicios	**386**	**620**	**623**	**780**	**1 608**	**1 598**	**1 854**	**1 676**	**1 408**	**1 917**
5100 Imp. sobre la producción, venta, etc.	354	552	545	657	1 386	1 407	1 623	1 524	1 253	1 745
5110 Impuestos generales	0	0	0	0	638	681	897	876	740	1 136
5111 Impuestos sobre el valor agregado	0	0	0	0	638	681	897	876	740	1 136
5112 Impuestos sobre las ventas	..	..	..	..	0	0	0	0	0	0
5113 Otros impuestos generales	..	..	..	..	0	0	0	0	0	0
5120 Impuestos sobre bienes y servicios específicos	354	552	545	657	747	726	727	649	513	609
5121 Impuestos selectivos	0	0	0	188	289	257	242	206	176	47
Fuel surcharges	..	..	..	..	1	1	1	1	1	1
Other excises	..	..	..	..	287	255	241	205	175	45
5122 Utilidades de los monopolios fiscales	0	0	0	0	0	0	0	0	0	0
5123 Derechos de aduanas y de importación	289	435	413	348	286	270	284	224	192	249
5124 Impuestos sobre las exportaciones	6	13	13	14	9	18	13	53	96	177
5125 Impuestos sobre los bienes de inversión	0	0	0	0	0	0	0	0	0	0
5126 Impuestos sobre servicios específicos	59	104	119	106	163	180	187	165	49	137
Departure tax	27	64	69	70	135	143	147	125	11	85
Gaming tax	27	20	25	10	27	37	40	40	38	51
Hotel occupancy tax	5	20	25	25	1	0	0	0	0	1
5127 Otros imp. sobre el comercio y transacciones intern.	0	0	0	0	0	0	0	0	0	0
5128 Otros impuestos sobre bienes y servicios específicos	0	0	0	0	0	0	0	0	0	0
5130 No clasificables entre 5110 y 5120	0	0	0	0	0	0	0	0	0	0

	1990	2000	2005	2010	2017	2018	2019	2020	2021	2022
5200 Sobre el uso de bienes y permiso para actividades	32	69	78	123	222	192	231	152	155	172
5210 Impuestos recurrentes	32	69	78	123	222	192	231	152	155	172
Motor vehicle tax	10	14	18	21	30	37	35	31	32	34
5211 Por los hogares sobre vehículos automotores	..	..	..	..	..	..	..	..	..	..
5212 Por otros sobre vehículos automotores	..	..	..	..	..	..	..	..	..	..
5213 Otros impuestos recurrentes	22	55	61	102	193	155	195	122	123	138
Company fees and registration	0	5	5	5	0	0	0	0	0	0
International business companies	0	17	15	19	0	0	0	0	0	0
Others	22	33	40	78	193	155	195	122	123	138
5220 Impuestos no recurrentes	0	0	0	0	0	0	0	0	0	0
5300 No clasificables entre 5100 y 5200	0	0	0	0	0	0	0	0	0	0
6000 Otros impuestos	**-4**	**21**	**-1**	**60**	**0**	**0**	**0**	**0**	**0**	**0**
6100 Pagados únicamente por empresas	0	0	0	0	..	..	..	..	..	..
6200 Pagados por otros o no identificables	-4	21	-1	60	..	..	..	..	..	..
Incentive acts and other refunds	-8	14	-15	11	..	..	..	..	..	..
Other taxes	4	7	15	49	..	..	..	..	..	..

.. No disponible

Nota : Ejercicio fiscal cerrado a 30 de junio. Por ejemplo, los datos de 2022 corresponden a los datos de julio de 2021 a junio de 2022.

Los datos siguen el criterio de caja.

Las cifras no incluyen los ingresos tributarios de las administraciones locales, porque no hay datos disponibles. Los datos de ingresos tributarios de la administración central correspondientes al periodo 2020-2022 son preliminares.

Partida 2000: Los datos de 2021 y 2022 son una estimación.

Partida 2400: En esta partida se incluyen reembolsos de las contribuciones a la seguridad social declarados por el Consejo de Seguro Nacional (National Insurance Board) antes de 2020.

Partida 4400: En esta partida se incluyen todos los impuestos de timbre.

Partida 5111: El 1 de enero de 2015 entró en vigor un impuesto sobre el valor agregado.

Fuente : Banco Central de Bahamas; Ministerio de Finanzas de Bahamas; Consejo del Seguro Nacional de Bahamas (Central Bank of The Bahamas; Ministry of Finance of The Bahamas; National Insurance Board of The Bahamas); Centro Interamericano de Administraciones Tributarias.

Cuadro 5.4. Barbados

Ingresos tributarios detallados
Millones BBD

	1990	2000	2005	2010	2017	2018	2019	2020	2021	2022
Total de ingresos tributarios	**1 026**	**1 892**	**2 450**	**2 736**	**3 280**	**3 434**	**3 442**	**2 982**	**3 241**	**3 643**
1000 Imp. renta, utilidades y ganancias de capital	**250**	**599**	**722**	**766**	**783**	**921**	**823**	**976**	**897**	**1 023**
1100 De personas físicas	140	293	306	395	463	482	455	308	385	393
1110 Renta y utilidades	140	293	306	395	463	482	455	308	385	393
Personal income tax	140	293	306	395	463	482	455	308	385	393
Consolidation tax	0	0	0	0	0	0	0	0	0	0
1120 Ganancias de capital	..	..	..	..	..	..	..	..	..	..
1200 De sociedades	95	269	360	294	275	355	309	613	451	549
1210 Renta y utilidades	95	269	360	294	275	355	309	613	451	549
1220 Ganancias de capital de sociedades	..	..	..	..	..	..	..	..	..	..
1300 No clasificables entre 1100 y 1200	15	37	56	76	45	83	59	55	61	81
2000 Contribuciones a la seguridad social	**134**	**295**	**408**	**565**	**624**	**621**	**671**	**595**	**595**	**621**
2100 Empleados	..	..	..	..	..	..	..	..	..	..
2110 Sobre la base de la nómina	..	..	..	..	..	..	..	..	..	..
2120 Sobre la base del impuesto sobre la renta	..	..	..	..	..	..	..	..	..	..
2200 Empleadores	..	..	..	..	..	..	..	..	..	..
2210 Sobre la base de la nómina	..	..	..	..	..	..	..	..	..	..
2220 Sobre la base del impuesto sobre la renta	..	..	..	..	..	..	..	..	..	..
2300 Trabajadores por cuenta propia o no empleados	..	..	..	..	..	..	..	..	..	..
2310 Sobre la base de la nómina	..	..	..	..	..	..	..	..	..	..
2320 Sobre la base del impuesto sobre la renta	..	..	..	..	..	..	..	..	..	..
2400 No clasificables entre 2100, 2200 y 2300	134	295	408	565	624	621	671	595	595	621
2410 Sobre la base de la nómina	..	..	..	..	..	..	..	..	..	..
2420 Sobre la base del impuesto sobre la renta	..	..	..	..	..	..	..	..	..	..
3000 Impuestos sobre la nómina y la fuerza de trabajo	**0**	**0**	**0**	**0**	**0**	**0**	**0**	**0**	**0**	**0**
4000 Impuestos sobre la propiedad	**147**	**108**	**159**	**130**	**148**	**172**	**226**	**189**	**219**	**239**
4100 Impuestos recurrentes sobre la propiedad inmueble	46	95	137	118	138	161	215	182	205	217
Property tax	46	95	137	118	138	161	215	182	205	217
Municipal solid waste tax	0	0	0	0	0	0	0	0	0	0
4110 Hogares	..	..	..	..	..	..	..	..	..	..
4120 Otros	..	..	..	..	..	..	..	..	..	..
4200 Impuestos recurrentes sobre la riqueza neta	0	0	0	0	0	0	0	0	0	0
4210 Personas físicas	..	..	..	..	..	..	..	..	..	..
4220 Sociedades	..	..	..	..	..	..	..	..	..	..
4300 Impuestos sobre sucesiones y donaciones	0	0	0	0	0	0	0	0	0	0
4310 Impuestos sobre sucesiones y herencias	..	..	..	..	..	..	..	..	..	..
4320 Impuestos sobre donaciones	..	..	..	..	..	..	..	..	..	..
4400 Imp. sobre transacciones financieras y de capital	101	13	22	12	11	11	11	8	13	22
Stamp duties	101	13	22	12	11	11	11	8	13	22
4500 Otros impuestos no recurrentes sobre la propiedad	0	0	0	0	0	0	0	0	0	0
4510 Otros impuestos sobre la riqueza neta	..	..	..	..	..	..	..	..	..	..
4520 Otros impuestos no recurrentes	..	..	..	..	..	..	..	..	..	..
4600 Otros impuestos recurrentes sobre la propiedad	0	0	0	0	0	0	0	0	0	0
5000 Impuestos sobre los bienes y servicios	**495**	**889**	**1 161**	**1 276**	**1 726**	**1 719**	**1 723**	**1 223**	**1 531**	**1 761**
5100 Imp. sobre la producción, venta, etc.	424	788	1 035	1 105	1 610	1 599	1 607	1 171	1 459	1 686
5110 Impuestos generales	197	492	683	768	1 039	990	967	706	885	1 023
5111 Impuestos sobre el valor agregado	0	492	683	768	887	941	967	706	885	1 023
5112 Impuestos sobre las ventas	197	0	0	0	152	49	0	0	0	0
Social responsibility levy	0	0	..	..	152	49	0	..	..	..
Consumption tax	197	0	..	..	0	0	0	..	..	..
5113 Otros impuestos generales	0	0	0	0	0	0	0	0	0	0
5120 Impuestos sobre bienes y servicios específicos	227	296	353	337	570	608	640	465	575	663
5121 Impuestos selectivos	91	175	172	146	303	271	251	154	212	247
Excises	0	160	172	146	303	271	251	154	212	247
Levies	91	15	0	0	0	0	0	0	0	0
5122 Utilidades de los monopolios fiscales	0	0	0	0	0	0	0	0	0	0
5123 Derechos de aduanas y de importación	118	121	180	191	219	282	314	256	291	323
Import duties	118	121	180	191	219	214	232	192	221	242
Fuel tax	0	0	0	0	0	69	82	64	70	81
5124 Impuestos sobre las exportaciones	0	0	0	0	0	0	0	0	0	0
5125 Impuestos sobre los bienes de inversión	0	0	0	0	0	0	0	0	0	0

	1990	2000	2005	2010	2017	2018	2019	2020	2021	2022
5126 Impuestos sobre servicios específicos	17	1	0	0	49	55	76	55	71	93
Hotel and restaurant tax	17	1	..	..	0	0	0	0	0	0
Banks and other asset tax	0	0	..	..	49	45	47	46	46	53
Room rate levy	0	0	..	..	0	10	28	10	25	40
5127 Otros imp. sobre el comercio y transacciones intern.	0	0	0	0	0	0	0	0	0	0
5128 Otros impuestos sobre bienes y servicios específicos	0	0	0	0	0	0	0	0	0	0
5130 No clasificables entre 5110 y 5120	0	0	0	0	0	0	0	0	0	0
5200 Sobre el uso de bienes y permiso para actividades	71	101	126	171	116	121	115	52	72	75
5210 Impuestos recurrentes	71	101	126	171	116	121	115	52	72	75
5211 Por los hogares sobre vehículos automotores	0	0	0	0	0	0	0	0	0	0
5212 Por otros sobre vehículos automotores	0	0	0	0	0	0	0	0	0	0
5213 Otros impuestos recurrentes	71	101	126	171	116	121	115	52	72	75
5220 Impuestos no recurrentes	0	0	0	0	0	0	0	0	0	0
5300 No clasificables entre 5100 y 5200	0	0	0	0	0	0	0	0	0	0
6000 Otros impuestos	**0**	**0**	**0**	**0**	**0**	**0**	**0**	**0**	**0**	**0**
6100 Pagados únicamente por empresas	..	..	..	..	..	..	..	..	..	..
6200 Pagados por otros o no identificables	..	..	..	..	..	..	..	..	..	..

.. No disponible

Nota : Ejercicio cerrado a 31 de marzo, a excepción de las contribuciones a la seguridad social, para las que se utiliza el año natural. Por ejemplo, los datos de 2022 corresponden al período comprendido entre abril de 2022 y marzo de 2023.

Los datos siguen el criterio de caja, salvo las contribuciones a la seguridad social que siguen el criterio de devengo.

Las cifras no incluyen los ingresos tributarios de las administraciones locales, porque no hay datos disponibles.

Partida 1300: En esta partida se incluyen los impuestos de retención aplicados a personas físicas y jurídicas.

Partida 2000: Las contribuciones a la seguridad social se refieren a los ingresos por contribuciones del Régimen de Seguro Nacional. Los valores de 2021 y 2022 son proyecciones de la administración en el marco de un escenario con las mejores estimaciones del 17ª Evaluación Actuarial del Fondo de Seguro Nacional.

Partida 5213: Esta partida incluye varios impuestos indirectos que se gravan de manera recurrente, por ejemplo, ingresos procedentes de varias licencias.

Fuente : Banco Central de Barbados; Consejo de Seguro Nacional de Barbados (The Central Bank of Barbados; National Insurance Board of Barbados).

Cuadro 5.5. Belice

Ingresos tributarios detallados
Millones BZD

	1990	2000	2005	2010	2017	2018	2019	2020	2021	2022
Total de ingresos tributarios	**178**	**318**	**495**	**740**	**1 054**	**1 129**	**1 153**	**935**	**1 128**	**1 346**
1000 Imp. renta, utilidades y ganancias de capital	**37**	**76**	**129**	**248**	**269**	**286**	**291**	**237**	**224**	**345**
1100 De personas físicas	21	19	35	52	93	101	105	92	78	121
1110 Renta y utilidades	21	19	35	52	93	101	105	92	78	121
Income tax (PAYE)	20	19	35	52	93	101	105	92	78	121
Income tax on individuals	1	0	0	0	0	0	0	0	0	0
1120 Ganancias de capital	..	..	..	..	..	..	..	..	..	..
1200 De sociedades	12	51	90	189	166	173	174	134	126	211
Income tax (companies)	12	1	0	51	0	3	3	1	0	6
Income tax (business tax)	0	51	90	138	166	170	171	133	126	205
Income tax (supplemental petroleum tax)	0	0	0	0	0	0	0	0	0	0
1210 Renta y utilidades	..	..	..	..	..	..	..	..	..	..
1220 Ganancias de capital de sociedades	..	..	..	..	..	..	..	..	..	..
1300 No clasificables entre 1100 y 1200	4	6	4	7	10	12	12	11	20	13
Income tax (arrears)	4	3	1	1	2	3	2	2	2	1
Income tax (withholding)	0	3	2	6	8	10	10	9	18	12
2000 Contribuciones a la seguridad social	**10**	**18**	**50**	**60**	**83**	**87**	**100**	**110**	**117**	**144**
2100 Empleados	..	..	..	..	..	..	..	..	..	..
2110 Sobre la base de la nómina	..	..	..	..	..	..	..	..	..	..
2120 Sobre la base del impuesto sobre la renta	..	..	..	..	..	..	..	..	..	..
2200 Empleadores	..	..	..	..	..	..	..	..	..	..
2210 Sobre la base de la nómina	..	..	..	..	..	..	..	..	..	..
2220 Sobre la base del impuesto sobre la renta	..	..	..	..	..	..	..	..	..	..
2300 Trabajadores por cuenta propia o no empleados	..	..	..	..	..	..	..	..	..	..
2310 Sobre la base de la nómina	..	..	..	..	..	..	..	..	..	..
2320 Sobre la base del impuesto sobre la renta	..	..	..	..	..	..	..	..	..	..
2400 No clasificables entre 2100, 2200 y 2300	10	18	50	60	83	87	100	110	117	144
2410 Sobre la base de la nómina	..	..	..	..	..	..	..	..	..	..
2420 Sobre la base del impuesto sobre la renta	..	..	..	..	..	..	..	..	..	..
3000 Impuestos sobre la nómina y la fuerza de trabajo	**0**	**0**	**0**	**0**	**0**	**0**	**0**	**0**	**0**	**0**
4000 Impuestos sobre la propiedad	**34**	**13**	**27**	**23**	**32**	**49**	**39**	**34**	**63**	**42**
4100 Impuestos recurrentes sobre la propiedad inmueble	1	2	6	7	6	6	7	7	9	6
4110 Hogares	1	2	6	7	6	6	7	7	9	6
4120 Otros	0	0	0	0	0	0	0	0	0	0
4200 Impuestos recurrentes sobre la riqueza neta	0	0	0	0	0	0	0	0	0	0
4210 Personas físicas	..	..	..	..	..	..	..	..	..	..
4220 Sociedades	..	..	..	..	..	..	..	..	..	..
4300 Impuestos sobre sucesiones y donaciones	0	0	0	0	0	0	0	0	0	0
4310 Impuestos sobre sucesiones y herencias	..	0	0	0	0	0	0	0	0	0
4320 Impuestos sobre donaciones	..	0	0	0	0	0	0	0	0	0
4400 Imp. sobre transacciones financieras y de capital	33	11	22	16	26	44	32	27	54	35
Stamp duties on customs	28	0	0	0	0	0	0	0	0	0
Stamp duties (other departments)	5	11	22	16	26	44	14	3	8	3
Stamp duties (land transactions)	0	0	0	0	0	0	18	24	46	32
4500 Otros impuestos no recurrentes sobre la propiedad	0	0	0	0	0	0	0	0	0	0
4510 Otros impuestos sobre la riqueza neta	..	..	..	..	..	..	..	..	..	..
4520 Otros impuestos no recurrentes	..	..	..	..	..	..	..	..	..	..
4600 Otros impuestos recurrentes sobre la propiedad	0	0	0	0	0	0	0	0	0	0
5000 Impuestos sobre los bienes y servicios	**97**	**211**	**288**	**409**	**670**	**707**	**723**	**553**	**724**	**815**
5100 Imp. sobre la producción, venta, etc..	94	207	282	400	662	696	712	546	715	806
5110 Impuestos generales	0	82	131	199	292	317	323	244	306	397
5111 Impuestos sobre el valor agregado	0	0	0	199	292	317	323	244	306	397
5112 Impuestos sobre las ventas	..	82	131	0	0	0	0	0	0	0
5113 Otros impuestos generales	..	0	0	0	0	0	0	0	0	0
5120 Impuestos sobre bienes y servicios específicos	94	125	151	200	369	379	389	302	409	409
5121 Impuestos selectivos	35	47	57	31	187	193	194	155	192	156
Revenue replacement duty	18	39	57	7	1	1	1	1	1	1
Excise duties	17	8	0	22	186	191	192	151	191	155
Excise on locally refined petroleum products	0	0	0	0	0	1	0	3	0	0
Excise on locally extracted crude oil	0	0	0	1	1	1	1	0	0	0
5122 Utilidades de los monopolios fiscales	0	0	0	0	0	0	0	0	0	0

	1990	2000	2005	2010	2017	2018	2019	2020	2021	2022
5123 Derechos de aduanas y de importación	50	64	80	144	139	139	137	105	159	189
Import duties	50	64	80	123	98	98	95	71	109	128
Environmental tax	0	0	0	21	40	41	42	34	49	61
Imports into EPZs	0	0	0	0	0	0	0	0	0	0
5124 Impuestos sobre las exportaciones	0	0	0	0	0	0	0	2	0	0
5125 Impuestos sobre los bienes de inversión	0	0	0	0	0	0	0	0	0	0
5126 Impuestos sobre servicios específicos	0	0	0	0	0	0	0	0	1	0
5127 Otros imp. sobre el comercio y transacciones intern.	8	14	15	25	43	47	59	40	57	64
Goods in transit - administration charge	3	1	1	1	1	1	1	1	1	1
Goods in transit - social fee	0	5	4	8	17	23	22	17	23	26
Taxes on foreign currency transactions	6	8	9	16	25	23	35	21	33	37
5128 Otros impuestos sobre bienes y servicios específicos	0	0	0	0	0	0	0	0	0	0
5130 No clasificables entre 5110 y 5120	0	0	0	0	0	0	0	0	0	0
5200 Sobre el uso de bienes y permiso para actividades	3	4	6	9	9	11	11	7	9	9
5210 Impuestos recurrentes	3	4	6	9	9	11	11	7	9	9
5211 Por los hogares sobre vehículos automotores	2	3	5	3	5	5	5	5	6	6
5212 Por otros sobre vehículos automotores	0	0	0	0	0	0	0	0	0	0
5213 Otros impuestos recurrentes	1	1	1	6	4	6	5	2	3	4
5220 Impuestos no recurrentes	0	0	0	0	0	0	0	0	0	0
5300 No clasificables entre 5100 y 5200	0	0	0	0	0	0	0	0	0	0
6000 Otros impuestos	**0**	**0**	**0**	**0**	**0**	**0**	**0**	**0**	**0**	**0**
6100 Pagados únicamente por empresas	..	..	..	..	..	..	..	..	..	..
6200 Pagados por otros o no identificables	..	..	..	..	..	..	..	..	..	..

.. No disponible

Nota : Ejercicio cerrado a 31 de marzo. Por ejemplo, los datos de 2022 corresponden al período comprendido entre abril de 2022 y marzo de 2023.

Los datos siguen el criterio de caja.

Los datos de ingresos tributarios de 2022 corresponden a estimaciones revisadas de la administración para el ejercicio fiscal 2022/2023, declaradas en las Estimaciones Aprobadas de Ingresos y Gastos del Ejercicio Fiscal 2023/2024.

Partida 2000: Las contribuciones a la seguridad social corresponden al Fondo de la Seguridad Social, sin incluir las contribuciones de la administración al fondo del Seguro Nacional de Salud. Las contribuciones de la administración son ayudas públicas al sistema de la seguridad social, por lo que no se consideran ingresos tributarios de acuerdo con la clasificación de la OCDE descrita en la Guía de interpretación.

Partida 4400: Esta partida incluye todos los impuestos de timbre.

Fuente : Ministerio de Finanzas de Belice; Consejo de Seguridad Social de Belice (Ministry of Finance of Belize; Social Security Board Belize).

Cuadro 5.6. Bolivia

Ingresos tributarios detallados
Millones BOB

	1990	2000	2005	2010	2017	2018	2019	2020	2021	2022
Total de ingresos tributarios	**1 005**	**9 151**	**15 370**	**31 549**	**67 072**	**69 535**	**69 785**	**56 088**	**63 203**	**72 013**
1000 Imp. renta, utilidades y ganancias de capital	**68**	**1 209**	**2 383**	**6 294**	**10 152**	**10 591**	**11 356**	**7 402**	**7 644**	**10 397**
1100 De personas físicas	68	214	214	263	502	525	518	470	457	502
1110 Renta y utilidades	68	214	214	263	502	525	518	470	457	502
Value added supplementary scheme	62	161	187	237	441	475	464	426	423	476
Fiscal notes on value added supplementary scheme	6	52	27	26	61	50	53	44	33	25
1120 Ganancias de capital	..	..	..	..	..	..	..	..	..	..
1200 De sociedades	0	995	2 169	6 031	9 650	10 066	10 838	6 931	7 187	9 896
1210 Renta y utilidades	..	995	2 169	6 031	9 650	10 066	10 838	6 931	7 187	9 896
Corporate tax	..	804	1 872	5 089	8 655	9 165	9 724	6 465	6 986	9 209
Fiscal notes on corporate tax	..	191	297	942	995	901	1 115	467	201	686
1220 Ganancias de capital de sociedades	..	..	..	..	..	..	..	..	..	..
1300 No clasificables entre 1100 y 1200	0	0	0	0	0	0	0	0	0	0
2000 Contribuciones a la seguridad social	**0**	**666**	**936**	**5 265**	**15 915**	**16 767**	**17 500**	**16 494**	**16 814**	**17 351**
2100 Empleados	..	..	..	..	..	..	..	..	..	..
2110 Sobre la base de la nómina	..	..	..	..	..	..	..	..	..	..
2120 Sobre la base del impuesto sobre la renta	..	..	..	..	..	..	..	..	..	..
2200 Empleadores	..	..	..	..	..	..	..	..	..	..
2210 Sobre la base de la nómina	..	..	..	..	..	..	..	..	..	..
2220 Sobre la base del impuesto sobre la renta	..	..	..	..	..	..	..	..	..	..
2300 Trabajadores por cuenta propia o no empleados	..	..	..	..	..	..	..	..	..	..
2310 Sobre la base de la nómina	..	..	..	..	..	..	..	..	..	..
2320 Sobre la base del impuesto sobre la renta	..	..	..	..	..	..	..	..	..	..
2400 No clasificables entre 2100, 2200 y 2300	..	666	936	5 265	15 915	16 767	17 500	16 494	16 814	17 351
2410 Sobre la base de la nómina	..	666	936	5 265	15 915	16 767	17 500	16 494	16 814	17 351
2420 Sobre la base del impuesto sobre la renta	..	0	0	0	0	0	0	0	0	0
3000 Impuestos sobre la nómina y la fuerza de trabajo	**0**	**0**	**0**	**0**	**0**	**0**	**0**	**0**	**0**	**0**
4000 Impuestos sobre la propiedad	**1**	**3**	**640**	**367**	**492**	**543**	**522**	**421**	**743**	**767**
4100 Impuestos recurrentes sobre la propiedad inmueble	0	0	0	0	0	0	0	0	0	0
4110 Hogares	..	..	..	..	..	..	..	..	..	..
4120 Otros	..	..	..	..	..	..	..	..	..	..
4200 Impuestos recurrentes sobre la riqueza neta	0	0	0	0	0	0	0	0	241	205
4210 Personas físicas	..	..	..	..	..	..	..	..	241	205
4220 Sociedades	..	..	..	..	..	..	..	..	0	0
4300 Impuestos sobre sucesiones y donaciones	1	3	7	20	1	0	0	0	0	0
4310 Impuestos sobre sucesiones y herencias	1	3	7	20	1	0	0	..	..	..
4320 Impuestos sobre donaciones	0	0	0	0	0	0	0	..	..	..
4400 Imp. sobre transacciones financieras y de capital	0	0	633	347	491	543	522	421	502	561
4500 Otros impuestos no recurrentes sobre la propiedad	0	0	0	0	0	0	0	0	0	0
4510 Otros impuestos sobre la riqueza neta	..	..	..	..	..	..	..	..	..	..
4520 Otros impuestos no recurrentes	..	..	..	..	..	..	..	..	..	..
4600 Otros impuestos recurrentes sobre la propiedad	0	0	0	0	0	0	0	0	0	0
5000 Impuestos sobre los bienes y servicios	**907**	**6 656**	**10 457**	**17 791**	**34 022**	**35 215**	**34 187**	**25 866**	**32 190**	**36 806**
5100 Imp. sobre la producción, venta, etc..	907	6 656	10 457	17 791	34 022	35 215	34 187	25 866	32 190	36 806
5110 Impuestos generales	584	3 953	7 018	12 541	24 591	25 615	25 405	19 124	24 307	27 953
5111 Impuestos sobre el valor agregado	432	2 949	5 314	10 259	20 199	20 977	20 391	15 146	19 237	22 027
VAT (internal market)	178	1 204	1 937	4 100	9 910	10 155	10 000	7 692	9 452	9 608
VAT (imports)	178	1 445	2 637	5 193	9 154	9 387	8 594	6 522	7 950	8 983
VAT fiscal notes (internal market)	56	223	584	581	439	411	271	336	417	659
VAT fiscal notes (imports)	20	76	156	385	696	1 024	1 526	596	1 418	2 776
5112 Impuestos sobre las ventas	0	0	0	0	0	0	0	0	0	0
5113 Otros impuestos generales	151	1 005	1 704	2 282	4 392	4 638	5 014	3 978	5 070	5 926
Transactions tax	136	943	1 455	2 174	4 323	4 547	4 652	3 446	4 309	4 804
Fiscal note on transactions tax	15	62	250	107	69	92	362	531	761	1 122
5120 Impuestos sobre bienes y servicios específicos	324	2 702	3 439	5 250	9 430	9 600	8 782	6 742	7 883	8 853
5121 Impuestos selectivos	118	2 047	2 604	3 658	6 032	6 191	5 187	4 563	4 820	4 807
Excises (internal market)	61	244	209	933	1 450	1 649	1 456	1 225	1 359	1 234
Excises (Imports)	22	298	208	379	953	1 091	785	561	699	803
Special tax on hydrocarbons and derivatives	0	1 348	1 529	1 070	3 105	3 076	1 911	1 697	1 977	800
Fiscal notes on excises	35	118	309	155	442	272	442	315	328	571
Fiscal notes on special tax on hydrocarb. and deriv.	0	40	350	1 121	82	103	594	765	456	1 400
5122 Utilidades de los monopolios fiscales	0	0	0	0	0	0	0	0	0	0

	1990	2000	2005	2010	2017	2018	2019	2020	2021	2022
5123 Derechos de aduanas y de importación	204	640	803	1 545	3 198	3 185	3 376	2 091	3 004	3 934
Customs and import duties	163	616	777	1 504	3 043	2 937	2 976	1 998	2 567	2 936
Fiscal notes on customs and import duties	41	24	26	41	155	248	399	93	437	999
5124 Impuestos sobre las exportaciones	0	0	0	0	0	0	0	0	0	0
5125 Impuestos sobre los bienes de inversión	0	0	0	0	0	0	0	0	0	0
5126 Impuestos sobre servicios específicos	2	15	32	47	200	224	218	89	60	112
Air departure tax	2	15	32	47	122	128	130	42	30	69
Tax on gambling	0	0	0	0	78	96	88	47	30	42
5127 Otros imp. sobre el comercio y transacciones intern.	0	0	0	0	0	0	0	0	0	0
5128 Otros impuestos sobre bienes y servicios específicos	0	0	0	0	0	0	0	0	0	0
5130 No clasificables entre 5110 y 5120	0	0	0	0	0	0	0	0	0	0
5200 Sobre el uso de bienes y permiso para actividades	0	0	0	0	0	0	0	0	0	0
5210 Impuestos recurrentes	..	..	..	..	..	..	..	..	..	..
5211 Por los hogares sobre vehículos automotores	..	..	..	..	..	..	..	..	..	..
5212 Por otros sobre vehículos automotores	..	..	..	..	..	..	..	..	..	..
5213 Otros impuestos recurrentes	..	..	..	..	..	..	..	..	..	..
5220 Impuestos no recurrentes	..	..	..	..	..	..	..	..	..	..
5300 No clasificables entre 5100 y 5200	0	0	0	0	0	0	0	0	0	0
6000 Otros impuestos	**30**	**617**	**954**	**1 832**	**6 491**	**6 419**	**6 220**	**5 905**	**5 812**	**6 692**
6100 Pagados únicamente por empresas	4	6	4	12	30	33	36	25	29	30
Simplified tax regime	3	6	4	12	30	33	36	25	29	30
Integrated tax system	1	0	0	0	0	0	0	0	0	0
6200 Pagados por otros o no identificables	26	611	949	1 819	6 461	6 386	6 184	5 880	5 783	6 662
Municipal taxes	0	575	762	1 381	3 737	3 561	3 203	2 715	2 815	3 166
Other taxes	20	35	178	422	2 685	2 784	2 866	3 107	2 923	3 442
Fiscal notes on other taxes	3	0	5	3	8	9	88	32	11	21
Unified agricultural regime	2	1	5	14	31	32	28	27	34	33

.. No disponible

Nota : Ejercicio cerrado a 31 de diciembre.

Los datos siguen el criterio de caja.

Las cifras no incluyen los ingresos tributarios de las administraciones locales en relación con el período comprendido entre 1990 y 1993, porque no hay datos disponibles. Los datos de ingresos tributarios de la administración central correspondientes al período 2021-2022 son preliminares. Los datos de ingresos tributarios de las administraciones locales y las contribuciones a la seguridad social del período 2020-2022 son preliminares.

Partida 1210: El impuesto de sociedades de la partida 1210 incluye la recaudación del IUE (impuesto de sociedades), el IUE-RE (remesas del impuesto de sociedades) y el IUM (beneficios de actividades mineras). Las notas fiscales sobre el impuesto de sociedades incluyen las notas tributarias sobre el IUE y el IUM.

Partida 2000: Las cifras incluyen las contribuciones a la seguridad social destinadas al sistema de pensiones y los fondos relacionados con la sanidad de Bolivia. Se han excluido las contribuciones al sistema de pensiones entre 1997 y 2009 porque, durante este período, el sistema de pensiones de Bolivia era privado.

Partida 4210: Esta partida incluye el impuesto a las grandes fortunas (IGF). Este impuesto se aplica al patrimonio neto de las personas físicas y se introdujo en 2020.

Partida 5113: Esta partida incluye el IT (impuesto a las transacciones), sus notas fiscales y también el Sistema Integrado Especial de Transición para Emprendedores (SIETE-RG).

Partida 5127: En esta partida se incluye el IVME (impuesto a la venta de moneda extranjera).

Partida 6200: Otros impuestos incluye los ingresos por conceptos varios, el programa transitorio y otros ingresos en efectivo. Las notas fiscales sobre otros impuestos incluyen las notas fiscales sobre conceptos varios.

Fuente : Ministerio de Economía y Finanzas Públicas de Bolivia; Servicio de Impuestos Nacionales; Aduana Nacional de Bolivia; Caja Nacional de Salud.

Cuadro 5.7. Brasil

Ingresos tributarios detallados
Millones BRL

	1990	2000	2005	2010	2017	2018	2019	2020	2021	2022
Total de ingresos tributarios	**3**	**352 456**	**709 203**	**1 233 226**	**2 089 618**	**2 240 335**	**2 359 475**	**2 317 334**	**2 892 731**	**3 298 931**
1000 Imp. renta, utilidades y ganancias de capital	**1**	**68 667**	**149 063**	**258 738**	**458 646**	**490 734**	**537 894**	**525 627**	**698 098**	**910 191**
1100 De personas físicas	0	3 406	46 766	87 828	177 710	196 255	221 730	225 912	262 008	303 290
1110 Renta y utilidades	0	3 406	46 766	87 828	177 710	196 255	221 730	225 912	262 008	303 290
Withholding income tax (IRRF)	0	0	39 870	71 579	147 206	163 742	184 030	186 211	208 219	248 230
Other personal income taxes	0	3 406	6 896	16 248	30 504	32 513	37 700	39 701	53 788	55 059
1120 Ganancias de capital	..	..	..	..	..	..	..	..	..	..
1200 De sociedades	0	25 430	72 455	128 255	184 501	194 814	207 505	200 032	322 527	437 358
1210 Renta y utilidades	0	25 430	72 455	128 255	184 501	194 814	207 505	200 032	322 527	437 358
Corporate income tax	0	16 680	47 455	82 474	113 815	119 063	127 130	122 679	210 058	281 264
Social contribution on net profits (CSLL)	0	8 750	25 001	45 780	70 686	75 751	80 374	77 352	112 469	156 093
1220 Ganancias de capital de sociedades	..	..	..	..	..	..	..	..	..	..
1300 No clasificables entre 1100 y 1200	0	39 831	29 842	42 656	96 434	99 666	108 659	99 684	113 564	169 543
Withholding tax on non-resident income (remittances abroad)	..	..	6 183	11 537	27 270	35 331	39 293	39 602	44 400	55 497
Withholding tax on capital income	..	..	19 976	24 887	59 470	53 585	57 184	48 346	55 576	97 047
Withholding tax on other income	..	..	3 682	6 232	9 694	10 749	12 182	11 736	13 588	17 000
2000 Contribuciones a la seguridad social	**1**	**83 469**	**168 298**	**316 530**	**565 982**	**584 640**	**616 961**	**610 312**	**694 877**	**798 214**
2100 Empleados	..	..	39 070	75 509	131 697	139 610	147 749	151 462	182 011	..
2110 Sobre la base de la nómina	..	..	39 070	75 509	131 697	139 610	147 749	151 462	182 011	..
2120 Sobre la base del impuesto sobre la renta	..	..	0	0	0	0	0	0	0	..
2200 Empleadores	0	18 709	128 843	240 280	414 399	429 838	457 463	447 791	499 361	156 298
2210 Sobre la base de la nómina	0	18 709	128 843	240 280	414 399	429 838	457 463	447 791	499 361	156 298
2220 Sobre la base del impuesto sobre la renta	0	0	0	0	0	0	0	0	0	0
2300 Trabajadores por cuenta propia o no empleados	..	..	..	..	..	..	..	..	..	..
2310 Sobre la base de la nómina	..	..	..	..	..	..	..	..	..	..
2320 Sobre la base del impuesto sobre la renta	..	..	..	..	..	..	..	..	..	..
2400 No clasificables entre 2100, 2200 y 2300	1	64 760	385	741	19 885	15 192	11 749	11 059	13 505	641 917
2410 Sobre la base de la nómina	1	64 760	385	741	19 885	15 192	11 749	11 059	13 505	641 917
2420 Sobre la base del impuesto sobre la renta	0	0	0	0	0	0	0	0	0	0
3000 Impuestos sobre la nómina y la fuerza de trabajo	**0**	**5 437**	**10 417**	**21 348**	**39 824**	**42 223**	**42 907**	**40 397**	**47 320**	**54 297**
Payroll-based contribution to education	0	2 791	5 762	11 049	20 010	21 979	21 977	21 086	23 833	27 024
"S" System contributions	0	2 646	4 470	9 925	19 075	19 820	20 549	18 970	23 103	27 273
Other payroll taxes	0	0	185	374	739	423	381	340	384	0
4000 Impuestos sobre la propiedad	**0**	**23 524**	**49 011**	**53 495**	**93 013**	**101 560**	**112 641**	**92 120**	**141 844**	**160 045**
4100 Impuestos recurrentes sobre la propiedad inmueble	0	4 753	11 026	18 367	40 864	46 187	50 386	47 830	59 286	66 922
Tax on rural land property (ITR)	0	234	273	485	1 273	1 419	1 630	1 761	2 167	2 594
Tax on urban land property (IPTU)	0	4 519	10 753	17 882	39 591	44 769	48 756	46 069	57 119	64 328
4110 Hogares	..	..	..	..	..	..	..	..	..	..
4120 Otros	..	..	..	..	..	..	..	..	..	..
4200 Impuestos recurrentes sobre la riqueza neta	0	0	0	0	0	0	0	0	0	0
4210 Personas físicas	..	..	..	..	..	..	..	..	..	..
4220 Sociedades	..	..	..	..	..	..	..	..	..	..
4300 Impuestos sobre sucesiones y donaciones	0	329	816	2 518	7 178	7 330	8 582	8 521	12 330	12 874
4310 Impuestos sobre sucesiones y herencias	..	..	..	..	..	..	..	..	..	..
4320 Impuestos sobre donaciones	..	..	..	..	..	..	..	..	..	..
4400 Imp. sobre transacciones financieras y de capital	0	18 442	37 169	32 610	44 971	48 042	53 673	35 769	70 228	80 249
Tax on financial operations (IOF)	0	3 096	5 966	26 571	34 660	36 615	40 945	21 949	49 024	58 989
Tax on real estate property transfers (ITBI)	0	950	2 201	6 050	10 288	11 424	12 762	13 820	21 227	21 260
Other	0	14 396	29 001	-12	23	3	-34	-1	-23	0
4500 Otros impuestos no recurrentes sobre la propiedad	0	0	0	0	0	0	0	0	0	0
4510 Otros impuestos sobre la riqueza neta	..	..	..	..	..	..	..	..	..	..
4520 Otros impuestos no recurrentes	..	..	..	..	..	..	..	..	..	..
4600 Otros impuestos recurrentes sobre la propiedad	0	0	0	0	0	0	0	0	0	0
5000 Impuestos sobre los bienes y servicios	**2**	**169 181**	**331 732**	**582 636**	**931 290**	**1 020 915**	**1 049 071**	**1 048 885**	**1 310 448**	**1 356 614**
5100 Imp. sobre la producción, venta, etc.	2	163 887	319 213	555 871	883 276	968 526	997 208	994 090	1 244 306	1 292 683
5110 Impuestos generales	1	136 743	277 011	484 000	785 204	854 955	881 936	872 412	1 088 855	1 152 337
5111 Impuestos sobre el valor agregado	1	82 279	153 976	268 117	443 775	479 310	507 053	522 690	652 284	692 147
Tax on the circulation of goods and services (ICMS)	1	82 279	153 976	268 117	443 775	479 310	507 053	522 690	652 284	692 147
5112 Impuestos sobre las ventas	0	0	0	0	0	0	0	0	0	0

	1990	2000	2005	2010	2017	2018	2019	2020	2021	2022
5113 Otros impuestos generales	0	54 464	123 035	215 883	341 429	375 644	374 883	349 722	436 572	460 191
Contribution to COFINS	0	38 707	86 678	140 939	221 670	244 287	237 372	218 602	269 705	271 903
Contribution to PIS	0	8 339	18 478	30 714	49 380	54 461	51 390	46 626	57 614	58 408
Contribution to PASEP	0	1 312	2 863	9 880	11 395	12 066	12 626	14 686	16 871	20 022
Tax on general services (ISS)	0	6 106	14 817	33 696	58 062	63 792	72 428	68 688	90 900	109 858
Others	0	0	201	656	922	1 038	1 067	1 119	1 483	0
5120 Impuestos sobre bienes y servicios específicos	0	27 144	42 202	71 870	98 072	113 571	115 272	121 678	155 451	140 346
5121 Impuestos selectivos	0	18 699	31 760	48 254	60 864	67 121	65 626	68 467	84 242	73 386
Vehicles	..	..	3 744	5 787	4 467	5 713	5 639	3 446	3 447	4 048
Beverages	..	..	2 359	2 431	2 944	2 768	3 641	2 985	2 687	2 513
Tobacco	..	..	2 300	3 704	5 210	5 208	5 559	5 975	5 577	6 732
Fuels	..	..	7 681	7 759	5 821	3 928	2 776	1 986	1 924	1 660
Other excises	..	..	15 676	28 573	42 422	49 504	48 011	54 075	70 607	58 433
5122 Utilidades de los monopolios fiscales	0	0	0	0	0	0	0	0	0	0
5123 Derechos de aduanas y de importación	0	8 445	8 895	21 072	32 284	40 575	42 842	45 671	61 876	58 981
5124 Impuestos sobre las exportaciones	0	0	48	47	66	129	91	51	160	53
5125 Impuestos sobre los bienes de inversión	0	0	0	0	40	26	26	24	20	0
5126 Impuestos sobre servicios específicos	0	0	867	1 286	1 807	1 623	1 561	1 565	1 568	0
Contribution on revenues of telecom companies	..	..	795	1 186	1 610	1 440	1 392	1 357	1 340	..
Contribution on billing of IT companies	..	..	71	100	196	182	168	208	228	..
Other taxes on specific services	..	..	1	1	1	1	1	0	1	..
5127 Otros imp. sobre el comercio y transacciones intern.	0	0	633	1 212	3 011	4 097	5 127	5 900	7 585	7 925
CIDE on remittances abroad	..	..	633	1 212	3 011	4 097	5 127	5 900	7 585	7 925
5128 Otros impuestos sobre bienes y servicios específicos	0	0	0	0	0	0	0	0	0	0
5130 No clasificables entre 5110 y 5120	0	0	0	0	0	0	0	0	0	0
5200 Sobre el uso de bienes y permiso para actividades	0	5 294	12 519	26 765	48 014	52 389	51 862	54 795	66 142	63 931
5210 Impuestos recurrentes	0	5 294	11 535	24 417	45 152	48 668	48 632	49 587	53 070	63 931
5211 Por los hogares sobre vehículos automotores	0	5 294	11 401	24 197	43 737	45 432	47 169	48 351	51 775	63 931
Motor vehicle property tax (IPVA)	0	5 294	10 406	21 367	40 436	43 120	46 141	48 178	51 762	63 928
Contributions to DPVAT	0	0	995	2 830	3 302	2 312	1 027	173	13	3
5212 Por otros sobre vehículos automotores	0	0	0	0	0	0	0	0	0	0
5213 Otros impuestos recurrentes	0	0	134	220	1 415	3 235	1 463	1 235	1 296	0
CONDECINE	..	..	36	49	1 133	1 084	1 061	885	974	..
Others	..	..	98	170	281	2 151	402	350	321	..
5220 Impuestos no recurrentes	0	0	984	2 349	2 862	3 722	3 231	5 208	13 072	0
AFRMM	..	..	984	2 349	2 862	3 722	3 231	5 208	13 072	..
5300 No clasificables entre 5100 y 5200	0	0	0	0	0	0	0	0	0	0
6000 Otros impuestos	**0**	**2 178**	**682**	**480**	**864**	**263**	**1**	**-7**	**144**	**19 569**
6100 Pagados únicamente por empresas	0	0	0	0	0	0	0	0	0	0
6200 Pagados por otros o no identificables	0	2 178	682	480	864	263	1	-7	144	19 569

.. No disponible

Nota : Ejercicio cerrado a 31 de diciembre.

Los datos siguen el criterio de caja.

Los datos de 2021 han sido actualizados con información pormenorizada de la Carga Tributária no Brasil por parte de la Secretaria da Receita Federal do Brasil. Los datos de 2022 se han extraído de los últimos informes de la Secretaria do Tesouro Nacional y podrían cambiar el próximo año.

Partida 2000: Las contribuciones a la seguridad social incluyen las contribuciones al Régimen General de Protección Social (RGPS), las contribuciones a Regímenes Propios de Protección Social (RPPS), las contribuciones al Fondo de Garantía del Tiempo de Servicio (FGTS) y las contribuciones al fondo sanitario para el departamento de policía y bomberos militares.

Partida 4400: Esta partida incluye el impuesto a las transacciones de bienes inmuebles intervivos (ITBI) que aplican el Gobierno central y las administraciones estatales.

Partida 5113: Las contribuciones al PASEP se incluyen en las contribuciones al PIS con anterioridad al año 2000, ya que no se pueden distinguir.

Partida 5123: Esta partida incluye el impuesto a las exportaciones antes de 2002.

Fuente : Secretaría de la Administración Tributaria de Brasil; Secretaría del Tesoro Nacional, Ministerio de Economía (Secretaria da Receita Federal do Brasil, Ministério da Economia; Secretaria do Tesouro Nacional, Ministério da Economia).

Cuadro 5.8. Chile

Ingresos tributarios detallados
Millones CLP

	1990	2000	2005	2010	2017	2018	2019	2020	2021	2022
Total de ingresos tributarios	**1 777 218**	**7 901 998**	**14 265 265**	**21 845 693**	**36 262 036**	**40 314 703**	**41 025 508**	**38 817 226**	**53 463 333**	**62 874 428**
1000 Imp. renta, utilidades y ganancias de capital	**412 974**	**1 841 630**	**5 171 293**	**8 329 060**	**12 516 154**	**14 418 859**	**14 283 183**	**12 540 342**	**20 456 920**	**27 491 879**
1100 De personas físicas	99 154	604 100	738 620	1 492 837	3 500 023	2 701 416	2 937 532	3 976 009	5 780 432	6 626 617
Second category tax	65 552	490 980	700 150	1 449 099	2 585 694	2 848 205	3 015 794	3 051 177	3 442 651	3 914 343
Global complementary tax	33 603	113 120	38 470	43 738	50 495	-146 789	-78 261	132 551	620 904	1 087 034
Others	0	0	0	0	863 834	0	0	792 281	1 716 877	1 625 240
1110 Renta y utilidades	..	..	..	..	..	..	..	..	..	..
1120 Ganancias de capital	..	..	..	..	..	..	..	..	..	..
1200 De sociedades	219 586	882 896	3 155 480	4 448 745	7 658 420	8 920 497	9 597 472	9 429 787	9 145 873	14 900 568
First category tax	200 891	815 747	3 040 875	3 913 870	7 049 471	7 836 379	8 880 080	8 745 612	8 360 928	13 034 540
Surtax on state owned enterprises	16 074	47 634	78 267	194 203	193 058	184 442	122 054	203 416	249 073	475 034
Mining tax	0	0	0	298 558	101 970	184 382	277 861	267 544	393 548	1 223 807
Other	2 621	19 516	36 338	42 114	313 921	715 293	317 477	213 216	142 323	167 188
1210 Renta y utilidades	..	..	..	..	..	..	..	..	..	..
1220 Ganancias de capital de sociedades	..	..	..	..	..	..	..	..	..	..
1300 No clasificables entre 1100 y 1200	94 233	354 634	1 277 193	2 387 478	1 357 711	2 796 947	1 748 179	-865 454	5 530 616	5 964 694
Additional tax	59 082	350 301	799 648	1 414 057	1 453 577	2 127 948	1 902 585	2 063 149	2 534 906	2 731 170
Other	35 151	4 332	477 545	973 421	-95 865	668 998	-154 406	-2 928 603	2 995 710	3 233 524
2000 Contribuciones a la seguridad social	**159 559**	**576 758**	**931 717**	**1 493 987**	**2 627 558**	**2 786 173**	**2 994 906**	**3 104 866**	**2 815 090**	**2 585 421**
2100 Empleados	154 021	553 937	893 821	1 433 159	2 553 916	2 703 261	2 894 725	2 994 036	2 686 021	2 435 398
2110 Sobre la base de la nómina	154 021	553 937	893 821	1 433 159	2 553 916	2 703 261	2 894 725	2 994 036	2 686 021	2 435 398
2120 Sobre la base del impuesto sobre la renta	0	0	0	0	0	0	0	0	0	0
2200 Empleadores	5 538	22 821	37 896	60 828	73 643	82 912	100 181	110 830	129 068	150 023
2210 Sobre la base de la nómina	5 538	22 821	37 896	60 828	73 643	82 912	100 181	110 830	129 068	150 023
2220 Sobre la base del impuesto sobre la renta	0	0	0	0	0	0	0	0	0	0
2300 Trabajadores por cuenta propia o no empleados	0	0	0	0	0	0	0	0	0	0
2310 Sobre la base de la nómina	..	..	..	..	..	..	..	..	..	..
2320 Sobre la base del impuesto sobre la renta	..	..	..	..	..	..	..	..	..	..
2400 No clasificables entre 2100, 2200 y 2300	0	0	0	0	0	0	0	0	0	0
2410 Sobre la base de la nómina	..	..	..	..	..	..	..	..	..	..
2420 Sobre la base del impuesto sobre la renta	..	..	..	..	..	..	..	..	..	..
3000 Impuestos sobre la nómina y la fuerza de trabajo	**0**	**0**	**0**	**0**	**0**	**0**	**0**	**0**	**0**	**0**
4000 Impuestos sobre la propiedad	**109 319**	**554 037**	**901 776**	**898 607**	**1 969 157**	**2 086 866**	**2 242 561**	**2 071 921**	**2 606 922**	**3 205 276**
4100 Impuestos recurrentes sobre la propiedad inmueble	59 968	302 244	416 565	662 368	1 248 136	1 373 495	1 507 182	1 562 317	1 724 276	2 023 347
4110 Hogares	..	..	..	..	..	..	..	..	..	..
4120 Otros	..	..	..	..	..	..	..	..	..	..
4200 Impuestos recurrentes sobre la riqueza neta	0	0	0	0	0	0	0	0	0	0
4210 Personas físicas	..	..	..	..	..	..	..	..	..	..
4220 Sociedades	..	..	..	..	..	..	..	..	..	..
4300 Impuestos sobre sucesiones y donaciones	3 444	10 906	23 184	39 338	202 376	125 649	62 824	155 433	291 830	416 219
4310 Impuestos sobre sucesiones y herencias	..	..	..	..	..	..	..	..	..	..
4320 Impuestos sobre donaciones	..	..	..	..	..	..	..	..	..	..
4400 Imp. sobre transacciones financieras y de capital	45 907	240 886	462 027	196 901	518 645	587 721	672 555	354 171	590 816	765 709
4500 Otros impuestos no recurrentes sobre la propiedad	0	0	0	0	0	0	0	0	0	0
4510 Otros impuestos sobre la riqueza neta	..	..	..	..	..	..	..	..	..	..
4520 Otros impuestos no recurrentes	..	..	..	..	..	..	..	..	..	..
4600 Otros impuestos recurrentes sobre la propiedad	0	0	0	0	0	0	0	0	0	0
5000 Impuestos sobre los bienes y servicios	**1 118 722**	**5 041 769**	**7 346 434**	**11 185 156**	**19 863 420**	**21 470 498**	**21 755 381**	**21 275 113**	**28 369 986**	**30 077 786**
5100 Imp. sobre la producción, venta, etc.	1 074 009	4 789 827	6 952 092	10 532 904	18 599 503	19 953 036	20 167 012	19 614 250	26 629 396	28 078 581
5110 Impuestos generales	664 421	3 306 350	5 391 285	8 399 926	15 069 540	16 211 646	16 348 944	15 963 032	22 785 935	24 515 246
5111 Impuestos sobre el valor agregado	664 421	3 306 350	5 391 285	8 399 926	15 069 540	16 211 646	16 348 944	15 963 032	22 785 935	24 515 246
5112 Impuestos sobre las ventas	0	0	0	0	0	0	0	0	0	0
5113 Otros impuestos generales	0	0	0	0	0	0	0	0	0	0
5120 Impuestos sobre bienes y servicios específicos	409 588	1 483 477	1 560 807	2 132 978	3 529 963	3 741 389	3 818 068	3 651 218	3 843 461	3 563 334
5121 Impuestos selectivos	166 050	816 160	1 107 703	1 561 205	2 682 659	2 796 033	2 862 327	2 900 245	2 800 387	2 333 121
Cigarettes and tobacco	60 604	283 275	382 690	647 637	978 696	981 456	973 335	1 021 917	1 201 968	1 171 382
Gasoline and diesel	105 445	532 885	724 803	913 568	1 629 561	1 727 392	1 811 132	1 799 846	1 507 872	1 028 982
Oil stabilisation fund	0	0	210	0	0	0	0	0	0	1 547
Fisheries Law Extraction Rights	0	0	0	0	11 749	19 623	17 662	33 104	8 967	21 566
Additional tax on new motor vehicles	0	0	0	0	62 654	67 561	60 197	45 379	81 579	109 645

	1990	2000	2005	2010	2017	2018	2019	2020	2021	2022
5122 Utilidades de los monopolios fiscales	0	0	0	0	0	0	0	0	0	0
5123 Derechos de aduanas y de importación	222 486	548 571	286 044	267 331	321 156	347 555	331 846	294 204	468 128	555 863
5124 Impuestos sobre las exportaciones	0	0	0	0	0	0	0	0	0	0
5125 Impuestos sobre los bienes de inversión	0	0	0	0	0	0	0	0	0	0
5126 Impuestos sobre servicios específicos	21 052	118 746	167 060	304 442	526 147	597 802	623 895	456 768	574 947	674 351
5127 Otros imp. sobre el comercio y transacciones intern.	0	0	0	0	0	0	0	0	0	0
5128 Otros impuestos sobre bienes y servicios específicos	0	0	0	0	0	0	0	0	0	0
5130 No clasificables entre 5110 y 5120	0	0	0	0	0	0	0	0	0	0
5200 Sobre el uso de bienes y permiso para actividades	44 714	251 942	394 343	652 252	1 263 917	1 517 462	1 588 369	1 660 863	1 740 590	1 999 206
5210 Impuestos recurrentes	44 714	251 942	394 343	652 252	1 263 917	1 402 110	1 461 686	1 503 269	1 617 710	1 852 752
Motor vehicles	24 469	93 880	139 174	218 219	482 916	539 918	592 327	585 116	671 258	819 509
5211 Por los hogares sobre vehículos automotores	0	0	0	0	0	0	0	0	0	0
5212 Por otros sobre vehículos automotores	0	0	0	0	0	0	0	0	0	0
5213 Otros impuestos recurrentes	20 245	158 062	255 169	434 033	781 001	862 192	869 359	918 153	946 452	1 033 244
Municipal permits	18 401	136 138	234 460	396 944	727 246	806 734	813 159	862 199	885 324	966 478
Mining patents	3 374	34 730	20 094	36 213	52 254	53 854	54 696	54 932	59 801	65 122
Other	-1 530	-12 806	615	876	1 501	1 604	1 504	1 023	1 327	1 643
5220 Impuestos no recurrentes	0	0	0	0	0	115 352	126 683	157 594	122 880	146 453
Tax on polluting fixed sources	..	..	..	..	..	115 352	126 683	157 594	122 880	146 453
5300 No clasificables entre 5100 y 5200	0	0	0	0	0	0	0	0	0	0
6000 Otros impuestos	**-23 356**	**-112 195**	**-85 954**	**-61 117**	**-714 253**	**-447 692**	**-250 523**	**-175 017**	**-785 585**	**-485 934**
6100 Pagados únicamente por empresas	0	0	0	0	0	0	0	0	0	0
6200 Pagados por otros o no identificables	-23 356	-112 195	-85 954	-61 117	-714 253	-447 692	-250 523	-175 017	-785 585	-485 934

.. No disponible

Nota : Ejercicio cerrado a 31 de diciembre.

Los datos siguen el criterio de caja.

Partida 5121: En los datos de la CEPAL, las cifras del Fondo de Estabilización de Precios del Petróleo (FEPP) se consideran ingresos no tributarios.

Fuente : Servicio de Impuestos Internos de Chile.

Cuadro 5.9. Colombia

Ingresos tributarios detallados
Millones COP

	1990	2000	2005	2010	2017	2018	2019	2020	2021	2022
Total de ingresos tributarios	**2 579 426**	**30 598 630**	**61 707 388**	**98 455 335**	**174 735 823**	**190 299 911**	**209 071 314**	**187 664 589**	**229 480 845**	**288 683 841**
1000 Imp. renta, utilidades y ganancias de capital	**771 694**	**7 103 525**	**17 348 618**	**26 218 852**	**57 615 236**	**64 043 928**	**67 519 599**	**61 812 525**	**73 222 876**	**95 891 679**
1100 De personas físicas	47 210	1 499 345	3 594 441	5 192 384	10 402 187	12 265 425	14 244 001	14 327 856	15 758 043	18 984 236
1110 Renta y utilidades	47 210	1 499 345	3 594 441	5 192 384	10 402 187	12 265 425	14 244 001	14 327 856	15 758 043	18 984 236
Income tax	47 210	1 499 345	3 594 441	5 192 384	10 402 187	12 265 425	14 237 452	14 292 259	15 687 699	18 850 046
Simple tax regime	0	0	0	0	0	0	6 549	35 598	70 344	134 190
1120 Ganancias de capital	..	..	..	..	..	..	..	..	..	..
1200 De sociedades	359 758	5 119 828	13 044 361	20 405 209	44 976 298	48 643 747	50 284 832	43 259 798	54 418 742	72 985 286
1210 Renta y utilidades	359 758	5 119 828	13 044 361	20 405 209	44 976 298	48 643 747	50 284 832	43 259 798	54 418 742	72 985 286
Income tax	359 758	5 119 828	13 044 361	20 405 209	40 130 108	48 511 024	50 168 966	43 133 458	54 225 235	72 613 526
Pro Equity Income Tax - CREE	0	0	0	0	4 846 190	132 723	99 798	39 871	28 428	56 854
Simple tax regime	0	0	0	0	0	0	16 068	86 469	165 079	314 907
1220 Ganancias de capital de sociedades	..	..	..	..	..	..	..	..	..	..
1300 No clasificables entre 1100 y 1200	364 726	484 352	709 816	621 258	2 236 750	3 134 756	2 990 766	4 224 870	3 046 091	3 922 156
Income tax	364 726	484 352	709 816	621 258	2 236 750	3 134 756	2 990 766	4 224 870	3 046 091	3 922 156
Pro Equity Income Tax - CREE	0	0	0	0	0	0	0	0	0	0
2000 Contribuciones a la seguridad social	**203 596**	**4 989 000**	**7 845 000**	**11 478 085**	**13 351 711**	**18 192 049**	**19 875 398**	**18 615 408**	**22 844 403**	**23 907 649**
2100 Empleados	..	..	..	..	..	..	..	..	..	..
2110 Sobre la base de la nómina	..	..	..	..	..	..	..	..	..	..
2120 Sobre la base del impuesto sobre la renta	..	..	..	..	..	..	..	..	..	..
2200 Empleadores	..	..	..	..	..	..	..	..	..	..
2210 Sobre la base de la nómina	..	..	..	..	..	..	..	..	..	..
2220 Sobre la base del impuesto sobre la renta	..	..	..	..	..	..	..	..	..	..
2300 Trabajadores por cuenta propia o no empleados	..	..	..	..	..	..	..	..	..	..
2310 Sobre la base de la nómina	..	..	..	..	..	..	..	..	..	..
2320 Sobre la base del impuesto sobre la renta	..	..	..	..	..	..	..	..	..	..
2400 No clasificables entre 2100, 2200 y 2300	203 596	4 989 000	7 845 000	11 478 085	13 351 711	18 192 049	19 875 398	18 615 408	22 844 403	23 907 649
2410 Sobre la base de la nómina	203 596	4 989 000	7 845 000	11 478 085	13 351 711	18 192 049	19 875 398	18 615 408	22 844 403	23 907 649
2420 Sobre la base del impuesto sobre la renta	0	0	0	0	0	0	0	0	0	0
3000 Impuestos sobre la nómina y la fuerza de trabajo	**0**	**1 286 803**	**2 179 842**	**4 022 503**	**3 200 238**	**3 461 352**	**3 604 071**	**3 670 490**	**3 927 070**	**4 421 997**
4000 Impuestos sobre la propiedad	**56 160**	**2 027 654**	**4 838 158**	**8 535 238**	**17 950 494**	**15 265 472**	**18 984 414**	**18 167 358**	**20 048 796**	**22 382 815**
4100 Impuestos recurrentes sobre la propiedad inmueble	56 160	991 070	1 974 213	3 338 935	7 310 244	7 981 989	8 743 115	9 109 598	9 039 961	9 794 710
4110 Hogares	0	0	0	0	0	0	0	0	0	0
4120 Otros	56 160	991 070	1 974 213	3 338 935	7 310 244	7 981 989	8 743 115	9 109 598	9 039 961	9 794 710
4200 Impuestos recurrentes sobre la riqueza neta	0	0	462 720	1 970 530	3 868 595	467 925	923 255	957 137	1 032 058	73 113
4210 Personas físicas	..	..	..	..	..	..	..	..	..	..
4220 Sociedades	..	..	..	..	..	..	..	..	..	..
4300 Impuestos sobre sucesiones y donaciones	0	0	0	0	0	0	0	0	0	0
4310 Impuestos sobre sucesiones y herencias	..	..	..	..	..	..	..	..	..	..
4320 Impuestos sobre donaciones	..	..	..	..	..	..	..	..	..	..
4400 Imp. sobre transacciones financieras y de capital	0	1 036 584	2 401 226	3 225 773	6 771 655	6 815 558	8 190 516	7 476 295	9 831 204	12 281 751
4500 Otros impuestos no recurrentes sobre la propiedad	0	0	0	0	0	0	1 127 528	624 327	145 573	233 241
4510 Otros impuestos sobre la riqueza neta	..	..	..	..	..	..	0	0	0	0
4520 Otros impuestos no recurrentes	..	..	..	..	..	..	1 127 528	624 327	145 573	233 241
4600 Otros impuestos recurrentes sobre la propiedad	0	0	0	0	0	0	0	0	0	0
5000 Impuestos sobre los bienes y servicios	**1 388 653**	**14 180 450**	**27 649 152**	**44 411 642**	**75 381 123**	**81 408 789**	**89 797 927**	**77 752 543**	**99 265 361**	**129 336 095**
5100 Imp. sobre la producción, venta, etc.	1 388 653	14 048 655	27 370 638	44 038 074	74 003 567	79 935 336	88 064 087	75 960 351	97 222 272	127 050 537
5110 Impuestos generales	672 368	9 585 866	19 934 400	33 333 802	58 565 799	64 316 019	71 235 138	62 866 653	80 101 256	105 105 388
5111 Impuestos sobre el valor agregado	583 078	8 445 776	17 427 948	28 811 682	50 619 849	55 879 110	61 936 282	53 912 648	69 883 378	91 744 973
5112 Impuestos sobre las ventas	89 290	1 140 090	2 506 452	4 522 121	7 945 950	8 436 909	9 298 856	8 954 004	10 217 878	13 360 416
Industry and commerce tax (State)	89 290	1 140 090	2 506 452	4 522 121	7 945 950	8 436 909	9 298 856	8 954 004	10 217 878	13 360 416
5113 Otros impuestos generales	0	0	0	0	0	0	0	0	0	0

	1990	2000	2005	2010	2017	2018	2019	2020	2021	2022
5120 Impuestos sobre bienes y servicios específicos	716 285	4 462 789	7 436 239	10 704 271	15 437 768	15 619 317	16 828 948	13 093 698	17 121 016	21 945 149
5121 Impuestos selectivos	404 699	2 718 692	4 613 718	6 052 273	11 616 844	12 061 132	12 995 955	10 159 930	12 906 426	15 686 603
Oil	141 270	833 004	1 143 308	1 418 766	1 352 793	1 517 546	1 585 141	1 205 806	1 732 540	1 650 801
Tobacco (State)	52 898	213 412	287 379	390 472	887 534	1 145 879	1 278 561	1 239 269	1 451 431	1 638 694
Beer (State)	85 722	471 135	867 569	1 432 453	2 572 771	2 637 674	2 611 466	2 243 811	2 723 800	3 049 682
Liquors (State)	124 808	520 394	811 377	929 328	1 907 802	1 800 605	2 146 818	1 675 472	2 503 248	3 060 330
Restaurant, vehicles sale and mobile telephony	0	0	0	0	1 948 718	2 047 419	2 208 669	1 226 863	1 279 312	2 528 842
Carbon	0	0	0	0	474 596	288 373	436 914	281 911	330 567	361 899
Plastic bags	0	0	0	0	6 546	28 099	37 331	43 777	48 079	49 697
Medicinal cannabis	0	0	0	0	10	3	145	972	993	921
Diesel surcharge	0	85 716	251 542	500 405	546 243	579 613	599 600	505 000	570 600	655 000
Petrol surcharge	0	595 031	1 252 543	1 380 848	1 919 830	2 015 922	2 091 310	1 737 050	2 265 855	2 690 737
5122 Utilidades de los monopolios fiscales	0	0	0	0	0	0	0	0	0	0
5123 Derechos de aduanas y de importación	311 586	1 744 097	2 822 520	4 651 999	3 820 924	3 558 185	3 832 994	2 933 768	4 214 590	6 258 546
Custom duties	180 989	1 744 097	2 822 520	4 651 999	3 820 924	3 558 185	3 832 994	2 933 768	4 214 590	6 258 546
Imports surcharge	130 597	0	0	0	0	0	0	0	0	0
5124 Impuestos sobre las exportaciones	0	0	0	0	0	0	0	0	0	0
5125 Impuestos sobre los bienes de inversión	0	0	0	0	0	0	0	0	0	0
5126 Impuestos sobre servicios específicos	0	0	0	0	0	0	0	0	0	0
5127 Otros imp. sobre el comercio y transacciones intern.	0	0	0	0	0	0	0	0	0	0
5128 Otros impuestos sobre bienes y servicios específicos	0	0	0	0	0	0	0	0	0	0
5130 No clasificables entre 5110 y 5120	0	0	0	0	0	0	0	0	0	0
5200 Sobre el uso de bienes y permiso para actividades	0	131 795	278 514	373 568	1 377 556	1 473 453	1 733 840	1 792 192	2 043 090	2 285 557
5210 Impuestos recurrentes	..	131 795	278 514	373 568	1 377 556	1 473 453	1 733 840	1 792 192	2 043 090	2 285 557
5211 Por los hogares sobre vehículos automotores	..	131 795	278 514	373 568	1 377 556	1 473 453	1 733 840	1 792 192	2 043 090	2 285 557
Tax on motor vehicle ownership	..	131 795	278 514	373 568	1 377 556	1 473 453	1 733 840	1 792 192	2 043 090	2 285 557
5212 Por otros sobre vehículos automotores	..	..	..	..	..	..	..	..	..	..
5213 Otros impuestos recurrentes	..	..	..	..	..	..	..	..	..	..
5220 Impuestos no recurrentes	..	..	..	..	..	..	..	..	..	..
5300 No clasificables entre 5100 y 5200	0	0	0	0	0	0	0	0	0	0
6000 Otros impuestos	**159 323**	**1 011 197**	**1 846 617**	**3 789 014**	**7 237 021**	**7 928 320**	**9 289 906**	**7 646 264**	**10 172 339**	**12 743 607**
6100 Pagados únicamente por empresas	0	0	0	0	0	0	0	0	0	0
6200 Pagados por otros o no identificables	159 323	1 011 197	1 846 617	3 789 014	7 237 021	7 928 320	9 289 906	7 646 264	10 172 339	12 743 607
Stamp tax	0	401 497	633 586	357 160	75 493	79 868	85 799	41 373	83 115	134 457
Other	78 306	79 287	48 498	126 602	403 473	461 160	533 852	245 541	423 822	788 653
Other (sub-national)	81 017	530 413	1 164 533	3 305 252	6 758 055	7 387 293	8 670 255	7 359 350	9 665 402	11 820 497

.. No disponible

Nota : Ejercicio cerrado a 31 de diciembre.

Los datos siguen el criterio de caja.

Incluye los ingresos consolidados declarados de las entidades territoriales (departamentos y municipios).

Partida 1000: Las cifras del impuesto sobre la renta de 2022 de las partidas 1100, 1200 y 1300 son estimaciones.

Partida 2000: Antes de 2013, las contribuciones a la seguridad social no incluían todas las contribuciones al FOSYGA (Fondo de Solidaridad y Garantía). Solo se incluía la parte de las contribuciones utilizada para financiar el régimen subvencionado (hasta 1.5 pp del 12.5%) del salario mensual que pagan empleadores y empleados como contribución obligatoria al sistema de salud). La parte de las contribuciones que se ingresan en el FOSYGA para financiar el régimen contributivo se ha clasificado en el sector de la seguridad social como “otros ingresos”. A partir del año 2013, todas las contribuciones al sistema de salud que se ingresan en el FOSYGA se clasifican como contribuciones a la seguridad social. El porcentaje de las contribuciones que no se ingresan en el FOSYGA y que recaudan y gastan los seguros de salud – EPS – no forma parte de las cuentas tributarias.

Fuente : Dirección de Impuestos y Aduanas Nacionales de Colombia, Ministerio de Hacienda y Crédito Público y Banco Central de Colombia.

Cuadro 5.10. Costa Rica

Ingresos tributarios detallados
Millones CRC

	1990	2000	2005	2010	2017	2018	2019	2020	2021	2022
Total de ingresos tributarios	**117 711**	**978 114**	**2 084 914**	**4 382 367**	**7 893 642**	**8 339 991**	**8 855 885**	**8 235 528**	**10 019 264**	**11 285 967**
1000 Imp. renta, utilidades y ganancias de capital	**11 820**	**128 805**	**324 224**	**748 093**	**1 562 063**	**1 699 258**	**1 854 866**	**1 651 249**	**2 063 810**	**2 430 200**
1100 De personas físicas	..	..	16 438	202 849	446 519	483 645	540 954	556 084	622 772	691 305
1110 Renta y utilidades	..	..	16 438	202 849	446 519	483 645	535 412	554 486	618 550	682 875
1120 Ganancias de capital	..	..	0	0	0	0	5 542	1 598	4 222	8 430
1200 De sociedades	..	..	288 355	450 312	843 879	915 284	1 058 086	692 551	970 546	1 188 835
1210 Renta y utilidades	..	..	288 355	450 312	843 879	915 284	955 908	685 470	952 951	1 162 697
1220 Ganancias de capital de sociedades	..	..	0	0	0	0	102 177	7 081	17 595	26 138
1300 No clasificables entre 1100 y 1200	11 820	128 805	19 430	94 932	271 664	300 330	255 827	402 613	470 492	550 059
2000 Contribuciones a la seguridad social	**33 990**	**297 069**	**617 683**	**1 450 531**	**2 640 785**	**2 859 467**	**3 026 691**	**2 971 589**	**3 605 731**	**3 925 692**
2100 Empleados	..	..	..	..	..	..	..	..	..	..
2110 Sobre la base de la nómina	..	..	..	..	..	..	..	..	..	..
2120 Sobre la base del impuesto sobre la renta	..	..	..	..	..	..	..	..	..	..
2200 Empleadores	3 447	37 313	84 988	207 206	361 161	368 865	381 940	387 840	389 183	412 852
Government contributions	3 447	37 313	84 988	207 206	361 161	368 865	381 940	387 840	389 183	412 852
2210 Sobre la base de la nómina	..	..	..	..	..	..	..	..	..	..
2220 Sobre la base del impuesto sobre la renta	..	..	..	..	..	..	..	..	..	..
2300 Trabajadores por cuenta propia o no empleados	..	..	..	..	..	..	..	..	..	..
2310 Sobre la base de la nómina	..	..	..	..	..	..	..	..	..	..
2320 Sobre la base del impuesto sobre la renta	..	..	..	..	..	..	..	..	..	..
2400 No clasificables entre 2100, 2200 y 2300	30 543	259 756	532 695	1 243 325	2 279 624	2 490 602	2 644 751	2 583 749	3 216 548	3 512 840
Contributions by employees and non-government employers	30 543	249 182	497 341	1 139 265	1 971 472	2 157 256	2 274 644	2 212 249	2 447 640	2 697 026
Contributions for the special regimes	0	10 574	35 354	104 060	237 004	247 939	292 634	292 072	299 713	300 083
2410 Sobre la base de la nómina	..	..	..	..	..	..	..	..	..	..
2420 Sobre la base del impuesto sobre la renta	..	..	..	..	..	..	..	..	..	..
3000 Impuestos sobre la nómina y la fuerza de trabajo	**7 575**	**61 796**	**115 730**	**260 664**	**471 206**	**498 577**	**522 529**	**537 654**	**569 339**	**639 737**
Contributions by non-government employers	7 484	59 129	112 082	248 259	453 128	478 523	501 734	515 624	546 262	616 504
Contributions by government employers	91	2 666	3 648	12 405	18 078	20 054	20 795	22 030	23 077	23 233
4000 Impuestos sobre la propiedad	**1 566**	**8 396**	**25 110**	**63 706**	**145 955**	**149 310**	**167 952**	**162 950**	**208 531**	**220 741**
4100 Impuestos recurrentes sobre la propiedad inmueble	1 200	5 390	14 264	48 963	107 156	113 586	125 398	127 625	150 279	154 930
Land tax	0	0	0	0	0	0	0	0	0	0
Additional land tax	0	0	0	0	0	0	0	0	0	0
Tax on sumptuary constructions	0	0	0	0	0	0	0	0	0	0
Immovable property tax	0	0	0	3 527	4 255	4 468	4 699	4 655	5 108	5 206
Municipal immovable property tax	1 200	5 390	14 264	45 436	102 901	109 119	120 698	122 970	145 171	149 724
4110 Hogares	..	..	..	..	..	..	..	..	..	..
4120 Otros	..	..	..	..	..	..	..	..	..	..
4200 Impuestos recurrentes sobre la riqueza neta	0	0	0	0	0	0	0	0	0	0
4210 Personas físicas	..	..	..	..	..	..	..	..	..	..
4220 Sociedades	..	..	..	..	..	..	..	..	..	..
4300 Impuestos sobre sucesiones y donaciones	0	0	0	0	0	0	0	0	0	0
4310 Impuestos sobre sucesiones y herencias	..	..	..	..	..	..	..	..	..	..
4320 Impuestos sobre donaciones	..	..	..	..	..	..	..	..	..	..
4400 Imp. sobre transacciones financieras y de capital	366	3 007	10 846	14 743	38 799	35 724	42 554	35 300	58 206	65 802
4500 Otros impuestos no recurrentes sobre la propiedad	0	0	0	0	0	0	0	24	46	8
4510 Otros impuestos sobre la riqueza neta	..	..	..	..	..	..	..	0	0	0
4520 Otros impuestos no recurrentes	..	..	..	..	..	..	..	24	46	8
4600 Otros impuestos recurrentes sobre la propiedad	0	0	0	0	0	0	0	0	0	0
5000 Impuestos sobre los bienes y servicios	**53 509**	**456 851**	**944 623**	**1 766 914**	**2 875 333**	**2 918 471**	**3 081 941**	**2 745 118**	**3 488 535**	**3 674 723**
5100 Imp. sobre la producción, venta, etc.	49 867	425 713	884 453	1 600 302	2 575 411	2 608 864	2 756 759	2 500 510	3 150 398	3 330 772
5110 Impuestos generales	21 326	222 775	485 168	920 298	1 466 986	1 513 677	1 662 503	1 649 531	2 065 623	2 217 743
5111 Impuestos sobre el valor agregado	21 326	222 775	485 168	920 298	1 453 348	1 487 620	1 634 986	1 623 695	2 039 997	2 193 160
5112 Impuestos sobre las ventas	0	0	0	0	0	0	0	0	0	0
5113 Otros impuestos generales	0	0	0	0	13 638	26 057	27 517	25 836	25 626	24 583
5120 Impuestos sobre bienes y servicios específicos	28 541	202 939	399 286	680 004	1 108 425	1 095 187	1 094 256	850 979	1 084 775	1 113 029

	1990	2000	2005	2010	2017	2018	2019	2020	2021	2022
5121 Impuestos selectivos	11 096	157 204	296 222	523 617	870 225	858 424	864 985	688 784	863 133	883 105
Fuels and energy	0	0	172 028	320 638	510 260	517 666	552 017	436 384	522 063	530 195
Alcoholic beverages	0	8 229	20 219	28 035	43 176	45 610	43 849	44 373	53 118	55 539
Non alcoholic beverages	0	0	12 491	26 566	39 781	40 182	41 247	38 510	43 234	49 556
Soaps	0	0	573	1 317	2 332	2 712	3 020	3 052	3 200	2 810
Cement	0	0	0	227	311	289	216	123	0	5 358
Tobacco	0	0	0	0	30 590	30 766	27 185	23 896	27 019	22 336
Abolished specific taxes on production and consumption	0	0	0	0	0	0	0	0	0	0
Other specific taxes on consumption	11 096	148 975	90 913	146 834	243 775	221 200	197 452	142 447	214 499	217 311
5122 Utilidades de los monopolios fiscales	0	0	0	0	0	0	0	0	0	0
5123 Derechos de aduanas y de importación	15 052	40 485	82 446	126 134	179 188	175 368	164 224	133 733	177 948	164 137
Import duties	13 977	32 336	66 598	103 851	152 756	149 017	140 919	114 777	152 133	137 668
Custom duties	1 075	8 149	15 848	22 284	26 432	26 351	23 305	18 956	25 815	26 469
Import duties on animals	0	0	0	0	0	0	0	0	0	0
5124 Impuestos sobre las exportaciones	2 113	2 238	969	3 973	5 638	5 468	5 412	5 471	6 274	4 842
Export duties	2 113	2 088	830	3 816	3 673	3 594	3 502	3 777	4 064	3 100
Export duties Law 133	0	0	0	0	0	0	0	0	0	0
Export duties Law 5519	0	0	0	0	0	0	0	0	0	0
Tax on banana exports	0	150	139	157	199	193	184	199	203	150
Export duties on ground transportation	0	0	0	0	1 766	1 682	1 726	1 494	2 007	1 593
5125 Impuestos sobre los bienes de inversión	0	0	0	0	0	0	0	0	0	0
5126 Impuestos sobre servicios específicos	280	2 929	19 555	24 767	48 290	50 554	54 556	18 463	31 742	55 167
Casinos and gambling	0	225	519	445	891	1 060	1 241	378	431	455
Port cargo movements	0	6	13	0	0	0	0	0	0	0
Overseas departure tax	0	0	19 022	24 322	47 399	49 494	53 315	18 085	31 311	54 711
10% on public shows	0	0	0	0	0	0	0	0	0	0
Pro-national airport's stamp tax	0	0	0	0	0	0	0	0	0	0
Stamp tax on the use of borders and ports	280	2 697	0	0	0	0	0	0	0	0
5127 Otros imp. sobre el comercio y transacciones intern.	0	83	94	1 513	3 695	3 785	3 841	3 304	3 916	3 919
5128 Otros impuestos sobre bienes y servicios específicos	0	0	0	0	1 389	1 589	1 238	1 225	1 761	1 860
5130 No clasificables entre 5110 y 5120	0	0	0	0	0	0	0	0	0	0
5200 Sobre el uso de bienes y permiso para actividades	3 642	31 138	60 170	166 612	299 922	309 607	325 182	244 608	338 138	343 951
5210 Impuestos recurrentes	3 642	31 138	60 170	166 612	299 922	309 607	325 182	244 608	338 138	343 951
5211 Por los hogares sobre vehículos automotores	0	0	0	0	0	0	0	0	0	0
5212 Por otros sobre vehículos automotores	1 425	15 374	30 918	94 102	164 034	171 523	181 198	108 198	183 368	186 226
Property tax on vehicles, aircraft and boats	1 425	15 374	30 918	94 102	164 034	171 523	181 198	108 198	183 368	186 226
5213 Otros impuestos recurrentes	2 217	15 763	29 252	72 510	135 888	138 084	143 984	136 410	154 769	157 725
Local taxes	1 262	11 898	27 411	68 808	130 639	132 514	137 979	130 332	147 349	151 320
Hunting and fishing licences	0	0	0	0	0	0	0	0	0	0
Spirits licence	0	0	0	0	0	0	0	0	0	0
Revenue stamps	955	3 866	1 841	3 702	5 249	5 571	6 004	6 078	7 421	6 405
Sport stamp tax	0	0	0	0	0	0	0	0	0	0
5220 Impuestos no recurrentes	0	0	0	0	0	0	0	0	0	0
5300 No clasificables entre 5100 y 5200	0	0	0	0	0	0	0	0	0	0
6000 Otros impuestos	**9 251**	**25 198**	**57 545**	**92 460**	**198 300**	**214 908**	**201 906**	**166 969**	**83 319**	**394 874**
6100 Pagados únicamente por empresas	0	0	0	0	0	0	0	0	0	0
6200 Pagados por otros o no identificables	9 251	25 198	57 545	92 460	198 300	214 908	201 906	166 969	83 319	394 874
Transfers of vehicles, aircraft and boats	497	2 530	6 357	12 311	21 872	22 265	23 223	22 593	28 064	27 597
Tax revenue from decentralised units	2 764	15 048	11 985	29 969	68 127	63 329	67 968	60 054	0	0
Other taxes	5 990	7 620	39 203	50 180	108 181	129 268	110 654	84 266	55 122	367 079

.. No disponible

Nota : Ejercicio cerrado a 31 de diciembre.

Los datos siguen el criterio de caja.

Partida 2000: Los datos incluyen las contribuciones a la seguridad social que paga la administración por sus empleados, así como las contribuciones destinadas a regímenes especiales (profesorado y magistratura). En los datos de la CEPAL, las contribuciones a la seguridad social también incluyen el INA (Instituto Nacional de Aprendizaje), el IMAS (Instituto Mixto de Ayuda Social) y el FODESAF (Fondo de Desarrollo Social y Asignaciones Familiares).

Partida 3000: En Costa Rica y también para la CEPAL, las contribuciones a la seguridad social procedentes de instituciones descentralizadas se clasifican en la partida 2000.

Partida 5212: En los datos de la CEPAL, los impuestos a la propiedad de vehículos, aeronaves y embarcaciones se clasifican en la categoría 4000.

Partida 6200: Las cifras incluyen la recaudación de impuestos de órganos descentralizados (distinta de las contribuciones a la seguridad social). Los ingresos tributarios de órganos descentralizados se clasifican dentro del Gobierno central. En Costa Rica, estos ingresos se clasifican dentro de una unidad aparte (descentralizada) que se considera separada del Gobierno central.

En los datos de la CEPAL, el impuesto a la transferencia de vehículos usados, Ley n.º 7088 de 30/11/87, se clasifica como un impuesto a la propiedad.

Fuente : Secretaría Técnica de la Autoridad Presupuestaria, Ministerio de Finanzas y Contraloría General de la República.

Cuadro 5.11. Cuba

Ingresos tributarios detallados
Millones CUP

	1990	2000	2005	2010	2017	2018	2019	2020	2021	2022
Total de ingresos tributarios	**6 265**	**11 367**	**17 528**	**23 949**	**41 021**	**42 307**	**43 504**	**40 263**	**96 521**	**116 046**
1000 Imp. renta, utilidades y ganancias de capital	**14**	**1 826**	**2 451**	**3 603**	**9 931**	**11 094**	**12 257**	**11 383**	**44 545**	**54 354**
1100 De personas físicas	14	291	326	554	3 279	4 002	4 762	4 586	7 383	7 501
1110 Renta y utilidades	..	..	..	..	..	..	..	..	..	..
1120 Ganancias de capital	..	..	..	..	..	..	..	..	..	..
1200 De sociedades	0	1 535	2 126	3 049	6 651	7 092	7 495	6 796	37 162	46 853
1210 Renta y utilidades	..	..	..	..	..	..	..	..	..	..
1220 Ganancias de capital de sociedades	..	..	..	..	..	..	..	..	..	..
1300 No clasificables entre 1100 y 1200	0	0	0	0	0	0	0	0	0	0
2000 Contribuciones a la seguridad social	**691**	**1 181**	**1 778**	**2 974**	**5 108**	**5 206**	**5 727**	**6 433**	**24 155**	**16 727**
2100 Empleados	..	..	..	..	..	..	..	..	..	..
2110 Sobre la base de la nómina	..	..	..	..	..	..	..	..	..	..
2120 Sobre la base del impuesto sobre la renta	..	..	..	..	..	..	..	..	..	..
2200 Empleadores	..	..	..	..	..	..	..	..	..	..
2210 Sobre la base de la nómina	..	..	..	..	..	..	..	..	..	..
2220 Sobre la base del impuesto sobre la renta	..	..	..	..	..	..	..	..	..	..
2300 Trabajadores por cuenta propia o no empleados	..	..	..	..	..	..	..	..	..	..
2310 Sobre la base de la nómina	..	..	..	..	..	..	..	..	..	..
2320 Sobre la base del impuesto sobre la renta	..	..	..	..	..	..	..	..	..	..
2400 No clasificables entre 2100, 2200 y 2300	691	1 181	1 778	2 974	5 108	5 206	5 727	6 433	24 155	16 727
2410 Sobre la base de la nómina	691	1 181	1 778	2 974	5 108	5 206	5 727	6 433	24 155	16 727
2420 Sobre la base del impuesto sobre la renta	0	0	0	0	0	0	0	0	0	0
3000 Impuestos sobre la nómina y la fuerza de trabajo	**0**	**970**	**2 962**	**4 414**	**1 385**	**1 273**	**1 415**	**1 605**	**5 947**	**6 239**
4000 Impuestos sobre la propiedad	**0**	**0**	**0**	**0**	**0**	**0**	**0**	**0**	**0**	**0**
4100 Impuestos recurrentes sobre la propiedad inmueble	..	..	..	..	..	..	..	..	..	..
4110 Hogares	..	..	..	..	..	..	..	..	..	..
4120 Otros	..	..	..	..	..	..	..	..	..	..
4200 Impuestos recurrentes sobre la riqueza neta	..	..	..	..	..	..	..	..	..	..
4210 Personas físicas	..	..	..	..	..	..	..	..	..	..
4220 Sociedades	..	..	..	..	..	..	..	..	..	..
4300 Impuestos sobre sucesiones y donaciones	..	..	..	..	..	..	..	..	..	..
4310 Impuestos sobre sucesiones y herencias	..	..	..	..	..	..	..	..	..	..
4320 Impuestos sobre donaciones	..	..	..	..	..	..	..	..	..	..
4400 Imp. sobre transacciones financieras y de capital	..	..	..	..	..	..	..	..	..	..
4500 Otros impuestos no recurrentes sobre la propiedad	..	..	..	..	..	..	..	..	..	..
4510 Otros impuestos sobre la riqueza neta	..	..	..	..	..	..	..	..	..	..
4520 Otros impuestos no recurrentes	..	..	..	..	..	..	..	..	..	..
4600 Otros impuestos recurrentes sobre la propiedad	..	..	..	..	..	..	..	..	..	..
5000 Impuestos sobre los bienes y servicios	**5 443**	**6 732**	**9 844**	**12 283**	**22 055**	**21 969**	**20 995**	**18 673**	**10 582**	**12 657**
5100 Imp. sobre la producción, venta, etc.	5 443	6 732	9 844	12 283	22 055	21 969	20 995	18 673	10 582	12 657
5110 Impuestos generales	5 017	6 131	9 036	10 525	17 961	17 623	16 619	14 498	6 489	8 029
5111 Impuestos sobre el valor agregado	0	0	0	0	0	0	0	0	0	0
5112 Impuestos sobre las ventas	5 017	6 131	9 036	10 525	17 961	17 623	16 619	14 498	6 489	8 029
5113 Otros impuestos generales	0	0	0	0	0	0	0	0	0	0
5120 Impuestos sobre bienes y servicios específicos	426	602	808	1 758	4 094	4 346	4 376	4 175	4 093	4 628
5121 Impuestos selectivos	..	..	..	..	..	..	..	..	..	..
5122 Utilidades de los monopolios fiscales	..	..	..	..	..	..	..	..	..	..
5123 Derechos de aduanas y de importación	..	..	..	..	..	..	..	..	..	..
5124 Impuestos sobre las exportaciones	..	..	..	..	..	..	..	..	..	..
5125 Impuestos sobre los bienes de inversión	..	..	..	..	..	..	..	..	..	..
5126 Impuestos sobre servicios específicos	..	..	..	..	..	..	..	..	..	..
5127 Otros imp. sobre el comercio y transacciones intern.	..	..	..	..	..	..	..	..	..	..
5128 Otros impuestos sobre bienes y servicios específicos	..	..	..	..	..	..	..	..	..	..
5130 No clasificables entre 5110 y 5120	0	0	0	0	0	0	0	0	0	0
5200 Sobre el uso de bienes y permiso para actividades	0	0	0	0	0	0	0	0	0	0
5210 Impuestos recurrentes	..	..	..	..	..	..	..	..	..	..
5211 Por los hogares sobre vehículos automotores	..	..	..	..	..	..	..	..	..	..
5212 Por otros sobre vehículos automotores	..	..	..	..	..	..	..	..	..	..
5213 Otros impuestos recurrentes	..	..	..	..	..	..	..	..	..	..
5220 Impuestos no recurrentes	..	..	..	..	..	..	..	..	..	..
5300 No clasificables entre 5100 y 5200	0	0	0	0	0	0	0	0	0	0

	1990	2000	2005	2010	2017	2018	2019	2020	2021	2022
6000 Otros impuestos	**117**	**657**	**493**	**675**	**2 543**	**2 766**	**3 110**	**2 169**	**11 293**	**26 069**
6100 Pagados únicamente por empresas	..	..	..	..	..	..	..	..	..	..
6200 Pagados por otros o no identificables	..	..	..	..	..	..	..	..	..	..

.. No disponible

Nota : Ejercicio cerrado a 31 de diciembre.
Los datos siguen el criterio de caja.
Las cifras correspondientes a las subcategorías de la partida 5120 no se encuentran disponibles.
Los ingresos tributarios del Gobierno central y las administraciones locales solo están disponibles entre 2002 y 2012.
Las cifras posteriores a 2021 no son comparables con los datos de años anteriores por los enormes ajustes derivados de la reforma de Cuba en materia de divisas.

Fuente : Ministerio de Finanzas y Precios de la República de Cuba; Oficina Nacional de Estadísticas de Cuba; Comisión Económica para América Latina y el Caribe.

Cuadro 5.12. República Dominicana

Ingresos tributarios detallados
Millones DOP

	1990	2000	2005	2010	2017	2018	2019	2020	2021	2022
Total de ingresos tributarios	**6 420**	**47 753**	**149 063**	**242 756**	**499 036**	**555 857**	**611 573**	**556 425**	**781 183**	**872 424**
1000 Imp. renta, utilidades y ganancias de capital	**1 650**	**10 517**	**29 374**	**52 653**	**153 034**	**168 485**	**191 771**	**187 108**	**263 082**	**276 183**
1100 De personas físicas	..	4 088	7 588	17 088	43 553	51 425	59 448	58 747	69 026	87 200
1110 Renta y utilidades	..	4 070	7 509	16 901	43 097	51 031	58 842	58 355	68 593	86 504
1120 Ganancias de capital	..	18	79	187	456	394	606	392	433	696
1200 De sociedades	..	4 605	16 147	21 325	82 785	87 822	95 928	90 340	150 695	140 603
1210 Renta y utilidades	..	4 605	16 147	21 325	82 785	87 822	95 928	90 340	150 695	140 603
1220 Ganancias de capital de sociedades	..	..	..	..	..	..	..	..	..	..
1300 No clasificables entre 1100 y 1200	1 650	1 824	5 639	14 241	26 696	29 238	36 395	38 021	43 361	48 380
2000 Contribuciones a la seguridad social	**53**	**490**	**35**	**1 845**	**2 635**	**2 514**	**2 553**	**2 661**	**3 420**	**4 923**
2100 Empleados	..	..	..	1 720	1 535	..	..	..	..	..
2110 Sobre la base de la nómina	..	..	..	..	..	..	..	..	..	..
2120 Sobre la base del impuesto sobre la renta	..	..	..	..	..	..	..	..	..	..
2200 Empleadores	..	..	..	125	1 099	..	..	..	..	..
2210 Sobre la base de la nómina	..	..	..	..	..	..	..	..	..	..
2220 Sobre la base del impuesto sobre la renta	..	..	..	..	..	..	..	..	..	..
2300 Trabajadores por cuenta propia o no empleados	..	..	..	0	0	..	..	..	..	..
2310 Sobre la base de la nómina	..	..	..	..	..	..	..	..	..	..
2320 Sobre la base del impuesto sobre la renta	..	..	..	..	..	..	..	..	..	..
2400 No clasificables entre 2100, 2200 y 2300	53	490	35	0	0	2 514	2 553	2 661	3 420	4 923
2410 Sobre la base de la nómina	53	490	35	..	..	2 514	2 553	2 661	3 420	4 923
2420 Sobre la base del impuesto sobre la renta	0	0	0	..	..	0	0	0	0	0
3000 Impuestos sobre la nómina y la fuerza de trabajo	**0**	**0**	**671**	**1 385**	**2 912**	**3 282**	**3 502**	**3 141**	**3 810**	**3 811**
4000 Impuestos sobre la propiedad	**74**	**644**	**6 622**	**12 416**	**21 502**	**23 955**	**27 374**	**24 367**	**45 798**	**45 061**
4100 Impuestos recurrentes sobre la propiedad inmueble	9	115	1 710	555	2 166	2 527	2 904	2 857	4 171	4 438
4110 Hogares	9	115	1 710	555	2 166	2 527	2 904	2 857	4 171	4 438
4120 Otros	0	0	0	0	0	0	0	0	0	0
4200 Impuestos recurrentes sobre la riqueza neta	0	0	0	2 449	4 112	4 609	5 155	4 522	8 396	8 615
Tax on assets	..	..	..	2 449	4 112	4 609	5 155	4 522	8 396	8 615
4210 Personas físicas	..	..	..	..	..	..	..	..	..	..
4220 Sociedades	..	..	..	..	..	..	..	..	..	..
4300 Impuestos sobre sucesiones y donaciones	11	96	84	231	455	526	715	522	1 308	1 389
4310 Impuestos sobre sucesiones y herencias	..	..	..	..	..	..	..	..	..	..
4320 Impuestos sobre donaciones	..	..	..	..	..	..	..	..	..	..
4400 Imp. sobre transacciones financieras y de capital	40	377	4 716	8 658	13 995	15 675	17 594	15 635	30 206	28 611
Tax on checks	0	0	3 133	4 262	7 117	8 139	8 646	8 644	11 231	13 547
Real estate operations	22	217	1 413	3 864	5 802	6 320	7 526	5 910	17 068	13 015
Tax on the transfer of immovable property	18	160	170	533	1 076	1 215	1 422	1 080	1 907	2 048
4500 Otros impuestos no recurrentes sobre la propiedad	3	32	89	488	711	553	931	779	1 642	1 929
4510 Otros impuestos sobre la riqueza neta	3	32	89	488	711	553	931	779	1 642	1 929
4520 Otros impuestos no recurrentes	0	0	0	0	0	0	0	0	0	0
4600 Otros impuestos recurrentes sobre la propiedad	11	25	24	35	62	66	75	52	76	81
5000 Impuestos sobre los bienes y servicios	**4 484**	**35 672**	**110 758**	**174 457**	**318 953**	**357 620**	**386 372**	**339 147**	**465 072**	**542 443**
5100 Imp. sobre la producción, venta, etc.	4 418	34 962	109 050	167 983	305 698	343 479	369 238	327 400	444 248	519 450
5110 Impuestos generales	970	9 912	40 983	81 226	169 629	194 725	214 324	194 408	261 207	310 788
5111 Impuestos sobre el valor agregado	970	9 912	40 983	81 226	169 629	194 725	214 324	194 408	261 207	310 788
5112 Impuestos sobre las ventas	0	0	0	0	0	0	0	0	0	0
5113 Otros impuestos generales	0	0	0	0	0	0	0	0	0	0
5120 Impuestos sobre bienes y servicios específicos	3 449	25 051	68 067	86 757	136 070	148 754	154 914	132 993	183 041	208 662
5121 Impuestos selectivos	495	6 320	26 923	55 224	88 455	95 912	100 396	85 534	117 330	130 628
Alcoholic beverages	251	2 455	8 142	15 054	25 694	28 882	30 610	29 336	39 822	42 492
Tobacco products	102	469	2 879	4 529	5 120	4 355	3 923	3 507	3 747	3 310
Petroleum products	89	3 143	14 712	34 598	53 074	57 053	60 828	47 854	67 823	78 575
Other excises	52	252	1 190	1 043	4 567	5 622	5 035	4 836	5 938	6 252
5122 Utilidades de los monopolios fiscales	0	0	0	0	0	0	0	0	0	0
5123 Derechos de aduanas y de importación	1 548	13 459	14 400	19 455	28 703	32 096	32 478	29 630	42 638	50 635
Import duties	615	13 456	14 394	19 455	27 276	30 931	32 478	29 630	42 638	50 635
Others	933	3	6	0	1 426	1 165	0	0	0	0
5124 Impuestos sobre las exportaciones	6	4	46	146	0	0	0	0	0	0
5125 Impuestos sobre los bienes de inversión	0	0	0	0	0	0	0	0	0	0

	1990	2000	2005	2010	2017	2018	2019	2020	2021	2022
5126 Impuestos sobre servicios específicos	364	1 662	5 681	11 553	18 531	20 311	21 529	17 618	22 727	26 993
Telecommunications	85	5	3 193	4 886	6 782	7 146	7 313	7 494	8 117	8 716
Insurance premiums	33	584	0	3 088	5 236	5 976	6 782	7 128	8 560	9 567
Departure tax	204	809	2 413	3 428	6 252	6 933	7 180	2 894	5 870	8 428
Hotels	22	191	0	0	0	0	0	0	0	0
Casinos	16	59	73	151	237	228	225	77	131	208
Racetracks	4	15	2	0	0	0	0	0	0	0
Phone gaming	0	0	0	0	25	30	28	25	49	74
Others	0	0	0	0	0	0	0	0	0	0
5127 Otros imp. sobre el comercio y transacciones intern.	1 037	3 606	21 017	379	380	435	511	211	346	407
Exchange commission	857	3 412	19 998	0	0	0	0	0	0	0
Consular fees	77	32	271	132	153	153	156	72	65	133
Others	103	162	748	247	227	281	355	139	282	274
5128 Otros impuestos sobre bienes y servicios específicos	0	0	0	0	0	0	0	0	0	0
5130 No clasificables entre 5110 y 5120	0	0	0	0	0	0	0	0	0	0
5200 Sobre el uso de bienes y permiso para actividades	65	710	1 708	6 475	13 254	14 141	17 134	11 747	20 824	22 993
5210 Impuestos recurrentes	65	710	1 708	2 241	3 508	3 763	4 857	2 235	4 534	4 725
5211 Por los hogares sobre vehículos automotores	45	268	977	1 277	2 081	2 310	3 407	1 189	2 991	3 023
5212 Por otros sobre vehículos automotores	0	0	0	0	0	0	0	0	0	0
5213 Otros impuestos recurrentes	21	442	731	964	1 426	1 454	1 450	1 046	1 543	1 703
Licences to carry firearms	17	237	244	296	176	192	182	162	169	276
Licences to operate gambling houses	0	114	155	211	1 250	1 262	1 268	885	1 374	1 427
Licences to operate slot machines	4	60	102	458	0	0	0	0	0	0
Others	0	30	230	0	0	0	0	0	0	0
5220 Impuestos no recurrentes	0	0	0	4 234	9 747	10 378	12 277	9 511	16 290	18 268
Vehicle property registration	..	..	..	4 234	9 072	9 667	11 442	8 882	15 188	17 059
Ecological taxes	..	..	..	0	675	711	835	629	1 102	1 209
5300 No clasificables entre 5100 y 5200	0	0	0	0	0	0	0	0	0	0
6000 Otros impuestos	**159**	**429**	**1 603**	**0**	**1**	**1**	**2**	**1**	**2**	**3**
6100 Pagados únicamente por empresas	0	0	0	..	0	0	0	0	0	0
6200 Pagados por otros o no identificables	159	429	1 603	..	1	1	2	1	2	3

.. No disponible

Nota : Ejercicio cerrado a 31 de diciembre.

Los datos siguen el criterio de caja.

Las cifras no incluyen los ingresos tributarios de las administraciones locales, porque no hay datos disponibles.

Las multas se han identificado y excluido de los impuestos sobre la renta y los impuestos a la propiedad desde el año 1995 y de los impuestos sobre bienes y servicios, desde 1990.

Partida 2000: Los datos excluyen contribuciones a la seguridad social destinadas a la administración central gestionadas por el sector privado. Entre 2006 y 2017, está disponible un desglose adicional para distinguir entre las contribuciones a la seguridad social que pagan los empleados y las que pagan los empleadores.

Partida 3000: Esta partida incluye las contribuciones obligatorias no destinadas a las pensiones al Instituto de Formación Técnico Profesional (INFOTEP). Los ingresos tributarios se clasifican dentro del Gobierno central. En la República Dominicana esos ingresos se clasifican en una unidad aparte (descentralizada) que se considera diferente del Gobierno central.

Partida 5211: En los datos de la CEPAL, el impuesto a la transferencia de vehículos se clasifica como un impuesto a la propiedad (4000).

Fuente : Ministerio de Hacienda; Instituto Nacional de Formación Técnico Profesional.

Cuadro 5.13. Ecuador

Ingresos tributarios detallados
Millones USD

	1990	2000	2005	2010	2017	2018	2019	2020	2021	2022
Total de ingresos tributarios	**1 078**	**2 125**	**5 724**	**11 693**	**21 036**	**22 656**	**21 501**	**18 543**	**20 647**	**24 070**
1000 Imp. renta, utilidades y ganancias de capital	**139**	**268**	**1 248**	**2 924**	**4 134**	**5 246**	**4 669**	**4 503**	**4 444**	**5 315**
1100 De personas físicas	..	10	27	80	180	193	197	155	143	181
1110 Renta y utilidades	..	10	27	80	180	193	197	155	143	181
Personal income tax	..	10	27	80	176	193	197	155	143	181
Solidarity contribution on remuneration	..	0	0	0	5	0	0	0	0	0
1120 Ganancias de capital	..	..	..	0	0	0	0	0	0	0
1200 De sociedades	..	53	362	1 046	1 074	1 894	1 308	1 333	899	1 350
1210 Renta y utilidades	..	53	362	1 046	1 074	1 894	1 308	1 333	899	1 350
Corporate income tax	..	53	342	474	991	1 808	1 232	1 276	832	1 284
Income tax on oil companies and others	..	0	20	572	63	81	75	57	67	65
Solidarity contribution on profits	..	0	0	0	19	4	0	0	0	0
1220 Ganancias de capital de sociedades	..	..	..	..	..	..	..	..	..	..
1300 No clasificables entre 1100 y 1200	139	206	859	1 798	2 880	3 159	3 164	3 015	3 402	3 784
Withholding tax	0	190	683	1 560	2 578	2 858	2 847	2 787	3 416	3 886
Income tax advances	0	14	170	298	343	353	394	290	15	4
Income tax refunds	0	0	0	-75	-112	-132	-151	-112	-98	-180
Other income taxes (local)	1	2	6	15	71	81	74	50	69	74
2000 Contribuciones a la seguridad social	**243**	**228**	**1 109**	**2 541**	**5 699**	**5 909**	**5 704**	**5 079**	**5 305**	**5 773**
2100 Empleados	..	..	..	..	..	..	..	..	..	..
2110 Sobre la base de la nómina	..	..	..	..	..	..	..	..	..	..
2120 Sobre la base del impuesto sobre la renta	..	..	..	..	..	..	..	..	..	..
2200 Empleadores	..	..	..	..	..	..	..	..	..	..
2210 Sobre la base de la nómina	..	..	..	..	..	..	..	..	..	..
2220 Sobre la base del impuesto sobre la renta	..	..	..	..	..	..	..	..	..	..
2300 Trabajadores por cuenta propia o no empleados	..	..	..	..	..	..	..	..	..	..
2310 Sobre la base de la nómina	..	..	..	..	..	..	..	..	..	..
2320 Sobre la base del impuesto sobre la renta	..	..	..	..	..	..	..	..	..	..
2400 No clasificables entre 2100, 2200 y 2300	243	228	1 109	2 541	5 699	5 909	5 704	5 079	5 305	5 773
2410 Sobre la base de la nómina	..	..	..	..	..	..	..	..	..	..
2420 Sobre la base del impuesto sobre la renta	..	..	..	..	..	..	..	..	..	..
3000 Impuestos sobre la nómina y la fuerza de trabajo	**0**	**0**	**0**	**0**	**0**	**0**	**0**	**0**	**0**	**0**
4000 Impuestos sobre la propiedad	**16**	**17**	**71**	**159**	**347**	**372**	**353**	**334**	**360**	**986**
4100 Impuestos recurrentes sobre la propiedad inmueble	13	8	37	68	162	192	186	172	184	200
Rural land tax	0	0	0	3	7	2	0	0	0	0
4110 Hogares	0	0	0	0	..	0	0	0	0	0
4120 Otros	13	8	37	66	155	190	185	172	184	200
Tax on urban properties	12	7	32	55	129	162	158	145	157	170
Tax on rural properties	1	1	6	10	26	27	27	27	27	30
4200 Impuestos recurrentes sobre la riqueza neta	0	0	0	35	35	30	35	31	24	19
4210 Personas físicas	..	..	..	0	0	0	0	0	0	0
4220 Sociedades	..	..	..	35	35	30	35	31	24	19
Tax on foreign assets	..	..	..	35	35	30	35	31	24	19
4300 Impuestos sobre sucesiones y donaciones	0	0	1	5	26	27	24	24	40	11
4310 Impuestos sobre sucesiones y herencias	..	..	1	5	26	27	24	24	40	11
4320 Impuestos sobre donaciones	..	..	0	0	0	0	0	0	0	0
4400 Imp. sobre transacciones financieras y de capital	0	0	0	0	0	0	0	0	0	0
4500 Otros impuestos no recurrentes sobre la propiedad	0	0	0	0	19	7	0	0	0	635
4510 Otros impuestos sobre la riqueza neta	..	..	..	..	19	7	..	..	..	635
Solidarity contribution on equity	..	..	..	..	16	6	..	..	..	0
Solidarity contribution on foreign assets	..	..	..	..	3	1	..	..	..	0
Regularisation of assets abroad	..	..	..	..	0	0	..	..	..	88
Post-COVID contributions	..	..	..	..	0	0	..	..	..	547
4520 Otros impuestos no recurrentes	..	..	..	..	0	0	..	..	..	0
4600 Otros impuestos recurrentes sobre la propiedad	3	9	33	50	106	116	108	107	112	121
5000 Impuestos sobre los bienes y servicios	**679**	**1 609**	**3 244**	**6 066**	**10 837**	**11 108**	**10 755**	**8 608**	**10 516**	**11 994**
5100 Imp. sobre la producción, venta, etc.	671	1 580	3 140	5 863	10 378	10 615	10 248	8 266	10 133	11 586
5110 Impuestos generales	306	928	2 211	3 801	6 718	6 716	6 622	5 459	6 658	7 937

	1990	2000	2005	2010	2017	2018	2019	2020	2021	2022
5111 Impuestos sobre el valor agregado	302	923	2 194	3 759	6 643	6 630	6 539	5 398	6 581	7 854
VAT (internal operations)	..	557	1 239	2 506	4 671	4 789	4 885	4 093	4 765	5 783
VAT (imports)	..	381	1 105	1 668	1 646	1 947	1 800	1 413	1 961	2 350
2% contribution on VAT	..	0	0	0	412	4	0	0	0	0
VAT refunds	..	-14	-149	-416	-87	-109	-146	-108	-146	-279
Other VATs (local)	..	0	0	0	0	0	0	0	0	0
5112 Impuestos sobre las ventas	0	0	0	0	0	0	0	0	0	0
5113 Otros impuestos generales	4	5	16	41	75	85	83	61	77	84
5120 Impuestos sobre bienes y servicios específicos	365	652	929	2 062	3 660	3 900	3 627	2 807	3 475	3 648
5121 Impuestos selectivos	90	89	237	508	919	955	885	715	821	865
Beer	..	29	62	119	237	239	246	209	234	274
Cigarettes	..	30	72	117	126	112	103	71	42	0
Fizzy drinks	..	9	15	40	103	94	93	79	81	79
Vehicles	..	6	17	55	67	63	42	25	31	38
Alcohol and alcoholic products	..	4	11	23	38	43	40	28	36	43
Non-returnable plastic bottles	..	0	0	0	31	35	36	29	34	40
Telephone	..	0	0	0	37	32	29	84	75	4
Water heaters	..	0	0	0	32	26	2	1	2	0
Perfumes	..	0	0	17	24	25	21	13	14	15
Non-alcoholic drinks	..	0	0	0	11	11	11	11	14	16
Other excises (internal operations)	..	0	0	0	4	5	5	4	5	6
Excises on imports	..	10	60	138	209	271	257	162	253	351
5122 Utilidades de los monopolios fiscales	0	0	0	0	0	0	0	0	0	0
5123 Derechos de aduanas y de importación	227	217	547	1 153	1 475	1 559	1 414	944	1 207	1 267
5124 Impuestos sobre las exportaciones	0	0	0	0	0	0	0	0	0	0
5125 Impuestos sobre los bienes de inversión	0	0	0	0	0	0	0	0	0	0
5126 Impuestos sobre servicios específicos	26	343	145	30	169	179	188	183	235	243
Contribution to comprehensive cancer care	0	0	0	0	97	104	116	125	184	202
Prepaid television services	0	0	0	14	60	64	60	54	43	32
Club membership fees	0	0	0	0	1	1	1	0	0	0
Casino services	0	0	0	8	0	0	0	0	0	0
Telecommunications	0	0	142	0	0	0	0	0	0	0
Capital circulation tax	0	322	0	0	0	0	0	0	0	0
Departure tax	7	16	0	0	0	0	0	0	0	0
Tax on credit operations	18	2	0	1	0	0	0	0	0	0
Other service taxes (local)	1	2	3	7	10	10	11	3	8	9
5127 Otros imp. sobre el comercio y transacciones intern.	22	4	0	371	1 098	1 206	1 140	964	1 212	1 274
Foreign Currency Exit Tax (ISD)	0	0	..	371	1 098	1 206	1 140	964	1 212	1 274
Tax on purchase of foreign currency	22	4	..	0	0	0	0	0	0	0
5128 Otros impuestos sobre bienes y servicios específicos	0	0	0	0	0	0	0	0	0	0
5130 No clasificables entre 5110 y 5120	0	0	0	0	0	0	0	0	0	0
5200 Sobre el uso de bienes y permiso para actividades	8	29	105	203	460	493	507	342	382	409
5210 Impuestos recurrentes	5	28	104	203	441	477	491	330	368	393
5211 Por los hogares sobre vehículos automotores	5	23	78	168	323	354	364	215	245	260
Motor vehicle tax	5	23	78	168	212	234	242	208	236	250
Environmental tax on vehicle pollution	0	0	0	0	111	119	122	7	9	9
5212 Por otros sobre vehículos automotores	0	0	0	0	0	0	0	0	0	0
5213 Otros impuestos recurrentes	1	5	26	35	118	123	127	115	123	134
5220 Impuestos no recurrentes	2	1	0	0	18	16	16	11	14	16
5300 No clasificables entre 5100 y 5200	0	0	0	0	0	0	0	0	0	0
6000 Otros impuestos	**2**	**2**	**52**	**4**	**19**	**21**	**20**	**20**	**22**	**2**
6100 Pagados únicamente por empresas	0	0	0	0	0	0	0	0	0	0
6200 Pagados por otros o no identificables	2	2	52	4	19	21	20	20	22	2
Simplified taxation system of Ecuador (RISE)	0	0	0	6	22	23	22	20	23	5
Other tax refunds	0	0	0	-2	-3	-2	-2	-1	-1	-3
Other taxes (local)	2	2	52	1	0	0	0	0	0	0

.. No disponible

Nota : Ejercicio cerrado a 31 de diciembre.

Los datos siguen el criterio de caja, salvo del Banco Central de Ecuador, que siguen el criterio de devengo.

Los ingresos tributarios del Gobierno central proceden principalmente del Servicio de Rentas Internas, aunque parte de ellos provienen del Banco del Ecuador (véanse los pormenores más adelante). Los ingresos tributarios de las administraciones locales provienen del Banco de Desarrollo del Ecuador.

Los datos de ingresos tributarios del Gobierno central correspondientes al período 2019-2022 son preliminares. Los ingresos tributarios de las administraciones locales de 2021 y 2022 son una estimación.

Partida 2000: Los datos se recaban de las operaciones del sector público no financiero publicadas por el Banco Central del Ecuador.

Partida 4510: En esta edición, se han añadido los ingresos temporales provenientes de la regularización de activos en el extranjero y las contribuciones posteriores al COVID.

Partida 5123: Los datos se recaban del presupuesto general de la administración estatal consolidada publicado por el Banco Central del Ecuador.

Partida 5126: Esta partida incluye el impuesto a las operaciones de crédito del presupuesto general de la administración estatal consolidada publicado por el Banco Central del Ecuador.

Partida 5127: Esta partida incluye el impuesto a la compra de divisas del presupuesto general de la administración estatal consolidada publicado por el Banco Central del Ecuador.

Fuente : Servicio de Rentas Internas; Banco Central del Ecuador; Banco de Desarrollo de Ecuador.

Cuadro 5.14. El Salvador

Ingresos tributarios detallados
Millones USD

	1990	2000	2005	2010	2017	2018	2019	2020	2021	2022
Total de ingresos tributarios	**543**	**1 669**	**2 497**	**3 447**	**5 234**	**5 545**	**5 640**	**5 404**	**6 708**	**7 430**
1000 Imp. renta, utilidades y ganancias de capital	**95**	**429**	**637**	**996**	**1 799**	**1 889**	**1 959**	**1 954**	**2 259**	**2 707**
1100 De personas físicas	..	..	312	590	759	795	836	820	923	1 060
1110 Renta y utilidades	..	..	312	590	759	795	836	820	923	1 060
1120 Ganancias de capital	..	..	..	..	..	..	..	..	..	..
1200 De sociedades	..	..	356	420	870	914	922	934	1 078	1 334
1210 Renta y utilidades	..	..	356	420	870	914	922	934	1 078	1 334
Corporate income tax	..	..	356	420	804	845	848	848	1 004	1 334
Special Contribution - Public security (large taxpayers)	..	..	0	0	67	70	74	85	74	0
1220 Ganancias de capital de sociedades	..	..	..	..	..	..	..	..	..	..
1300 No clasificables entre 1100 y 1200	95	429	-31	-14	170	180	201	201	258	313
Withholding income tax	..	..	0	41	209	220	249	239	299	387
Income tax refunds	..	..	-31	-55	-39	-40	-48	-38	-41	-74
2000 Contribuciones a la seguridad social	**104**	**325**	**339**	**470**	**684**	**705**	**722**	**700**	**771**	**834**
2100 Empleados	..	75	126	165	239	246	251	246	271	293
2110 Sobre la base de la nómina	..	75	126	165	239	246	251	246	271	293
2120 Sobre la base del impuesto sobre la renta	..	0	0	0	0	0	0	0	0	0
2200 Empleadores	..	176	213	306	444	459	471	454	500	541
2210 Sobre la base de la nómina	..	176	213	306	444	459	471	454	500	541
2220 Sobre la base del impuesto sobre la renta	..	0	0	0	0	0	0	0	0	0
2300 Trabajadores por cuenta propia o no empleados	..	13	0	0	0	0	0	0	0	0
2310 Sobre la base de la nómina	..	13	..	..	..	..	..	..	..	..
2320 Sobre la base del impuesto sobre la renta	..	0	..	..	..	..	..	..	..	..
2400 No clasificables entre 2100, 2200 y 2300	104	62	0	0	0	0	0	0	0	0
2410 Sobre la base de la nómina	104	62	..	..	..	..	..	..	..	..
2420 Sobre la base del impuesto sobre la renta	0	0	..	..	..	..	..	..	..	..
3000 Impuestos sobre la nómina y la fuerza de trabajo	**0**	**0**	**16**	**21**	**36**	**37**	**38**	**36**	**40**	**42**
4000 Impuestos sobre la propiedad	**26**	**12**	**18**	**19**	**112**	**119**	**44**	**27**	**47**	**58**
4100 Impuestos recurrentes sobre la propiedad inmueble	0	0	2	3	5	6	7	6	8	11
4110 Hogares	..	..	..	..	..	..	..	..	..	..
4120 Otros	..	..	..	..	..	..	..	..	..	..
4200 Impuestos recurrentes sobre la riqueza neta	16	0	0	0	0	0	0	0	0	0
4210 Personas físicas	..	..	..	..	..	..	..	..	..	..
4220 Sociedades	..	..	..	..	..	..	..	..	..	..
4300 Impuestos sobre sucesiones y donaciones	0	0	0	0	0	0	0	0	0	0
4310 Impuestos sobre sucesiones y herencias	..	..	..	..	..	..	..	..	..	..
4320 Impuestos sobre donaciones	..	..	..	..	..	..	..	..	..	..
4400 Imp. sobre transacciones financieras y de capital	10	12	16	16	108	113	37	21	39	47
Property transfers	10	12	16	16	23	24	29	21	39	47
Checks and electronic transfers of funds	0	0	0	0	53	56	5	0	0	0
Withholding for liquidity control	0	0	0	0	32	34	3	0	0	0
4500 Otros impuestos no recurrentes sobre la propiedad	0	0	0	0	0	0	0	0	0	0
4510 Otros impuestos sobre la riqueza neta	..	..	..	..	..	..	..	..	..	..
4520 Otros impuestos no recurrentes	..	..	..	..	..	..	..	..	..	..
4600 Otros impuestos recurrentes sobre la propiedad	0	0	0	0	0	0	0	0	0	0
5000 Impuestos sobre los bienes y servicios	**259**	**903**	**1 450**	**1 878**	**2 512**	**2 694**	**2 778**	**2 585**	**3 493**	**3 682**
5100 Imp. sobre la producción, venta, etc.	259	903	1 447	1 863	2 484	2 663	2 747	2 561	3 453	3 637
5110 Impuestos generales	133	714	1 104	1 433	1 904	2 054	2 109	2 033	2 771	2 944
5111 Impuestos sobre el valor agregado	0	714	1 104	1 433	1 904	2 054	2 109	2 033	2 771	2 944
5112 Impuestos sobre las ventas	0	0	0	0	0	0	0	0	0	0
5113 Otros impuestos generales	133	0	0	0	0	0	0	0	0	0
5120 Impuestos sobre bienes y servicios específicos	127	189	343	431	580	608	638	528	682	694
5121 Impuestos selectivos	65	49	162	224	357	367	393	336	379	361
Alcoholic beverages	..	..	14	22	24	24	25	34	40	33
Cigarettes	..	..	23	38	27	24	24	25	27	27
Soft drinks	..	..	33	31	49	49	52	50	62	64
Beer	..	..	26	29	65	73	82	67	92	101
Weapons, ammunition and explosives	..	..	1	1	1	1	1	1	1	2
Ad-valorem on fuels	..	..	0	0	8	7	8	7	5	0
Special contribution- Sugar	..	..	1	1	1	1	1	1	1	1
Special contribution- Public transportation	..	..	0	35	45	47	48	23	49	25
Special contribution- FOVIAL	..	..	66	69	89	93	96	83	104	108
Special contribution- Public security	..	..	0	0	49	48	55	43	1	0

	1990	2000	2005	2010	2017	2018	2019	2020	2021	2022
5122 Utilidades de los monopolios fiscales	0	0	0	0	0	0	0	0	0	0
5123 Derechos de aduanas y de importación	61	141	181	151	211	227	232	187	291	319
5124 Impuestos sobre las exportaciones	0	0	0	0	0	0	0	0	0	0
5125 Impuestos sobre los bienes de inversión	0	0	0	0	0	0	0	0	0	0
5126 Impuestos sobre servicios específicos	0	0	0	56	13	14	13	5	11	14
5127 Otros imp. sobre el comercio y transacciones intern.	0	0	0	0	0	0	0	0	0	0
5128 Otros impuestos sobre bienes y servicios específicos	0	0	0	0	0	0	0	0	0	0
5130 No clasificables entre 5110 y 5120	0	0	0	0	0	0	0	0	0	0
5200 Sobre el uso de bienes y permiso para actividades	0	0	3	15	28	32	31	24	40	45
5210 Impuestos recurrentes	..	..	3	7	14	17	15	12	17	20
5211 Por los hogares sobre vehículos automotores	..	..	0	0	0	0	0	0	0	0
5212 Por otros sobre vehículos automotores	..	..	0	0	0	0	0	0	0	0
5213 Otros impuestos recurrentes	..	..	3	7	14	17	15	12	17	20
5220 Impuestos no recurrentes	..	..	0	7	14	15	16	12	23	24
5300 No clasificables entre 5100 y 5200	0	0	0	0	0	0	0	0	0	0
6000 Otros impuestos	**58**	**0**	**37**	**63**	**90**	**101**	**98**	**102**	**99**	**107**
6100 Pagados únicamente por empresas	0	0	0	0	0	0	0	0	0	0
6200 Pagados por otros o no identificables	58	0	37	63	90	101	98	102	99	107

.. No disponible

Nota : Ejercicio cerrado a 31 de diciembre.

Los datos siguen el criterio de caja.

Los datos de ingresos tributarios del Gobierno central correspondientes a 2022 son preliminares.

Partida 1000: Antes de 2002 no hay impuestos sobre la renta de las personas físicas ni impuestos de sociedades desagregados disponibles.

Partida 2000: Las cifras incluyen las contribuciones a la seguridad social abonadas al Instituto Salvadoreño del Seguro Social (ISSS), el Instituto Nacional de Pensiones de los Empleados Públicos (INPEP), el Instituto de Previsión Social de la Fuerza Armada (IPSFA) y el Instituto Salvadoreño de Bienestar Magisterial (ISBM). Las cifras no incluyen los pagos a fondos de pensiones de gestión privada, pero pueden incluir una pequeña cantidad de contribuciones voluntarias, que no se puede distinguir de los datos de contribuciones al sistema público de seguridad social.

Partida 3000: Las contribuciones a la formación profesional realizadas al Instituto Salvadoreño de Formación Profesional (INSAFORP) se incluyen en la partida 3000. Los ingresos tributarios se clasifican dentro del Gobierno central. En El Salvador, estos ingresos se clasifican en una unidad aparte que se considera diferente del Gobierno central.

Fuente : Dirección General de Tesorería en Ministerio de Hacienda; Dirección General de Contabilidad Gubernamental en Ministerio de Hacienda; División de Análisis Financiero y Estadístico en Ministerio de Hacienda; Instituto Salvadoreño del Seguro Social; Centro Interamericano de Administraciones Tributarias.

Cuadro 5.15. Guatemala

Ingresos tributarios detallados
Millones GTQ

	1990	2000	2005	2010	2017	2018	2019	2020	2021	2022
Total de ingresos tributarios	**2 646**	**16 531**	**27 187**	**41 537**	**69 691**	**72 505**	**77 121**	**74 529**	**94 113**	**105 942**
1000 Imp. renta, utilidades y ganancias de capital	**507**	**3 293**	**4 401**	**7 745**	**16 313**	**16 236**	**17 100**	**16 751**	**23 291**	**25 658**
1100 De personas físicas	25	143	645	1 225	2 468	2 603	2 813	2 816	4 769	3 892
1110 Renta y utilidades	25	143	645	1 225	2 468	2 603	2 813	2 816	4 769	3 892
1120 Ganancias de capital	..	..	..	..	..	..	..	..	..	..
1200 De sociedades	482	3 149	3 756	6 520	13 846	13 633	14 287	13 935	18 522	21 765
1210 Renta y utilidades	482	3 149	3 756	6 520	13 846	13 633	14 287	13 935	18 522	21 765
Corporate income tax	482	1 858	3 730	6 518	13 839	13 633	14 285	13 933	18 519	21 763
Commercial and agricultural enterprises	0	1 291	26	2	6	0	2	2	3	2
1220 Ganancias de capital de sociedades	..	..	..	..	..	..	..	..	..	..
1300 No clasificables entre 1100 y 1200	0	0	0	0	0	0	0	0	0	0
2000 Contribuciones a la seguridad social	**436**	**2 569**	**4 072**	**6 312**	**11 523**	**12 102**	**12 957**	**12 742**	**14 314**	**15 539**
2100 Empleados	..	..	..	..	..	..	..	..	..	..
2110 Sobre la base de la nómina	..	..	..	..	..	..	..	..	..	..
2120 Sobre la base del impuesto sobre la renta	..	..	..	..	..	..	..	..	..	..
2200 Empleadores	..	..	..	..	..	..	..	..	..	..
2210 Sobre la base de la nómina	..	..	..	..	..	..	..	..	..	..
2220 Sobre la base del impuesto sobre la renta	..	..	..	..	..	..	..	..	..	..
2300 Trabajadores por cuenta propia o no empleados	..	..	..	..	..	..	..	..	..	..
2310 Sobre la base de la nómina	..	..	..	..	..	..	..	..	..	..
2320 Sobre la base del impuesto sobre la renta	..	..	..	..	..	..	..	..	..	..
2400 No clasificables entre 2100, 2200 y 2300	436	2 569	4 072	6 312	11 523	12 102	12 957	12 742	14 314	15 539
2410 Sobre la base de la nómina	436	2 569	4 072	6 312	11 523	12 102	12 957	12 742	14 314	15 539
2420 Sobre la base del impuesto sobre la renta	0	0	0	0	0	0	0	0	0	0
3000 Impuestos sobre la nómina y la fuerza de trabajo	**0**	**0**	**0**	**447**	**862**	**903**	**933**	**859**	**1 038**	**1 102**
Contributions to INTECAP	..	..	..	233	449	469	484	448	537	586
Contributions to IRTRA	..	..	..	214	413	434	449	411	501	516
4000 Impuestos sobre la propiedad	**149**	**347**	**663**	**1 202**	**1 247**	**1 354**	**1 177**	**1 115**	**1 405**	**1 537**
4100 Impuestos recurrentes sobre la propiedad inmueble	0	153	342	621	710	865	685	712	839	915
4110 Hogares	..	0	0	0	0	0	0	0	0	0
4120 Otros	..	153	342	621	710	865	685	712	839	915
Property tax	..	6	1	1	1	2	2	1	2	1
Property tax (municipal)	..	147	341	620	709	863	683	711	837	914
4200 Impuestos recurrentes sobre la riqueza neta	0	0	0	0	0	0	0	0	0	0
4210 Personas físicas	..	..	..	..	..	..	..	..	..	..
4220 Sociedades	..	..	..	..	..	..	..	..	..	..
4300 Impuestos sobre sucesiones y donaciones	0	0	0	0	0	0	0	0	0	0
4310 Impuestos sobre sucesiones y herencias	..	..	..	..	..	..	..	..	..	..
4320 Impuestos sobre donaciones	..	..	..	..	..	..	..	..	..	..
4400 Imp. sobre transacciones financieras y de capital	149	194	321	581	537	489	492	403	567	622
Stamp duty	104	182	313	572	508	463	451	392	542	586
Tax on property transfer	45	12	8	10	29	26	40	11	25	36
4500 Otros impuestos no recurrentes sobre la propiedad	0	0	0	0	0	0	0	0	0	0
4510 Otros impuestos sobre la riqueza neta	..	..	..	..	..	..	..	..	..	..
4520 Otros impuestos no recurrentes	..	..	..	..	..	..	..	..	..	..
4600 Otros impuestos recurrentes sobre la propiedad	0	0	0	0	0	0	0	0	0	0
5000 Impuestos sobre los bienes y servicios	**1 554**	**10 317**	**16 402**	**23 255**	**35 365**	**37 253**	**40 124**	**37 993**	**48 666**	**55 975**
5100 Imp. sobre la producción, venta, etc.	1 526	10 131	16 083	22 750	34 539	36 372	39 215	37 090	47 655	54 905
5110 Impuestos generales	762	6 259	10 753	16 980	26 187	27 733	29 920	28 760	36 985	43 404
5111 Impuestos sobre el valor agregado	762	6 259	10 753	16 980	26 187	27 733	29 920	28 760	36 985	43 404
VAT domestic	361	2 903	4 250	7 995	14 380	14 573	15 897	15 992	18 226	20 215
VAT imports	401	4 189	7 953	11 127	14 148	15 560	16 331	14 955	21 461	26 131
Tax credit refunds	0	-834	-1 450	-2 142	-2 342	-2 401	-2 307	-2 187	-2 702	-2 941
5112 Impuestos sobre las ventas	0	0	0	0	0	0	0	0	0	0
5113 Otros impuestos generales	0	0	0	0	0	0	0	0	0	0
5120 Impuestos sobre bienes y servicios específicos	764	3 872	5 330	5 770	8 353	8 640	9 294	8 330	10 670	11 500

	1990	2000	2005	2010	2017	2018	2019	2020	2021	2022
5121 Impuestos selectivos	258	1 797	1 262	3 101	5 471	5 621	6 106	5 662	6 879	7 132
Tobacco and derivatives	76	205	312	347	348	337	363	299	333	346
Beer	0	97	122	159	314	322	365	387	471	526
Alcoholic beverages	0	77	76	97	96	103	109	104	130	154
Soft drinks	0	15	172	220	348	365	396	405	458	479
Other beverages	77	12	2	2	0	0	0	0	0	1
Cement	0	0	93	99	114	123	131	147	183	186
Oil and derivatives	105	1 389	485	2 179	3 296	3 417	3 743	3 485	4 066	4 039
IPRIMA	0	0	0	0	953	953	999	836	1 238	1 402
5122 Utilidades de los monopolios fiscales	0	0	0	0	0	0	0	0	0	0
5123 Derechos de aduanas y de importación	506	1 806	3 715	2 368	2 455	2 576	2 712	2 487	3 485	3 903
5124 Impuestos sobre las exportaciones	0	0	0	0	0	0	0	0	0	0
5125 Impuestos sobre los bienes de inversión	0	0	0	0	0	0	0	0	0	0
5126 Impuestos sobre servicios específicos	0	269	354	301	427	443	477	181	305	466
Departure tax	..	135	197	224	300	312	338	117	214	323
INGUATE	..	40	56	73	120	125	132	57	83	134
Transportation and communications	..	94	100	3	7	6	7	7	8	9
5127 Otros imp. sobre el comercio y transacciones intern.	0	0	0	0	0	0	0	0	0	0
5128 Otros impuestos sobre bienes y servicios específicos	0	0	0	0	0	0	0	0	0	0
5130 No clasificables entre 5110 y 5120	0	0	0	0	0	0	0	0	0	0
5200 Sobre el uso de bienes y permiso para actividades	28	186	319	505	826	881	909	903	1 011	1 071
5210 Impuestos recurrentes	28	186	319	505	826	881	909	903	1 011	1 071
5211 Por los hogares sobre vehículos automotores	0	0	0	0	0	0	0	0	0	0
5212 Por otros sobre vehículos automotores	28	186	319	505	826	881	909	903	1 011	1 071
5213 Otros impuestos recurrentes	0	0	0	0	0	0	0	0	0	0
5220 Impuestos no recurrentes	0	0	0	0	0	0	0	0	0	0
5300 No clasificables entre 5100 y 5200	0	0	0	0	0	0	0	0	0	0
6000 Otros impuestos	**0**	**7**	**1 649**	**2 575**	**4 380**	**4 656**	**4 830**	**5 070**	**5 399**	**6 130**
6100 Pagados únicamente por empresas	..	0	0	0	0	0	0	0	0	0
6200 Pagados por otros o no identificables	..	7	1 649	2 575	4 380	4 656	4 830	5 070	5 399	6 130
Extraordinary and temporary solidarity tax in support of peace agreements	..	0	1 647	44	28	10	63	3	9	11
Solidarity tax	..	0	0	2 530	4 352	4 646	4 766	5 067	5 389	6 119
Extraordinary and temporary solidarity tax	..	2	0	0	0	0	0	0	0	0
Other indirect taxes	..	4	1	1	0	0	0	0	0	1

.. No disponible

Nota : Ejercicio cerrado a 31 de diciembre.

Los datos siguen el criterio de caja.

Los ingresos tributarios de las administraciones locales incluyen ingresos procedentes del impuesto municipal sobre inmuebles (IUSI).

Partida 1000: Los impuestos sobre la renta de las personas físicas y de sociedades también incluyen los impuestos sobre ingresos obtenidos a partir de productos financieros.

Partida 2000: Las cifras incluyen las contribuciones al Instituto Guatemalteco de Seguridad Social (IGSS) y los pagos de los empleados públicos al fondo de pensiones del Gobierno.

Partida 3000: Las contribuciones al INTECAP y al IRTRA se incluyen en la partida 3000. Los ingresos tributarios se clasifican dentro del Gobierno central. En Guatemala, estos ingresos se clasifican en una unidad aparte considerada diferente de la administración central.

Partida 4400: Antes de 2000, el impuesto a la transferencia de propiedades de la partida 4400 incluye también el impuesto a la propiedad de la administración central de la partida 4120, porque no se puede distinguir.

Fuente : Superintendencia de Administración Tributaria; Ministerio de Finanzas Públicas; Contraloría General de Cuentas.

Cuadro 5.16. Guyana

Ingresos tributarios detallados
Millones GYD

	1990	2000	2005	2010	2017	2018	2019	2020	2021	2022
Total de ingresos tributarios	**5 232**	**42 750**	**60 319**	**111 906**	**191 513**	**220 421**	**250 240**	**243 507**	**282 401**	**324 376**
1000 Imp. renta, utilidades y ganancias de capital	**1 752**	**16 179**	**23 843**	**39 561**	**68 088**	**78 956**	**94 504**	**105 756**	**124 088**	**164 802**
1100 De personas físicas	333	7 734	11 139	17 816	26 564	32 037	35 249	39 711	46 962	58 903
1110 Renta y utilidades	333	7 734	11 139	17 816	26 564	32 037	35 249	39 711	46 962	58 903
Personal	306	7 157	11 139	15 419	21 669	25 808	29 213	34 688	42 907	54 881
Self-employed	27	577	0	2 397	4 895	6 229	6 036	5 024	4 054	4 022
1120 Ganancias de capital	..	..	..	..	..	..	..	..	..	..
1200 De sociedades	1 375	8 266	12 555	21 427	41 183	46 198	58 346	64 992	75 897	104 581
1210 Renta y utilidades	1 375	8 266	12 555	21 427	41 183	46 198	58 346	64 992	75 897	104 581
1220 Ganancias de capital de sociedades	..	..	..	..	..	..	..	..	..	..
1300 No clasificables entre 1100 y 1200	43	179	149	317	341	721	908	1 053	1 229	1 318
2000 Contribuciones a la seguridad social	**191**	**4 868**	**6 670**	**10 047**	**19 911**	**21 178**	**23 728**	**24 706**	**26 725**	**31 353**
2100 Empleados	..	..	..	..	..	..	..	..	..	..
2110 Sobre la base de la nómina	..	..	..	..	..	..	..	..	..	..
2120 Sobre la base del impuesto sobre la renta	..	..	..	..	..	..	..	..	..	..
2200 Empleadores	..	..	..	..	..	..	..	..	..	..
2210 Sobre la base de la nómina	..	..	..	..	..	..	..	..	..	..
2220 Sobre la base del impuesto sobre la renta	..	..	..	..	..	..	..	..	..	..
2300 Trabajadores por cuenta propia o no empleados	..	..	..	..	..	..	..	..	..	..
2310 Sobre la base de la nómina	..	..	..	..	..	..	..	..	..	..
2320 Sobre la base del impuesto sobre la renta	..	..	..	..	..	..	..	..	..	..
2400 No clasificables entre 2100, 2200 y 2300	191	4 868	6 670	10 047	19 911	21 178	23 728	24 706	26 725	31 353
2410 Sobre la base de la nómina	..	..	..	..	..	..	..	..	..	..
2420 Sobre la base del impuesto sobre la renta	..	..	..	..	..	..	..	..	..	..
3000 Impuestos sobre la nómina y la fuerza de trabajo	**0**	**0**	**0**	**0**	**0**	**0**	**0**	**0**	**0**	**0**
4000 Impuestos sobre la propiedad	**53**	**701**	**828**	**2 068**	**4 027**	**4 875**	**4 917**	**4 390**	**5 581**	**6 543**
4100 Impuestos recurrentes sobre la propiedad inmueble	40	681	807	1 562	3 579	4 377	4 312	3 847	4 907	5 853
4110 Hogares	0	0	0	0	781	1 016	933	892	1 030	1 235
4120 Otros	40	681	807	1 562	2 798	3 361	3 379	2 956	3 877	4 619
4200 Impuestos recurrentes sobre la riqueza neta	0	0	0	0	0	0	0	0	0	0
4210 Personas físicas	..	..	..	..	..	..	..	..	..	..
4220 Sociedades	..	..	..	..	..	..	..	..	..	..
4300 Impuestos sobre sucesiones y donaciones	13	20	21	31	39	44	41	44	67	91
4310 Impuestos sobre sucesiones y herencias	13	20	21	31	39	44	41	44	67	91
4320 Impuestos sobre donaciones	0	0	0	0	0	0	0	0	0	0
4400 Imp. sobre transacciones financieras y de capital	0	0	0	476	409	454	565	499	607	598
Stamp duties	..	..	..	476	409	454	565	499	607	598
4500 Otros impuestos no recurrentes sobre la propiedad	0	0	0	0	0	0	0	0	0	0
4510 Otros impuestos sobre la riqueza neta	..	..	..	..	..	..	..	..	..	..
4520 Otros impuestos no recurrentes	..	..	..	..	..	..	..	..	..	..
4600 Otros impuestos recurrentes sobre la propiedad	0	0	0	0	0	0	0	0	0	0
5000 Impuestos sobre los bienes y servicios	**2 200**	**20 798**	**27 940**	**59 360**	**97 502**	**113 216**	**124 952**	**106 683**	**124 040**	**119 641**
5100 Imp. sobre la producción, venta, etc.	2 162	20 530	27 414	58 846	96 386	111 770	123 710	105 489	122 857	118 411
5110 Impuestos generales	1 399	14 861	21 396	27 044	42 728	48 155	52 735	49 907	48 452	56 998
5111 Impuestos sobre el valor agregado	0	0	0	27 044	42 423	48 036	52 676	49 844	48 363	56 830
Imports	..	..	..	14 877	23 261	27 819	29 302	22 934	21 134	23 255
Domestic supply	..	..	..	12 168	19 162	20 216	23 374	26 910	27 228	33 575
5112 Impuestos sobre las ventas	0	0	0	0	0	0	0	0	0	0
5113 Otros impuestos generales	1 399	14 861	21 396	0	305	119	60	63	90	168
5120 Impuestos sobre bienes y servicios específicos	763	5 669	6 019	31 802	53 659	63 615	70 975	55 582	74 404	61 413
5121 Impuestos selectivos	32	609	1 211	22 070	35 162	41 659	45 979	35 941	48 793	31 139
Motor vehicle (imports)	..	..	..	7 702	5 443	6 781	7 977	8 188	14 917	13 708
Petroleum products (imports)	..	..	..	9 437	21 745	26 359	29 124	19 290	24 019	6 801
Tobacco (imports)	..	..	..	1 077	1 078	1 204	1 427	1 256	1 179	1 314
Alcoholic beverages (imports)	..	..	..	719	844	867	785	589	1 010	1 175
Alcoholic beverages (domestic)	..	..	..	2 358	4 348	4 468	4 486	4 599	5 275	5 394
Purchase tax - motor cars	..	..	..	0	0	0	0	0	0	0
Environmental tax	..	..	..	777	1 703	1 979	2 179	2 019	2 392	2 747
5122 Utilidades de los monopolios fiscales	0	0	0	0	0	0	0	0	0	0
5123 Derechos de aduanas y de importación	544	3 943	3 635	8 302	16 273	19 321	22 140	18 624	23 737	27 125
5124 Impuestos sobre las exportaciones	94	7	7	7	23	33	29	27	29	84
5125 Impuestos sobre los bienes de inversión	0	0	0	0	0	0	0	0	0	0

	1990	2000	2005	2010	2017	2018	2019	2020	2021	2022
5126 Impuestos sobre servicios específicos	92	1 110	1 166	1 423	2 201	2 603	2 827	990	1 845	3 064
Entertainment tax	12	27	2	0	0	0	0	0	0	0
Travel tax	80	1 084	1 164	1 423	2 201	2 603	2 827	990	1 845	3 064
5127 Otros imp. sobre el comercio y transacciones intern.	0	0	0	0	0	0	0	0	0	0
5128 Otros impuestos sobre bienes y servicios específicos	0	0	0	0	0	0	0	0	0	0
5130 No clasificables entre 5110 y 5120	0	0	0	0	0	0	0	0	0	0
5200 Sobre el uso de bienes y permiso para actividades	38	268	525	514	1 116	1 446	1 242	1 194	1 183	1 230
5210 Impuestos recurrentes	38	268	525	514	1 116	1 446	1 242	1 194	1 183	1 230
5211 Por los hogares sobre vehículos automotores	27	239	274	475	1 039	1 095	1 150	1 135	1 112	1 165
5212 Por otros sobre vehículos automotores	0	0	0	0	0	0	0	0	0	0
5213 Otros impuestos recurrentes	12	29	251	39	77	352	92	60	70	65
Other licences	12	29	251	39	77	352	92	60	70	65
5220 Impuestos no recurrentes	0	0	0	0	0	0	0	0	0	0
5300 No clasificables entre 5100 y 5200	0	0	0	0	0	0	0	0	0	0
6000 Otros impuestos	**1 037**	**204**	**1 039**	**870**	**1 985**	**2 196**	**2 139**	**1 972**	**1 968**	**2 037**
6100 Pagados únicamente por empresas	0	0	0	0	0	0	0	0	0	0
6200 Pagados por otros o no identificables	1 037	204	1 039	870	1 985	2 196	2 139	1 972	1 968	2 037

.. No disponible

Nota : Ejercicio cerrado a 31 de diciembre.

Los datos siguen el criterio de caja.

Los datos sobre los ingresos tributarios de las administraciones locales incluyen los pagos de los impuestos locales por parte de las corporaciones públicas. Los datos de ingresos tributarios de 2022 son estimaciones revisadas por la administración.

Partida 2000: Las cifras incluyen contribuciones al Sistema de Seguro Social.

Fuente : Ministerio de Finanzas; Banco de la Guyana; Sistema de Seguro Social (Ministry of Finance; Bank of Guyana; National Insurance Scheme).

Cuadro 5.17. Honduras

Ingresos tributarios detallados
Millones HNL

	1990	2000	2005	2010	2017	2018	2019	2020	2021	2022
Total de ingresos tributarios	**2 118**	**18 299**	**32 974**	**54 544**	**117 659**	**126 062**	**131 995**	**112 448**	**145 066**	**166 126**
1000 Imp. renta, utilidades y ganancias de capital	**431**	**2 907**	**7 037**	**13 232**	**33 055**	**36 071**	**34 533**	**25 587**	**35 209**	**48 289**
1100 De personas físicas	157	992	2 312	4 528	10 533	11 368	11 365	11 214	14 258	17 478
1110 Renta y utilidades	157	992	2 312	4 528	10 533	11 368	11 365	11 214	14 258	17 478
1120 Ganancias de capital	..	..	..	..	..	..	..	..	..	..
1200 De sociedades	274	1 916	4 725	8 705	22 522	24 702	23 167	14 373	20 951	30 811
1210 Renta y utilidades	274	1 916	4 725	8 705	22 522	24 702	23 167	14 373	20 951	30 811
Corporate income tax	274	1 916	4 121	7 400	20 668	22 083	20 538	12 731	18 286	26 509
Income tax surcharge	0	0	604	1 305	1 841	2 601	2 612	1 620	2 646	4 277
Special contribution of the cooperative sector	0	0	0	0	14	19	17	21	19	25
1220 Ganancias de capital de sociedades	..	..	..	..	..	..	..	..	..	..
1300 No clasificables entre 1100 y 1200	0	0	0	0	0	0	0	0	0	0
2000 Contribuciones a la seguridad social	**179**	**1 727**	**4 416**	**8 671**	**17 911**	**19 302**	**21 068**	**23 138**	**23 994**	**25 284**
2100 Empleados	..	..	..	..	..	..	..	..	..	..
2110 Sobre la base de la nómina	..	..	..	..	..	..	..	..	..	..
2120 Sobre la base del impuesto sobre la renta	..	..	..	..	..	..	..	..	..	..
2200 Empleadores	..	..	..	..	..	..	..	..	..	..
2210 Sobre la base de la nómina	..	..	..	..	..	..	..	..	..	..
2220 Sobre la base del impuesto sobre la renta	..	..	..	..	..	..	..	..	..	..
2300 Trabajadores por cuenta propia o no empleados	..	..	..	..	..	..	..	..	..	..
2310 Sobre la base de la nómina	..	..	..	..	..	..	..	..	..	..
2320 Sobre la base del impuesto sobre la renta	..	..	..	..	..	..	..	..	..	..
2400 No clasificables entre 2100, 2200 y 2300	179	1 727	4 416	8 671	17 911	19 302	21 068	23 138	23 994	25 284
2410 Sobre la base de la nómina	179	1 727	4 416	8 671	17 911	19 302	21 068	23 138	23 994	25 284
2420 Sobre la base del impuesto sobre la renta	0	0	0	0	0	0	0	0	0	0
3000 Impuestos sobre la nómina y la fuerza de trabajo	**0**	**0**	**0**	**485**	**925**	**1 025**	**1 005**	**935**	**1 081**	**1 215**
4000 Impuestos sobre la propiedad	**16**	**266**	**631**	**994**	**3 046**	**3 243**	**3 428**	**2 954**	**4 119**	**4 881**
4100 Impuestos recurrentes sobre la propiedad inmueble	16	189	170	254	344	435	446	282	586	720
4110 Hogares	..	..	..	..	..	..	..	..	..	..
4120 Otros	..	..	..	..	..	..	..	..	..	..
4200 Impuestos recurrentes sobre la riqueza neta	0	78	144	359	349	278	341	328	469	439
4210 Personas físicas	..	..	..	..	..	..	..	..	..	..
4220 Sociedades	..	..	..	..	..	..	..	..	..	..
4300 Impuestos sobre sucesiones y donaciones	0	0	0	0	0	0	0	0	0	0
4310 Impuestos sobre sucesiones y herencias	..	..	..	..	..	..	..	..	..	..
4320 Impuestos sobre donaciones	..	..	..	..	..	..	..	..	..	..
4400 Imp. sobre transacciones financieras y de capital	0	0	0	0	2 353	2 531	2 641	2 344	3 064	3 722
4500 Otros impuestos no recurrentes sobre la propiedad	0	0	316	380	0	0	0	0	0	0
4510 Otros impuestos sobre la riqueza neta	..	..	0	0	..	..	..	..	..	..
4520 Otros impuestos no recurrentes	..	..	316	380	..	..	..	..	..	..
4600 Otros impuestos recurrentes sobre la propiedad	0	0	0	0	0	0	0	0	0	0
5000 Impuestos sobre los bienes y servicios	**1 401**	**12 436**	**19 032**	**28 937**	**60 580**	**64 017**	**66 742**	**55 520**	**75 817**	**80 525**
5100 Imp. sobre la producción, venta, etc.	1 401	12 436	19 032	28 937	60 580	64 017	66 742	55 520	75 817	80 525
5110 Impuestos generales	344	5 146	9 565	16 050	39 228	41 562	42 891	35 815	49 264	56 067
5111 Impuestos sobre el valor agregado	344	5 146	9 565	16 050	39 228	41 562	42 891	35 815	49 264	56 067
5112 Impuestos sobre las ventas	0	0	0	0	0	0	0	0	0	0
5113 Otros impuestos generales	0	0	0	0	0	0	0	0	0	0
5120 Impuestos sobre bienes y servicios específicos	1 057	7 290	9 468	12 887	21 352	22 454	23 851	19 705	26 553	24 458
5121 Impuestos selectivos	256	4 592	6 322	8 458	16 405	17 011	18 285	15 598	20 048	16 664
Beer	70	376	338	376	974	1 150	1 339	1 164	1 754	1 766
Soft drinks	25	240	268	514	938	979	1 075	1 073	1 332	1 351
Liquors	32	48	69	121	192	227	217	206	297	318
Petroleum products	43	347	0	0	0	0	0	0	0	0
Cigarettes	57	369	437	607	563	565	514	471	531	647
Fuel tax	0	2 954	4 916	6 288	12 773	13 061	14 131	11 951	14 919	11 004
Other	28	258	295	551	965	1 028	1 010	733	1 215	1 578
5122 Utilidades de los monopolios fiscales	0	0	0	0	0	0	0	0	0	0
5123 Derechos de aduanas y de importación	498	2 083	2 174	2 505	4 244	4 485	4 474	3 282	5 288	6 501
Petroleum	0	297	0	0	0	0	0	0	0	0
Other	498	1 786	2 174	2 505	4 244	4 485	4 474	3 282	5 288	6 501

	1990	2000	2005	2010	2017	2018	2019	2020	2021	2022
5124 Impuestos sobre las exportaciones	217	6	0	0	79	90	18	10	76	21
Bananas	39	5	..	..	0	0	0	0	0	0
Coffee	1	0	..	..	0	0	0	0	0	0
Temporary export tax	163	0	..	..	0	0	0	0	0	0
Special contribution of the mining sector	0	0	..	..	79	90	18	10	76	21
Other	15	1	..	..	0	0	0	0	0	0
5125 Impuestos sobre los bienes de inversión	0	0	0	0	0	0	0	0	0	0
5126 Impuestos sobre servicios específicos	0	0	0	0	84	80	49	41	44	42
Special contribution of mobile services	..	..	..	..	55	49	35	36	36	35
Special contribution of the food and services sector	..	..	..	..	25	26	9	3	5	2
Special contribution of casino games and slot machines	..	..	..	..	4	4	5	2	3	5
5127 Otros imp. sobre el comercio y transacciones intern.	0	0	0	0	0	0	0	0	0	0
5128 Otros impuestos sobre bienes y servicios específicos	87	610	971	1 924	539	789	1 025	774	1 097	1 230
5130 No clasificables entre 5110 y 5120	0	0	0	0	0	0	0	0	0	0
5200 Sobre el uso de bienes y permiso para actividades	0	0	0	0	0	0	0	0	0	0
5210 Impuestos recurrentes	..	..	..	..	..	..	..	..	..	..
5211 Por los hogares sobre vehículos automotores	..	..	..	..	..	..	..	..	..	..
5212 Por otros sobre vehículos automotores	..	..	..	..	..	..	..	..	..	..
5213 Otros impuestos recurrentes	..	..	..	..	..	..	..	..	..	..
5220 Impuestos no recurrentes	..	..	..	..	..	..	..	..	..	..
5300 No clasificables entre 5100 y 5200	0	0	0	0	0	0	0	0	0	0
6000 Otros impuestos	**91**	**962**	**1 858**	**2 225**	**2 142**	**2 404**	**5 220**	**4 315**	**4 847**	**5 931**
6100 Pagados únicamente por empresas	0	0	0	0	0	0	0	0	0	0
6200 Pagados por otros o no identificables	91	962	1 858	2 225	2 142	2 404	5 220	4 315	4 847	5 931

.. No disponible

Nota : Ejercicio cerrado a 31 de diciembre.

Los datos siguen el criterio de caja.

Las cifras de ingresos tributarios locales pueden incluir ingresos no tributarios y transferencias del Gobierno central que no se consideran ingresos tributarios según la clasificación de la OCDE, descritas en la Guía de interpretación, aunque no ha sido posible distinguir los diferentes componentes dentro de los datos agregados.

Partida 3000: Las contribuciones de los empleadores al Instituto Nacional de Formación Profesional (INFOP) se incluyen en la partida 3000. Los ingresos tributarios se clasifican dentro del Gobierno central. En Honduras, estos ingresos se clasifican en una unidad aparte que se considera diferente del Gobierno central.

Fuente : Servicio de Administración de Rentas; Secretaría de Finanzas.

Cuadro 5.18. Jamaica

Ingresos tributarios detallados
Millones JMD

	1990	2000	2005	2010	2017	2018	2019	2020	2021	2022
Total de ingresos tributarios	**7 748**	**87 713**	**163 154**	**287 139**	**517 091**	**562 009**	**602 592**	**544 211**	**616 467**	**768 574**
1000 Imp. renta, utilidades y ganancias de capital	**3 639**	**35 457**	**62 702**	**105 917**	**129 925**	**144 581**	**155 140**	**155 632**	**167 112**	**206 743**
1100 De personas físicas	1 687	17 441	36 043	54 798	60 306	62 644	69 323	72 692	77 756	96 902
1110 Renta y utilidades	1 687	17 441	36 043	54 798	60 306	62 644	69 323	72 692	77 756	96 902
PAYE	1 489	16 515	34 223	50 828	54 879	57 472	63 716	67 228	72 416	90 077
Other individuals	198	926	1 820	3 969	5 427	5 173	5 607	5 464	5 340	6 825
1120 Ganancias de capital	..	..	..	..	..	..	..	..	..	..
1200 De sociedades	1 280	7 627	13 134	33 091	61 401	62 504	67 623	61 823	68 791	79 485
1210 Renta y utilidades	1 280	7 627	13 134	33 091	61 401	62 504	67 623	61 823	68 791	79 485
Bauxite/alumina	134	430	446	866	0	0	0	0	0	0
Other companies	1 146	7 197	12 688	32 224	60 431	61 427	67 251	61 665	68 646	79 355
Minimum business tax	0	0	0	0	970	1 077	372	159	145	129
1220 Ganancias de capital de sociedades	..	..	..	..	..	..	..	..	..	..
1300 No clasificables entre 1100 y 1200	672	10 389	13 525	18 028	8 218	19 433	18 194	21 117	20 565	30 356
Tax on dividends	68	854	248	1 059	1 801	1 987	2 368	2 757	2 536	3 379
Tax on interests	605	9 535	13 277	16 970	6 417	17 446	15 827	18 360	18 029	26 977
2000 Contribuciones a la seguridad social	**..**	**..**	**4 924**	**8 199**	**19 249**	**21 033**	**24 569**	**25 076**	**31 671**	**42 531**
2100 Empleados	..	..	..	..	..	..	..	..	..	..
2110 Sobre la base de la nómina	..	..	..	..	..	..	..	..	..	..
2120 Sobre la base del impuesto sobre la renta	..	..	..	..	..	..	..	..	..	..
2200 Empleadores	..	..	..	..	..	..	..	..	..	..
2210 Sobre la base de la nómina	..	..	..	..	..	..	..	..	..	..
2220 Sobre la base del impuesto sobre la renta	..	..	..	..	..	..	..	..	..	..
2300 Trabajadores por cuenta propia o no empleados	..	..	..	..	..	..	..	..	..	..
2310 Sobre la base de la nómina	..	..	..	..	..	..	..	..	..	..
2320 Sobre la base del impuesto sobre la renta	..	..	..	..	..	..	..	..	..	..
2400 No clasificables entre 2100, 2200 y 2300	..	..	4 924	8 199	19 249	21 033	24 569	25 076	31 671	42 531
2410 Sobre la base de la nómina	..	..	..	..	..	..	..	..	..	..
2420 Sobre la base del impuesto sobre la renta	..	..	..	..	..	..	..	..	..	..
3000 Impuestos sobre la nómina y la fuerza de trabajo	**305**	**3 821**	**7 193**	**12 792**	**25 865**	**28 541**	**31 294**	**30 813**	**32 063**	**38 188**
4000 Impuestos sobre la propiedad	**965**	**4 262**	**10 796**	**9 939**	**23 583**	**24 793**	**19 117**	**15 600**	**18 155**	**21 115**
4100 Impuestos recurrentes sobre la propiedad inmueble	67	639	1 455	2 600	8 523	8 478	9 020	7 996	9 546	9 716
4110 Hogares	67	639	1 455	2 600	8 523	8 478	9 020	7 996	9 546	9 716
Municipal property tax	0	639	1 455	2 600	8 523	8 478	9 020	7 996	9 546	9 716
Other property taxes	67	0	0	0	0	0	0	0	0	0
4120 Otros	0	0	0	0	0	0	0	0	0	0
4200 Impuestos recurrentes sobre la riqueza neta	0	0	0	0	0	0	0	0	0	0
4210 Personas físicas	..	..	..	..	..	..	..	..	..	..
4220 Sociedades	..	..	..	..	..	..	..	..	..	..
4300 Impuestos sobre sucesiones y donaciones	0	0	0	0	0	0	0	0	0	0
4310 Impuestos sobre sucesiones y herencias	..	..	..	..	..	..	..	..	..	..
4320 Impuestos sobre donaciones	..	..	..	..	..	..	..	..	..	..
4400 Imp. sobre transacciones financieras y de capital	898	3 623	9 341	7 339	15 060	16 315	10 097	7 603	8 609	11 399
Stamp duty	898	3 623	9 341	7 339	15 060	16 315	10 097	7 603	8 609	11 399
4500 Otros impuestos no recurrentes sobre la propiedad	0	0	0	0	0	0	0	0	0	0
4510 Otros impuestos sobre la riqueza neta	..	..	..	..	..	..	..	..	..	..
4520 Otros impuestos no recurrentes	..	..	..	..	..	..	..	..	..	..
4600 Otros impuestos recurrentes sobre la propiedad	0	0	0	0	0	0	0	0	0	0
5000 Impuestos sobre los bienes y servicios	**2 824**	**43 907**	**77 065**	**149 544**	**316 601**	**340 651**	**370 321**	**315 268**	**365 499**	**457 446**
5100 Imp. sobre la producción, venta, etc.	2 760	43 107	75 954	147 500	311 911	335 189	363 429	308 011	357 080	448 649
5110 Impuestos generales	297	22 356	45 602	84 409	171 584	187 576	203 297	177 354	199 638	253 358
5111 Impuestos sobre el valor agregado	293	22 356	45 602	82 407	168 112	183 646	199 150	173 480	194 725	246 993
General consumption tax	293	22 356	45 602	82 407	168 112	183 646	199 150	173 480	194 725	246 993
5112 Impuestos sobre las ventas	4	0	0	0	0	0	0	0	0	0
Sales tax on used cars	4	..	..	..	..	..	..	..	..	..
5113 Otros impuestos generales	0	0	0	2 002	3 472	3 930	4 147	3 873	4 913	6 364
Environmental levy	..	..	..	2 002	3 472	3 930	4 147	3 873	4 913	6 364
5120 Impuestos sobre bienes y servicios específicos	2 463	20 752	30 352	63 091	140 327	147 613	160 133	130 658	157 442	195 291
5121 Impuestos selectivos	1 158	9 751	12 387	38 112	75 152	75 169	80 773	69 949	84 782	96 588
Special consumption tax	1 115	9 751	12 387	38 112	75 112	75 103	80 693	69 852	84 704	96 475
Quarry tax	0	0	0	0	39	66	80	97	78	113
Other excises	44	0	0	0	0	0	0	0	0	0
5122 Utilidades de los monopolios fiscales	0	0	0	0	0	0	0	0	0	0

	1990	2000	2005	2010	2017	2018	2019	2020	2021	2022
5123 Derechos de aduanas y de importación	782	8 498	14 999	19 959	37 737	41 243	44 809	40 420	47 762	60 695
5124 Impuestos sobre las exportaciones	0	0	0	0	0	0	0	0	0	0
5125 Impuestos sobre los bienes de inversión	0	0	0	0	0	0	0	0	0	0
5126 Impuestos sobre servicios específicos	523	2 503	2 966	5 020	27 438	31 202	34 550	20 289	24 898	38 009
Travel tax	86	1 999	1 914	3 512	18 659	20 114	21 954	9 108	12 624	23 274
Telephone call tax	86	0	0	0	3 543	3 247	3 568	3 619	3 414	3 252
Betting, gaming and lottery	50	504	1 052	1 508	2 639	5 205	6 152	6 163	7 229	8 401
Accommodation tax	87	0	0	0	2 598	2 636	2 877	1 400	1 631	3 082
Bank and trust	204	0	0	0	0	0	0	0	0	0
Entertainment tax	11	0	0	0	0	0	0	0	0	0
5127 Otros imp. sobre el comercio y transacciones intern.	0	0	0	0	0	0	0	0	0	0
5128 Otros impuestos sobre bienes y servicios específicos	0	0	0	0	0	0	0	0	0	0
5130 No clasificables entre 5110 y 5120	0	0	0	0	0	0	0	0	0	0
5200 Sobre el uso de bienes y permiso para actividades	64	800	1 111	2 045	4 690	5 463	6 892	7 257	8 419	8 797
5210 Impuestos recurrentes	64	800	1 111	2 045	4 690	5 463	6 892	7 257	8 419	8 797
5211 Por los hogares sobre vehículos automotores	47	751	935	1 775	3 768	4 334	4 863	4 528	4 864	5 668
5212 Por otros sobre vehículos automotores	0	0	0	0	0	0	0	0	0	0
5213 Otros impuestos recurrentes	17	49	176	270	922	1 129	2 029	2 728	3 555	3 129
5220 Impuestos no recurrentes	0	0	0	0	0	0	0	0	0	0
5300 No clasificables entre 5100 y 5200	0	0	0	0	0	0	0	0	0	0
6000 Otros impuestos	**16**	**266**	**475**	**748**	**1 868**	**2 410**	**2 151**	**1 824**	**1 967**	**2 551**
6100 Pagados únicamente por empresas	0	0	0	0	0	0	0	0	0	0
6200 Pagados por otros o no identificables	16	266	475	748	1 868	2 410	2 151	1 824	1 967	2 551
Contractors levy	16	266	475	748	1 868	2 410	2 151	1 824	1 967	2 551

.. No disponible

Nota : Ejercicio cerrado a 31 de diciembre, a excepción del período 1990-2003 que se refiere al ejercicio fiscal cerrado a 31 de marzo debido a la disponibilidad de los datos.

Los datos siguen el criterio de caja.

Partida 2000: Las cifras incluyen las contribuciones al Sistema de Seguro Nacional (NIS).

Partida 3000: El impuesto a la educación de Jamaica incluye las contribuciones de empleados, empleadores y empleados por cuenta propia, calculadas en función de sus emolumentos. Las contribuciones de los empleadores representan la mayoría de las contribuciones totales.

Fuente : Ministerio de Finanzas y Servicio Público; Administración Tributaria de Jamaica (Ministry of Finance and the Public Service; Tax Administration Jamaica).

Cuadro 5.19. México

Ingresos tributarios detallados
Millones MXN

	1990	2000	2005	2010	2017	2018	2019	2020	2021	2022
Total de ingresos tributarios	**102 005**	**767 216**	**1 086 482**	**1 716 243**	**3 527 032**	**3 797 888**	**3 995 654**	**4 148 699**	**4 452 355**	**4 818 014**
1000 Imp. renta, utilidades y ganancias de capital	**34 673**	**276 548**	**402 036**	**683 604**	**1 571 954**	**1 671 513**	**1 694 143**	**1 768 161**	**1 903 047**	**2 280 791**
1100 De personas físicas	..	..	195 869	313 473	754 109	804 236	829 501	872 598	938 623	1 066 965
Tax on income of individuals	..	..	195 869	313 473	754 109	804 236	829 501	872 598	938 623	1 066 965
1110 Renta y utilidades	..	..	..	..	..	..	..	..	..	..
1120 Ganancias de capital	..	..	..	..	..	..	..	..	..	..
1200 De sociedades	..	..	135 840	246 745	769 193	809 834	803 643	832 120	898 767	1 136 636
Tax on income of corporations	..	..	135 840	246 745	769 193	809 834	803 643	832 120	898 767	1 136 636
1210 Renta y utilidades	..	..	..	..	..	..	..	..	..	..
1220 Ganancias de capital de sociedades	..	..	..	..	..	..	..	..	..	..
1300 No clasificables entre 1100 y 1200	34 673	276 548	70 327	123 386	48 652	57 443	60 999	63 443	65 657	77 190
Tax on income of other individuals and corporations	..	244 841	40 780	66 937	46 004	50 878	54 686	58 196	58 306	70 239
Tax on asset	..	13 913	12 033	-624	-1 069	-396	-585	-1 245	-380	31
Credit on salary	..	17 794	17 514	9 708	1 036	1 172	1 290	479	512	107
Oil yields tax	..	0	0	2 296	0	0	0	0	0	0
IETU	..	0	0	45 069	-1 648	319	-195	-888	200	-346
Imposed by Activity Exploration and extraction of hydrocarbon	..	0	0	0	4 330	5 470	5 803	6 902	7 019	7 160
2000 Contribuciones a la seguridad social	**17 165**	**138 223**	**206 551**	**277 459**	**467 619**	**509 087**	**552 058**	**576 019**	**612 175**	**681 672**
2100 Empleados	..	..	..	..	..	..	..	..	..	..
2110 Sobre la base de la nómina	..	..	..	..	..	..	..	..	..	..
2120 Sobre la base del impuesto sobre la renta	..	..	..	..	..	..	..	..	..	..
2200 Empleadores	..	..	..	..	..	..	..	..	..	..
2210 Sobre la base de la nómina	..	..	..	..	..	..	..	..	..	..
2220 Sobre la base del impuesto sobre la renta	..	..	..	..	..	..	..	..	..	..
2300 Trabajadores por cuenta propia o no empleados	..	..	..	..	..	..	..	..	..	..
2310 Sobre la base de la nómina	..	..	..	..	..	..	..	..	..	..
2320 Sobre la base del impuesto sobre la renta	..	..	..	..	..	..	..	..	..	..
2400 No clasificables entre 2100, 2200 y 2300	17 165	138 223	206 551	277 459	467 619	509 087	552 058	576 019	612 175	681 672
2410 Sobre la base de la nómina	..	138 223	206 551	277 459	467 619	509 087	552 058	576 019	612 175	681 672
2420 Sobre la base del impuesto sobre la renta	..	0	0	0	0	0	0	0	0	0
3000 Impuestos sobre la nómina y la fuerza de trabajo	**1 797**	**11 217**	**20 461**	**36 911**	**84 099**	**93 303**	**101 284**	**105 456**	**116 910**	**141 140**
Substitute tax on salary	..	0	0	0	0	0	0	0	0	0
Payroll tax	..	11 101	15 746	27 813	83 608	92 833	100 798	104 825	115 974	139 977
Tax on remuneration to the personal work	..	65	4 562	8 841	246	270	298	407	579	837
Tax on professions and fees	..	36	53	71	103	111	121	177	235	263
Tax on operations by contract	..	15	100	186	141	90	67	47	121	64
4000 Impuestos sobre la propiedad	**1 914**	**13 964**	**26 796**	**38 955**	**67 836**	**77 110**	**79 262**	**79 237**	**90 204**	**90 123**
4100 Impuestos recurrentes sobre la propiedad inmueble	1 036	9 948	16 641	25 724	44 680	49 445	50 540	52 728	56 146	56 112
4110 Hogares	0	0	0	0	0	0	0	0	0	0
4120 Otros	1 036	9 948	16 641	25 724	44 680	49 445	50 540	52 728	56 146	56 112
Property tax	..	9 948	16 641	25 724	44 680	49 445	50 540	52 728	56 146	56 112
4200 Impuestos recurrentes sobre la riqueza neta	0	0	0	0	0	0	0	0	0	0
4210 Personas físicas	..	..	..	..	..	..	..	..	..	..
4220 Sociedades	..	..	..	..	..	..	..	..	..	..
4300 Impuestos sobre sucesiones y donaciones	8	0	0	0	0	0	0	0	0	0
4310 Impuestos sobre sucesiones y herencias	8	..	..	..	..	..	..	..	..	..
4320 Impuestos sobre donaciones	0	..	..	..	..	..	..	..	..	..
4400 Imp. sobre transacciones financieras y de capital	870	4 017	10 155	13 231	23 156	27 665	28 722	26 509	34 057	34 011
Alienation of immovable property	..	1 763	984	1 122	1 623	1 823	1 939	1 982	2 486	2 762
Transfer of ownership of real estate	..	2 236	5 528	5 027	7 016	8 658	8 385	12 072	11 394	15 124
Purchasing property	..	18	3 643	7 082	14 516	17 184	18 397	12 456	20 177	16 125
4500 Otros impuestos no recurrentes sobre la propiedad	0	0	0	0	0	0	0	0	0	0
4510 Otros impuestos sobre la riqueza neta	..	..	..	..	..	..	..	..	..	..
4520 Otros impuestos no recurrentes	..	..	..	..	..	..	..	..	..	..
4600 Otros impuestos recurrentes sobre la propiedad	0	0	0	0	0	0	0	0	0	0
5000 Impuestos sobre los bienes y servicios	**44 837**	**319 612**	**418 945**	**651 915**	**1 283 049**	**1 381 659**	**1 504 252**	**1 544 156**	**1 647 926**	**1 496 589**
5100 Imp. sobre la producción, venta, etc.	44 171	310 325	403 158	630 123	1 262 770	1 364 208	1 486 758	1 527 674	1 630 615	1 479 144
5110 Impuestos generales	26 635	189 606	318 432	504 509	816 048	922 238	933 327	987 525	1 123 699	1 221 803
5111 Impuestos sobre el valor agregado	26 635	189 606	318 432	504 509	816 048	922 238	933 327	987 525	1 123 699	1 221 803
5112 Impuestos sobre las ventas	0	0	0	0	0	0	0	0	0	0
5113 Otros impuestos generales	0	0	0	0	0	0	0	0	0	0
5120 Impuestos sobre bienes y servicios específicos	17 519	120 720	84 726	125 614	446 722	441 970	553 432	540 149	506 917	257 341

	1990	2000	2005	2010	2017	2018	2019	2020	2021	2022
5121 Impuestos selectivos	10 072	86 163	55 286	86 098	378 537	358 577	470 993	469 040	410 450	132 593
Special tax on production and services	..	81 544	49 627	81 427	367 834	347 436	460 496	460 674	399 154	117 533
Tax on new automobiles	..	4 619	5 659	4 671	10 703	11 142	10 497	8 366	11 296	15 060
Tax on luxury goods and services	..	0	0	0	0	0	0	0	0	0
5122 Utilidades de los monopolios fiscales	0	0	0	0	0	0	0	0	0	0
5123 Derechos de aduanas y de importación	6 998	33 285	27 512	26 602	53 793	67 232	66 295	59 247	77 236	95 901
Step customs officer	..	423	692	2 071	1 463	1 690	1 554	1 309	1 697	2 229
Import taxes	..	32 861	26 820	24 531	52 330	65 543	64 741	57 938	75 539	93 672
5124 Impuestos sobre las exportaciones	75	4	0	0	0	0	0	0	0	0
Tax on exports	..	4	0	0	0	0	0	0	0	0
5125 Impuestos sobre los bienes de inversión	0	0	0	0	0	0	0	0	0	0
5126 Impuestos sobre servicios específicos	132	1 042	1 578	10 958	7 778	8 692	9 196	5 625	9 265	13 575
IDE	..	0	0	8 022	-739	-629	-405	-252	-135	-152
Tax on lodging	..	504	798	1 384	3 598	3 945	4 254	2 500	4 119	6 411
Public entertainment tax	..	240	349	462	839	909	924	467	393	1 149
Tax on lotteries, raffles and gambling	..	267	417	923	2 717	2 947	3 403	2 114	3 799	3 921
Tax on commercials	..	4	15	166	1 082	1 231	376	0	0	0
Various indirect taxes	..	28	0	1	282	288	644	795	1 089	2 247
5127 Otros imp. sobre el comercio y transacciones intern.	0	0	0	0	0	0	0	0	0	0
5128 Otros impuestos sobre bienes y servicios específicos	242	226	350	1 956	6 613	7 468	6 947	6 238	9 966	15 271
Mining fees	..	226	350	1 956	6 613	7 468	6 947	6 238	9 966	15 271
5130 No clasificables entre 5110 y 5120	17	0	0	0	0	0	0	0	0	0
5200 Sobre el uso de bienes y permiso para actividades	666	9 287	15 787	21 793	20 279	17 451	17 494	16 482	17 311	17 445
5210 Impuestos recurrentes	666	9 287	15 787	21 793	20 279	17 451	17 494	16 482	17 311	17 445
5211 Por los hogares sobre vehículos automotores	567	8 878	15 237	21 319	19 530	16 533	16 624	15 699	16 422	16 311
Tax on motor vehicules	..	8 878	15 237	21 319	19 530	16 533	16 624	15 699	16 422	16 311
5212 Por otros sobre vehículos automotores	0	301	357	281	554	640	645	437	605	705
Tax on federal auto transport	..	301	357	281	554	640	645	437	605	705
5213 Otros impuestos recurrentes	99	108	193	193	194	278	225	347	285	429
Sport fishing	..	40	80	59	71	73	73	55	69	87
Sport hunting	..	3	0	0	0	0	0	0	0	0
Tax on commercial activities	..	63	113	50	28	115	41	159	39	97
Trade in books and magazines	..	0	0	0	0	0	0	0	0	0
Tax on industrial activities	..	2	0	82	77	73	92	113	113	51
Mining	..	0	0	1	18	17	17	19	64	194
5220 Impuestos no recurrentes	0	0	0	0	0	0	0	0	0	0
5300 No clasificables entre 5100 y 5200	0	0	0	0	0	0	0	0	0	0
6000 Otros impuestos	**1 619**	**7 651**	**11 693**	**27 398**	**52 475**	**65 217**	**64 654**	**75 671**	**82 092**	**127 699**
6100 Pagados únicamente por empresas	0	0	0	0	0	0	0	0	0	0
6200 Pagados por otros o no identificables	1 619	7 651	11 693	27 398	52 475	65 217	64 654	75 671	82 092	127 699
Accessories	..	5 504	9 543	22 206	32 153	45 864	41 063	56 793	54 231	83 591
Unallocable between 1000 and 5000 caused in exercices fiscal previous liquidation slopes or of payment	..	374	-927	30	281	400	79	218	304	328
Additional state and local taxes	..	1 773	3 077	5 162	20 042	18 952	23 512	18 660	27 558	43 780

.. No disponible

Nota : Ejercicio cerrado a 31 de diciembre.

Los datos siguen el criterio de caja.

Partida 1000: En los datos de la CEPAL, los impuestos sobre la renta se presentan netos de crédito en las cifras salariales.

Partida 2000: En los datos de la CEPAL, las contribuciones a la seguridad social se presentan netas de transferencias procedentes del Gobierno federal en concepto de pago de las pensiones del IMSS (Instituto Mexicano del Seguro Social).

Fuente : Secretaría de Economía.

Cuadro 5.20. Nicaragua

Ingresos tributarios detallados
Millones NIO

	1990	2000	2005	2010	2017	2018	2019	2020	2021	2022
Total de ingresos tributarios	..	**9 300**	**18 353**	**36 162**	**98 803**	**95 459**	**107 333**	**110 648**	**134 518**	**156 174**
1000 Imp. renta, utilidades y ganancias de capital	..	**1 144**	**3 902**	**8 351**	**28 557**	**29 258**	**33 036**	**32 470**	**40 753**	**50 714**
1100 De personas físicas	..	299	925	1 857	6 468	6 780	6 561	6 833	7 753	9 648
1110 Renta y utilidades	..	299	925	1 857	6 468	6 780	6 561	6 833	7 753	9 648
1120 Ganancias de capital	..	..	..	..	..	..	..	..	..	..
1200 De sociedades	..	845	2 977	6 494	22 089	22 478	26 475	25 637	33 000	41 066
1210 Renta y utilidades	..	845	2 977	6 494	22 089	22 478	26 475	25 637	33 000	41 066
1220 Ganancias de capital de sociedades	..	..	..	..	..	..	..	..	..	..
1300 No clasificables entre 1100 y 1200	..	0	0	0	0	0	0	0	0	0
2000 Contribuciones a la seguridad social	..	**1 678**	**3 363**	**8 090**	**23 868**	**24 624**	**27 586**	**29 014**	**32 054**	**35 571**
2100 Empleados	..	..	..	..	..	..	..	..	..	..
2110 Sobre la base de la nómina	..	..	..	..	..	..	..	..	..	..
2120 Sobre la base del impuesto sobre la renta	..	..	..	..	..	..	..	..	..	..
2200 Empleadores	..	..	..	..	..	..	..	..	..	..
2210 Sobre la base de la nómina	..	..	..	..	..	..	..	..	..	..
2220 Sobre la base del impuesto sobre la renta	..	..	..	..	..	..	..	..	..	..
2300 Trabajadores por cuenta propia o no empleados	..	..	..	..	..	..	..	..	..	..
2310 Sobre la base de la nómina	..	..	..	..	..	..	..	..	..	..
2320 Sobre la base del impuesto sobre la renta	..	..	..	..	..	..	..	..	..	..
2400 No clasificables entre 2100, 2200 y 2300	..	1 678	3 363	8 090	23 868	24 624	27 586	29 014	32 054	35 571
2410 Sobre la base de la nómina	..	1 678	3 363	8 090	23 868	24 624	27 586	29 014	32 054	35 571
2420 Sobre la base del impuesto sobre la renta	..	0	0	0	0	0	0	0	0	0
3000 Impuestos sobre la nómina y la fuerza de trabajo	..	**0**	**0**	**0**	**0**	**0**	**0**	**0**	**0**	**0**
4000 Impuestos sobre la propiedad	..	**11**	**227**	**423**	**896**	**961**	**1 196**	**1 401**	**1 778**	**1 815**
4100 Impuestos recurrentes sobre la propiedad inmueble	..	0	211	403	808	881	1 129	1 346	1 707	1 726
4110 Hogares	..	..	..	..	..	..	..	..	..	..
4120 Otros	..	..	..	..	..	..	..	..	..	..
4200 Impuestos recurrentes sobre la riqueza neta	..	0	0	0	0	0	0	0	0	0
4210 Personas físicas	..	..	..	..	..	..	..	..	..	..
4220 Sociedades	..	..	..	..	..	..	..	..	..	..
4300 Impuestos sobre sucesiones y donaciones	..	0	0	0	0	0	0	0	0	0
4310 Impuestos sobre sucesiones y herencias	..	..	..	..	..	..	..	..	..	..
4320 Impuestos sobre donaciones	..	..	..	..	..	..	..	..	..	..
4400 Imp. sobre transacciones financieras y de capital	..	11	17	20	88	80	67	55	71	90
Stamp duties	..	11	17	20	88	80	67	55	71	90
4500 Otros impuestos no recurrentes sobre la propiedad	..	0	0	0	0	0	0	0	0	0
4510 Otros impuestos sobre la riqueza neta	..	..	..	..	..	..	..	..	..	..
4520 Otros impuestos no recurrentes	..	..	..	..	..	..	..	..	..	..
4600 Otros impuestos recurrentes sobre la propiedad	..	0	0	0	0	0	0	0	0	0
5000 Impuestos sobre los bienes y servicios	..	**5 584**	**10 649**	**18 951**	**44 563**	**39 817**	**44 608**	**46 487**	**58 693**	**66 654**
5100 Imp. sobre la producción, venta, etc.	..	5 584	10 485	18 608	43 619	38 782	43 674	45 505	57 630	65 415
5110 Impuestos generales	..	2 931	6 359	11 932	29 201	25 792	27 933	29 002	37 772	43 273
5111 Impuestos sobre el valor agregado	..	2 931	5 599	10 353	25 551	21 905	24 116	24 990	32 998	38 081
5112 Impuestos sobre las ventas	..	0	0	0	0	0	0	0	0	0
5113 Otros impuestos generales	..	0	761	1 579	3 650	3 888	3 817	4 012	4 774	5 192
5120 Impuestos sobre bienes y servicios específicos	..	2 653	4 126	6 676	14 419	12 990	15 741	16 503	19 858	22 142
5121 Impuestos selectivos	..	2 034	3 227	5 541	11 764	10 931	13 616	14 163	16 549	18 191
Alcoholic beverages	..	84	102	198	355	353	583	702	626	713
Beer	..	203	340	645	1 649	1 663	1 857	1 939	2 269	2 401
Cigarettes	..	70	143	45	0	0	0	0	0	0
Soft drinks	..	123	128	248	545	523	470	539	611	753
Petroleum products	..	1 359	1 756	2 699	5 534	5 395	5 589	5 561	6 846	6 900
Gaming machines	..	0	0	0	0	90	120	118	137	147
Excises on imports	..	196	734	1 559	3 541	2 763	4 805	5 083	5 794	7 057
Other excises	..	-1	25	148	140	145	193	222	267	221
5122 Utilidades de los monopolios fiscales	..	0	0	0	0	0	0	0	0	0
5123 Derechos de aduanas y de importación	..	619	899	1 135	2 654	2 058	2 125	2 340	3 309	3 950
Custom duties	..	452	880	1 094	2 623	2 058	2 125	2 340	3 309	3 950
Temporary protection duty	..	96	0	0	0	0	0	0	0	0
On products originating in Colombia or Honduras	..	72	18	41	31	0	0	0	0	1
5124 Impuestos sobre las exportaciones	..	0	0	0	0	0	0	0	0	0
5125 Impuestos sobre los bienes de inversión	..	0	0	0	0	0	0	0	0	0
5126 Impuestos sobre servicios específicos	..	0	0	0	0	0	0	0	0	0

	1990	2000	2005	2010	2017	2018	2019	2020	2021	2022
5127 Otros imp. sobre el comercio y transacciones intern.	..	0	0	0	0	0	0	0	0	0
5128 Otros impuestos sobre bienes y servicios específicos	..	0	0	0	0	0	0	0	0	0
5130 No clasificables entre 5110 y 5120	..	0	0	0	0	0	0	0	0	0
5200 Sobre el uso de bienes y permiso para actividades	..	0	163	343	943	1 035	934	982	1 063	1 239
5210 Impuestos recurrentes	..	..	18	20	59	59	61	63	68	80
5211 Por los hogares sobre vehículos automotores	..	..	18	20	59	59	61	63	68	80
5212 Por otros sobre vehículos automotores	..	..	0	0	0	0	0	0	0	0
5213 Otros impuestos recurrentes	..	..	0	0	0	0	0	0	0	0
5220 Impuestos no recurrentes	..	..	145	323	884	976	874	919	994	1 159
5300 No clasificables entre 5100 y 5200	..	0	0	0	0	0	0	0	0	0
6000 Otros impuestos	**..**	**0**	**212**	**347**	**919**	**798**	**907**	**1 275**	**1 240**	**1 420**
6100 Pagados únicamente por empresas	..	..	0	0	0	0	0	0	0	0
6200 Pagados por otros o no identificables	..	..	212	347	919	798	907	1 275	1 240	1 420

.. No disponible

Nota : Ejercicio cerrado a 31 de diciembre.

Los datos siguen el criterio de caja.

No se pueden mostrar datos estadísticos comparables de 1990 por la devaluación de la córdoba nicaragüense.

Las cifras relativas a ingresos tributarios de las administraciones locales de 2022 son una estimación, ya que no hay datos disponibles. Los datos de las contribuciones a la seguridad social han sido preliminares desde 2014.

Partida 1000: La división entre IRPF (partida 1100) e IS (partida 1200) de 2022 es una estimación.

Fuente : Ministerio de Hacienda y Crédito Público; Centro Interamericano de Administraciones Tributarias.

Cuadro 5.21. Panamá

Ingresos tributarios detallados
Millones PAB

	1990	2000	2005	2010	2017	2018	2019	2020	2021	2022
Total de ingresos tributarios	**948**	**1 942**	**2 257**	**4 815**	**9 366**	**9 631**	**9 382**	**7 240**	**8 106**	**10 038**
1000 Imp. renta, utilidades y ganancias de capital	**217**	**485**	**563**	**1 317**	**2 451**	**2 672**	**2 445**	**1 880**	**1 998**	**2 808**
1100 De personas físicas	140	295	303	440	1 088	1 193	1 135	965	1 101	1 418
1110 Renta y utilidades	140	295	303	440	1 088	1 193	1 135	965	1 101	1 418
Payroll	115	222	227	353	931	1 049	992	838	967	1 269
Personal income tax	14	20	24	35	68	54	49	32	38	46
Panama Canal Authority withholding	10	53	52	52	89	90	94	94	97	103
1120 Ganancias de capital	..	..	..	..	..	..	..	..	..	..
1200 De sociedades	66	159	213	603	943	955	902	595	582	954
1210 Renta y utilidades	66	159	213	603	943	955	902	595	582	954
Colón Free Zone	5	3	4	20	41	53	45	30	41	69
Corporate income tax	61	155	208	584	902	901	857	565	541	885
1220 Ganancias de capital de sociedades	..	..	..	..	..	..	..	..	..	..
1300 No clasificables entre 1100 y 1200	11	31	47	273	420	524	407	320	315	435
Dividends and complimentary tax	11	31	47	166	253	307	266	218	210	269
Capital gains	0	0	0	107	167	217	142	102	105	167
2000 Contribuciones a la seguridad social	**325**	**742**	**827**	**1 637**	**3 654**	**3 797**	**3 894**	**3 225**	**3 570**	**4 217**
2100 Empleados	..	..	..	..	..	..	..	..	..	..
2110 Sobre la base de la nómina	..	..	..	..	..	..	..	..	..	..
2120 Sobre la base del impuesto sobre la renta	..	..	..	..	..	..	..	..	..	..
2200 Empleadores	..	..	..	..	..	..	..	..	..	..
2210 Sobre la base de la nómina	..	..	..	..	..	..	..	..	..	..
2220 Sobre la base del impuesto sobre la renta	..	..	..	..	..	..	..	..	..	..
2300 Trabajadores por cuenta propia o no empleados	..	..	..	..	..	..	..	..	..	..
2310 Sobre la base de la nómina	..	..	..	..	..	..	..	..	..	..
2320 Sobre la base del impuesto sobre la renta	..	..	..	..	..	..	..	..	..	..
2400 No clasificables entre 2100, 2200 y 2300	325	742	827	1 637	3 654	3 797	3 894	3 225	3 570	4 217
2410 Sobre la base de la nómina	..	..	..	..	..	..	..	..	..	..
2420 Sobre la base del impuesto sobre la renta	..	..	..	..	..	..	..	..	..	..
3000 Impuestos sobre la nómina y la fuerza de trabajo	**0**	**36**	**36**	**59**	**127**	**130**	**138**	**103**	**113**	**131**
Education insurance	..	36	36	59	127	130	138	103	113	131
4000 Impuestos sobre la propiedad	**32**	**43**	**77**	**138**	**251**	**244**	**169**	**126**	**180**	**208**
4100 Impuestos recurrentes sobre la propiedad inmueble	28	34	56	108	207	209	134	104	145	160
4110 Hogares	28	34	56	108	207	209	134	104	145	160
4120 Otros	0	0	0	0	0	0	0	0	0	0
4200 Impuestos recurrentes sobre la riqueza neta	0	0	0	0	0	0	0	0	0	0
4210 Personas físicas	..	..	..	..	..	..	..	..	..	..
4220 Sociedades	..	..	..	..	..	..	..	..	..	..
4300 Impuestos sobre sucesiones y donaciones	0	0	0	0	0	0	0	0	0	0
4310 Impuestos sobre sucesiones y herencias	..	..	..	..	..	..	..	..	..	..
4320 Impuestos sobre donaciones	..	..	..	..	..	..	..	..	..	..
4400 Imp. sobre transacciones financieras y de capital	3	9	21	30	44	36	35	22	35	48
4500 Otros impuestos no recurrentes sobre la propiedad	0	0	0	0	0	0	0	0	0	0
4510 Otros impuestos sobre la riqueza neta	..	..	..	..	..	..	..	..	..	..
4520 Otros impuestos no recurrentes	..	..	..	..	..	..	..	..	..	..
4600 Otros impuestos recurrentes sobre la propiedad	0	0	0	0	0	0	0	0	0	0
5000 Impuestos sobre los bienes y servicios	**349**	**608**	**726**	**1 623**	**2 849**	**2 754**	**2 705**	**1 887**	**2 221**	**2 648**
5100 Imp. sobre la producción, venta, etc.	332	546	643	1 473	2 570	2 474	2 425	1 661	1 974	2 365
5110 Impuestos generales	80	69	138	766	1 529	1 477	1 436	979	1 152	1 407
5111 Impuestos sobre el valor agregado	80	69	138	766	1 529	1 477	1 436	979	1 152	1 407
ITBMS on sales	31	69	138	399	983	957	954	659	710	863
ITBMS on imports	49	0	0	367	546	519	482	320	442	543
5112 Impuestos sobre las ventas	0	0	0	0	0	0	0	0	0	0
5113 Otros impuestos generales	0	0	0	0	0	0	0	0	0	0
5120 Impuestos sobre bienes y servicios específicos	251	477	505	707	1 041	997	989	682	822	959
5121 Impuestos selectivos	0	141	106	239	480	449	468	301	368	431
Petroleum products	..	109	69	97	190	168	196	123	151	152
Beer	..	18	22	31	49	53	54	47	47	57
Cigarette	..	0	0	0	21	24	26	20	17	20
Wine and liquor	..	12	11	11	6	18	17	13	15	23
Soft drinks	..	2	3	6	7	11	11	7	6	6
Automobiles	..	0	0	0	182	149	138	69	105	142
Other excises	..	0	1	95	25	27	26	23	27	30

	1990	2000	2005	2010	2017	2018	2019	2020	2021	2022
5122 Utilidades de los monopolios fiscales	0	0	0	0	0	0	0	0	0	0
5123 Derechos de aduanas y de importación	125	298	364	390	358	338	319	215	286	323
5124 Impuestos sobre las exportaciones	13	0	0	0	0	0	0	0	0	0
5125 Impuestos sobre los bienes de inversión	0	0	0	0	0	0	0	0	0	0
5126 Impuestos sobre servicios específicos	1	37	35	78	203	211	203	166	168	205
Insurance premiums	0	17	20	47	86	90	86	88	80	101
Cable and telecommunications	0	16	7	17	40	42	40	37	36	36
Gambling	0	0	1	1	52	53	50	16	29	42
Banks, financial institutions and exchange houses	0	2	7	12	25	26	26	25	23	26
Commercial activities and services	1	3	0	0	0	0	0	0	0	0
5127 Otros imp. sobre el comercio y transacciones intern.	0	0	0	0	0	0	0	0	0	0
5128 Otros impuestos sobre bienes y servicios específicos	0	0	0	0	0	0	0	0	0	0
5130 No clasificables entre 5110 y 5120	0	0	0	0	0	0	0	0	0	0
5200 Sobre el uso de bienes y permiso para actividades	15	62	83	151	279	280	280	227	247	283
Other indirect taxes	0	0	0	36	69	66	61	42	50	60
5210 Impuestos recurrentes	12	58	75	115	210	214	219	184	197	222
5211 Por los hogares sobre vehículos automotores	0	7	8	0	0	0	0	0	0	0
5212 Por otros sobre vehículos automotores	0	5	4	0	0	0	0	0	0	0
5213 Otros impuestos recurrentes	12	46	63	115	210	214	219	184	197	222
Commercial licences	12	19	32	75	121	124	126	107	119	125
Permission to conduct commercial and service activities	0	25	29	38	84	86	89	73	75	94
Permission to conduct industrial activities	0	2	2	2	4	4	4	3	3	4
Others	0	0	1	0	0	0	0	0	0	0
5220 Impuestos no recurrentes	4	4	7	0	0	0	0	0	0	0
Building and construction	0	4	7	..	..	..	..	..	..	..
Ship registration	4	0	0	..	..	..	..	..	..	..
5300 No clasificables entre 5100 y 5200	2	0	0	0	0	0	0	0	0	0
6000 Otros impuestos	**26**	**27**	**27**	**41**	**34**	**34**	**30**	**20**	**24**	**28**
6100 Pagados únicamente por empresas	0	0	0	0	0	0	0	0	0	0
6200 Pagados por otros o no identificables	26	27	27	41	34	34	30	20	24	28
Stamp duties	17	27	27	41	34	34	30	20	24	28
Others	9	0	0	0	0	0	0	0	0	0

.. No disponible

Nota : Ejercicio cerrado a 31 de diciembre.

Los datos siguen el criterio de caja.

Los datos sobre ingresos tributarios no incluyen los documentos fiscales que se consideran créditos fiscales no exigibles (o desaprovechables) según la clasificación de la OCDE descrita en la Guía de interpretación. Los datos de ingresos tributarios del Gobierno central correspondientes a 2022 son preliminares. Los datos de los ingresos tributarios de las administraciones locales y las contribuciones a la seguridad social correspondientes a 2022 son una estimación.

Partida 2000: Las contribuciones a la seguridad social engloban contribuciones periódicas y especiales y también la prima por riesgos laborales recaudadas por la Caja de Seguro Social (CSS).

Partida 3000: En los datos de la CEPAL, el seguro de educación se clasifica como "Otros impuestos" (6000).

Partida 5126: En los datos del CIAT y la CEPAL, el impuesto a la banca, las financieras y las casas de cambio se clasifica como un impuesto a la propiedad (4000).

Partida 6200: Los derechos de timbre antes de 2000 incluyen el impuesto sobre llamadas telefónicas y cables, que no puede distinguirse por la disponibilidad de los datos.

Fuente : Contraloría General de la República de Panamá; Ministerio de Economía y Finanzas de Panamá; Caja de Seguro Social; Centro Interamericano de Administraciones Tributarias.

Cuadro 5.22. Paraguay

Ingresos tributarios detallados
Millones PYG

	1990	2000	2005	2010	2017	2018	2019	2020	2021	2022
Total de ingresos tributarios	**608 021**	**3 587 451**	**7 078 832**	**15 638 531**	**30 731 221**	**31 954 693**	**33 008 733**	**32 441 314**	**37 556 283**	**42 759 988**
1000 Imp. renta, utilidades y ganancias de capital	**73 726**	**470 388**	**938 886**	**2 096 498**	**5 086 803**	**5 265 609**	**6 022 875**	**6 010 196**	**6 920 734**	**8 736 495**
1100 De personas físicas	..	15 042	22 477	31 263	526 704	626 525	620 038	536 357	364 990	437 426
1110 Renta y utilidades	..	15 042	22 477	31 263	526 704	626 525	620 038	536 357	364 990	437 426
IRAGRO-IMAGRO	..	15 042	22 477	30 113	326 555	360 003	327 328	277 061	14 567	3 475
Personal income tax	..	0	0	1 150	200 150	266 523	292 710	259 296	350 422	433 951
1120 Ganancias de capital	..	..	..	..	..	..	..	..	..	..
1200 De sociedades	..	455 346	916 409	2 065 235	4 560 099	4 639 084	5 402 837	5 473 839	6 555 744	8 299 069
1210 Renta y utilidades	..	455 346	916 409	2 065 235	4 560 099	4 639 084	5 402 837	5 473 839	6 555 744	8 299 069
Income tax on small businesses	..	0	0	9 380	22 848	25 540	26 824	28 852	1 907	416
Single tax	..	4 238	5 802	715	2	1	0	0	0	0
Single tax on maquiladoras companies	..	0	289	3 310	20 194	27 070	31 201	35 229	53 255	59 260
IRACIS	..	451 108	910 318	2 051 830	4 517 056	4 586 475	5 344 811	1 302 426	215 069	115 514
Business income tax (IRE)	..	0	0	0	0	0	0	3 239 933	5 288 814	6 984 251
Tax on dividends and income (IDU)	..	0	0	0	0	0	0	867 399	996 698	1 139 627
1220 Ganancias de capital de sociedades	..	..	..	..	..	..	..	..	..	..
1300 No clasificables entre 1100 y 1200	73 726	0	0	0	0	0	0	0	0	0
Others	73 726	..	..	..	..	..	..	..	..	..
2000 Contribuciones a la seguridad social	**28 882**	**919 533**	**1 591 980**	**3 552 640**	**8 052 403**	**8 209 087**	**8 729 492**	**8 954 858**	**10 335 479**	**12 326 174**
2100 Empleados	..	..	..	..	..	..	..	..	..	..
2110 Sobre la base de la nómina	..	..	..	..	..	..	..	..	..	..
2120 Sobre la base del impuesto sobre la renta	..	..	..	..	..	..	..	..	..	..
2200 Empleadores	..	..	..	..	..	..	..	..	..	..
2210 Sobre la base de la nómina	..	..	..	..	..	..	..	..	..	..
2220 Sobre la base del impuesto sobre la renta	..	..	..	..	..	..	..	..	..	..
2300 Trabajadores por cuenta propia o no empleados	..	..	..	..	..	..	..	..	..	..
2310 Sobre la base de la nómina	..	..	..	..	..	..	..	..	..	..
2320 Sobre la base del impuesto sobre la renta	..	..	..	..	..	..	..	..	..	..
2400 No clasificables entre 2100, 2200 y 2300	28 882	919 533	1 591 980	3 552 640	8 052 403	8 209 087	8 729 492	8 954 858	10 335 479	12 326 174
2410 Sobre la base de la nómina	28 882	919 533	1 591 980	3 552 640	8 052 403	8 209 087	8 729 492	8 954 858	10 335 479	12 326 174
2420 Sobre la base del impuesto sobre la renta	0	0	0	0	0	0	0	0	0	0
3000 Impuestos sobre la nómina y la fuerza de trabajo	**0**	**0**	**0**	**0**	**0**	**0**	**0**	**0**	**0**	**0**
4000 Impuestos sobre la propiedad	**17 162**	**71 777**	**192 393**	**276 119**	**565 323**	**415 570**	**443 521**	**401 222**	**488 894**	**498 303**
4100 Impuestos recurrentes sobre la propiedad inmueble	17 162	0	0	258 423	529 986	389 962	417 177	375 800	457 759	459 869
4110 Hogares	17 162	..	..	258 423	529 986	389 962	417 177	375 800	457 759	459 869
Real estate tax	17 162	..	..	249 697	501 873	359 235	378 712	342 625	408 189	414 357
Tax on vacant lots	0	..	..	2 925	13 600	17 411	20 985	19 608	25 876	24 577
Large estate and land tax	0	..	..	5 801	14 513	13 315	17 480	13 566	23 694	20 935
4120 Otros	0	..	..	0	0	0	0	0	0	0
4200 Impuestos recurrentes sobre la riqueza neta	0	0	0	0	0	0	0	0	0	0
4210 Personas físicas	..	..	..	..	..	..	..	..	..	..
4220 Sociedades	..	..	..	..	..	..	..	..	..	..
4300 Impuestos sobre sucesiones y donaciones	0	0	0	0	0	0	0	0	0	0
4310 Impuestos sobre sucesiones y herencias	..	..	..	..	..	..	..	..	..	..
4320 Impuestos sobre donaciones	..	..	..	..	..	..	..	..	..	..
4400 Imp. sobre transacciones financieras y de capital	0	71 777	192 393	15 955	33 872	24 583	24 912	24 857	30 556	38 309
Real estate transfer tax	..	0	0	11 766	26 263	17 228	17 216	13 595	21 025	29 922
Municipal Seal and Stamp Paper Tax	..	0	0	3 857	7 464	7 326	7 346	11 205	9 466	8 159
Registration and stamp duties	..	71 777	192 393	332	144	30	350	57	65	228
4500 Otros impuestos no recurrentes sobre la propiedad	0	0	0	0	0	0	0	0	0	0
4510 Otros impuestos sobre la riqueza neta	..	..	..	..	..	..	..	..	..	..
4520 Otros impuestos no recurrentes	..	..	..	..	..	..	..	..	..	..
4600 Otros impuestos recurrentes sobre la propiedad	0	0	0	1 742	1 466	1 025	1 432	565	579	124
5000 Impuestos sobre los bienes y servicios	**438 444**	**2 080 878**	**4 313 729**	**9 462 461**	**16 813 348**	**17 901 774**	**17 610 929**	**16 929 091**	**19 548 577**	**20 912 305**
5100 Imp. sobre la producción, venta, etc.	438 444	2 080 878	4 309 832	9 245 877	16 356 200	17 550 296	17 230 758	16 557 669	19 123 598	20 500 842
5110 Impuestos generales	0	1 150 496	2 478 998	5 991 694	11 221 710	11 851 395	11 794 402	11 787 033	13 705 814	14 986 187
5111 Impuestos sobre el valor agregado	0	1 150 496	2 478 998	5 991 694	11 221 710	11 851 395	11 794 402	11 787 033	13 705 814	14 986 187
5112 Impuestos sobre las ventas	..	0	0	0	0	0	0	0	0	0
5113 Otros impuestos generales	..	0	0	0	0	0	0	0	0	0
5120 Impuestos sobre bienes y servicios específicos	438 444	930 382	1 830 834	3 254 183	5 134 490	5 698 901	5 436 356	4 770 635	5 417 784	5 514 654

	1990	2000	2005	2010	2017	2018	2019	2020	2021	2022
5121 Impuestos selectivos	300 219	456 561	949 962	1 710 531	2 890 013	3 156 091	2 992 813	2 773 235	2 989 115	2 657 727
Fuels	41 087	316 694	688 773	1 126 143	2 032 235	2 300 311	2 084 712	2 032 124	2 301 115	1 953 770
Other excises	259 132	136 194	249 239	537 887	843 123	841 900	886 475	724 578	664 820	380 785
Animal health and quality service	0	3 673	11 950	46 501	14 656	13 881	13 875	16 533	23 163	323 173
Livestock trade	0	0	0	0	0	0	7 751	0	17	0
5122 Utilidades de los monopolios fiscales	0	0	0	0	0	0	0	0	0	0
5123 Derechos de aduanas y de importación	138 225	473 821	880 872	1 524 252	2 206 934	2 512 883	2 420 302	1 984 697	2 409 292	2 836 933
5124 Impuestos sobre las exportaciones	0	0	0	0	0	0	0	0	0	0
5125 Impuestos sobre los bienes de inversión	0	0	0	0	0	0	0	0	0	0
5126 Impuestos sobre servicios específicos	0	0	0	19 401	37 542	29 927	23 241	12 704	19 377	19 994
Advertising	..	..	..	5 249	9 489	7 387	6 741	6 384	7 979	7 359
Public transport	..	..	..	4 363	4 080	4 196	3 420	1 255	2 079	345
Gambling	..	..	..	16	7 131	6 448	6 617	2 666	4 006	6 724
Advertising and gambling	..	..	..	8 884	14 821	9 796	4 447	1 317	2 502	3 430
Other taxes on specific services	..	..	..	888	2 021	2 099	2 017	1 082	2 810	2 137
5127 Otros imp. sobre el comercio y transacciones intern.	0	0	0	0	0	0	0	0	0	0
5128 Otros impuestos sobre bienes y servicios específicos	0	0	0	0	0	0	0	0	0	0
5130 No clasificables entre 5110 y 5120	0	0	0	0	0	0	0	0	0	0
5200 Sobre el uso de bienes y permiso para actividades	0	0	3 897	216 347	426 115	350 893	379 208	370 331	423 107	404 159
5210 Impuestos recurrentes	..	..	0	183 622	365 303	315 178	329 087	334 724	365 717	355 371
5211 Por los hogares sobre vehículos automotores	..	..	..	0	0	0	0	0	0	0
5212 Por otros sobre vehículos automotores	..	..	..	52 365	109 084	106 872	109 402	103 274	116 044	111 493
Motor vehicle licences	..	..	..	52 365	109 084	106 872	109 402	103 274	116 044	111 493
5213 Otros impuestos recurrentes	..	..	..	131 257	256 219	208 305	219 685	231 450	249 673	243 878
Licencing fees	..	..	..	126 965	250 528	203 605	214 555	225 717	245 516	241 700
slaughter tax	..	..	..	4 271	5 395	4 635	4 991	5 585	3 958	1 833
Tax to the owners of animals	..	..	..	21	296	65	140	148	199	345
5220 Impuestos no recurrentes	..	..	3 897	32 725	60 812	35 715	50 121	35 607	57 390	48 788
Tax on construction	..	..	0	31 696	60 092	34 999	49 375	34 930	56 728	48 067
Luxury automobile tax	..	..	3 897	91	7	0	0	0	0	0
Trademarks registration	..	..	0	938	713	716	746	677	662	721
5300 No clasificables entre 5100 y 5200	0	0	0	237	31 034	585	962	1 092	1 872	7 304
6000 Otros impuestos	**49 807**	**44 875**	**41 844**	**250 812**	**213 344**	**162 652**	**201 917**	**145 946**	**262 599**	**286 711**
6100 Pagados únicamente por empresas	0	0	0	0	0	0	0	0	0	0
6200 Pagados por otros o no identificables	49 807	44 875	41 844	250 812	213 344	162 652	201 917	145 946	262 599	286 711
Taxes replaced	0	0	0	0	0	0	0	0	0	0
Other	49 807	44 875	41 844	250 812	213 344	162 652	201 917	145 946	262 599	286 711

.. No disponible

Nota : Ejercicio cerrado a 31 de diciembre.

Los datos siguen el criterio de caja.

Las cifras de los años anteriores a 2006 no incluyen los ingresos tributarios de las administraciones locales, porque no hay datos disponibles. Esto afecta a los datos de las categorías 4000, 5000 y 6000.

Partida 2000: Las contribuciones a la seguridad social antes de 1999 no incluyen las contribuciones de ese tipo cobradas por las instituciones descentralizadas porque no hay datos disponibles. En esta edición, se han añadido las contribuciones al sistema de salud de 2021 y 2022.

Fuente : Subsecretaría de Estado de Tributación, Ministerio de Hacienda del Paraguay; Centro Interamericano de Administraciones Tributarias.

Cuadro 5.23. Perú

Ingresos tributarios detallados
Millones PEN

	1990	2000	2005	2010	2017	2018	2019	2020	2021	2022
Total de ingresos tributarios	**637**	**26 771**	**40 663**	**74 803**	**107 932**	**123 178**	**129 398**	**110 581**	**159 235**	**180 010**
1000 Imp. renta, utilidades y ganancias de capital	**37**	**5 078**	**11 950**	**27 317**	**40 750**	**45 312**	**48 162**	**41 290**	**61 112**	**75 444**
1100 De personas físicas	3	2 117	3 327	6 518	13 008	13 598	14 744	13 182	16 765	18 325
First category	..	167	181	160	532	580	624	503	616	679
Second category	..	7	250	869	1 581	1 772	2 412	1 767	3 835	3 605
Fourth category	..	234	395	521	894	960	1 023	1 002	1 328	1 410
Fifth category	..	1 641	2 369	4 735	8 444	9 162	9 760	9 178	10 237	11 600
Tax debt payments	..	68	130	233	1 558	1 125	926	733	749	1 030
1110 Renta y utilidades	..	..	..	..	..	..	..	..	..	..
1120 Ganancias de capital	..	..	..	..	..	..	..	..	..	..
1200 De sociedades	32	2 526	8 391	19 561	25 508	30 164	30 858	24 520	41 415	54 751
1210 Renta y utilidades	32	2 526	8 391	19 561	25 508	30 164	30 858	24 520	41 415	54 751
Third category	..	2 023	5 316	14 652	15 499	17 268	17 679	13 804	22 786	29 821
Income tax on mining	..	0	0	0	638	770	545	430	1 802	1 608
Income tax special regime	..	47	55	118	323	344	354	271	406	458
Other incomes corporate	..	18	41	148	1 137	1 584	1 666	1 388	2 206	2 571
Tax debt payments	..	438	1 908	2 856	3 327	5 244	5 438	3 863	8 291	13 992
Temporary tax on net assets	..	0	1 073	1 788	4 585	4 953	5 176	4 764	5 926	6 302
1220 Ganancias de capital de sociedades	..	..	..	..	..	..	..	..	..	..
1300 No clasificables entre 1100 y 1200	1	436	232	1 239	2 233	1 550	2 560	3 588	2 932	2 368
Income tax on non-residents	1	487	542	1 511	3 462	3 560	4 135	5 658	4 425	4 755
Income tax refunds	0	-51	-310	-272	-1 228	-2 009	-1 575	-2 071	-1 493	-2 387
2000 Contribuciones a la seguridad social	**50**	**3 185**	**4 024**	**7 929**	**13 677**	**14 873**	**15 453**	**14 680**	**16 407**	**17 877**
2100 Empleados	..	566	692	2 433	3 732	4 150	4 137	3 864	4 193	4 471
2110 Sobre la base de la nómina	..	566	669	1 665	3 597	3 874	3 959	3 681	3 988	4 121
2120 Sobre la base del impuesto sobre la renta	..	0	23	768	135	275	179	182	206	350
Solidarity contribution for pension plan	..	..	23	768	135	275	179	182	206	350
2200 Empleadores	..	2 515	3 285	5 454	9 878	10 653	11 245	10 767	12 166	13 353
2210 Sobre la base de la nómina	..	2 432	3 140	5 216	9 591	10 299	10 883	10 344	11 680	12 795
2220 Sobre la base del impuesto sobre la renta	..	83	144	238	287	354	362	423	486	558
2300 Trabajadores por cuenta propia o no empleados	..	95	36	42	66	70	70	49	48	54
2310 Sobre la base de la nómina	..	0	0	0	0	0	0	0	0	0
2320 Sobre la base del impuesto sobre la renta	..	95	36	42	66	70	70	49	48	54
2400 No clasificables entre 2100, 2200 y 2300	50	9	12	0	1	1	0	0	0	0
2410 Sobre la base de la nómina	50	9	12	0	1	1	..	..	..	..
2420 Sobre la base del impuesto sobre la renta	0	0	0	0	0	0	..	..	..	..
3000 Impuestos sobre la nómina y la fuerza de trabajo	**0**	**1 176**	**7**	**57**	**91**	**99**	**99**	**96**	**101**	**113**
Extraordinary solidarity tax (IES)	..	1 151	14	3	0	1	0	1	0	2
IES refunds	..	-2	-7	-2	-2	0	-3	0	0	0
National Housing Fund (FONAVI)	..	27	0	0	0	0	0	0	0	0
Contributions to SENATI	..	0	0	56	93	98	102	96	100	111
4000 Impuestos sobre la propiedad	**87**	**323**	**1 342**	**2 231**	**2 573**	**2 680**	**3 063**	**2 418**	**3 266**	**3 560**
4100 Impuestos recurrentes sobre la propiedad inmueble	0	298	461	727	1 718	1 748	2 026	1 749	2 266	2 391
4110 Hogares	..	..	..	..	..	..	..	..	..	..
4120 Otros	..	..	..	..	..	..	..	..	..	..
4200 Impuestos recurrentes sobre la riqueza neta	49	0	0	0	0	0	0	0	0	0
4210 Personas físicas	..	..	..	..	..	..	..	..	..	..
4220 Sociedades	..	..	..	..	..	..	..	..	..	..
4300 Impuestos sobre sucesiones y donaciones	0	0	0	0	0	0	0	0	0	0
4310 Impuestos sobre sucesiones y herencias	..	..	..	..	..	..	..	..	..	..
4320 Impuestos sobre donaciones	..	..	..	..	..	..	..	..	..	..
4400 Imp. sobre transacciones financieras y de capital	38	25	804	1 504	855	932	1 037	669	1 000	1 169
Financial transactions tax	0	0	706	944	175	200	224	207	271	309
Real estate transfer tax	0	25	98	560	680	732	813	463	728	861
Tax Law Decree 519	38	0	0	0	0	0	0	0	0	0
4500 Otros impuestos no recurrentes sobre la propiedad	0	0	0	0	0	0	0	0	0	0
4510 Otros impuestos sobre la riqueza neta	..	..	..	..	..	..	..	..	..	..
4520 Otros impuestos no recurrentes	..	..	..	..	..	..	..	..	..	..
4600 Otros impuestos recurrentes sobre la propiedad	0	0	76	0	0	0	0	0	0	0
5000 Impuestos sobre los bienes y servicios	**454**	**16 263**	**22 674**	**36 353**	**50 061**	**58 551**	**60 366**	**51 218**	**74 387**	**80 862**
5100 Imp. sobre la producción, venta, etc.	454	16 239	22 619	36 199	49 774	58 257	60 064	50 977	74 104	80 539
5110 Impuestos generales	109	9 646	15 109	29 094	41 036	49 038	49 197	42 375	62 780	68 418

	1990	2000	2005	2010	2017	2018	2019	2020	2021	2022
5111 Impuestos sobre el valor agregado	109	9 646	15 109	29 094	41 036	49 038	49 197	42 375	62 780	68 418
VAT (internal)	69	6 992	10 587	19 629	32 114	35 125	37 892	32 708	42 608	47 375
VAT (imports)	41	4 961	7 715	15 908	22 529	25 541	25 613	22 671	35 490	40 930
VAT refunds	0	-2 307	-3 193	-6 442	-13 606	-11 628	-14 307	-13 004	-15 318	-19 887
5112 Impuestos sobre las ventas	0	0	0	0	0	0	0	0	0	0
5113 Otros impuestos generales	0	0	0	0	0	0	0	0	0	0
5120 Impuestos sobre bienes y servicios específicos	345	6 593	7 510	7 105	8 737	9 219	10 867	8 602	11 324	12 121
5121 Impuestos selectivos	232	3 518	4 193	4 875	6 588	7 011	8 668	7 231	9 568	9 766
Fuels	151	2 145	2 607	2 410	2 604	2 565	3 212	2 950	3 648	3 000
Gasoline sales tax	3	97	140	210	363	437	456	316	548	799
Other excises	78	1 304	1 459	2 258	3 711	4 295	5 005	3 971	5 490	6 026
Excise tax refunds	0	-28	-12	-4	-91	-286	-4	-5	-119	-58
5122 Utilidades de los monopolios fiscales	0	0	0	0	0	0	0	0	0	0
5123 Derechos de aduanas y de importación	64	2 960	3 143	1 803	1 448	1 455	1 424	1 159	1 465	1 806
5124 Impuestos sobre las exportaciones	2	0	0	0	0	0	0	0	0	0
5125 Impuestos sobre los bienes de inversión	0	0	0	0	0	0	0	0	0	0
5126 Impuestos sobre servicios específicos	0	115	174	427	702	754	774	212	291	548
Casinos and slot machines	..	81	49	187	297	318	310	69	125	204
Tourism tax	..	0	74	105	174	193	215	72	83	183
Municipal taxes on services	..	34	50	135	230	243	250	70	83	162
5127 Otros imp. sobre el comercio y transacciones intern.	48	0	0	0	0	0	0	0	0	0
5128 Otros impuestos sobre bienes y servicios específicos	0	0	0	0	0	0	0	0	0	0
5130 No clasificables entre 5110 y 5120	0	0	0	0	0	0	0	0	0	0
5200 Sobre el uso de bienes y permiso para actividades	0	25	55	154	288	294	302	241	284	323
5210 Impuestos recurrentes	..	25	55	154	288	294	302	241	284	323
5211 Por los hogares sobre vehículos automotores	..	..	..	..	..	..	..	..	..	..
5212 Por otros sobre vehículos automotores	..	..	..	..	..	..	..	..	..	..
5213 Otros impuestos recurrentes	..	..	..	..	..	..	..	..	..	..
5220 Impuestos no recurrentes	..	0	0	0	0	0	0	0	0	0
5300 No clasificables entre 5100 y 5200	0	0	0	0	0	0	0	0	0	0
6000 Otros impuestos	**9**	**745**	**666**	**914**	**780**	**1 662**	**2 254**	**878**	**3 962**	**2 154**
6100 Pagados únicamente por empresas	0	84	73	108	140	133	135	93	109	114
Single simplified regime	..	84	73	108	140	133	135	93	109	114
University Development Fund	..	0	0	0	0	0	0	0	0	0
6200 Pagados por otros o no identificables	9	662	594	806	639	1 529	2 119	785	3 853	2 040
Tax debt payments	9	542	397	714	1 109	1 320	1 843	1 165	4 437	2 345
Other taxes	0	133	266	280	785	1 225	1 389	868	1 031	1 271
Other tax refunds	0	-14	-69	-188	-1 255	-1 016	-1 112	-1 249	-1 615	-1 577

.. No disponible

Nota : Ejercicio cerrado a 31 de diciembre.

Los datos siguen el criterio de caja.

Las cifras de los años hasta 2000 no incluyen los ingresos tributarios de las administraciones locales, porque no hay datos disponibles.

Partida 1210: En esta edición, se han incluido los ingresos del Régimen MYPE Tributario (RMT) en la partida 1210. El RMT es un régimen introducido en 2017, creado de manera específica para las micro y pequeñas empresas, con el objetivo de promover su crecimiento.

Partida 2000: Todas las contribuciones pertenecientes a las pensiones las realizan exclusivamente los empleados y las contribuciones para el servicio de salud las realizan los empleadores. Las excepciones son regímenes especiales que se aplican a las personas empleadas por cuenta propia, en función de los ingresos.

Partida 3000: Las contribuciones al SENATI se incluyen en la partida 3000. Los ingresos tributarios se clasifican dentro del Gobierno central. En Perú, estos ingresos se clasifican en una unidad aparte que se considera diferente del Gobierno central.

Partida 5123: Las devoluciones de impuestos a la importación se clasifican en la partida 6200 porque no se pueden distinguir de otras devoluciones de impuestos.

Fuente : Superintendencia Nacional de Aduanas y de Administración Tributaria (SUNAT); Banco de la Nación; Ministerio de Economía y Finanzas; Servicio Nacional de Adiestramiento en Trabajo Industrial.

Cuadro 5.24. Santa Lucía

Ingresos tributarios detallados
Millones XCD

	1990	2000	2005	2010	2017	2018	2019	2020	2021	2022
Total de ingresos tributarios	..	**480**	**612**	**828**	**1 107**	**1 157**	**1 180**	**923**	**1 047**	**1 162**
1000 Imp. renta, utilidades y ganancias de capital	..	**137**	**157**	**224**	**247**	**269**	**258**	**228**	**229**	**246**
1100 De personas físicas	..	49	58	83	124	131	134	115	130	135
1110 Renta y utilidades	..	49	58	83	124	131	134	115	130	135
Personal income tax	..	49	58	83	104	113	116	99	112	115
Arrears on personal income tax	..	0	0	0	21	18	18	16	18	20
1120 Ganancias de capital	..	..	..	..	..	..	..	..	..	..
1200 De sociedades	..	63	60	95	102	115	111	97	84	98
1210 Renta y utilidades	..	63	60	95	102	115	111	97	84	98
Corporate income tax	..	63	60	95	89	92	93	81	67	73
Arrears on corporate income tax	..	0	0	0	13	23	18	16	17	25
1220 Ganancias de capital de sociedades	..	..	..	..	..	..	..	..	..	..
1300 No clasificables entre 1100 y 1200	..	26	39	46	21	23	13	17	15	13
Withholdings	..	7	17	14	24	28	16	20	18	18
Arrears	..	25	30	42	7	5	7	5	4	5
Tax Refunds	..	-6	-8	-10	-10	-10	-9	-8	-7	-10
2000 Contribuciones a la seguridad social	..	**48**	**63**	**92**	**114**	**120**	**127**	**118**	**125**	**154**
2100 Empleados	..	..	..	..	..	..	..	..	..	..
2110 Sobre la base de la nómina	..	..	..	..	..	..	..	..	..	..
2120 Sobre la base del impuesto sobre la renta	..	..	..	..	..	..	..	..	..	..
2200 Empleadores	..	..	..	..	..	..	..	..	..	..
2210 Sobre la base de la nómina	..	..	..	..	..	..	..	..	..	..
2220 Sobre la base del impuesto sobre la renta	..	..	..	..	..	..	..	..	..	..
2300 Trabajadores por cuenta propia o no empleados	..	..	0	1	1	1	1	1	1	1
2310 Sobre la base de la nómina	..	..	0	1	1	1	1	1	1	1
2320 Sobre la base del impuesto sobre la renta	..	..	0	0	0	0	0	0	0	0
2400 No clasificables entre 2100, 2200 y 2300	..	48	63	91	113	119	126	117	124	153
2410 Sobre la base de la nómina	..	48	63	91	113	119	126	117	124	153
2420 Sobre la base del impuesto sobre la renta	..	0	0	0	0	0	0	0	0	0
3000 Impuestos sobre la nómina y la fuerza de trabajo	..	**0**	**0**	**0**	**0**	**0**	**0**	**0**	**0**	**0**
4000 Impuestos sobre la propiedad	..	**11**	**24**	**19**	**26**	**26**	**25**	**20**	**31**	**27**
4100 Impuestos recurrentes sobre la propiedad inmueble	..	2	6	3	12	10	8	7	8	8
4110 Hogares	..	..	..	..	..	..	..	..	..	..
4120 Otros	..	..	..	..	..	..	..	..	..	..
4200 Impuestos recurrentes sobre la riqueza neta	..	0	0	0	0	0	0	0	0	0
4210 Personas físicas	..	..	..	..	..	..	..	..	..	..
4220 Sociedades	..	..	..	..	..	..	..	..	..	..
4300 Impuestos sobre sucesiones y donaciones	..	0	0	0	0	0	0	0	0	0
4310 Impuestos sobre sucesiones y herencias	..	..	..	..	..	..	..	..	..	..
4320 Impuestos sobre donaciones	..	..	..	..	..	..	..	..	..	..
4400 Imp. sobre transacciones financieras y de capital	..	9	18	16	14	17	18	13	23	18
4500 Otros impuestos no recurrentes sobre la propiedad	..	0	0	0	0	0	0	0	0	0
4510 Otros impuestos sobre la riqueza neta	..	..	..	..	..	..	..	..	..	..
4520 Otros impuestos no recurrentes	..	..	..	..	..	..	..	..	..	..
4600 Otros impuestos recurrentes sobre la propiedad	..	0	0	0	0	0	0	0	0	0
5000 Impuestos sobre los bienes y servicios	..	**284**	**368**	**493**	**720**	**742**	**770**	**556**	**662**	**734**
5100 Imp. sobre la producción, venta, etc.	..	277	353	467	694	715	742	548	655	726
5110 Impuestos generales	..	101	112	119	318	329	339	241	306	335
5111 Impuestos sobre el valor agregado	..	0	0	0	318	329	339	241	306	335
VAT (domestic)	..	..	..	..	176	181	184	..	..	..
VAT (imports)	..	..	..	..	142	148	156	..	..	..
5112 Impuestos sobre las ventas	..	101	112	119	0	0	0	0	0	0
Consumption tax (domestic)	..	11	8	6	..	..	..	0	..	..
Consumption tax (Imports)	..	90	104	114	..	..	..	0	..	..
5113 Otros impuestos generales	..	0	0	0	0	0	0	0	0	0
5120 Impuestos sobre bienes y servicios específicos	..	176	240	348	376	385	402	307	349	390
5121 Impuestos selectivos	..	34	13	85	128	134	140	121	111	129
Excise tax (domestic)	..	28	6	14	5	5	5	3	3	4
Excise tax (imports)	..	0	0	68	103	109	114	99	88	103
Fuel Surcharge	..	3	3	4	21	20	21	18	20	22
Surcharge on international calls	..	4	4	0	0	0	0	0	0	0
5122 Utilidades de los monopolios fiscales	..	0	0	0	0	0	0	0	0	0

	1990	2000	2005	2010	2017	2018	2019	2020	2021	2022
5123 Derechos de aduanas y de importación	..	108	178	187	202	206	205	161	203	221
Import Duty	..	64	90	101	121	123	122	92	116	126
Thruput Charge	..	1	2	6	5	4	4	4	4	4
Service Charge (imports) and security charges	..	33	86	64	76	79	80	65	83	90
Environmental Levy	..	9	0	16	0	0	0	0	0	0
5124 Impuestos sobre las exportaciones	..	0	0	0	0	0	0	0	0	0
5125 Impuestos sobre los bienes de inversión	..	0	0	0	0	0	0	0	0	0
5126 Impuestos sobre servicios específicos	..	34	49	76	46	45	57	25	35	40
Hotel occupancy tax	..	23	29	34	0	0	1	0	0	0
Insurance premium tax	..	4	5	7	9	9	10	10	10	10
Cellular tax	..	0	8	18	0	0	0	0	0	0
Passenger facility fee	..	0	2	5	4	3	3	1	1	2
Travel tax	..	3	5	4	5	5	4	1	1	2
Airport tax	..	5	1	9	29	28	39	13	22	26
5127 Otros imp. sobre el comercio y transacciones intern.	..	0	0	0	0	0	0	0	0	0
5128 Otros impuestos sobre bienes y servicios específicos	..	0	0	0	0	0	0	0	0	0
5130 No clasificables entre 5110 y 5120	..	0	0	0	0	0	0	0	0	0
5200 5200 Sobre el uso de bienes y permiso para actividades	..	7	16	26	26	28	28	8	7	9
5210 Impuestos recurrentes	..	7	16	26	26	28	28	8	7	9
5211 Por los hogares sobre vehículos automotores	..	0	0	0	0	0	0	0	0	0
5212 Por otros sobre vehículos automotores	..	0	0	0	0	0	0	0	0	0
5213 Otros impuestos recurrentes	..	7	16	26	26	28	28	8	7	9
5220 Impuestos no recurrentes	..	0	0	0	0	0	0	0	0	0
5300 No clasificables entre 5100 y 5200	..	0	0	0	0	0	0	0	0	0
6000 Otros impuestos	**..**	**0**	**0**	**0**	**0**	**0**	**0**	**0**	**0**	**0**
6100 Pagados únicamente por empresas	..	..	..	..	..	..	..	..	..	..
6200 Pagados por otros o no identificables	..	..	..	..	..	..	..	..	..	..

.. No disponible

Nota : Ejercicio cerrado a 31 de marzo. Por ejemplo, los datos de 2022 corresponden al período comprendido entre abril de 2022 y marzo de 2023.

Los datos siguen el criterio de caja.

Las cifras no incluyen los ingresos tributarios locales porque no hay datos disponibles. Los datos de ingresos tributarios del Gobierno central son estimaciones revisadas por la administración en el caso de 2021 y estimaciones presupuestarias en el caso de 2022.

Partida 2000: Las contribuciones a la seguridad social siguen el ejercicio financiero comprendido entre los meses de julio y junio, no de abril y marzo. Por ejemplo, las contribuciones a la seguridad social de 2022 corresponden al período del 1 de julio de 2021 al 30 de junio de 2022. Los datos de 2021 y 2022 son una estimación.

Partida 5123: Los datos correspondientes al gravamen de seguridad de 2020-2022 son una estimación.

Partida 5213: Los datos han incluido desde 2020 ingresos de algunas de las licencias y las tasas de los impuestos al uso de bienes y los permisos de las Estimaciones de Ingresos y Gastos de 2022-2023 del Departamento de Finanzas.

Fuente : Oficina Central de Estadística de Santa Lucía (Central Statistical Office); Departamento de Finanzas (Department of Finance) de Santa Lucía; Corporación de Seguro Nacional (National Insurance Corporation) de Santa Lucía.

Cuadro 5.25. Trinidad y Tobago

Ingresos tributarios detallados
Millones TTD

	1990	2000	2005	2010	2017	2018	2019	2020	2021	2022
Total de ingresos tributarios	**4 923**	**10 953**	**27 665**	**39 720**	**31 164**	**36 813**	**38 417**	**31 258**	**34 745**	**45 599**
1000 Imp. renta, utilidades y ganancias de capital	**2 595**	**6 224**	**20 010**	**27 213**	**16 133**	**19 413**	**22 391**	**15 332**	**17 206**	**30 756**
1100 De personas físicas	669	2 325	4 452	4 674	6 570	6 842	7 215	6 209	5 816	6 191
1110 Renta y utilidades	669	2 325	4 452	4 674	6 570	6 842	7 215	6 209	5 816	6 191
Health surcharge	92	149	187	185	218	184	191	170	166	178
Insurance surrender tax	6	7	15	22	48	57	65	59	65	78
Individuals (Ch. 75:01)	571	2 169	4 250	4 467	6 303	6 601	6 960	5 980	5 585	5 936
1120 Ganancias de capital	..	..	..	..	..	..	..	..	..	..
1200 De sociedades	1 856	3 704	15 023	21 659	8 736	11 713	13 816	8 186	10 384	23 499
1210 Renta y utilidades	1 856	3 704	15 023	21 659	8 736	11 713	13 816	8 186	10 384	23 499
Oil companies	1 439	2 441	10 806	13 834	1 116	2 093	3 755	1 762	3 104	10 447
Other companies	383	1 041	3 166	6 630	6 919	8 858	8 694	5 641	6 292	10 477
Business levy	0	65	146	206	603	608	649	571	650	630
National recovery impost	34	0	0	0	0	0	0	0	0	0
Unemployment Fund	0	157	905	989	99	153	718	211	339	1 945
1220 Ganancias de capital de sociedades	..	..	..	..	..	..	..	..	..	..
1300 No clasificables entre 1100 y 1200	70	195	536	881	827	858	1 360	938	1 005	1 067
2000 Contribuciones a la seguridad social	**183**	**702**	**1 173**	**2 645**	**4 608**	**4 670**	**4 706**	**4 686**	**4 510**	**4 530**
2100 Empleados	..	..	..	..	..	..	..	..	..	..
2110 Sobre la base de la nómina	..	..	..	..	..	..	..	..	..	..
2120 Sobre la base del impuesto sobre la renta	..	..	..	..	..	..	..	..	..	..
2200 Empleadores	..	..	..	..	..	..	..	..	..	..
2210 Sobre la base de la nómina	..	..	..	..	..	..	..	..	..	..
2220 Sobre la base del impuesto sobre la renta	..	..	..	..	..	..	..	..	..	..
2300 Trabajadores por cuenta propia o no empleados	..	..	..	..	..	..	..	..	..	..
2310 Sobre la base de la nómina	..	..	..	..	..	..	..	..	..	..
2320 Sobre la base del impuesto sobre la renta	..	..	..	..	..	..	..	..	..	..
2400 No clasificables entre 2100, 2200 y 2300	183	702	1 173	2 645	4 608	4 670	4 706	4 686	4 510	4 530
2410 Sobre la base de la nómina	..	..	..	..	..	..	..	..	..	..
2420 Sobre la base del impuesto sobre la renta	..	..	..	..	..	..	..	..	..	..
3000 Impuestos sobre la nómina y la fuerza de trabajo	**0**	**0**	**0**	**0**	**0**	**0**	**0**	**0**	**0**	**0**
4000 Impuestos sobre la propiedad	**90**	**175**	**307**	**194**	**322**	**362**	**405**	**260**	**289**	**359**
4100 Impuestos recurrentes sobre la propiedad inmueble	39	64	63	22	3	4	50	2	2	2
4110 Hogares	..	..	..	..	..	..	..	..	..	..
4120 Otros	..	..	..	..	..	..	..	..	..	..
4200 Impuestos recurrentes sobre la riqueza neta	0	0	0	0	0	0	0	0	0	0
4210 Personas físicas	..	..	..	..	..	..	..	..	..	..
4220 Sociedades	..	..	..	..	..	..	..	..	..	..
4300 Impuestos sobre sucesiones y donaciones	1	0	0	0	0	0	0	0	0	0
4310 Impuestos sobre sucesiones y herencias	1	..	..	..	..	..	..	..	..	..
4320 Impuestos sobre donaciones	0	..	..	..	..	..	..	..	..	..
4400 Imp. sobre transacciones financieras y de capital	49	111	245	172	319	359	356	258	287	357
Stamp duties	49	111	245	172	319	359	356	258	287	357
4500 Otros impuestos no recurrentes sobre la propiedad	0	0	0	0	0	0	0	0	0	0
4510 Otros impuestos sobre la riqueza neta	..	..	..	..	..	..	..	..	..	..
4520 Otros impuestos no recurrentes	..	..	..	..	..	..	..	..	..	..
4600 Otros impuestos recurrentes sobre la propiedad	0	0	0	0	0	0	0	0	0	0
5000 Impuestos sobre los bienes y servicios	**2 055**	**3 852**	**6 175**	**9 667**	**10 101**	**12 368**	**10 915**	**10 980**	**12 740**	**9 954**
5100 Imp. sobre la producción, venta, etc.	1 973	3 603	5 948	9 282	9 675	12 024	10 612	10 752	12 480	9 687
5110 Impuestos generales	980	1 890	3 149	6 358	5 876	8 087	6 836	7 417	9 173	6 006
5111 Impuestos sobre el valor agregado	927	1 890	2 963	6 032	5 050	7 245	5 848	6 682	8 296	4 665
5112 Impuestos sobre las ventas	54	0	0	0	1	0	0	0	0	0
5113 Otros impuestos generales	0	0	186	325	825	842	988	734	877	1 341
Green Fund	..	..	186	325	803	813	957	689	811	1 284
Tax on online purchases	..	..	0	0	22	29	31	46	66	58
5120 Impuestos sobre bienes y servicios específicos	993	1 713	2 799	2 924	3 798	3 936	3 777	3 336	3 307	3 681
5121 Impuestos selectivos	481	801	1 072	708	739	793	680	703	707	760
Alcohol products	..	..	..	156	150	183	187	205	209	245
Beer	..	..	..	202	202	202	173	197	208	205
Petroleum products	..	..	..	105	102	98	23	6	0	0
Cigarette products	..	..	..	243	253	269	262	274	288	308
Malt beverages	..	..	..	2	33	41	35	21	2	1
5122 Utilidades de los monopolios fiscales	0	0	0	0	0	0	0	0	0	0

	1990	2000	2005	2010	2017	2018	2019	2020	2021	2022
5123 Derechos de aduanas y de importación	260	748	1 473	1 905	2 684	2 732	2 672	2 301	2 287	2 596
5124 Impuestos sobre las exportaciones	0	0	0	0	0	0	0	0	0	0
5125 Impuestos sobre los bienes de inversión	0	0	0	0	0	0	0	0	0	0
5126 Impuestos sobre servicios específicos	49	163	253	311	375	411	425	331	313	324
Insurance premium tax	0	56	98	167	163	170	180	159	175	166
Transaction tax on financial services	0	23	33	53	93	97	103	92	90	100
Hotel room tax	0	23	42	46	52	52	55	34	20	33
Betting and entertainment taxes	4	17	9	12	0	0	0	0	0	0
Other taxes on goods and services	45	44	72	33	67	93	86	46	27	26
5127 Otros imp. sobre el comercio y transacciones intern.	202	0	0	1	1	0	0	0	0	0
5128 Otros impuestos sobre bienes y servicios específicos	0	0	0	0	0	0	0	0	0	0
5130 No clasificables entre 5110 y 5120	0	0	0	0	0	0	0	0	0	0
5200 Sobre el uso de bienes y permiso para actividades	81	249	227	386	426	344	303	228	260	267
5210 Impuestos recurrentes	81	249	227	386	426	344	303	228	260	267
Motor vehicle taxes and duties	76	239	217	375	415	334	291	221	251	256
5211 Por los hogares sobre vehículos automotores	..	..	..	..	..	..	..	..	..	..
5212 Por otros sobre vehículos automotores	..	..	..	..	..	..	..	..	..	..
5213 Otros impuestos recurrentes	5	10	10	10	11	11	12	7	9	11
Liquor and miscellaneous business licence fees	5	10	10	10	11	11	12	7	9	11
5220 Impuestos no recurrentes	0	0	0	0	0	0	0	0	0	0
5300 No clasificables entre 5100 y 5200	0	0	0	0	0	0	0	0	0	0
6000 Otros impuestos	**0**	**0**	**0**	**0**	**0**	**0**	**0**	**0**	**0**	**0**
6100 Pagados únicamente por empresas	..	..	..	..	..	..	..	..	..	..
6200 Pagados por otros o no identificables	..	..	..	..	..	..	..	..	..	..

.. No disponible

Nota : Ejercicio fiscal cerrado a 30 de septiembre. Por ejemplo, los datos de 2022 corresponden a los meses de octubre de 2021 a septiembre de 2022.

Los datos siguen el criterio de caja.

Las cifras no incluyen los ingresos tributarios de las administraciones locales, porque no hay datos disponibles.

Partida 1100: Los impuestos sobre la renta de las personas físicas incluyen el impuesto a las "Personas físicas (Cap. 75:01)" y los premios de la lotería.

Partida 2000: Las contribuciones a la seguridad social siguen el ejercicio financiero comprendido entre los meses de julio y junio, no de octubre y septiembre. Por ejemplo, las contribuciones a la seguridad social de 2022 corresponden al período del 1 de julio de 2021 al 30 de junio de 2022. Las cifras incluyen los ingresos totales por contribuciones del Consejo de Seguro Nacional menos las devoluciones. Desde 2013, se ha identificado un reducido importe de contribuciones voluntarias y se han eliminado de las cifras.

Partida 5126: Otros impuestos sobre bienes y servicios de la partida 5126 incluyen principalmente el impuesto a los juegos de azar de los clubes que se cobra a todas las mesas de juego y otros dispositivos de juegos de azar de cualquier operador con licencia para realizar esta actividad.

Fuente : Ministerio de Finanzas; Consejo de Seguro Nacional.

Cuadro 5.26. Uruguay

Ingresos tributarios detallados
Millones UYU

	1990	2000	2005	2010	2017	2018	2019	2020	2021	2022
Total de ingresos tributarios	**2 399**	**64 183**	**106 251**	**212 907**	**494 901**	**534 519**	**573 642**	**600 332**	**684 851**	**778 260**
1000 Imp. renta, utilidades y ganancias de capital	**114**	**8 698**	**13 831**	**42 583**	**125 295**	**140 527**	**149 920**	**159 783**	**178 797**	**207 294**
1100 De personas físicas	0	3 597	3 285	19 148	68 948	78 571	85 847	91 819	98 825	113 351
Personal income tax (IRP)	..	3 597	3 285	0	0	0	0	0	0	0
1110 Renta y utilidades	..	..	..	16 790	60 570	69 083	75 944	80 407	84 910	96 142
IRPF second category	..	..	..	14 643	54 327	61 077	67 254	70 295	74 209	84 803
Social security assistance	..	..	..	2 651	9 448	11 091	12 336	14 198	15 355	16 315
Personal income tax refunds	..	..	..	-504	-3 204	-3 085	-3 646	-4 086	-4 653	-4 977
1120 Ganancias de capital	..	..	..	2 358	8 377	9 488	9 903	11 412	13 915	17 209
IRPF first category	..	..	..	2 358	8 377	9 488	9 903	11 412	13 915	17 209
1200 De sociedades	114	5 102	10 546	21 772	51 169	56 316	58 071	61 487	71 500	82 729
1210 Renta y utilidades	114	5 102	10 546	21 772	51 169	56 316	58 071	61 487	71 500	82 729
Income tax for economic activities (IRAE)	0	0	0	21 437	51 081	56 316	58 071	61 487	71 500	82 729
Industry and commerce income tax (IRIC)	97	5 096	10 516	333	88	0	0	0	0	0
Agricultural income tax (IRA)	10	3	30	2	0	0	0	0	0	0
Tax on agricultural activities (IMAGRO)	7	3	0	0	0	0	0	0	0	0
1220 Ganancias de capital de sociedades	..	..	..	..	..	..	..	..	..	..
1300 No clasificables entre 1100 y 1200	0	0	0	1 662	5 179	5 639	6 002	6 477	8 472	11 214
Non-resident income tax (IRNR)	..	..	..	1 662	5 179	5 639	6 002	6 477	8 472	11 214
2000 Contribuciones a la seguridad social	**717**	**17 679**	**21 425**	**49 742**	**131 545**	**139 561**	**151 589**	**150 185**	**165 500**	**196 064**
2100 Empleados	..	..	..	..	..	..	..	..	..	..
2110 Sobre la base de la nómina	..	..	..	..	..	..	..	..	..	..
2120 Sobre la base del impuesto sobre la renta	..	..	..	..	..	..	..	..	..	..
2200 Empleadores	..	..	..	..	..	..	..	..	..	..
2210 Sobre la base de la nómina	..	..	..	..	..	..	..	..	..	..
2220 Sobre la base del impuesto sobre la renta	..	..	..	..	..	..	..	..	..	..
2300 Trabajadores por cuenta propia o no empleados	..	..	..	..	..	..	..	..	..	..
2310 Sobre la base de la nómina	..	..	..	..	..	..	..	..	..	..
2320 Sobre la base del impuesto sobre la renta	..	..	..	..	..	..	..	..	..	..
2400 No clasificables entre 2100, 2200 y 2300	717	17 679	21 425	49 742	131 545	139 561	151 589	150 185	165 500	196 064
2410 Sobre la base de la nómina	717	17 679	21 425	49 742	131 545	139 561	151 589	150 185	165 500	196 064
2420 Sobre la base del impuesto sobre la renta	0	0	0	0	0	0	0	0	0	0
3000 Impuestos sobre la nómina y la fuerza de trabajo	**0**	**0**	**0**	**0**	**0**	**0**	**0**	**0**	**0**	**0**
4000 Impuestos sobre la propiedad	**213**	**5 508**	**12 159**	**18 965**	**38 460**	**40 508**	**44 178**	**46 785**	**52 387**	**59 925**
4100 Impuestos recurrentes sobre la propiedad inmueble	87	3 248	5 586	8 140	18 180	19 648	21 056	22 672	24 921	28 140
Primary education tax	0	378	852	1 064	2 781	2 961	3 271	3 474	3 822	4 224
Farm property tax	0	155	1	189	764	728	750	941	968	1 127
Property tax surcharge	0	0	0	0	543	476	471	610	562	601
Primary education tax refunds	0	0	0	0	0	-3	-2	-1	-1	-2
Other property taxes	87	2 715	4 733	6 887	14 092	15 485	16 567	17 649	19 570	22 189
4110 Hogares	..	..	..	..	..	..	..	..	..	..
4120 Otros	..	..	..	..	..	..	..	..	..	..
4200 Impuestos recurrentes sobre la riqueza neta	94	1 769	4 942	8 760	17 057	17 473	19 717	20 335	22 357	25 740
4210 Personas físicas	64	108	336	382	711	760	707	676	579	519
4220 Sociedades	30	1 661	4 605	8 378	16 346	16 713	19 010	19 659	21 778	25 221
Corporate wealth tax	28	1 507	4 382	8 165	16 345	16 713	19 010	19 659	21 778	25 221
Tax on financial investment companies (ISAFI)	1	154	224	213	1	1	0	1	0	0
4300 Impuestos sobre sucesiones y donaciones	0	0	0	0	0	0	0	0	0	0
4310 Impuestos sobre sucesiones y herencias	..	..	..	..	..	..	..	..	..	..
4320 Impuestos sobre donaciones	..	..	..	..	..	..	..	..	..	..
4400 Imp. sobre transacciones financieras y de capital	31	476	1 259	1 740	2 662	2 819	2 841	3 193	4 341	4 995
Property transfer tax (ITP)	11	372	886	1 347	1 927	1 984	1 859	2 120	2 866	3 553
Tax on transfer of rights over athletes	0	0	47	3	0	0	0	0	0	0
Auction tax	20	104	326	390	735	835	982	1 073	1 475	1 442
4500 Otros impuestos no recurrentes sobre la propiedad	0	0	0	0	0	0	0	0	0	0
4510 Otros impuestos sobre la riqueza neta	..	..	..	..	..	..	..	..	..	..
4520 Otros impuestos no recurrentes	..	..	..	..	..	..	..	..	..	..
4600 Otros impuestos recurrentes sobre la propiedad	1	15	372	326	560	567	564	585	768	1 050
Corporation control tax (ICOSA)	1	15	176	325	560	567	564	585	768	1 050
Financial system control tax (ICOSIFI)	0	0	196	0	0	0	0	0	0	0
5000 Impuestos sobre los bienes y servicios	**1 358**	**32 139**	**57 834**	**100 282**	**196 669**	**210 711**	**224 394**	**239 924**	**284 206**	**310 465**
5100 Imp. sobre la producción, venta, etc.	1 301	29 562	54 763	96 494	186 355	199 329	212 218	227 247	269 210	294 061
5110 Impuestos generales	660	18 009	34 641	69 951	129 663	137 400	145 846	157 644	184 834	199 428

	1990	2000	2005	2010	2017	2018	2019	2020	2021	2022
5111 Impuestos sobre el valor agregado	660	17 995	31 696	69 921	129 663	137 400	145 846	157 644	184 834	199 428
5112 Impuestos sobre las ventas	1	14	2 945	30	0	0	0	0	0	0
Social security financing tax (COFIS)	0	0	2 905	30	..	..	..	..	..	..
Other sales taxes	1	14	40	0	..	..	..	..	..	..
5113 Otros impuestos generales	0	0	0	0	0	0	0	0	0	0
5120 Impuestos sobre bienes y servicios específicos	641	11 553	20 122	26 543	56 692	61 928	66 372	69 604	84 376	94 633
5121 Impuestos selectivos	393	7 896	11 447	17 300	37 779	39 214	42 183	44 212	51 646	58 274
Fuels	203	4 067	4 900	6 551	17 129	18 662	20 094	22 157	23 720	18 047
Tobacco products	80	1 741	2 705	4 236	6 995	7 518	7 703	7 944	8 303	8 640
Motor vehicles	20	656	977	2 289	4 313	3 789	3 799	4 626	7 289	7 437
Non-alcoholic beverages	19	464	532	1 172	2 547	2 687	2 754	2 879	2 964	3 297
Agricultural products	4	299	1 182	1 349	2 369	2 636	2 998	3 256	4 548	5 222
Beer	8	205	308	602	1 357	1 526	1 494	1 688	1 773	2 032
Advances of import excises	0	27	9	-136	1 372	704	1 591	-465	0	0
Greases and lubricants	5	119	289	390	623	652	677	815	1 380	1 374
Alcoholic beverages	22	212	352	562	766	617	677	714	1 024	1 125
Other excises	32	106	193	283	309	423	397	598	644	11 098
5122 Utilidades de los monopolios fiscales	0	0	0	0	0	0	0	0	0	0
5123 Derechos de aduanas y de importación	214	1 967	5 195	8 478	17 198	20 878	22 124	23 099	29 923	33 304
5124 Impuestos sobre las exportaciones	1	32	243	325	664	770	858	908	1 374	1 430
5125 Impuestos sobre los bienes de inversión	0	0	0	0	0	0	0	0	0	0
5126 Impuestos sobre servicios específicos	34	1 392	2 748	440	1 052	1 067	1 207	1 384	1 433	1 624
Bank asset tax (IMABA)	31	1 092	1 152	2	0	0	0	0	0	0
Income tax for insurance companies	3	76	298	366	902	916	1 004	1 270	1 333	1 447
Other services taxes	0	224	1 298	72	150	152	202	115	100	177
5127 Otros imp. sobre el comercio y transacciones intern.	0	265	489	0	0	0	0	0	0	0
5128 Otros impuestos sobre bienes y servicios específicos	0	0	0	0	0	0	0	0	0	0
5130 No clasificables entre 5110 y 5120	0	0	0	0	0	0	0	0	0	0
5200 Sobre el uso de bienes y permiso para actividades	57	2 576	3 071	3 788	10 313	11 382	12 176	12 677	14 996	16 404
5210 Impuestos recurrentes	57	2 576	3 071	3 788	10 313	11 382	12 176	12 677	14 996	16 404
5211 Por los hogares sobre vehículos automotores	0	0	0	0	0	0	0	0	0	0
5212 Por otros sobre vehículos automotores	57	2 576	3 071	3 788	10 313	11 382	12 176	12 677	14 996	16 404
5213 Otros impuestos recurrentes	0	0	0	0	0	0	0	0	0	0
5220 Impuestos no recurrentes	0	0	0	0	0	0	0	0	0	0
5300 No clasificables entre 5100 y 5200	0	0	0	0	0	0	0	0	0	0
6000 Otros impuestos	**-3**	**159**	**1 003**	**1 335**	**2 933**	**3 212**	**3 560**	**3 655**	**3 960**	**4 512**
6100 Pagados únicamente por empresas	-10	-145	533	586	925	980	1 039	1 033	1 099	1 205
Small business tax (minimum VAT)	0	296	457	586	925	980	1 039	1 033	1 099	1 205
Credit card tax	0	0	76	0	0	0	0	0	0	0
Other tax refunds	-10	-440	0	0	0	0	0	0	0	0
6200 Pagados por otros o no identificables	7	303	470	748	2 008	2 232	2 521	2 623	2 861	3 306

.. No disponible

Nota : Ejercicio cerrado a 31 de diciembre.

Los datos siguen el criterio de caja.

Las cifras relativas a ingresos tributarios de las administraciones locales de 2022 son una estimación, ya que no hay datos disponibles.

Partida 2000: Las cifras del período 1990-1998 son una estimación de la Dirección General Impositiva (DGI). Las cifras han incluido ingresos del Banco de Previsión Social (BPS) publicados por el Ministerio de Economía y Finanzas desde 1999.

Partida 5112: El impuesto a la venta de productos en subasta pública contabilizado en la partida otros impuestos sobre ventas se clasifica dentro de la categoría 4000 en los datos de la CEPAL.

Fuente : Dirección General Impositiva; Ministerio de Economía y Finanzas.

Cuadro 5.27. Venezuela

Ingresos tributarios detallados
VES

	1990	2000	2005	2010	2017	2018	2019	2020	2021	2022
Total de ingresos tributarios	**4 115**	**108 486**	**482 849**	**1 200 840**	..	..	..	..	..	..
1000 Imp. renta, utilidades y ganancias de capital	**3 444**	**46 856**	**185 291**	**368 365**	..	..	..	..	..	..
1100 De personas físicas	..	..	..	..	..	..	..	..	..	..
1110 Renta y utilidades	..	..	..	..	..	..	..	..	..	..
1120 Ganancias de capital	..	..	..	..	..	..	..	..	..	..
1200 De sociedades	3 148	33 683	111 839	86 998	..	..	..	..	..	..
1210 Renta y utilidades	3 148	33 683	111 839	86 998	..	..	..	..	..	..
Oil	3 148	33 683	111 839	86 998	..	..	..	..	..	..
1220 Ganancias de capital de sociedades	..	..	..	..	..	..	..	..	..	..
1300 No clasificables entre 1100 y 1200	297	13 173	73 452	281 367	31 378 510	..	..	..	..	..
2000 Contribuciones a la seguridad social	**202**	**5 905**	**18 899**	**96 896**	..	..	..	..	..	..
2100 Empleados	..	..	..	..	..	..	..	..	..	..
2110 Sobre la base de la nómina	..	..	..	..	..	..	..	..	..	..
2120 Sobre la base del impuesto sobre la renta	..	..	..	..	..	..	..	..	..	..
2200 Empleadores	..	..	..	..	..	..	..	..	..	..
2210 Sobre la base de la nómina	..	..	..	..	..	..	..	..	..	..
2220 Sobre la base del impuesto sobre la renta	..	..	..	..	..	..	..	..	..	..
2300 Trabajadores por cuenta propia o no empleados	..	..	..	..	..	..	..	..	..	..
2310 Sobre la base de la nómina	..	..	..	..	..	..	..	..	..	..
2320 Sobre la base del impuesto sobre la renta	..	..	..	..	..	..	..	..	..	..
2400 No clasificables entre 2100, 2200 y 2300	202	5 905	18 899	96 896	..	..	..	..	..	..
2410 Sobre la base de la nómina	..	..	..	..	..	..	..	..	..	..
2420 Sobre la base del impuesto sobre la renta	..	..	..	..	..	..	..	..	..	..
3000 Impuestos sobre la nómina y la fuerza de trabajo	**0**	**0**	**0**	**0**	**0**	..	..	..	..	..
4000 Impuestos sobre la propiedad	**11**	**3 999**	**28 338**	**2 217**	**24 353 035**	..	..	..	..	..
4100 Impuestos recurrentes sobre la propiedad inmueble	0	0	0	0	0	..	..	..	..	..
4110 Hogares	..	..	..	..	..	..	..	..	..	..
4120 Otros	..	..	..	..	..	..	..	..	..	..
4200 Impuestos recurrentes sobre la riqueza neta	0	0	0	0	0	..	..	..	..	..
4210 Personas físicas	..	..	..	..	..	..	..	..	..	..
4220 Sociedades	..	..	..	..	..	..	..	..	..	..
4300 Impuestos sobre sucesiones y donaciones	11	191	552	2 217	361 298	..	..	..	..	..
4310 Impuestos sobre sucesiones y herencias	11	191	552	2 217	361 298	..	..	..	..	..
4320 Impuestos sobre donaciones	0	0	0	0	0	..	..	..	..	..
4400 Imp. sobre transacciones financieras y de capital	0	3 808	27 786	0	23 991 737	..	..	..	..	..
Bank debits	..	2 918	27 429	..	0	..	..	..	..	..
Registration of immovable property rights	..	890	357	..	0	..	..	..	..	..
Tax on Large Financial Transactions (IGTF)	..	0	0	..	23 991 737	..	..	..	..	..
4500 Otros impuestos no recurrentes sobre la propiedad	0	0	0	0	0	..	..	..	..	..
4510 Otros impuestos sobre la riqueza neta	..	..	..	..	..	..	..	..	..	..
4520 Otros impuestos no recurrentes	..	..	..	..	..	..	..	..	..	..
4600 Otros impuestos recurrentes sobre la propiedad	0	0	0	0	0	..	..	..	..	..
5000 Impuestos sobre los bienes y servicios	**457**	**51 726**	**250 322**	**733 363**	**148 669 517**	..	..	..	..	..
5100 Imp. sobre la producción, venta, etc.	457	51 726	250 322	733 363	148 669 517	..	..	..	..	..
5110 Impuestos generales	0	32 716	195 132	561 005	112 990 174	..	..	..	..	..
5111 Impuestos sobre el valor agregado	0	32 716	195 132	561 005	112 990 174	..	..	..	..	..
5112 Impuestos sobre las ventas	..	0	0	0	0	..	..	..	..	..
5113 Otros impuestos generales	..	0	0	0	0	..	..	..	..	..
5120 Impuestos sobre bienes y servicios específicos	457	19 011	55 190	172 357	35 679 343	..	..	..	..	..
5121 Impuestos selectivos	157	7 742	16 036	88 722	29 679 186	..	..	..	..	..
Oil	57	4 679	4 718	12 798	0	..	..	..	..	..
Alcoholic beverages	58	852	4 270	21 915	14 113 397	..	..	..	..	..
Tobacco	42	2 201	7 038	54 009	15 565 789	..	..	..	..	..
Matches	0	9	11	0	0	..	..	..	..	..
5122 Utilidades de los monopolios fiscales	0	0	0	0	0	..	..	..	..	..
5123 Derechos de aduanas y de importación	300	9 716	36 522	81 333	5 986 482	..	..	..	..	..
5124 Impuestos sobre las exportaciones	0	0	0	0	0	..	..	..	..	..
5125 Impuestos sobre los bienes de inversión	0	0	0	0	0	..	..	..	..	..
5126 Impuestos sobre servicios específicos	0	1 552	2 631	2 302	13 675	..	..	..	..	..
Telecommunications	0	1 505	2 370	0	0	..	..	..	..	..
Casinos, bingo and slot machines	0	47	261	2 302	13 675	..	..	..	..	..
5127 Otros imp. sobre el comercio y transacciones intern.	0	0	0	0	0	..	..	..	..	..

	1990	2000	2005	2010	2017	2018	2019	2020	2021	2022
5128 Otros impuestos sobre bienes y servicios específicos	0	0	0	0	0	..	..	..	..	..
5130 No clasificables entre 5110 y 5120	0	0	0	0	0	..	..	..	..	..
5200 Sobre el uso de bienes y permiso para actividades	0	0	0	0	0	..	..	..	..	..
5210 Impuestos recurrentes	..	..	..	..	..	..	..	..	..	..
5211 Por los hogares sobre vehículos automotores	..	..	..	..	..	..	..	..	..	..
5212 Por otros sobre vehículos automotores	..	..	..	..	..	..	..	..	..	..
5213 Otros impuestos recurrentes	..	..	..	..	..	..	..	..	..	..
5220 Impuestos no recurrentes	..	..	..	..	..	..	..	..	..	..
5300 No clasificables entre 5100 y 5200	0	0	0	0	0	..	..	..	..	..
6000 Otros impuestos	**0**	**0**	**0**	**0**	**1 225 170**	**..**	**..**	**..**	**..**	**..**
6100 Pagados únicamente por empresas	..	..	..	..	0	..	..	..	..	..
6200 Pagados por otros o no identificables	..	..	..	..	1 225 170	..	..	..	..	..

.. No disponible

Nota : Ejercicio cerrado a 31 de diciembre.

Los datos siguen el criterio de caja.

No hay datos tributarios disponibles a partir de 2018.

Las cifras no incluyen los ingresos tributarios de las administraciones estatal y locales, porque no hay datos disponibles.

Las cifras correspondientes al período entre 2015 y 2017 deberían interpretarse con precaución porque se han visto afectadas por la elevada tasa de inflación durante este período.

No ha habido datos sobre ingresos tributarios totales disponibles desde 2014 por la falta de información sobre las contribuciones a la seguridad social desde 2014 y sobre los ingresos por petróleo desde 2016 (clasificados en la partida 1210 impuestos sobre las ganancias de las sociedades).

Fuente : Servicio Nacional Integrado de Administración Aduanera; Ministerio de Finanzas.

6 Cuadros país, ingresos tributarios por subsectores de gobierno general, 1990-2022

Los ingresos de los países latinoamericanos, del Caribe y de los países de la OCDE se han atribuido a los diferentes niveles de gobierno de acuerdo con lo recogido en la versión final 2008 del Sistema de Cuentas Nacionales (SCN), según el cual, los ingresos se atribuyen por lo general al nivel de gobierno que ejerce la facultad de aplicar el impuesto o que puede a su discreción establecer y modificar la tasa del impuesto.

En todos los cuadros siguientes un ("..") indica no disponible. Las principales series de este volumen abarcan los años 1990 a 2022.

Las cifras referidas a 1991-99, 2001-04, 2006-09, 2011-14 y 2016-21 de los cuadros 6.1 a 6.27 se han omitido por falta de espacio. Se puede acceder a las series cronológicas completas en línea en http://dx.doi.org/10.1787/data-00641-fr.

Cuadro 6.1. Antigua y Barbuda, ingresos tributarios por subsectores de gobierno general

Millones XCD

	Gobierno federal					Estatal/Regional				
	1990	2000	2010	2021	2022	1990	2000	2010	2021	2022
1000 Imp. renta, utilidades y ganancias de capital	..	**38**	**92**	**83**	**71**	..	..	..	..	..
1100 De personas físicas	..	0	33	0	0	..	..	..	..	..
1200 De sociedades	..	37	59	83	71	..	..	..	..	..
1300 No clasificables entre 1100 y 1200	..	0	0	0	0	..	..	..	..	..
2000 Contribuciones a la seguridad social	..	**0**	**0**	**0**	**0**	..	..	..	..	..
2100 Empleados	..	..	..	..	..	..	..	..	..	..
2200 Empleadores	..	..	..	..	..	..	..	..	..	..
2300 Trabajadores por cuenta propia o no empleados	..	..	..	..	..	..	..	..	..	..
2400 No clasificables entre 2100, 2200 y 2300	..	..	..	..	..	..	..	..	..	..
3000 Imp. sobre nómina y fuerza de trabajo	..	**0**	**0**	**0**	**0**	..	..	..	..	..
4000 Impuestos sobre la propiedad	..	**13**	**49**	**93**	**96**	..	..	..	..	..
4100 Imp. recurrentes sobre propiedad inmueble	..	0	18	24	32	..	..	..	..	..
4200 Impuestos recurrentes sobre la riqueza neta	..	0	0	0	0	..	..	..	..	..
4300 Impuestos sobre sucesiones y donaciones	..	0	0	0	0	..	..	..	..	..
4400 Imp. transacciones finan. y de capital	..	13	32	69	64	..	..	..	..	..
4500 Otros imp. no recurrentes sobre propiedad	..	0	0	0	0	..	..	..	..	..
4600 Otros imp. recurrentes sobre propiedad	..	0	0	0	0	..	..	..	..	..
5000 Impuestos sobre los bienes y servicios	..	**217**	**435**	**490**	**585**	..	..	..	..	..
5100 Imp. sobre la producción, venta, etc.	..	217	429	487	581	..	..	..	..	..
5110 Impuestos generales	..	0	179	315	396	..	..	..	..	..
5120 Impuestos sobre bienes y servicios específicos	..	217	250	171	186	..	..	..	..	..
5130 No clasificables entre 5110 y 5120	..	0	0	0	0	..	..	..	..	..
5200 Sobre uso bienes y permiso para actividades	..	0	6	3	4	..	..	..	..	..
5300 No clasificables entre 5100 y 5200	..	0	0	1	0	..	..	..	..	..
6000 Otros impuestos	..	**0**	**0**	**0**	**0**	..	..	..	..	..
6100 Pagados únicamente por empresas	..	..	..	..	..	..	..	..	..	..
6200 Pagados por otros o no identificables	..	..	..	..	..	..	..	..	..	..
Total de ingresos tributarios	..	**268**	**577**	**667**	**752**	..	..	..	..	..

Millones XCD

	Gobiernos locales					Autoridades de seguridad social[1]				
	1990	2000	2010	2021	2022	1990	2000	2010	2021	2022
1000 Imp. renta, utilidades y ganancias de capital	..	..	..	..	..	..	..	**0**	**0**	**0**
1100 De personas físicas	..	..	..	..	..	..	..	..	..	..
1200 De sociedades	..	..	..	..	..	..	..	..	..	..
1300 No clasificables entre 1100 y 1200	..	..	..	..	..	..	..	..	..	..
2000 Contribuciones a la seguridad social	..	..	..	..	..	..	..	**83**	**131**	**156**
2100 Empleados	..	..	..	..	..	..	..	..	..	..
2200 Empleadores	..	..	..	..	..	..	..	..	..	..
2300 Trabajadores por cuenta propia o no empleados	..	..	..	..	..	..	..	..	..	..
2400 No clasificables entre 2100, 2200 y 2300	..	..	..	..	..	..	..	83	131	156
3000 Imp. sobre nómina y fuerza de trabajo	..	..	..	..	..	..	..	**0**	**0**	**0**
4000 Impuestos sobre la propiedad	..	..	..	..	..	..	..	**0**	**0**	**0**
4100 Imp. recurrentes sobre propiedad inmueble	..	..	..	..	..	..	..	..	..	..
4200 Impuestos recurrentes sobre la riqueza neta	..	..	..	..	..	..	..	..	..	..
4300 Impuestos sobre sucesiones y donaciones	..	..	..	..	..	..	..	..	..	..
4400 Imp. transacciones finan. y de capital	..	..	..	..	..	..	..	..	..	..
4500 Otros imp. no recurrentes sobre propiedad	..	..	..	..	..	..	..	..	..	..
4600 Otros imp. recurrentes sobre propiedad	..	..	..	..	..	..	..	..	..	..
5000 Impuestos sobre los bienes y servicios	..	..	..	..	..	..	..	**0**	**0**	**0**
5100 Imp. sobre la producción, venta, etc.	..	..	..	..	..	..	..	..	..	..
5110 Impuestos generales	..	..	..	..	..	..	..	..	..	..
5120 Impuestos sobre bienes y servicios específicos	..	..	..	..	..	..	..	..	..	..
5130 No clasificables entre 5110 y 5120	..	..	..	..	..	..	..	..	..	..
5200 Sobre uso bienes y permiso para actividades	..	..	..	..	..	..	..	..	..	..
5300 No clasificables entre 5100 y 5200	..	..	..	..	..	..	..	..	..	..
6000 Otros impuestos	..	..	..	..	..	..	..	**0**	**0**	**0**
6100 Pagados únicamente por empresas	..	..	..	..	..	..	..	..	..	..
6200 Pagados por otros o no identificables	..	..	..	..	..	..	..	..	..	..
Total de ingresos tributarios	..	..	..	..	..	..	..	**83**	**131**	**156**

.. No disponible

1. Las cifras del período 2019-2022 son una estimación.

Cuadro 6.2. Argentina, ingresos tributarios por subsectores de gobierno general

Millones ARS

	Gobierno federal					Estatal/Regional				
	1990	2000	2010	2021	2022	1990	2000	2010	2021	2022
1000 Imp. renta, utilidades y ganancias de capital	**542**	**11 303**	**78 427**	**2 351 998**	**4 727 878**	**0**	**0**	**0**	**0**	**0**
1100 De personas físicas	141	3 937	23 980	1 004 641	2 083 662	..	..	..	..	..
1200 De sociedades	357	6 575	50 664	1 151 704	2 398 339	..	..	..	..	..
1300 No clasificables entre 1100 y 1200	43	792	3 783	195 653	245 876	..	..	..	..	..
2000 Contribuciones a la seguridad social[1]	**0**	**0**	**0**	**0**	**0**	**0**	**0**	**0**	**0**	**0**
2100 Empleados	..	..	..	..	..	..	..	..	..	..
2200 Empleadores	..	..	..	..	..	..	..	..	..	..
2300 Trabajadores por cuenta propia o no empleados	..	..	..	..	..	..	..	..	..	..
2400 No clasificables entre 2100, 2200 y 2300	..	..	..	..	..	..	..	..	..	..
3000 Imp. sobre nómina y fuerza de trabajo	**0**	**0**	**0**	**0**	**0**	**0**	**0**	**0**	**0**	**0**
4000 Impuestos sobre la propiedad	**616**	**1 254**	**32 674**	**1 043 679**	**1 786 657**	**549**	**2 614**	**10 864**	**373 956**	**614 364**
4100 Imp. recurrentes sobre propiedad inmueble	0	0	0	0	0	419	1 809	5 035	170 405	262 053
4200 Impuestos recurrentes sobre la riqueza neta	246	1 084	5 248	283 469	428 916	0	0	0	0	0
4300 Impuestos sobre sucesiones y donaciones	0	0	0	0	0	0	0	0	0	0
4400 Imp. transacciones finan. y de capital	330	100	27 423	760 209	1 357 741	130	804	5 829	203 551	352 310
4500 Otros imp. no recurrentes sobre propiedad	40	70	3	0	0	0	0	0	0	0
4600 Otros imp. recurrentes sobre propiedad	0	0	0	0	0	0	0	0	0	0
5000 Impuestos sobre los bienes y servicios	**4 669**	**27 592**	**198 346**	**5 310 281**	**9 335 993**	**967**	**6 947**	**54 746**	**1 900 411**	**3 502 540**
5100 Imp. sobre la producción, venta, etc.	4 671	28 174	201 402	5 376 231	9 445 963	791	6 114	51 148	1 778 442	3 312 564
5110 Impuestos generales	1 594	19 009	116 386	3 243 608	5 831 330	791	6 114	51 148	1 778 442	3 312 564
5120 Impuestos sobre bienes y servicios específicos	3 077	9 166	85 016	2 132 623	3 614 634	0	0	0	0	0
5130 No clasificables entre 5110 y 5120	0	0	0	0	0	0	0	0	0	0
5200 Sobre uso bienes y permiso para actividades[2]	..	..	..	..	..	177	833	3 598	121 969	189 977
5300 No clasificables entre 5100 y 5200	-3	-583	-3 056	-65 950	-109 970	0	0	0	0	0
6000 Otros impuestos	**214**	**395**	**2 386**	**36 762**	**58 005**	**78**	**1 309**	**3 110**	**44 440**	**72 233**
6100 Pagados únicamente por empresas	0	354	2 093	31 500	39 721	0	0	0	0	0
6200 Pagados por otros o no identificables[3]	214	41	294	5 262	18 284	78	1 309	3 110	44 440	72 233
Total de ingresos tributarios	**6 040**	**40 544**	**311 834**	**8 742 720**	**15 908 533**	**1 594**	**10 870**	**68 720**	**2 318 806**	**4 189 137**

Millones ARS

	Gobiernos locales					Autoridades de seguridad social				
	1990	2000	2010	2021	2022	1990	2000	2010	2021	2022
1000 Imp. renta, utilidades y ganancias de capital	..	..	..	..	..	**0**	**0**	**0**	**0**	**0**
1100 De personas físicas	..	..	..	..	..	..	..	..	..	..
1200 De sociedades	..	..	..	..	..	..	..	..	..	..
1300 No clasificables entre 1100 y 1200	..	..	..	..	..	..	..	..	..	..
2000 Contribuciones a la seguridad social[1]	..	..	..	..	..	**2 583**	**9 670**	**102 460**	**2 398 126**	**4 331 972**
2100 Empleados	..	..	..	..	..	..	2 486	37 990	967 274	1 719 052
2200 Empleadores	..	..	..	..	..	..	6 069	54 713	1 356 354	2 492 899
2300 Trabajadores por cuenta propia o no empleados	..	..	..	..	..	98	1 115	9 757	74 498	120 021
2400 No clasificables entre 2100, 2200 y 2300	..	..	..	..	..	2 485	0	0	0	0
3000 Imp. sobre nómina y fuerza de trabajo	..	..	..	..	..	**0**	**0**	**0**	**0**	**0**
4000 Impuestos sobre la propiedad	..	..	..	..	..	**0**	**0**	**0**	**0**	**0**
4100 Imp. recurrentes sobre propiedad inmueble	..	..	..	..	..	..	..	..	..	..
4200 Impuestos recurrentes sobre la riqueza neta	..	..	..	..	..	..	..	..	..	..
4300 Impuestos sobre sucesiones y donaciones	..	..	..	..	..	..	..	..	..	..
4400 Imp. transacciones finan. y de capital	..	..	..	..	..	..	..	..	..	..
4500 Otros imp. no recurrentes sobre propiedad	..	..	..	..	..	..	..	..	..	..
4600 Otros imp. recurrentes sobre propiedad	..	..	..	..	..	..	..	..	..	..
5000 Impuestos sobre los bienes y servicios	..	..	..	..	..	**0**	**0**	**0**	**0**	**0**
5100 Imp. sobre la producción, venta, etc.	..	..	..	..	..	..	..	..	..	..
5110 Impuestos generales	..	..	..	..	..	..	..	..	..	..
5120 Impuestos sobre bienes y servicios específicos	..	..	..	..	..	..	..	..	..	..
5130 No clasificables entre 5110 y 5120	..	..	..	..	..	..	..	..	..	..
5200 Sobre uso bienes y permiso para actividades[2]	..	..	..	..	..	..	..	..	..	..
5300 No clasificables entre 5100 y 5200	..	..	..	..	..	..	..	..	..	..
6000 Otros impuestos	..	..	..	..	..	**0**	**0**	**0**	**0**	**0**
6100 Pagados únicamente por empresas	..	..	..	..	..	..	..	..	..	..
6200 Pagados por otros o no identificables[3]	..	..	..	..	..	..	..	..	..	..
Total de ingresos tributarios	..	..	..	..	..	**2 583**	**9 670**	**102 460**	**2 398 126**	**4 331 972**

.. No disponible

1. Es posible que se hayan infraestimado las cifras, porque excluyen determinados tipos de contribuciones a la seguridad social a cuyos datos no es fácil acceder.
2. En los datos de la CEPAL, el impuesto a la propiedad de vehículos automotores se clasifica en la categoría 4000.
3. Los pagos de deudas tributarias de 2016 incluyen la recaudación tras la aplicación de un nuevo régimen de declaración de información voluntario en julio de 2016 (Ley 27260).

Cuadro 6.3. Bahamas, ingresos tributarios por subsectores de gobierno general

Millones BSD

	Gobierno federal					Estatal/Regional				
	1990	2000	2010	2021	2022	1990	2000	2010	2021	2022
1000 Imp. renta, utilidades y ganancias de capital	**0**	**0**	**0**	**0**	**0**	**..**	**..**	**..**	**..**	**..**
1100 De personas físicas	0	0	0	0	0	..	..	..	..	..
1200 De sociedades	0	0	0	0	0	..	..	..	..	..
1300 No clasificables entre 1100 y 1200	0	0	0	0	0	..	..	..	..	..
2000 Contribuciones a la seguridad social	**0**	**0**	**0**	**0**	**0**	**..**	**..**	**..**	**..**	**..**
2100 Empleados	..	..	..	..	..	..	..	..	..	..
2200 Empleadores	..	..	..	..	..	..	..	..	..	..
2300 Trabajadores por cuenta propia o no empleados	..	..	..	..	..	..	..	..	..	..
2400 No clasificables entre 2100, 2200 y 2300	..	..	..	..	..	..	..	..	..	..
3000 Imp. sobre nómina y fuerza de trabajo	**0**	**0**	**0**	**0**	**0**	**..**	**..**	**..**	**..**	**..**
4000 Impuestos sobre la propiedad	**56**	**208**	**269**	**203**	**241**	**..**	**..**	**..**	**..**	**..**
4100 Imp. recurrentes sobre propiedad inmueble	19	32	92	143	147	..	..	..	..	..
4200 Impuestos recurrentes sobre la riqueza neta	0	0	0	0	0	..	..	..	..	..
4300 Impuestos sobre sucesiones y donaciones	0	0	0	0	0	..	..	..	..	..
4400 Imp. transacciones finan. y de capital	37	176	177	60	94	..	..	..	..	..
4500 Otros imp. no recurrentes sobre propiedad	0	0	0	0	0	..	..	..	..	..
4600 Otros imp. recurrentes sobre propiedad	0	0	0	0	0	..	..	..	..	..
5000 Impuestos sobre los bienes y servicios	**386**	**620**	**780**	**1 408**	**1 917**	**..**	**..**	**..**	**..**	**..**
5100 Imp. sobre la producción, venta, etc.	354	552	657	1 253	1 745	..	..	..	..	..
5110 Impuestos generales	0	0	0	740	1 136	..	..	..	..	..
5120 Impuestos sobre bienes y servicios específicos	354	552	657	513	609	..	..	..	..	..
5130 No clasificables entre 5110 y 5120	0	0	0	0	0	..	..	..	..	..
5200 Sobre uso bienes y permiso para actividades	32	69	123	155	172	..	..	..	..	..
5300 No clasificables entre 5100 y 5200	0	0	0	0	0	..	..	..	..	..
6000 Otros impuestos	**-4**	**21**	**60**	**0**	**0**	**..**	**..**	**..**	**..**	**..**
6100 Pagados únicamente por empresas	0	0	0	..	..	..	..	..	..	..
6200 Pagados por otros o no identificables	-4	21	60	..	..	..	..	..	..	..
Total de ingresos tributarios	**438**	**849**	**1 109**	**1 612**	**2 158**	**..**	**..**	**..**	**..**	**..**

Millones BSD

	Gobiernos locales					Autoridades de seguridad social[1]				
	1990	2000	2010	2021	2022	1990	2000	2010	2021	2022
1000 Imp. renta, utilidades y ganancias de capital	**..**	**..**	**..**	**..**	**..**	**0**	**0**	**0**	**0**	**0**
1100 De personas físicas	..	..	..	..	..	..	..	..	..	..
1200 De sociedades	..	..	..	..	..	..	..	..	..	..
1300 No clasificables entre 1100 y 1200	..	..	..	..	..	..	..	..	..	..
2000 Contribuciones a la seguridad social	**..**	**..**	**..**	**..**	**..**	**66**	**115**	**167**	**219**	**267**
2100 Empleados	..	..	..	..	..	..	..	60	..	..
2200 Empleadores	..	..	..	..	..	..	..	104	..	..
2300 Trabajadores por cuenta propia o no empleados	..	..	..	..	..	..	..	3	..	..
2400 No clasificables entre 2100, 2200 y 2300	..	..	..	..	..	66	115	0	219	267
3000 Imp. sobre nómina y fuerza de trabajo	**..**	**..**	**..**	**..**	**..**	**0**	**0**	**0**	**0**	**0**
4000 Impuestos sobre la propiedad	**..**	**..**	**..**	**..**	**..**	**0**	**0**	**0**	**0**	**0**
4100 Imp. recurrentes sobre propiedad inmueble	..	..	..	..	..	..	..	..	..	..
4200 Impuestos recurrentes sobre la riqueza neta	..	..	..	..	..	..	..	..	..	..
4300 Impuestos sobre sucesiones y donaciones	..	..	..	..	..	..	..	..	..	..
4400 Imp. transacciones finan. y de capital	..	..	..	..	..	..	..	..	..	..
4500 Otros imp. no recurrentes sobre propiedad	..	..	..	..	..	..	..	..	..	..
4600 Otros imp. recurrentes sobre propiedad	..	..	..	..	..	..	..	..	..	..
5000 Impuestos sobre los bienes y servicios	**..**	**..**	**..**	**..**	**..**	**0**	**0**	**0**	**0**	**0**
5100 Imp. sobre la producción, venta, etc.	..	..	..	..	..	..	..	..	..	..
5110 Impuestos generales	..	..	..	..	..	..	..	..	..	..
5120 Impuestos sobre bienes y servicios específicos	..	..	..	..	..	..	..	..	..	..
5130 No clasificables entre 5110 y 5120	..	..	..	..	..	..	..	..	..	..
5200 Sobre uso bienes y permiso para actividades	..	..	..	..	..	..	..	..	..	..
5300 No clasificables entre 5100 y 5200	..	..	..	..	..	..	..	..	..	..
6000 Otros impuestos	**..**	**..**	**..**	**..**	**..**	**0**	**0**	**0**	**..**	**..**
6100 Pagados únicamente por empresas	..	..	..	..	..	..	..	..	..	..
6200 Pagados por otros o no identificables	..	..	..	..	..	..	..	..	..	..
Total de ingresos tributarios	**..**	**..**	**..**	**..**	**..**	**66**	**115**	**167**	**219**	**267**

.. No disponible

1. Los datos de las contribuciones a la seguridad social de 2021 y 2022 son estimaciones.

Cuadro 6.4. Barbados, ingresos tributarios por subsectores de gobierno general

Millones BBD

	Gobierno federal					Estatal/Regional				
	1990	2000	2010	2021	2022	1990	2000	2010	2021	2022
1000 Imp. renta, utilidades y ganancias de capital	**250**	**599**	**766**	**897**	**1 023**	..	..	..	..	..
1100 De personas físicas	140	293	395	385	393	..	..	..	..	..
1200 De sociedades	95	269	294	451	549	..	..	..	..	..
1300 No clasificables entre 1100 y 1200	15	37	76	61	81	..	..	..	..	..
2000 Contribuciones a la seguridad social	**0**	**0**	**0**	**0**	**0**	..	..	..	..	..
2100 Empleados	..	..	..	..	..	..	..	..	..	..
2200 Empleadores	..	..	..	..	..	..	..	..	..	..
2300 Trabajadores por cuenta propia o no empleados	..	..	..	..	..	..	..	..	..	..
2400 No clasificables entre 2100, 2200 y 2300	..	..	..	..	..	..	..	..	..	..
3000 Imp. sobre nómina y fuerza de trabajo	**0**	**0**	**0**	**0**	**0**	..	..	..	..	..
4000 Impuestos sobre la propiedad	**147**	**108**	**130**	**219**	**239**	..	..	..	..	..
4100 Imp. recurrentes sobre propiedad inmueble	46	95	118	205	217	..	..	..	..	..
4200 Impuestos recurrentes sobre la riqueza neta	0	0	0	0	0	..	..	..	..	..
4300 Impuestos sobre sucesiones y donaciones	0	0	0	0	0	..	..	..	..	..
4400 Imp. transacciones finan. y de capital	101	13	12	13	22	..	..	..	..	..
4500 Otros imp. no recurrentes sobre propiedad	0	0	0	0	0	..	..	..	..	..
4600 Otros imp. recurrentes sobre propiedad	0	0	0	0	0	..	..	..	..	..
5000 Impuestos sobre los bienes y servicios	**495**	**889**	**1 276**	**1 531**	**1 761**	..	..	..	..	..
5100 Imp. sobre la producción, venta, etc.	424	788	1 105	1 459	1 686	..	..	..	..	..
5110 Impuestos generales	197	492	768	885	1 023	..	..	..	..	..
5120 Impuestos sobre bienes y servicios específicos	227	296	337	575	663	..	..	..	..	..
5130 No clasificables entre 5110 y 5120	0	0	0	0	0	..	..	..	..	..
5200 Sobre uso bienes y permiso para actividades	71	101	171	72	75	..	..	..	..	..
5300 No clasificables entre 5100 y 5200	0	0	0	0	0	..	..	..	..	..
6000 Otros impuestos	**0**	**0**	**0**	**0**	**0**	..	..	..	..	..
6100 Pagados únicamente por empresas	..	..	..	..	..	..	..	..	..	..
6200 Pagados por otros o no identificables	..	..	..	..	..	..	..	..	..	..
Total de ingresos tributarios	**892**	**1 596**	**2 171**	**2 646**	**3 022**	..	..	..	..	..

Millones BBD

	Gobiernos locales					Autoridades de seguridad social				
	1990	2000	2010	2021	2022	1990	2000	2010	2021	2022
1000 Imp. renta, utilidades y ganancias de capital	..	..	..	..	..	**0**	**0**	**0**	**0**	**0**
1100 De personas físicas	..	..	..	..	..	..	..	..	..	..
1200 De sociedades	..	..	..	..	..	..	..	..	..	..
1300 No clasificables entre 1100 y 1200	..	..	..	..	..	..	..	..	..	..
2000 Contribuciones a la seguridad social	..	..	..	..	..	**134**	**295**	**565**	**595**	**621**
2100 Empleados	..	..	..	..	..	..	..	..	..	..
2200 Empleadores	..	..	..	..	..	..	..	..	..	..
2300 Trabajadores por cuenta propia o no empleados	..	..	..	..	..	..	..	..	..	..
2400 No clasificables entre 2100, 2200 y 2300	..	..	..	..	..	134	295	565	595	621
3000 Imp. sobre nómina y fuerza de trabajo	..	..	..	..	..	**0**	**0**	**0**	**0**	**0**
4000 Impuestos sobre la propiedad	..	..	..	..	..	**0**	**0**	**0**	**0**	**0**
4100 Imp. recurrentes sobre propiedad inmueble	..	..	..	..	..	..	..	..	..	..
4200 Impuestos recurrentes sobre la riqueza neta	..	..	..	..	..	..	..	..	..	..
4300 Impuestos sobre sucesiones y donaciones	..	..	..	..	..	..	..	..	..	..
4400 Imp. transacciones finan. y de capital	..	..	..	..	..	..	..	..	..	..
4500 Otros imp. no recurrentes sobre propiedad	..	..	..	..	..	..	..	..	..	..
4600 Otros imp. recurrentes sobre propiedad	..	..	..	..	..	..	..	..	..	..
5000 Impuestos sobre los bienes y servicios	..	..	..	..	..	**0**	**0**	**0**	**0**	**0**
5100 Imp. sobre la producción, venta, etc.	..	..	..	..	..	..	..	..	..	..
5110 Impuestos generales	..	..	..	..	..	..	..	..	..	..
5120 Impuestos sobre bienes y servicios específicos	..	..	..	..	..	..	..	..	..	..
5130 No clasificables entre 5110 y 5120	..	..	..	..	..	..	..	..	..	..
5200 Sobre uso bienes y permiso para actividades	..	..	..	..	..	..	..	..	..	..
5300 No clasificables entre 5100 y 5200	..	..	..	..	..	..	..	..	..	..
6000 Otros impuestos	..	..	..	..	..	**0**	**0**	**0**	**0**	**0**
6100 Pagados únicamente por empresas	..	..	..	..	..	..	..	..	..	..
6200 Pagados por otros o no identificables	..	..	..	..	..	..	..	..	..	..
Total de ingresos tributarios	..	..	..	..	..	**134**	**295**	**565**	**595**	**621**

.. No disponible

Cuadro 6.5. Belice, ingresos tributarios por subsectores de gobierno general

Millones BZD

	Gobierno federal					Estatal/Regional				
	1990	2000	2010	2021	2022	1990	2000	2010	2021	2022
1000 Imp. renta, utilidades y ganancias de capital	**37**	**76**	**248**	**224**	**345**	**..**	**..**	**..**	**..**	**..**
1100 De personas físicas	21	19	52	78	121	..	..	..	..	..
1200 De sociedades	12	51	189	126	211	..	..	..	..	..
1300 No clasificables entre 1100 y 1200	4	6	7	20	13	..	..	..	..	..
2000 Contribuciones a la seguridad social	**0**	**0**	**0**	**0**	**0**	**..**	**..**	**..**	**..**	**..**
2100 Empleados	..	..	..	..	..	..	..	..	..	..
2200 Empleadores	..	..	..	..	..	..	..	..	..	..
2300 Trabajadores por cuenta propia o no empleados	..	..	..	..	..	..	..	..	..	..
2400 No clasificables entre 2100, 2200 y 2300	..	..	..	..	..	..	..	..	..	..
3000 Imp. sobre nómina y fuerza de trabajo	**0**	**0**	**0**	**0**	**0**	**..**	**..**	**..**	**..**	**..**
4000 Impuestos sobre la propiedad	**33**	**11**	**16**	**54**	**35**	**..**	**..**	**..**	**..**	**..**
4100 Imp. recurrentes sobre propiedad inmueble	0	0	0	0	0	..	..	..	..	..
4200 Impuestos recurrentes sobre la riqueza neta	0	0	0	0	0	..	..	..	..	..
4300 Impuestos sobre sucesiones y donaciones	0	0	0	0	0	..	..	..	..	..
4400 Imp. transacciones finan. y de capital	33	11	16	54	35	..	..	..	..	..
4500 Otros imp. no recurrentes sobre propiedad	0	0	0	0	0	..	..	..	..	..
4600 Otros imp. recurrentes sobre propiedad	0	0	0	0	0	..	..	..	..	..
5000 Impuestos sobre los bienes y servicios	**97**	**211**	**409**	**724**	**815**	**..**	**..**	**..**	**..**	**..**
5100 Imp. sobre la producción, venta, etc.	94	207	400	715	806	..	..	..	..	..
5110 Impuestos generales	0	82	199	306	397	..	..	..	..	..
5120 Impuestos sobre bienes y servicios específicos	94	125	200	409	409	..	..	..	..	..
5130 No clasificables entre 5110 y 5120	0	0	0	0	0	..	..	..	..	..
5200 Sobre uso bienes y permiso para actividades	3	4	9	9	9	..	..	..	..	..
5300 No clasificables entre 5100 y 5200	0	0	0	0	0	..	..	..	..	..
6000 Otros impuestos	**0**	**0**	**0**	**0**	**0**	**..**	**..**	**..**	**..**	**..**
6100 Pagados únicamente por empresas	..	..	..	..	..	..	..	..	..	..
6200 Pagados por otros o no identificables	..	..	..	..	..	..	..	..	..	..
Total de ingresos tributarios	**167**	**298**	**673**	**1 002**	**1 196**	**..**	**..**	**..**	**..**	**..**

Millones BZD

	Gobiernos locales					Autoridades de seguridad social				
	1990	2000	2010	2021	2022	1990	2000	2010	2021	2022
1000 Imp. renta, utilidades y ganancias de capital	**0**	**0**	**0**	**0**	**0**	**0**	**0**	**0**	**0**	**0**
1100 De personas físicas	..	..	..	..	..	..	..	..	..	..
1200 De sociedades	..	..	..	..	..	..	..	..	..	..
1300 No clasificables entre 1100 y 1200	..	..	..	..	..	..	..	..	..	..
2000 Contribuciones a la seguridad social	**0**	**0**	**0**	**0**	**0**	**10**	**18**	**60**	**117**	**144**
2100 Empleados	..	..	..	..	..	..	..	..	..	..
2200 Empleadores	..	..	..	..	..	..	..	..	..	..
2300 Trabajadores por cuenta propia o no empleados	..	..	..	..	..	..	..	..	..	..
2400 No clasificables entre 2100, 2200 y 2300	..	..	..	..	..	10	18	60	117	144
3000 Imp. sobre nómina y fuerza de trabajo	**0**	**0**	**0**	**0**	**0**	**0**	**0**	**0**	**0**	**0**
4000 Impuestos sobre la propiedad	**1**	**2**	**7**	**9**	**7**	**0**	**0**	**0**	**0**	**0**
4100 Imp. recurrentes sobre propiedad inmueble	1	2	7	9	6	..	..	..	..	..
4200 Impuestos recurrentes sobre la riqueza neta	0	0	0	0	0	..	..	..	..	..
4300 Impuestos sobre sucesiones y donaciones	0	0	0	0	0	..	..	..	..	..
4400 Imp. transacciones finan. y de capital	0	0	0	0	0	..	..	..	..	..
4500 Otros imp. no recurrentes sobre propiedad	0	0	0	0	0	..	..	..	..	..
4600 Otros imp. recurrentes sobre propiedad	0	0	0	0	0	..	..	..	..	..
5000 Impuestos sobre los bienes y servicios	**0**	**0**	**0**	**0**	**0**	**0**	**0**	**0**	**0**	**0**
5100 Imp. sobre la producción, venta, etc.	..	..	..	..	..	..	..	..	..	..
5110 Impuestos generales	..	..	..	..	..	..	..	..	..	..
5120 Impuestos sobre bienes y servicios específicos	..	..	..	..	..	..	..	..	..	..
5130 No clasificables entre 5110 y 5120	..	..	..	..	..	..	..	..	..	..
5200 Sobre uso bienes y permiso para actividades	..	..	..	..	..	..	..	..	..	..
5300 No clasificables entre 5100 y 5200	..	..	..	..	..	..	..	..	..	..
6000 Otros impuestos	**0**	**0**	**0**	**0**	**0**	**0**	**0**	**0**	**0**	**0**
6100 Pagados únicamente por empresas	..	..	..	..	..	..	..	..	..	..
6200 Pagados por otros o no identificables	..	..	..	..	..	..	..	..	..	..
Total de ingresos tributarios	**1**	**2**	**7**	**9**	**7**	**10**	**18**	**60**	**117**	**144**

.. No disponible

Cuadro 6.6. Bolivia, ingresos tributarios por subsectores de gobierno general

Millones BOB

	Gobierno federal					Estatal/Regional				
	1990	2000	2010	2021	2022	1990	2000	2010	2021	2022
1000 Imp. renta, utilidades y ganancias de capital	**68**	**1 209**	**6 294**	**7 644**	**10 397**	**..**	**..**	**..**	**..**	**..**
1100 De personas físicas	68	214	263	457	502	..	..	..	..	..
1200 De sociedades	0	995	6 031	7 187	9 896	..	..	..	..	..
1300 No clasificables entre 1100 y 1200	0	0	0	0	0	..	..	..	..	..
2000 Contribuciones a la seguridad social	**0**	**0**	**0**	**0**	**0**	**..**	**..**	**..**	**..**	**..**
2100 Empleados	..	..	..	..	..	..	..	..	..	..
2200 Empleadores	..	..	..	..	..	..	..	..	..	..
2300 Trabajadores por cuenta propia o no empleados	..	..	..	..	..	..	..	..	..	..
2400 No clasificables entre 2100, 2200 y 2300	..	..	..	..	..	..	..	..	..	..
3000 Imp. sobre nómina y fuerza de trabajo	**0**	**0**	**0**	**0**	**0**	**..**	**..**	**..**	**..**	**..**
4000 Impuestos sobre la propiedad	**1**	**3**	**367**	**743**	**767**	**..**	**..**	**..**	**..**	**..**
4100 Imp. recurrentes sobre propiedad inmueble	0	0	0	0	0	..	..	..	..	..
4200 Impuestos recurrentes sobre la riqueza neta	0	0	0	241	205	..	..	..	..	..
4300 Impuestos sobre sucesiones y donaciones	1	3	20	0	0	..	..	..	..	..
4400 Imp. transacciones finan. y de capital	0	0	347	502	561	..	..	..	..	..
4500 Otros imp. no recurrentes sobre propiedad	0	0	0	0	0	..	..	..	..	..
4600 Otros imp. recurrentes sobre propiedad	0	0	0	0	0	..	..	..	..	..
5000 Impuestos sobre los bienes y servicios	**907**	**6 656**	**17 791**	**32 190**	**36 806**	**..**	**..**	**..**	**..**	**..**
5100 Imp. sobre la producción, venta, etc.	907	6 656	17 791	32 190	36 806	..	..	..	..	..
5110 Impuestos generales	584	3 953	12 541	24 307	27 953	..	..	..	..	..
5120 Impuestos sobre bienes y servicios específicos	324	2 702	5 250	7 883	8 853	..	..	..	..	..
5130 No clasificables entre 5110 y 5120	0	0	0	0	0	..	..	..	..	..
5200 Sobre uso bienes y permiso para actividades	0	0	0	0	0	..	..	..	..	..
5300 No clasificables entre 5100 y 5200	0	0	0	0	0	..	..	..	..	..
6000 Otros impuestos	**30**	**42**	**451**	**2 997**	**3 526**	**..**	**..**	**..**	**..**	**..**
6100 Pagados únicamente por empresas	4	6	12	29	30	..	..	..	..	..
6200 Pagados por otros o no identificables	26	36	439	2 968	3 496	..	..	..	..	..
Total de ingresos tributarios	**1 005**	**7 910**	**24 903**	**43 574**	**51 496**	**..**	**..**	**..**	**..**	**..**

Millones BOB

	Gobiernos locales[1]					Autoridades de seguridad social[2]				
	1990	2000	2010	2021	2022	1990	2000	2010	2021	2022
1000 Imp. renta, utilidades y ganancias de capital	**..**	**0**	**0**	**0**	**0**	**..**	**0**	**0**	**0**	**0**
1100 De personas físicas	..	..	..	..	..	..	..	..	..	..
1200 De sociedades	..	..	..	..	..	..	..	..	..	..
1300 No clasificables entre 1100 y 1200	..	..	..	..	..	..	..	..	..	..
2000 Contribuciones a la seguridad social	**..**	**0**	**0**	**0**	**0**	**..**	**666**	**5 265**	**16 814**	**17 351**
2100 Empleados	..	..	..	..	..	..	..	..	..	..
2200 Empleadores	..	..	..	..	..	..	..	..	..	..
2300 Trabajadores por cuenta propia o no empleados	..	..	..	..	..	..	..	..	..	..
2400 No clasificables entre 2100, 2200 y 2300	..	..	..	..	..	..	666	5 265	16 814	17 351
3000 Imp. sobre nómina y fuerza de trabajo	**..**	**0**	**0**	**0**	**0**	**..**	**0**	**0**	**0**	**0**
4000 Impuestos sobre la propiedad	**..**	**0**	**0**	**0**	**0**	**..**	**0**	**0**	**0**	**0**
4100 Imp. recurrentes sobre propiedad inmueble	..	..	..	..	..	..	..	..	..	..
4200 Impuestos recurrentes sobre la riqueza neta	..	..	..	..	..	..	..	..	..	..
4300 Impuestos sobre sucesiones y donaciones	..	..	..	..	..	..	..	..	..	..
4400 Imp. transacciones finan. y de capital	..	..	..	..	..	..	..	..	..	..
4500 Otros imp. no recurrentes sobre propiedad	..	..	..	..	..	..	..	..	..	..
4600 Otros imp. recurrentes sobre propiedad	..	..	..	..	..	..	..	..	..	..
5000 Impuestos sobre los bienes y servicios	**..**	**0**	**0**	**0**	**0**	**..**	**0**	**0**	**0**	**0**
5100 Imp. sobre la producción, venta, etc.	..	..	..	..	..	..	..	..	..	..
5110 Impuestos generales	..	..	..	..	..	..	..	..	..	..
5120 Impuestos sobre bienes y servicios específicos	..	..	..	..	..	..	..	..	..	..
5130 No clasificables entre 5110 y 5120	..	..	..	..	..	..	..	..	..	..
5200 Sobre uso bienes y permiso para actividades	..	..	..	..	..	..	..	..	..	..
5300 No clasificables entre 5100 y 5200	..	..	..	..	..	..	..	..	..	..
6000 Otros impuestos	**..**	**575**	**1 381**	**2 815**	**3 166**	**..**	**0**	**0**	**0**	**0**
6100 Pagados únicamente por empresas	..	0	0	0	0	..	..	..	..	..
6200 Pagados por otros o no identificables	..	575	1 381	2 815	3 166	..	..	..	..	..
Total de ingresos tributarios	**..**	**575**	**1 381**	**2 815**	**3 166**	**..**	**666**	**5 265**	**16 814**	**17 351**

.. No disponible

1. Las cifras no incluyen los ingresos tributarios de las administraciones locales en relación con el período comprendido entre 1990 y 1993, porque no hay datos disponibles.
2. Los datos correspondientes a las contribuciones a la seguridad social incluyen las contribuciones al sistema de pensiones de Bolivia (desde su nacionalización en 2010) y los fondos relacionados con la atención sanitaria.

Cuadro 6.7. Brasil, ingresos tributarios por subsectores de gobierno general

Millones BRL

	Gobierno federal					Estatal/Regional				
	1990	2000	2010	2021	2022	1990	2000	2010	2021	2022
1000 Imp. renta, utilidades y ganancias de capital	**1**	**68 667**	**258 738**	**698 098**	**910 191**	**0**	**0**	**0**	**0**	**0**
1100 De personas físicas	0	3 406	87 828	262 008	303 290	..	..	..	..	..
1200 De sociedades	0	25 430	128 255	322 527	437 358	..	..	..	..	..
1300 No clasificables entre 1100 y 1200	0	39 831	42 656	113 564	169 543	..	..	..	..	..
2000 Contribuciones a la seguridad social	**0**	**0**	**0**	**0**	**0**	**0**	**0**	**0**	**0**	**0**
2100 Empleados	..	..	..	..	..	..	..	..	..	..
2200 Empleadores	..	..	..	..	..	..	..	..	..	..
2300 Trabajadores por cuenta propia o no empleados	..	..	..	..	..	..	..	..	..	..
2400 No clasificables entre 2100, 2200 y 2300	..	..	..	..	..	..	..	..	..	..
3000 Imp. sobre nómina y fuerza de trabajo	**0**	**5 437**	**21 348**	**47 320**	**54 297**	**0**	**0**	**0**	**0**	**0**
4000 Impuestos sobre la propiedad	**0**	**17 726**	**27 044**	**51 168**	**61 583**	**0**	**329**	**3 166**	**14 201**	**14 613**
4100 Imp. recurrentes sobre propiedad inmueble	0	234	485	2 167	2 594	0	0	437	1 221	1 218
4200 Impuestos recurrentes sobre la riqueza neta	0	0	0	0	0	0	0	0	0	0
4300 Impuestos sobre sucesiones y donaciones	0	0	0	0	0	0	329	2 518	12 330	12 874
4400 Imp. transacciones finan. y de capital	0	17 492	26 559	49 001	58 989	0	0	210	651	521
4500 Otros imp. no recurrentes sobre propiedad	0	0	0	0	0	0	0	0	0	0
4600 Otros imp. recurrentes sobre propiedad	0	0	0	0	0	0	0	0	0	0
5000 Impuestos sobre los bienes y servicios	**1**	**75 502**	**256 256**	**503 599**	**477 900**	**1**	**87 573**	**290 506**	**706 483**	**758 941**
5100 Imp. sobre la producción, venta, etc.	1	75 502	250 857	489 218	477 897	1	82 279	269 140	654 722	695 012
5110 Impuestos generales[1]	0	48 358	182 188	345 672	350 333	1	82 279	269 056	654 490	694 786
5120 Impuestos sobre bienes y servicios específicos	0	27 144	68 669	143 547	127 564	0	0	84	232	226
5130 No clasificables entre 5110 y 5120	0	0	0	0	0	0	0	0	0	0
5200 Sobre uso bienes y permiso para actividades	0	0	5 399	14 380	3	0	5 294	21 367	51 762	63 928
5300 No clasificables entre 5100 y 5200	0	0	0	0	0	0	0	0	0	0
6000 Otros impuestos	**0**	**1 479**	**480**	**144**	**19 196**	**0**	**322**	**0**	**0**	**4**
6100 Pagados únicamente por empresas	0	0	0	0	0	0	0	..	..	0
6200 Pagados por otros o no identificables	0	1 479	480	144	19 196	0	322	..	..	4
Total de ingresos tributarios	**1**	**168 811**	**563 866**	**1 300 329**	**1 523 167**	**1**	**88 224**	**293 672**	**720 685**	**773 557**

Millones BRL

	Gobiernos locales					Autoridades de seguridad social				
	1990	2000	2010	2021	2022	1990	2000	2010	2021	2022
1000 Imp. renta, utilidades y ganancias de capital	**0**	**0**	**0**	**0**	**0**	**0**	**0**	**0**	**0**	**0**
1100 De personas físicas	..	..	..	..	..	..	..	..	..	..
1200 De sociedades	..	..	..	..	..	..	..	..	..	..
1300 No clasificables entre 1100 y 1200	..	..	..	..	..	..	..	..	..	..
2000 Contribuciones a la seguridad social	**0**	**0**	**0**	**0**	**0**	**1**	**83 469**	**316 530**	**694 877**	**798 214**
2100 Empleados	..	..	..	..	..	..	..	75 509	182 011	..
2200 Empleadores	..	..	..	..	..	0	18 709	240 280	499 361	156 298
2300 Trabajadores por cuenta propia o no empleados	..	..	..	..	..	..	..	..	..	..
2400 No clasificables entre 2100, 2200 y 2300	..	..	..	..	..	1	64 760	741	13 505	641 917
3000 Imp. sobre nómina y fuerza de trabajo	**0**	**0**	**0**	**0**	**0**	**0**	**0**	**0**	**0**	**0**
4000 Impuestos sobre la propiedad	**0**	**5 469**	**23 285**	**76 475**	**83 849**	**0**	**0**	**0**	**0**	**0**
4100 Imp. recurrentes sobre propiedad inmueble	0	4 519	17 444	55 899	63 109	..	..	..	..	..
4200 Impuestos recurrentes sobre la riqueza neta	0	0	0	0	0	..	..	..	..	..
4300 Impuestos sobre sucesiones y donaciones	0	0	0	0	0	..	..	..	..	..
4400 Imp. transacciones finan. y de capital	0	950	5 840	20 576	20 739	..	..	..	..	..
4500 Otros imp. no recurrentes sobre propiedad	0	0	0	0	0	..	..	..	..	..
4600 Otros imp. recurrentes sobre propiedad	0	0	0	0	0	..	..	..	..	..
5000 Impuestos sobre los bienes y servicios	**0**	**6 106**	**35 873**	**100 366**	**119 774**	**0**	**0**	**0**	**0**	**0**
5100 Imp. sobre la producción, venta, etc.	0	6 106	35 873	100 366	119 774	..	..	..	..	..
5110 Impuestos generales[1]	0	6 106	32 756	88 694	107 218	..	..	..	..	..
5120 Impuestos sobre bienes y servicios específicos	0	0	3 117	11 672	12 555	..	..	..	..	..
5130 No clasificables entre 5110 y 5120	0	0	0	0	0	..	..	..	..	..
5200 Sobre uso bienes y permiso para actividades	0	0	0	0	0	..	..	..	..	..
5300 No clasificables entre 5100 y 5200	0	0	0	0	0	..	..	..	..	..
6000 Otros impuestos	**0**	**377**	**0**	**0**	**370**	**0**	**0**	**0**	**0**	**0**
6100 Pagados únicamente por empresas	0	0	..	..	0	..	..	..	..	..
6200 Pagados por otros o no identificables	0	377	..	..	370	..	..	..	..	..
Total de ingresos tributarios	**0**	**11 952**	**59 158**	**176 841**	**203 992**	**1**	**83 469**	**316 530**	**694 877**	**798 214**

.. No disponible

1. Las contribuciones al PASEP (Programa de Formación del Patrimonio del Funcionariado) se suman a las contribuciones del PIS (Programa de Integración Social) en la partida 5110 en relación con los años previos a 2000.

Cuadro 6.8. Chile, ingresos tributarios por subsectores de gobierno general

Millones CLP

	Gobierno federal					Estatal/Regional				
	1990	2000	2010	2021	2022	1990	2000	2010	2021	2022
1000 Imp. renta, utilidades y ganancias de capital	**412 974**	**1 841 630**	**8 329 060**	**20 456 920**	**27 491 879**	..	..	..	..	..
1100 De personas físicas	99 154	604 100	1 492 837	5 780 432	6 626 617	..	..	..	..	..
1200 De sociedades	219 586	882 896	4 448 745	9 145 873	14 900 568	..	..	..	..	..
1300 No clasificables entre 1100 y 1200	94 233	354 634	2 387 478	5 530 616	5 964 694	..	..	..	..	..
2000 Contribuciones a la seguridad social	**66 738**	**232 728**	**371 386**	**511 529**	**548 558**	..	..	..	..	..
2100 Empleados	61 200	209 907	310 558	382 461	398 535	..	..	..	..	..
2200 Empleadores	5 538	22 821	60 828	129 068	150 023	..	..	..	..	..
2300 Trabajadores por cuenta propia o no empleados	0	0	0	0	0	..	..	..	..	..
2400 No clasificables entre 2100, 2200 y 2300	0	0	0	0	0	..	..	..	..	..
3000 Imp. sobre nómina y fuerza de trabajo	**0**	**0**	**0**	**0**	**0**	..	..	..	..	..
4000 Impuestos sobre la propiedad	**59 682**	**255 371**	**245 044**	**909 034**	**1 218 087**	..	..	..	..	..
4100 Imp. recurrentes sobre propiedad inmueble	10 331	3 578	8 805	26 388	36 158	..	..	..	..	..
4200 Impuestos recurrentes sobre la riqueza neta	0	0	0	0	0	..	..	..	..	..
4300 Impuestos sobre sucesiones y donaciones	3 444	10 906	39 338	291 830	416 219	..	..	..	..	..
4400 Imp. transacciones finan. y de capital	45 907	240 886	196 901	590 816	765 709	..	..	..	..	..
4500 Otros imp. no recurrentes sobre propiedad	0	0	0	0	0	..	..	..	..	..
4600 Otros imp. recurrentes sobre propiedad	0	0	0	0	0	..	..	..	..	..
5000 Impuestos sobre los bienes y servicios	**1 063 677**	**4 719 255**	**10 330 378**	**26 318 567**	**27 756 629**	..	..	..	..	..
5100 Imp. sobre la producción, venta, etc.	1 060 304	4 684 525	10 294 165	26 135 885	27 545 053	..	..	..	..	..
5110 Impuestos generales	664 421	3 306 350	8 399 926	22 785 935	24 515 246	..	..	..	..	..
5120 Impuestos sobre bienes y servicios específicos[1]	395 883	1 378 175	1 894 239	3 349 951	3 029 807	..	..	..	..	..
5130 No clasificables entre 5110 y 5120	0	0	0	0	0	..	..	..	..	..
5200 Sobre uso bienes y permiso para actividades	3 374	34 730	36 213	182 681	211 576	..	..	..	..	..
5300 No clasificables entre 5100 y 5200	0	0	0	0	0	..	..	..	..	..
6000 Otros impuestos	**-23 356**	**-112 195**	**-61 117**	**-785 585**	**-485 934**	..	..	..	..	..
6100 Pagados únicamente por empresas	0	0	0	0	0	..	..	..	..	..
6200 Pagados por otros o no identificables	-23 356	-112 195	-61 117	-785 585	-485 934	..	..	..	..	..
Total de ingresos tributarios	**1 579 715**	**6 936 788**	**19 214 751**	**47 410 465**	**56 529 219**	..	..	..	..	..

Millones CLP

	Gobiernos locales					Autoridades de seguridad social				
	1990	2000	2010	2021	2022	1990	2000	2010	2021	2022
1000 Imp. renta, utilidades y ganancias de capital	**0**	**0**	**0**	**0**	**0**	**0**	**0**	**0**	**0**	**0**
1100 De personas físicas	..	..	..	..	..	..	..	..	..	..
1200 De sociedades	..	..	..	..	..	..	..	..	..	..
1300 No clasificables entre 1100 y 1200	..	..	..	..	..	..	..	..	..	..
2000 Contribuciones a la seguridad social	**0**	**0**	**0**	**0**	**0**	**92 821**	**344 030**	**1 122 601**	**2 303 561**	**2 036 863**
2100 Empleados	..	..	..	..	..	92 821	344 030	1 122 601	2 303 561	2 036 863
2200 Empleadores	..	..	..	..	..	0	0	0	0	0
2300 Trabajadores por cuenta propia o no empleados	..	..	..	..	..	0	0	0	0	0
2400 No clasificables entre 2100, 2200 y 2300	..	..	..	..	..	0	0	0	0	0
3000 Imp. sobre nómina y fuerza de trabajo	**0**	**0**	**0**	**0**	**0**	**0**	**0**	**0**	**0**	**0**
4000 Impuestos sobre la propiedad	**49 637**	**298 666**	**653 563**	**1 697 887**	**1 987 188**	**0**	**0**	**0**	**0**	**0**
4100 Imp. recurrentes sobre propiedad inmueble	49 637	298 666	653 563	1 697 887	1 987 188	..	..	..	..	..
4200 Impuestos recurrentes sobre la riqueza neta	0	0	0	0	0	..	..	..	..	..
4300 Impuestos sobre sucesiones y donaciones	0	0	0	0	0	..	..	..	..	..
4400 Imp. transacciones finan. y de capital	0	0	0	0	0	..	..	..	..	..
4500 Otros imp. no recurrentes sobre propiedad	0	0	0	0	0	..	..	..	..	..
4600 Otros imp. recurrentes sobre propiedad	0	0	0	0	0	..	..	..	..	..
5000 Impuestos sobre los bienes y servicios	**55 045**	**322 514**	**854 778**	**2 051 419**	**2 321 158**	**0**	**0**	**0**	**0**	**0**
5100 Imp. sobre la producción, venta, etc.	13 705	105 302	238 739	493 510	533 528	..	..	..	..	..
5110 Impuestos generales	0	0	0	0	0	..	..	..	..	..
5120 Impuestos sobre bienes y servicios específicos[1]	13 705	105 302	238 739	493 510	533 528	..	..	..	..	..
5130 No clasificables entre 5110 y 5120	0	0	0	0	0	..	..	..	..	..
5200 Sobre uso bienes y permiso para actividades	41 340	217 212	616 039	1 557 909	1 787 630	..	..	..	..	..
5300 No clasificables entre 5100 y 5200	0	0	0	0	0	..	..	..	..	..
6000 Otros impuestos	**0**	**0**	**0**	**0**	**0**	**0**	**0**	**0**	**0**	**0**
6100 Pagados únicamente por empresas	..	..	..	..	..	..	..	..	..	..
6200 Pagados por otros o no identificables	..	..	..	..	..	..	..	..	..	..
Total de ingresos tributarios	**104 682**	**621 180**	**1 508 341**	**3 749 307**	**4 308 346**	**92 821**	**344 030**	**1 122 601**	**2 303 561**	**2 036 863**

.. No disponible

1. La CEPAL clasifica los ingresos del Fondo de Estabilización de Precios del Petróleo como ingresos no tributarios.

Cuadro 6.9. Colombia, ingresos tributarios por subsectores de gobierno general

Millones COP

	Gobierno federal					Estatal/Regional[1]				
	1990	2000	2010	2021	2022	1990	2000	2010	2021	2022
1000 Imp. renta, utilidades y ganancias de capital	**771 694**	**7 103 525**	**26 218 852**	**73 222 876**	**95 891 679**	**0**	**0**	**0**	**0**	**0**
1100 De personas físicas	47 210	1 499 345	5 192 384	15 758 043	18 984 236	..	..	..	..	..
1200 De sociedades	359 758	5 119 828	20 405 209	54 418 742	72 985 286	..	..	..	..	..
1300 No clasificables entre 1100 y 1200	364 726	484 352	621 258	3 046 091	3 922 156	..	..	..	..	..
2000 Contribuciones a la seguridad social	**0**	**0**	**0**	**0**	**0**	**0**	**0**	**0**	**0**	**0**
2100 Empleados	..	..	..	..	..	..	..	..	..	..
2200 Empleadores	..	..	..	..	..	..	..	..	..	..
2300 Trabajadores por cuenta propia o no empleados	..	..	..	..	..	..	..	..	..	..
2400 No clasificables entre 2100, 2200 y 2300	..	..	..	..	..	..	..	..	..	..
3000 Imp. sobre nómina y fuerza de trabajo	**0**	**1 286 803**	**4 022 503**	**3 927 070**	**4 421 997**	**0**	**0**	**0**	**0**	**0**
4000 Impuestos sobre la propiedad	**0**	**1 036 584**	**5 196 303**	**11 008 836**	**12 588 105**	**0**	**0**	**0**	**0**	**0**
4100 Imp. recurrentes sobre propiedad inmueble	..	0	0	0	0	..	..	..	..	..
4200 Impuestos recurrentes sobre la riqueza neta	..	0	1 970 530	1 032 058	73 113	..	..	..	..	..
4300 Impuestos sobre sucesiones y donaciones	..	0	0	0	0	..	..	..	..	..
4400 Imp. transacciones finan. y de capital	..	1 036 584	3 225 773	9 831 204	12 281 751	..	..	..	..	..
4500 Otros imp. no recurrentes sobre propiedad	..	0	0	145 573	233 241	..	..	..	..	..
4600 Otros imp. recurrentes sobre propiedad	..	0	0	0	0	..	..	..	..	..
5000 Impuestos sobre los bienes y servicios	**1 035 934**	**11 108 594**	**35 382 852**	**78 060 059**	**103 250 678**	**263 429**	**1 481 725**	**3 406 301**	**8 435 850**	**9 802 283**
5100 Imp. sobre la producción, venta, etc.	1 035 934	11 108 594	35 382 852	78 060 059	103 250 678	263 429	1 349 930	3 032 733	7 173 147	8 350 507
5110 Impuestos generales	583 078	8 445 776	28 811 682	69 883 378	91 744 973	0	0	0	0	0
5120 Impuestos sobre bienes y servicios específicos	452 856	2 662 818	6 571 170	8 176 681	11 505 705	263 429	1 349 930	3 032 733	7 173 147	8 350 507
5130 No clasificables entre 5110 y 5120	0	0	0	0	0	0	0	0	0	0
5200 Sobre uso bienes y permiso para actividades	0	0	0	0	0	0	131 795	373 568	1 262 703	1 451 776
5300 No clasificables entre 5100 y 5200	0	0	0	0	0	0	0	0	0	0
6000 Otros impuestos	**78 306**	**480 784**	**483 762**	**506 938**	**923 110**	**0**	**241 471**	**1 374 970**	**3 263 710**	**4 053 893**
6100 Pagados únicamente por empresas	0	0	0	0	0	..	0	0	0	0
6200 Pagados por otros o no identificables	78 306	480 784	483 762	506 938	923 110	..	241 471	1 374 970	3 263 710	4 053 893
Total de ingresos tributarios	**1 885 934**	**21 016 290**	**71 304 272**	**166 725 777**	**217 075 569**	**263 429**	**1 723 196**	**4 781 271**	**11 699 560**	**13 856 177**

Millones COP

	Gobiernos locales[1]					Autoridades de seguridad social[2]				
	1990	2000	2010	2021	2022	1990	2000	2010	2021	2022
1000 Imp. renta, utilidades y ganancias de capital	**0**	**0**	**0**	**0**	**0**	**0**	**0**	**0**	**0**	**0**
1100 De personas físicas	..	..	..	..	..	..	..	..	..	..
1200 De sociedades	..	..	..	..	..	..	..	..	..	..
1300 No clasificables entre 1100 y 1200	..	..	..	..	..	..	..	..	..	..
2000 Contribuciones a la seguridad social	**0**	**0**	**0**	**0**	**0**	**203 596**	**4 989 000**	**11 478 085**	**22 844 403**	**23 907 649**
2100 Empleados	..	..	..	..	..	..	..	..	..	..
2200 Empleadores	..	..	..	..	..	..	..	..	..	..
2300 Trabajadores por cuenta propia o no empleados	..	..	..	..	..	..	..	..	..	..
2400 No clasificables entre 2100, 2200 y 2300	..	..	..	..	..	203 596	4 989 000	11 478 085	22 844 403	23 907 649
3000 Imp. sobre nómina y fuerza de trabajo	**0**	**0**	**0**	**0**	**0**	**0**	**0**	**0**	**0**	**0**
4000 Impuestos sobre la propiedad	**56 160**	**991 070**	**3 338 935**	**9 039 961**	**9 794 710**	**0**	**0**	**0**	**0**	**0**
4100 Imp. recurrentes sobre propiedad inmueble	56 160	991 070	3 338 935	9 039 961	9 794 710	..	..	..	..	..
4200 Impuestos recurrentes sobre la riqueza neta	0	0	0	0	0	..	..	..	..	..
4300 Impuestos sobre sucesiones y donaciones	0	0	0	0	0	..	..	..	..	..
4400 Imp. transacciones finan. y de capital	0	0	0	0	0	..	..	..	..	..
4500 Otros imp. no recurrentes sobre propiedad	0	0	0	0	0	..	..	..	..	..
4600 Otros imp. recurrentes sobre propiedad	0	0	0	0	0	..	..	..	..	..
5000 Impuestos sobre los bienes y servicios	**89 290**	**1 590 132**	**5 622 489**	**12 769 452**	**16 283 133**	**0**	**0**	**0**	**0**	**0**
5100 Imp. sobre la producción, venta, etc.	89 290	1 590 132	5 622 489	11 989 065	15 449 352	..	..	..	..	..
5110 Impuestos generales	89 290	1 140 090	4 522 121	10 217 878	13 360 416	..	..	..	..	..
5120 Impuestos sobre bienes y servicios específicos	0	450 042	1 100 368	1 771 188	2 088 936	..	..	..	..	..
5130 No clasificables entre 5110 y 5120	0	0	0	0	0	..	..	..	..	..
5200 Sobre uso bienes y permiso para actividades	0	0	0	780 387	833 781	..	..	..	..	..
5300 No clasificables entre 5100 y 5200	0	0	0	0	0	..	..	..	..	..
6000 Otros impuestos	**81 017**	**288 942**	**1 930 282**	**6 401 692**	**7 766 603**	**0**	**0**	**0**	**0**	**0**
6100 Pagados únicamente por empresas	0	0	0	0	0	..	..	..	..	..
6200 Pagados por otros o no identificables	81 017	288 942	1 930 282	6 401 692	7 766 603	..	..	..	..	..
Total de ingresos tributarios	**226 467**	**2 870 144**	**10 891 707**	**28 211 104**	**33 844 446**	**203 596**	**4 989 000**	**11 478 085**	**22 844 403**	**23 907 649**

.. No disponible

1. Los datos corresponden a los ingresos consolidados declarados de las entidades territoriales (departamentos y municipios).

2. Todas las contribuciones en materia de salud pertenecientes al FOSYGA (Fondo de Solidaridad y Garantía) se clasifican como contribuciones a la seguridad social desde 2013. Antes de 2013, solo se incluía la parte de las contribuciones que se utilizaba para financiar el régimen subvencionado y la parte destinada a financiar el régimen contributivo se clasificaba dentro del sector de la seguridad social como “otros ingresos”.

Cuadro 6.10. Costa Rica, ingresos tributarios por subsectores de gobierno general

Millones CRC

	Gobierno federal					Estatal/Regional				
	1990	2000	2010	2021	2022	1990	2000	2010	2021	2022
1000 Imp. renta, utilidades y ganancias de capital	**11 820**	**128 805**	**748 093**	**2 063 810**	**2 430 200**	..	..	..	..	..
1100 De personas físicas	..	..	202 849	622 772	691 305	..	..	..	..	..
1200 De sociedades	..	..	450 312	970 546	1 188 835	..	..	..	..	..
1300 No clasificables entre 1100 y 1200	11 820	128 805	94 932	470 492	550 059	..	..	..	..	..
2000 Contribuciones a la seguridad social[1]	**1 345**	**18 677**	**61 193**	**469 195**	**515 732**	..	..	..	..	..
2100 Empleados	..	..	..	..	..	..	..	..	..	..
2200 Empleadores	0	0	0	0	0	..	..	..	..	..
2300 Trabajadores por cuenta propia o no empleados	..	..	..	..	..	..	..	..	..	..
2400 No clasificables entre 2100, 2200 y 2300	1 345	18 677	61 193	469 195	515 732	..	..	..	..	..
3000 Imp. sobre nómina y fuerza de trabajo	**0**	**0**	**0**	**0**	**0**	..	..	..	..	..
4000 Impuestos sobre la propiedad	**366**	**3 007**	**18 270**	**63 314**	**71 009**	..	..	..	..	..
4100 Imp. recurrentes sobre propiedad inmueble	0	0	3 527	5 108	5 206	..	..	..	..	..
4200 Impuestos recurrentes sobre la riqueza neta	0	0	0	0	0	..	..	..	..	..
4300 Impuestos sobre sucesiones y donaciones	0	0	0	0	0	..	..	..	..	..
4400 Imp. transacciones finan. y de capital	366	3 007	14 743	58 206	65 802	..	..	..	..	..
4500 Otros imp. no recurrentes sobre propiedad	0	0	0	0	0	..	..	..	..	..
4600 Otros imp. recurrentes sobre propiedad	0	0	0	0	0	..	..	..	..	..
5000 Impuestos sobre los bienes y servicios	**52 248**	**444 870**	**1 696 593**	**3 337 270**	**3 519 484**	..	..	..	..	..
5100 Imp. sobre la producción, venta, etc.	49 867	425 630	1 598 789	3 146 482	3 326 853	..	..	..	..	..
5110 Impuestos generales	21 326	222 775	920 298	2 065 623	2 217 743	..	..	..	..	..
5120 Impuestos sobre bienes y servicios específicos[2]	28 541	202 856	678 491	1 080 859	1 109 110	..	..	..	..	..
5130 No clasificables entre 5110 y 5120	0	0	0	0	0	..	..	..	..	..
5200 Sobre uso bienes y permiso para actividades	2 380	19 240	97 804	190 789	192 631	..	..	..	..	..
5300 No clasificables entre 5100 y 5200	0	0	0	0	0	..	..	..	..	..
6000 Otros impuestos[3]	**9 251**	**23 956**	**92 452**	**83 185**	**394 676**	..	..	..	..	..
6100 Pagados únicamente por empresas	0	0	0	0	0	..	..	..	..	..
6200 Pagados por otros o no identificables	9 251	23 956	92 452	83 185	394 676	..	..	..	..	..
Total de ingresos tributarios	**75 030**	**619 314**	**2 616 600**	**6 016 775**	**6 931 100**	..	..	..	..	..

Millones CRC

	Gobiernos locales					Autoridades de seguridad social				
	1990	2000	2010	2021	2022	1990	2000	2010	2021	2022
1000 Imp. renta, utilidades y ganancias de capital	**0**	**0**	**0**	**0**	**0**	**0**	**0**	**0**	**0**	**0**
1100 De personas físicas	..	..	..	..	..	..	..	..	..	..
1200 De sociedades	..	..	..	..	..	..	..	..	..	..
1300 No clasificables entre 1100 y 1200	..	..	..	..	..	..	..	..	..	..
2000 Contribuciones a la seguridad social[1]	**0**	**0**	**0**	**0**	**0**	**32 645**	**278 392**	**1 389 338**	**3 136 535**	**3 409 960**
2100 Empleados	..	..	..	..	..	..	..	..	..	..
2200 Empleadores	..	..	..	..	..	3 447	37 313	207 206	389 183	412 852
2300 Trabajadores por cuenta propia o no empleados	..	..	..	..	..	..	..	..	..	..
2400 No clasificables entre 2100, 2200 y 2300	..	..	..	..	..	29 198	241 079	1 182 132	2 747 353	2 997 108
3000 Imp. sobre nómina y fuerza de trabajo	**0**	**0**	**0**	**0**	**0**	**7 575**	**61 796**	**260 664**	**569 339**	**639 737**
4000 Impuestos sobre la propiedad	**1 200**	**5 390**	**45 436**	**145 217**	**149 733**	**0**	**0**	**0**	**0**	**0**
4100 Imp. recurrentes sobre propiedad inmueble	1 200	5 390	45 436	145 171	149 724	..	..	..	..	..
4200 Impuestos recurrentes sobre la riqueza neta	0	0	0	0	0	..	..	..	..	..
4300 Impuestos sobre sucesiones y donaciones	0	0	0	0	0	..	..	..	..	..
4400 Imp. transacciones finan. y de capital	0	0	0	0	0	..	..	..	..	..
4500 Otros imp. no recurrentes sobre propiedad	0	0	0	46	8	..	..	..	..	..
4600 Otros imp. recurrentes sobre propiedad	0	0	0	0	0	..	..	..	..	..
5000 Impuestos sobre los bienes y servicios	**1 262**	**11 981**	**70 321**	**151 265**	**155 239**	**0**	**0**	**0**	**0**	**0**
5100 Imp. sobre la producción, venta, etc.	0	83	1 513	3 916	3 919	..	..	..	..	..
5110 Impuestos generales	..	0	0	0	0	..	..	..	..	..
5120 Impuestos sobre bienes y servicios específicos[2]	..	83	1 513	3 916	3 919	..	..	..	..	..
5130 No clasificables entre 5110 y 5120	..	0	0	0	0	..	..	..	..	..
5200 Sobre uso bienes y permiso para actividades	1 262	11 898	68 808	147 349	151 320	..	..	..	..	..
5300 No clasificables entre 5100 y 5200	0	0	0	0	0	..	..	..	..	..
6000 Otros impuestos[3]	**0**	**1 242**	**8**	**133**	**198**	**0**	**0**	**0**	**0**	**0**
6100 Pagados únicamente por empresas	..	0	0	0	0	..	..	..	..	..
6200 Pagados por otros o no identificables	..	1 242	8	133	198	..	..	..	..	..
Total de ingresos tributarios	**2 461**	**18 613**	**115 765**	**296 615**	**305 170**	**40 220**	**340 187**	**1 650 002**	**3 705 874**	**4 049 697**

.. No disponible

1. Los datos incluyen las contribuciones a la seguridad social que paga la administración por sus empleados, así como las contribuciones destinadas a regímenes especiales (profesorado y magistratura). En los datos de la CEPAL, las contribuciones a la seguridad social también incluyen el INA (Instituto Nacional de Aprendizaje), el IMAS (Instituto Mixto de Ayuda Social) y el FODESAF (Fondo de Desarrollo Social y Asignaciones Familiares).
2. En los datos de la CEPAL, el impuesto a la propiedad de vehículos, aeronaves y embarcaciones se clasifica dentro de la categoría 4000.
3. Los ingresos tributarios de órganos descentralizados se clasifican dentro del Gobierno central. En Costa Rica, estos ingresos se clasifican dentro de una unidad aparte (descentralizada) que se considera separada del Gobierno central.

Cuadro 6.11. Cuba, ingresos tributarios por subsectores de gobierno general

Millones CUP

	Gobierno federal[1]					Estatal/Regional				
	1990	2000	2010	2021	2022	1990	2000	2010	2021	2022
1000 Imp. renta, utilidades y ganancias de capital	**..**	**..**	**1 857**	**..**	**..**	**..**	**..**	**..**	**..**	**..**
1100 De personas físicas	..	..	0	..	..	..	..	..	..	..
1200 De sociedades	..	..	1 857	..	..	..	..	..	..	..
1300 No clasificables entre 1100 y 1200	..	..	0	..	..	..	..	..	..	..
2000 Contribuciones a la seguridad social	**..**	**..**	**0**	**..**	**..**	**..**	**..**	**..**	**..**	**..**
2100 Empleados	..	..	..	..	..	..	..	..	..	..
2200 Empleadores	..	..	..	..	..	..	..	..	..	..
2300 Trabajadores por cuenta propia o no empleados	..	..	..	..	..	..	..	..	..	..
2400 No clasificables entre 2100, 2200 y 2300	..	..	..	..	..	..	..	..	..	..
3000 Imp. sobre nómina y fuerza de trabajo	**..**	**..**	**289**	**..**	**..**	**..**	**..**	**..**	**..**	**..**
4000 Impuestos sobre la propiedad	**..**	**..**	**0**	**..**	**..**	**..**	**..**	**..**	**..**	**..**
4100 Imp. recurrentes sobre propiedad inmueble	..	..	..	..	..	..	..	..	..	..
4200 Impuestos recurrentes sobre la riqueza neta	..	..	..	..	..	..	..	..	..	..
4300 Impuestos sobre sucesiones y donaciones	..	..	..	..	..	..	..	..	..	..
4400 Imp. transacciones finan. y de capital	..	..	..	..	..	..	..	..	..	..
4500 Otros imp. no recurrentes sobre propiedad	..	..	..	..	..	..	..	..	..	..
4600 Otros imp. recurrentes sobre propiedad	..	..	..	..	..	..	..	..	..	..
5000 Impuestos sobre los bienes y servicios	**..**	**..**	**5 757**	**..**	**..**	**..**	**..**	**..**	**..**	**..**
5100 Imp. sobre la producción, venta, etc.	..	..	5 757	..	..	..	..	..	..	..
5110 Impuestos generales	..	..	4 924	..	..	..	..	..	..	..
5120 Impuestos sobre bienes y servicios específicos	..	..	833	..	..	..	..	..	..	..
5130 No clasificables entre 5110 y 5120	..	..	0	..	..	..	..	..	..	..
5200 Sobre uso bienes y permiso para actividades	..	..	0	..	..	..	..	..	..	..
5300 No clasificables entre 5100 y 5200	..	..	0	..	..	..	..	..	..	..
6000 Otros impuestos	**..**	**..**	**569**	**..**	**..**	**..**	**..**	**..**	**..**	**..**
6100 Pagados únicamente por empresas	..	..	..	..	..	..	..	..	..	..
6200 Pagados por otros o no identificables	..	..	..	..	..	..	..	..	..	..
Total de ingresos tributarios	**..**	**..**	**8 472**	**..**	**..**	**..**	**..**	**..**	**..**	**..**

Millones CUP

	Gobiernos locales[2]					Autoridades de seguridad social				
	1990	2000	2010	2021	2022	1990	2000	2010	2021	2022
1000 Imp. renta, utilidades y ganancias de capital	**..**	**..**	**1 746**	**..**	**..**	**0**	**0**	**0**	**0**	**0**
1100 De personas físicas	..	..	554	..	..	..	..	..	..	..
1200 De sociedades	..	..	1 193	..	..	..	..	..	..	..
1300 No clasificables entre 1100 y 1200	..	..	0	..	..	..	..	..	..	..
2000 Contribuciones a la seguridad social	**..**	**..**	**0**	**..**	**..**	**691**	**1 181**	**2 974**	**24 155**	**16 727**
2100 Empleados	..	..	..	..	..	..	..	..	..	..
2200 Empleadores	..	..	..	..	..	..	..	..	..	..
2300 Trabajadores por cuenta propia o no empleados	..	..	..	..	..	..	..	..	..	..
2400 No clasificables entre 2100, 2200 y 2300	..	..	..	..	..	691	1 181	2 974	24 155	16 727
3000 Imp. sobre nómina y fuerza de trabajo	**..**	**..**	**4 125**	**..**	**..**	**0**	**0**	**0**	**0**	**0**
4000 Impuestos sobre la propiedad	**..**	**..**	**0**	**..**	**..**	**0**	**0**	**0**	**0**	**0**
4100 Imp. recurrentes sobre propiedad inmueble	..	..	..	..	..	..	..	..	..	..
4200 Impuestos recurrentes sobre la riqueza neta	..	..	..	..	..	..	..	..	..	..
4300 Impuestos sobre sucesiones y donaciones	..	..	..	..	..	..	..	..	..	..
4400 Imp. transacciones finan. y de capital	..	..	..	..	..	..	..	..	..	..
4500 Otros imp. no recurrentes sobre propiedad	..	..	..	..	..	..	..	..	..	..
4600 Otros imp. recurrentes sobre propiedad	..	..	..	..	..	..	..	..	..	..
5000 Impuestos sobre los bienes y servicios	**..**	**..**	**6 526**	**..**	**..**	**0**	**0**	**0**	**0**	**0**
5100 Imp. sobre la producción, venta, etc.	..	..	6 526	..	..	..	..	..	..	..
5110 Impuestos generales	..	..	5 601	..	..	..	..	..	..	..
5120 Impuestos sobre bienes y servicios específicos	..	..	925	..	..	..	..	..	..	..
5130 No clasificables entre 5110 y 5120	..	..	0	..	..	..	..	..	..	..
5200 Sobre uso bienes y permiso para actividades	..	..	0	..	..	..	..	..	..	..
5300 No clasificables entre 5100 y 5200	..	..	0	..	..	..	..	..	..	..
6000 Otros impuestos	**..**	**..**	**106**	**..**	**..**	**0**	**0**	**0**	**0**	**0**
6100 Pagados únicamente por empresas	..	..	..	..	..	..	..	..	..	..
6200 Pagados por otros o no identificables	..	..	..	..	..	..	..	..	..	..
Total de ingresos tributarios	**..**	**..**	**12 503**	**..**	**..**	**691**	**1 181**	**2 974**	**24 155**	**16 727**

.. No disponible

1. Las cifras incluyen los ingresos tributarios del Gobierno central entre 2002 y 2012. No hay datos disponibles de los ingresos tributarios del Gobierno central correspondientes a otros años.
2. Las cifras incluyen los ingresos tributarios de las administraciones locales entre 2002 y 2012. No existen ingresos tributarios de las administraciones locales disponibles en relación con los otros años.

Cuadro 6.12. República Dominicana, ingresos tributarios por subsectores de gobierno general

Millones DOP

	Gobierno federal					Estatal/Regional				
	1990	2000	2010	2021	2022	1990	2000	2010	2021	2022
1000 Imp. renta, utilidades y ganancias de capital	**1 650**	**10 517**	**52 653**	**263 082**	**276 183**	**..**	**..**	**..**	**..**	**..**
1100 De personas físicas	..	4 088	17 088	69 026	87 200	..	..	..	..	..
1200 De sociedades	..	4 605	21 325	150 695	140 603	..	..	..	..	..
1300 No clasificables entre 1100 y 1200	1 650	1 824	14 241	43 361	48 380	..	..	..	..	..
2000 Contribuciones a la seguridad social	**0**	**0**	**0**	**0**	**0**	**..**	**..**	**..**	**..**	**..**
2100 Empleados	..	..	..	..	..	..	..	..	..	..
2200 Empleadores	..	..	..	..	..	..	..	..	..	..
2300 Trabajadores por cuenta propia o no empleados	..	..	..	..	..	..	..	..	..	..
2400 No clasificables entre 2100, 2200 y 2300	..	..	..	..	..	..	..	..	..	..
3000 Imp. sobre nómina y fuerza de trabajo[1]	**0**	**0**	**1 385**	**3 810**	**3 811**	**..**	**..**	**..**	**..**	**..**
4000 Impuestos sobre la propiedad	**74**	**644**	**12 416**	**45 798**	**45 061**	**..**	**..**	**..**	**..**	**..**
4100 Imp. recurrentes sobre propiedad inmueble	9	115	555	4 171	4 438	..	..	..	..	..
4200 Impuestos recurrentes sobre la riqueza neta	0	0	2 449	8 396	8 615	..	..	..	..	..
4300 Impuestos sobre sucesiones y donaciones	11	96	231	1 308	1 389	..	..	..	..	..
4400 Imp. transacciones finan. y de capital	40	377	8 658	30 206	28 611	..	..	..	..	..
4500 Otros imp. no recurrentes sobre propiedad	3	32	488	1 642	1 929	..	..	..	..	..
4600 Otros imp. recurrentes sobre propiedad	11	25	35	76	81	..	..	..	..	..
5000 Impuestos sobre los bienes y servicios	**4 484**	**35 672**	**174 457**	**465 072**	**542 443**	**..**	**..**	**..**	**..**	**..**
5100 Imp. sobre la producción, venta, etc.	4 418	34 962	167 983	444 248	519 450	..	..	..	..	..
5110 Impuestos generales	970	9 912	81 226	261 207	310 788	..	..	..	..	..
5120 Impuestos sobre bienes y servicios específicos	3 449	25 051	86 757	183 041	208 662	..	..	..	..	..
5130 No clasificables entre 5110 y 5120	0	0	0	0	0	..	..	..	..	..
5200 Sobre uso bienes y permiso para actividades	65	710	6 475	20 824	22 993	..	..	..	..	..
5300 No clasificables entre 5100 y 5200	0	0	0	0	0	..	..	..	..	..
6000 Otros impuestos	**159**	**429**	**0**	**2**	**3**	**..**	**..**	**..**	**..**	**..**
6100 Pagados únicamente por empresas	0	0	..	0	0	..	..	..	..	..
6200 Pagados por otros o no identificables	159	429	..	2	3	..	..	..	..	..
Total de ingresos tributarios	**6 367**	**47 263**	**240 910**	**777 763**	**867 501**	**..**	**..**	**..**	**..**	**..**

Millones DOP

	Gobiernos locales					Autoridades de seguridad social[2]				
	1990	2000	2010	2021	2022	1990	2000	2010	2021	2022
1000 Imp. renta, utilidades y ganancias de capital	**..**	**..**	**..**	**..**	**..**	**0**	**0**	**0**	**0**	**0**
1100 De personas físicas	..	..	..	..	..	..	..	..	..	..
1200 De sociedades	..	..	..	..	..	..	..	..	..	..
1300 No clasificables entre 1100 y 1200	..	..	..	..	..	..	..	..	..	..
2000 Contribuciones a la seguridad social	**..**	**..**	**..**	**..**	**..**	**53**	**490**	**1 845**	**3 420**	**4 923**
2100 Empleados	..	..	..	..	..	..	..	1 720	..	..
2200 Empleadores	..	..	..	..	..	..	..	125	..	..
2300 Trabajadores por cuenta propia o no empleados	..	..	..	..	..	..	..	0	..	..
2400 No clasificables entre 2100, 2200 y 2300	..	..	..	..	..	53	490	0	3 420	4 923
3000 Imp. sobre nómina y fuerza de trabajo[1]	**..**	**..**	**..**	**..**	**..**	**0**	**0**	**0**	**0**	**0**
4000 Impuestos sobre la propiedad	**..**	**..**	**..**	**..**	**..**	**0**	**0**	**0**	**0**	**0**
4100 Imp. recurrentes sobre propiedad inmueble	..	..	..	..	..	..	..	..	..	..
4200 Impuestos recurrentes sobre la riqueza neta	..	..	..	..	..	..	..	..	..	..
4300 Impuestos sobre sucesiones y donaciones	..	..	..	..	..	..	..	..	..	..
4400 Imp. transacciones finan. y de capital	..	..	..	..	..	..	..	..	..	..
4500 Otros imp. no recurrentes sobre propiedad	..	..	..	..	..	..	..	..	..	..
4600 Otros imp. recurrentes sobre propiedad	..	..	..	..	..	..	..	..	..	..
5000 Impuestos sobre los bienes y servicios	**..**	**..**	**..**	**..**	**..**	**0**	**0**	**0**	**0**	**0**
5100 Imp. sobre la producción, venta, etc.	..	..	..	..	..	..	..	..	..	..
5110 Impuestos generales	..	..	..	..	..	..	..	..	..	..
5120 Impuestos sobre bienes y servicios específicos	..	..	..	..	..	..	..	..	..	..
5130 No clasificables entre 5110 y 5120	..	..	..	..	..	..	..	..	..	..
5200 Sobre uso bienes y permiso para actividades	..	..	..	..	..	..	..	..	..	..
5300 No clasificables entre 5100 y 5200	..	..	..	..	..	..	..	..	..	..
6000 Otros impuestos	**..**	**..**	**..**	**..**	**..**	**0**	**0**	**0**	**0**	**0**
6100 Pagados únicamente por empresas	..	..	..	..	..	..	..	..	..	..
6200 Pagados por otros o no identificables	..	..	..	..	..	..	..	..	..	..
Total de ingresos tributarios	**..**	**..**	**..**	**..**	**..**	**53**	**490**	**1 845**	**3 420**	**4 923**

.. No disponible

1. Esta partida incluye las contribuciones obligatorias no destinadas a las pensiones al Instituto de Formación Técnico Profesional (INFOTEP). Los ingresos tributarios se clasifican dentro del Gobierno central. En la República Dominicana esos ingresos se clasifican en una unidad aparte (descentralizada) que se considera diferente del Gobierno central.
2. Las cifras excluyen las contribuciones a la seguridad social destinadas al Gobierno central gestionadas por el sector privado.

Cuadro 6.13. Ecuador, ingresos tributarios por subsectores de gobierno general

Millones USD

	Gobierno federal					Estatal/Regional				
	1990	2000	2010	2021	2022	1990	2000	2010	2021	2022
1000 Imp. renta, utilidades y ganancias de capital	**138**	**267**	**2 909**	**4 376**	**5 241**	**..**	**..**	**..**	**..**	**..**
1100 De personas físicas	..	10	80	143	181	..	..	..	..	..
1200 De sociedades	..	53	1 046	899	1 350	..	..	..	..	..
1300 No clasificables entre 1100 y 1200	138	204	1 783	3 333	3 710	..	..	..	..	..
2000 Contribuciones a la seguridad social	**0**	**0**	**0**	**0**	**0**	**..**	**..**	**..**	**..**	**..**
2100 Empleados	..	..	..	..	..	..	..	..	..	..
2200 Empleadores	..	..	..	..	..	..	..	..	..	..
2300 Trabajadores por cuenta propia o no empleados	..	..	..	..	..	..	..	..	..	..
2400 No clasificables entre 2100, 2200 y 2300	..	..	..	..	..	..	..	..	..	..
3000 Imp. sobre nómina y fuerza de trabajo	**0**	**0**	**0**	**0**	**0**	**..**	**..**	**..**	**..**	**..**
4000 Impuestos sobre la propiedad	**0**	**0**	**43**	**64**	**665**	**..**	**..**	**..**	**..**	**..**
4100 Imp. recurrentes sobre propiedad inmueble	..	..	3	0	0	..	..	..	..	..
4200 Impuestos recurrentes sobre la riqueza neta	..	..	35	24	19	..	..	..	..	..
4300 Impuestos sobre sucesiones y donaciones	..	..	5	40	11	..	..	..	..	..
4400 Imp. transacciones finan. y de capital	..	..	0	0	0	..	..	..	..	..
4500 Otros imp. no recurrentes sobre propiedad	..	..	0	0	635	..	..	..	..	..
4600 Otros imp. recurrentes sobre propiedad	..	..	0	0	0	..	..	..	..	..
5000 Impuestos sobre los bienes y servicios	**668**	**1 596**	**5 969**	**10 275**	**11 733**	**..**	**..**	**..**	**..**	**..**
5100 Imp. sobre la producción, venta, etc.	665	1 574	5 814	10 048	11 493	..	..	..	..	..
5110 Impuestos generales	302	923	3 759	6 581	7 854	..	..	..	..	..
5120 Impuestos sobre bienes y servicios específicos	363	651	2 054	3 467	3 640	..	..	..	..	..
5130 No clasificables entre 5110 y 5120	0	0	0	0	0	..	..	..	..	..
5200 Sobre uso bienes y permiso para actividades	3	22	156	227	240	..	..	..	..	..
5300 No clasificables entre 5100 y 5200	0	0	0	0	0	..	..	..	..	..
6000 Otros impuestos	**0**	**0**	**4**	**22**	**2**	**..**	**..**	**..**	**..**	**..**
6100 Pagados únicamente por empresas	..	..	0	0	0	..	..	..	..	..
6200 Pagados por otros o no identificables	..	..	4	22	2	..	..	..	..	..
Total de ingresos tributarios	**806**	**1 863**	**8 925**	**14 736**	**17 640**	**..**	**..**	**..**	**..**	**..**

Millones USD

	Gobiernos locales[1]					Autoridades de seguridad social				
	1990	2000	2010	2021	2022	1990	2000	2010	2021	2022
1000 Imp. renta, utilidades y ganancias de capital	**1**	**2**	**15**	**69**	**74**	**0**	**0**	**0**	**0**	**0**
1100 De personas físicas	..	..	0	0	0	..	..	..	..	..
1200 De sociedades	..	..	..	..	..	..	..	..	..	..
1300 No clasificables entre 1100 y 1200	1	2	15	69	74	..	..	..	..	..
2000 Contribuciones a la seguridad social	**0**	**0**	**0**	**0**	**0**	**243**	**228**	**2 541**	**5 305**	**5 773**
2100 Empleados	..	..	..	..	..	..	..	..	..	..
2200 Empleadores	..	..	..	..	..	..	..	..	..	..
2300 Trabajadores por cuenta propia o no empleados	..	..	..	..	..	..	..	..	..	..
2400 No clasificables entre 2100, 2200 y 2300	..	..	..	..	..	243	228	2 541	5 305	5 773
3000 Imp. sobre nómina y fuerza de trabajo	**0**	**0**	**0**	**0**	**0**	**0**	**0**	**0**	**0**	**0**
4000 Impuestos sobre la propiedad	**16**	**17**	**116**	**296**	**321**	**0**	**0**	**0**	**0**	**0**
4100 Imp. recurrentes sobre propiedad inmueble	13	8	66	184	200	..	..	..	..	..
4200 Impuestos recurrentes sobre la riqueza neta	0	0	0	0	0	..	..	..	..	..
4300 Impuestos sobre sucesiones y donaciones	0	0	0	0	0	..	..	..	..	..
4400 Imp. transacciones finan. y de capital	0	0	0	0	0	..	..	..	..	..
4500 Otros imp. no recurrentes sobre propiedad	0	0	0	0	0	..	..	..	..	..
4600 Otros imp. recurrentes sobre propiedad	3	9	50	112	121	..	..	..	..	..
5000 Impuestos sobre los bienes y servicios	**10**	**13**	**97**	**241**	**261**	**0**	**0**	**0**	**0**	**0**
5100 Imp. sobre la producción, venta, etc.	6	6	49	85	92	..	..	..	..	..
5110 Impuestos generales	4	5	41	77	84	..	..	..	..	..
5120 Impuestos sobre bienes y servicios específicos	1	2	8	8	9	..	..	..	..	..
5130 No clasificables entre 5110 y 5120	0	0	0	0	0	..	..	..	..	..
5200 Sobre uso bienes y permiso para actividades	5	7	48	156	169	..	..	..	..	..
5300 No clasificables entre 5100 y 5200	0	0	0	0	0	..	..	..	..	..
6000 Otros impuestos	**2**	**2**	**1**	**0**	**0**	**0**	**0**	**0**	**0**	**0**
6100 Pagados únicamente por empresas	0	0	0	0	0	..	..	..	..	..
6200 Pagados por otros o no identificables	2	2	1	0	0	..	..	..	..	..
Total de ingresos tributarios	**29**	**34**	**228**	**606**	**656**	**243**	**228**	**2 541**	**5 305**	**5 773**

.. No disponible

1. Los datos de los ingresos tributarios locales de 2021 y 2022 son una estimación.

Cuadro 6.14. El Salvador, ingresos tributarios por subsectores de gobierno general

Millones USD

	Gobierno federal					Estatal/Regional				
	1990	2000	2010	2021	2022	1990	2000	2010	2021	2022
1000 Imp. renta, utilidades y ganancias de capital	**95**	**429**	**996**	**2 259**	**2 707**	**..**	**..**	**..**	**..**	**..**
1100 De personas físicas	..	..	590	923	1 060	..	..	..	..	..
1200 De sociedades	..	..	420	1 078	1 334	..	..	..	..	..
1300 No clasificables entre 1100 y 1200	95	429	-14	258	313	..	..	..	..	..
2000 Contribuciones a la seguridad social	**0**	**0**	**0**	**0**	**0**	**..**	**..**	**..**	**..**	**..**
2100 Empleados	..	..	..	..	..	..	..	..	..	..
2200 Empleadores	..	..	..	..	..	..	..	..	..	..
2300 Trabajadores por cuenta propia o no empleados	..	..	..	..	..	..	..	..	..	..
2400 No clasificables entre 2100, 2200 y 2300	..	..	..	..	..	..	..	..	..	..
3000 Imp. sobre nómina y fuerza de trabajo[1]	**0**	**0**	**21**	**40**	**42**	**..**	**..**	**..**	**..**	**..**
4000 Impuestos sobre la propiedad	**26**	**12**	**16**	**39**	**47**	**..**	**..**	**..**	**..**	**..**
4100 Imp. recurrentes sobre propiedad inmueble	0	0	0	0	0	..	..	..	..	..
4200 Impuestos recurrentes sobre la riqueza neta	16	0	0	0	0	..	..	..	..	..
4300 Impuestos sobre sucesiones y donaciones	0	0	0	0	0	..	..	..	..	..
4400 Imp. transacciones finan. y de capital	10	12	16	39	47	..	..	..	..	..
4500 Otros imp. no recurrentes sobre propiedad	0	0	0	0	0	..	..	..	..	..
4600 Otros imp. recurrentes sobre propiedad	0	0	0	0	0	..	..	..	..	..
5000 Impuestos sobre los bienes y servicios	**259**	**903**	**1 871**	**3 476**	**3 661**	**..**	**..**	**..**	**..**	**..**
5100 Imp. sobre la producción, venta, etc.	259	903	1 863	3 453	3 637	..	..	..	..	..
5110 Impuestos generales	133	714	1 433	2 771	2 944	..	..	..	..	..
5120 Impuestos sobre bienes y servicios específicos	127	189	431	682	694	..	..	..	..	..
5130 No clasificables entre 5110 y 5120	0	0	0	0	0	..	..	..	..	..
5200 Sobre uso bienes y permiso para actividades	0	0	7	23	24	..	..	..	..	..
5300 No clasificables entre 5100 y 5200	0	0	0	0	0	..	..	..	..	..
6000 Otros impuestos	**58**	**0**	**0**	**0**	**0**	**..**	**..**	**..**	**..**	**..**
6100 Pagados únicamente por empresas	0	0	..	..	..	..	..	..	..	..
6200 Pagados por otros o no identificables	58	0	..	..	..	..	..	..	..	..
Total de ingresos tributarios	**438**	**1 344**	**2 903**	**5 814**	**6 457**	**..**	**..**	**..**	**..**	**..**

Millones USD

	Gobiernos locales					Autoridades de seguridad social[2]				
	1990	2000	2010	2021	2022	1990	2000	2010	2021	2022
1000 Imp. renta, utilidades y ganancias de capital	**..**	**..**	**0**	**0**	**0**	**0**	**0**	**0**	**0**	**0**
1100 De personas físicas	..	..	..	..	..	..	..	..	..	..
1200 De sociedades	..	..	..	..	..	..	..	..	..	..
1300 No clasificables entre 1100 y 1200	..	..	..	..	..	..	..	..	..	..
2000 Contribuciones a la seguridad social	**..**	**..**	**0**	**0**	**0**	**104**	**325**	**470**	**771**	**834**
2100 Empleados	..	..	..	..	..	..	75	165	271	293
2200 Empleadores	..	..	..	..	..	..	176	306	500	541
2300 Trabajadores por cuenta propia o no empleados	..	..	..	..	..	..	13	0	0	0
2400 No clasificables entre 2100, 2200 y 2300	..	..	..	..	..	104	62	0	0	0
3000 Imp. sobre nómina y fuerza de trabajo[1]	**..**	**..**	**0**	**0**	**0**	**0**	**0**	**0**	**0**	**0**
4000 Impuestos sobre la propiedad	**..**	**..**	**3**	**8**	**11**	**0**	**0**	**0**	**0**	**0**
4100 Imp. recurrentes sobre propiedad inmueble	..	..	3	8	11	..	..	..	..	..
4200 Impuestos recurrentes sobre la riqueza neta	..	..	0	0	0	..	..	..	..	..
4300 Impuestos sobre sucesiones y donaciones	..	..	0	0	0	..	..	..	..	..
4400 Imp. transacciones finan. y de capital	..	..	0	0	0	..	..	..	..	..
4500 Otros imp. no recurrentes sobre propiedad	..	..	0	0	0	..	..	..	..	..
4600 Otros imp. recurrentes sobre propiedad	..	..	0	0	0	..	..	..	..	..
5000 Impuestos sobre los bienes y servicios	**..**	**..**	**7**	**17**	**20**	**0**	**0**	**0**	**0**	**0**
5100 Imp. sobre la producción, venta, etc.	..	..	0	0	0	..	..	..	..	..
5110 Impuestos generales	..	..	..	..	..	..	..	..	..	..
5120 Impuestos sobre bienes y servicios específicos	..	..	..	..	..	..	..	..	..	..
5130 No clasificables entre 5110 y 5120	..	..	..	..	..	..	..	..	..	..
5200 Sobre uso bienes y permiso para actividades	..	..	7	17	20	..	..	..	..	..
5300 No clasificables entre 5100 y 5200	..	..	0	0	0	..	..	..	..	..
6000 Otros impuestos	**..**	**..**	**63**	**99**	**107**	**0**	**0**	**0**	**0**	**0**
6100 Pagados únicamente por empresas	..	..	0	0	0	..	..	..	..	..
6200 Pagados por otros o no identificables	..	..	63	99	107	..	..	..	..	..
Total de ingresos tributarios	**..**	**..**	**74**	**124**	**138**	**104**	**325**	**470**	**771**	**834**

.. No disponible

1. Las contribuciones a la formación profesional realizadas al Instituto Salvadoreño de Formación Profesional (INSAFORP) se incluyen en la partida 3000. Los ingresos tributarios se clasifican dentro del Gobierno central. En El Salvador, estos ingresos se clasifican en una unidad aparte que se considera diferente del Gobierno central.
2. Las contribuciones a la seguridad social son las que se pagan al Instituto Salvadoreño del Seguro Social (ISSS), el Instituto Nacional de Pensiones de los Empleados Públicos (INPEP), el Instituto de Previsión Social de la Fuerza Armada (IPSFA) y el Instituto Salvadoreño de Bienestar Magisterial (ISBM). Las cifras no incluyen las contribuciones al régimen de gestión privada, pero pueden incluir una pequeña cantidad de contribuciones voluntarias, que no se puede distinguir de los datos de contribuciones al sistema público de seguridad social.

Cuadro 6.15. Guatemala, ingresos tributarios por subsectores de gobierno general

Millones GTQ

	Gobierno federal					Estatal/Regional				
	1990	2000	2010	2021	2022	1990	2000	2010	2021	2022
1000 Imp. renta, utilidades y ganancias de capital	**507**	**3 293**	**7 745**	**23 291**	**25 658**	**..**	**..**	**..**	**..**	**..**
1100 De personas físicas	25	143	1 225	4 769	3 892	..	..	..	..	..
1200 De sociedades	482	3 149	6 520	18 522	21 765	..	..	..	..	..
1300 No clasificables entre 1100 y 1200	0	0	0	0	0	..	..	..	..	..
2000 Contribuciones a la seguridad social	**0**	**0**	**0**	**0**	**0**	**..**	**..**	**..**	**..**	**..**
2100 Empleados	..	..	..	..	..	..	..	..	..	..
2200 Empleadores	..	..	..	..	..	..	..	..	..	..
2300 Trabajadores por cuenta propia o no empleados	..	..	..	..	..	..	..	..	..	..
2400 No clasificables entre 2100, 2200 y 2300	..	..	..	..	..	..	..	..	..	..
3000 Imp. sobre nómina y fuerza de trabajo[1]	**0**	**0**	**447**	**1 038**	**1 102**	**..**	**..**	**..**	**..**	**..**
4000 Impuestos sobre la propiedad	**149**	**199**	**582**	**568**	**623**	**..**	**..**	**..**	**..**	**..**
4100 Imp. recurrentes sobre propiedad inmueble	0	6	1	2	1	..	..	..	..	..
4200 Impuestos recurrentes sobre la riqueza neta	0	0	0	0	0	..	..	..	..	..
4300 Impuestos sobre sucesiones y donaciones	0	0	0	0	0	..	..	..	..	..
4400 Imp. transacciones finan. y de capital	149	194	581	567	622	..	..	..	..	..
4500 Otros imp. no recurrentes sobre propiedad	0	0	0	0	0	..	..	..	..	..
4600 Otros imp. recurrentes sobre propiedad	0	0	0	0	0	..	..	..	..	..
5000 Impuestos sobre los bienes y servicios	**1 554**	**10 317**	**23 255**	**48 666**	**55 975**	**..**	**..**	**..**	**..**	**..**
5100 Imp. sobre la producción, venta, etc.	1 526	10 131	22 750	47 655	54 905	..	..	..	..	..
5110 Impuestos generales	762	6 259	16 980	36 985	43 404	..	..	..	..	..
5120 Impuestos sobre bienes y servicios específicos	764	3 872	5 770	10 670	11 500	..	..	..	..	..
5130 No clasificables entre 5110 y 5120	0	0	0	0	0	..	..	..	..	..
5200 Sobre uso bienes y permiso para actividades	28	186	505	1 011	1 071	..	..	..	..	..
5300 No clasificables entre 5100 y 5200	0	0	0	0	0	..	..	..	..	..
6000 Otros impuestos	**0**	**7**	**2 575**	**5 399**	**6 130**	**..**	**..**	**..**	**..**	**..**
6100 Pagados únicamente por empresas	..	0	0	0	0	..	..	..	..	..
6200 Pagados por otros o no identificables	..	7	2 575	5 399	6 130	..	..	..	..	..
Total de ingresos tributarios	**2 210**	**13 815**	**34 605**	**78 962**	**89 489**	**..**	**..**	**..**	**..**	**..**

Millones GTQ

	Gobiernos locales					Autoridades de seguridad social[2]				
	1990	2000	2010	2021	2022	1990	2000	2010	2021	2022
1000 Imp. renta, utilidades y ganancias de capital	**..**	**0**	**0**	**0**	**0**	**0**	**0**	**0**	**0**	**0**
1100 De personas físicas	..	..	..	..	..	..	..	..	..	..
1200 De sociedades	..	..	..	..	..	..	..	..	..	..
1300 No clasificables entre 1100 y 1200	..	..	..	..	..	..	..	..	..	..
2000 Contribuciones a la seguridad social	**..**	**0**	**0**	**0**	**0**	**436**	**2 569**	**6 312**	**14 314**	**15 539**
2100 Empleados	..	..	..	..	..	..	..	..	..	..
2200 Empleadores	..	..	..	..	..	..	..	..	..	..
2300 Trabajadores por cuenta propia o no empleados	..	..	..	..	..	..	..	..	..	..
2400 No clasificables entre 2100, 2200 y 2300	..	..	..	..	..	436	2 569	6 312	14 314	15 539
3000 Imp. sobre nómina y fuerza de trabajo[1]	**..**	**0**	**0**	**0**	**0**	**0**	**0**	**0**	**0**	**0**
4000 Impuestos sobre la propiedad	**..**	**147**	**620**	**837**	**914**	**0**	**0**	**0**	**0**	**0**
4100 Imp. recurrentes sobre propiedad inmueble	..	147	620	837	914	..	..	..	..	..
4200 Impuestos recurrentes sobre la riqueza neta	..	0	0	0	0	..	..	..	..	..
4300 Impuestos sobre sucesiones y donaciones	..	0	0	0	0	..	..	..	..	..
4400 Imp. transacciones finan. y de capital	..	0	0	0	0	..	..	..	..	..
4500 Otros imp. no recurrentes sobre propiedad	..	0	0	0	0	..	..	..	..	..
4600 Otros imp. recurrentes sobre propiedad	..	0	0	0	0	..	..	..	..	..
5000 Impuestos sobre los bienes y servicios	**..**	**0**	**0**	**0**	**0**	**0**	**0**	**0**	**0**	**0**
5100 Imp. sobre la producción, venta, etc.	..	..	..	..	..	..	..	..	..	..
5110 Impuestos generales	..	..	..	..	..	..	..	..	..	..
5120 Impuestos sobre bienes y servicios específicos	..	..	..	..	..	..	..	..	..	..
5130 No clasificables entre 5110 y 5120	..	..	..	..	..	..	..	..	..	..
5200 Sobre uso bienes y permiso para actividades	..	..	..	..	..	..	..	..	..	..
5300 No clasificables entre 5100 y 5200	..	..	..	..	..	..	..	..	..	..
6000 Otros impuestos	**..**	**0**	**0**	**0**	**0**	**0**	**0**	**0**	**0**	**0**
6100 Pagados únicamente por empresas	..	..	..	..	..	..	..	..	..	..
6200 Pagados por otros o no identificables	..	..	..	..	..	..	..	..	..	..
Total de ingresos tributarios	**..**	**147**	**620**	**837**	**914**	**436**	**2 569**	**6 312**	**14 314**	**15 539**

.. No disponible

1. Las contribuciones al INTECAP y al IRTRA se incluyen en la partida 3000. Los ingresos tributarios se clasifican dentro del Gobierno central. En Guatemala, estos ingresos se clasifican en una unidad aparte considerada diferente de la administración central.
2. Corresponde a las contribuciones al Instituto Guatemalteco de Seguridad Social (IGSS) y los pagos de los empleados públicos al fondo de pensiones del Gobierno.

Cuadro 6.16. Guyana, ingresos tributarios por subsectores de gobierno general

Millones GYD

	Gobierno federal[1]					Estatal/Regional				
	1990	2000	2010	2021	2022	1990	2000	2010	2021	2022
1000 Imp. renta, utilidades y ganancias de capital	**1 752**	**16 179**	**39 561**	**124 088**	**164 802**	..	..	..	..	..
1100 De personas físicas	333	7 734	17 816	46 962	58 903	..	..	..	..	..
1200 De sociedades	1 375	8 266	21 427	75 897	104 581	..	..	..	..	..
1300 No clasificables entre 1100 y 1200	43	179	317	1 229	1 318	..	..	..	..	..
2000 Contribuciones a la seguridad social	**0**	**0**	**0**	**0**	**0**	..	..	..	..	..
2100 Empleados	..	..	..	..	..	..	..	..	..	..
2200 Empleadores	..	..	..	..	..	..	..	..	..	..
2300 Trabajadores por cuenta propia o no empleados	..	..	..	..	..	..	..	..	..	..
2400 No clasificables entre 2100, 2200 y 2300	..	..	..	..	..	..	..	..	..	..
3000 Imp. sobre nómina y fuerza de trabajo	**0**	**0**	**0**	**0**	**0**	..	..	..	..	..
4000 Impuestos sobre la propiedad	**53**	**701**	**2 068**	**5 581**	**6 543**	..	..	..	..	..
4100 Imp. recurrentes sobre propiedad inmueble	40	681	1 562	4 907	5 853	..	..	..	..	..
4200 Impuestos recurrentes sobre la riqueza neta	0	0	0	0	0	..	..	..	..	..
4300 Impuestos sobre sucesiones y donaciones	13	20	31	67	91	..	..	..	..	..
4400 Imp. transacciones finan. y de capital	0	0	476	607	598	..	..	..	..	..
4500 Otros imp. no recurrentes sobre propiedad	0	0	0	0	0	..	..	..	..	..
4600 Otros imp. recurrentes sobre propiedad	0	0	0	0	0	..	..	..	..	..
5000 Impuestos sobre los bienes y servicios	**2 200**	**20 798**	**59 360**	**124 040**	**119 641**	..	..	..	..	..
5100 Imp. sobre la producción, venta, etc.	2 162	20 530	58 846	122 857	118 411	..	..	..	..	..
5110 Impuestos generales	1 399	14 861	27 044	48 452	56 998	..	..	..	..	..
5120 Impuestos sobre bienes y servicios específicos	763	5 669	31 802	74 404	61 413	..	..	..	..	..
5130 No clasificables entre 5110 y 5120	0	0	0	0	0	..	..	..	..	..
5200 Sobre uso bienes y permiso para actividades	38	268	514	1 183	1 230	..	..	..	..	..
5300 No clasificables entre 5100 y 5200	0	0	0	0	0	..	..	..	..	..
6000 Otros impuestos	**1 037**	**204**	**757**	**1 925**	**1 878**	..	..	..	..	..
6100 Pagados únicamente por empresas	0	0	0	0	0	..	..	..	..	..
6200 Pagados por otros o no identificables	1 037	204	757	1 925	1 878	..	..	..	..	..
Total de ingresos tributarios	**5 041**	**37 882**	**101 746**	**255 633**	**292 863**	..	..	..	..	..

Millones GYD

	Gobiernos locales[2]					Autoridades de seguridad social[3]				
	1990	2000	2010	2021	2022	1990	2000	2010	2021	2022
1000 Imp. renta, utilidades y ganancias de capital	..	..	**0**	**0**	**0**	**0**	**0**	**0**	**0**	**0**
1100 De personas físicas	..	..	..	..	..	..	..	..	..	..
1200 De sociedades	..	..	..	..	..	..	..	..	..	..
1300 No clasificables entre 1100 y 1200	..	..	..	..	..	..	..	..	..	..
2000 Contribuciones a la seguridad social	..	..	**0**	**0**	**0**	**191**	**4 868**	**10 047**	**26 725**	**31 353**
2100 Empleados	..	..	..	..	..	..	..	..	..	..
2200 Empleadores	..	..	..	..	..	..	..	..	..	..
2300 Trabajadores por cuenta propia o no empleados	..	..	..	..	..	..	..	..	..	..
2400 No clasificables entre 2100, 2200 y 2300	..	..	..	..	..	191	4 868	10 047	26 725	31 353
3000 Imp. sobre nómina y fuerza de trabajo	..	..	**0**	**0**	**0**	**0**	**0**	**0**	**0**	**0**
4000 Impuestos sobre la propiedad	..	..	**0**	**0**	**0**	**0**	**0**	**0**	**0**	**0**
4100 Imp. recurrentes sobre propiedad inmueble	..	..	..	..	..	..	..	..	..	..
4200 Impuestos recurrentes sobre la riqueza neta	..	..	..	..	..	..	..	..	..	..
4300 Impuestos sobre sucesiones y donaciones	..	..	..	..	..	..	..	..	..	..
4400 Imp. transacciones finan. y de capital	..	..	..	..	..	..	..	..	..	..
4500 Otros imp. no recurrentes sobre propiedad	..	..	..	..	..	..	..	..	..	..
4600 Otros imp. recurrentes sobre propiedad	..	..	..	..	..	..	..	..	..	..
5000 Impuestos sobre los bienes y servicios	..	..	**0**	**0**	**0**	**0**	**0**	**0**	**0**	**0**
5100 Imp. sobre la producción, venta, etc.	..	..	..	..	..	..	..	..	..	..
5110 Impuestos generales	..	..	..	..	..	..	..	..	..	..
5120 Impuestos sobre bienes y servicios específicos	..	..	..	..	..	..	..	..	..	..
5130 No clasificables entre 5110 y 5120	..	..	..	..	..	..	..	..	..	..
5200 Sobre uso bienes y permiso para actividades	..	..	..	..	..	..	..	..	..	..
5300 No clasificables entre 5100 y 5200	..	..	..	..	..	..	..	..	..	..
6000 Otros impuestos	..	..	**113**	**43**	**159**	**0**	**0**	**0**	**0**	**0**
6100 Pagados únicamente por empresas	..	..	0	0	0	..	..	..	..	..
6200 Pagados por otros o no identificables	..	..	113	43	159	..	..	..	..	..
Total de ingresos tributarios	..	..	**113**	**43**	**159**	**191**	**4 868**	**10 047**	**26 725**	**31 353**

.. No disponible

1. Los ingresos tributarios del Gobierno central se basan en estimaciones presupuestarias del Ministerio de Finanzas.
2. Los ingresos tributarios de las administraciones locales incluyen pagos de impuestos locales por parte de las corporaciones públicas.
3. Las cifras de la seguridad social incluyen las contribuciones al Sistema de Seguro Social.

Cuadro 6.17. Honduras, ingresos tributarios por subsectores de gobierno general

Millones HNL

	Gobierno federal					Estatal/Regional				
	1990	2000	2010	2021	2022	1990	2000	2010	2021	2022
1000 Imp. renta, utilidades y ganancias de capital	**431**	**2 907**	**13 232**	**35 209**	**48 289**	..	..	..	..	..
1100 De personas físicas	157	992	4 528	14 258	17 478	..	..	..	..	..
1200 De sociedades	274	1 916	8 705	20 951	30 811	..	..	..	..	..
1300 No clasificables entre 1100 y 1200	0	0	0	0	0	..	..	..	..	..
2000 Contribuciones a la seguridad social	**0**	**0**	**0**	**0**	**0**	..	..	..	..	..
2100 Empleados	..	..	..	..	..	..	..	..	..	..
2200 Empleadores	..	..	..	..	..	..	..	..	..	..
2300 Trabajadores por cuenta propia o no empleados	..	..	..	..	..	..	..	..	..	..
2400 No clasificables entre 2100, 2200 y 2300	..	..	..	..	..	..	..	..	..	..
3000 Imp. sobre nómina y fuerza de trabajo[1]	**0**	**0**	**485**	**1 081**	**1 215**	..	..	..	..	..
4000 Impuestos sobre la propiedad	**16**	**266**	**994**	**4 119**	**4 881**	..	..	..	..	..
4100 Imp. recurrentes sobre propiedad inmueble	16	189	254	586	720	..	..	..	..	..
4200 Impuestos recurrentes sobre la riqueza neta	0	78	359	469	439	..	..	..	..	..
4300 Impuestos sobre sucesiones y donaciones	0	0	0	0	0	..	..	..	..	..
4400 Imp. transacciones finan. y de capital	0	0	0	3 064	3 722	..	..	..	..	..
4500 Otros imp. no recurrentes sobre propiedad	0	0	380	0	0	..	..	..	..	..
4600 Otros imp. recurrentes sobre propiedad	0	0	0	0	0	..	..	..	..	..
5000 Impuestos sobre los bienes y servicios	**1 401**	**12 436**	**28 937**	**75 817**	**80 525**	..	..	..	..	..
5100 Imp. sobre la producción, venta, etc.	1 401	12 436	28 937	75 817	80 525	..	..	..	..	..
5110 Impuestos generales	344	5 146	16 050	49 264	56 067	..	..	..	..	..
5120 Impuestos sobre bienes y servicios específicos	1 057	7 290	12 887	26 553	24 458	..	..	..	..	..
5130 No clasificables entre 5110 y 5120	0	0	0	0	0	..	..	..	..	..
5200 Sobre uso bienes y permiso para actividades	0	0	0	0	0	..	..	..	..	..
5300 No clasificables entre 5100 y 5200	0	0	0	0	0	..	..	..	..	..
6000 Otros impuestos	**1**	**2**	**9**	**11**	**13**	..	..	..	..	..
6100 Pagados únicamente por empresas	0	0	0	0	0	..	..	..	..	..
6200 Pagados por otros o no identificables	1	2	9	11	13	..	..	..	..	..
Total de ingresos tributarios	**1 849**	**15 612**	**43 657**	**116 236**	**134 924**	..	..	..	..	..

Millones HNL

	Gobiernos locales[2]					Autoridades de seguridad social				
	1990	2000	2010	2021	2022	1990	2000	2010	2021	2022
1000 Imp. renta, utilidades y ganancias de capital	**0**	**0**	**0**	**0**	**0**	**0**	**0**	**0**	**0**	**0**
1100 De personas físicas	..	..	..	..	..	..	..	..	..	..
1200 De sociedades	..	..	..	..	..	..	..	..	..	..
1300 No clasificables entre 1100 y 1200	..	..	..	..	..	..	..	..	..	..
2000 Contribuciones a la seguridad social	**0**	**0**	**0**	**0**	**0**	**179**	**1 727**	**8 671**	**23 994**	**25 284**
2100 Empleados	..	..	..	..	..	..	..	..	..	..
2200 Empleadores	..	..	..	..	..	..	..	..	..	..
2300 Trabajadores por cuenta propia o no empleados	..	..	..	..	..	..	..	..	..	..
2400 No clasificables entre 2100, 2200 y 2300	..	..	..	..	..	179	1 727	8 671	23 994	25 284
3000 Imp. sobre nómina y fuerza de trabajo[1]	**0**	**0**	**0**	**0**	**0**	**0**	**0**	**0**	**0**	**0**
4000 Impuestos sobre la propiedad	**0**	**0**	**0**	**0**	**0**	**0**	**0**	**0**	**0**	**0**
4100 Imp. recurrentes sobre propiedad inmueble	..	..	..	..	..	..	..	..	..	..
4200 Impuestos recurrentes sobre la riqueza neta	..	..	..	..	..	..	..	..	..	..
4300 Impuestos sobre sucesiones y donaciones	..	..	..	..	..	..	..	..	..	..
4400 Imp. transacciones finan. y de capital	..	..	..	..	..	..	..	..	..	..
4500 Otros imp. no recurrentes sobre propiedad	..	..	..	..	..	..	..	..	..	..
4600 Otros imp. recurrentes sobre propiedad	..	..	..	..	..	..	..	..	..	..
5000 Impuestos sobre los bienes y servicios	**0**	**0**	**0**	**0**	**0**	**0**	**0**	**0**	**0**	**0**
5100 Imp. sobre la producción, venta, etc.	..	..	..	..	..	..	..	..	..	..
5110 Impuestos generales	..	..	..	..	..	..	..	..	..	..
5120 Impuestos sobre bienes y servicios específicos	..	..	..	..	..	..	..	..	..	..
5130 No clasificables entre 5110 y 5120	..	..	..	..	..	..	..	..	..	..
5200 Sobre uso bienes y permiso para actividades	..	..	..	..	..	..	..	..	..	..
5300 No clasificables entre 5100 y 5200	..	..	..	..	..	..	..	..	..	..
6000 Otros impuestos	**90**	**960**	**2 216**	**4 836**	**5 918**	**0**	**0**	**0**	**0**	**0**
6100 Pagados únicamente por empresas	0	0	0	0	0	..	..	..	..	..
6200 Pagados por otros o no identificables	90	960	2 216	4 836	5 918	..	..	..	..	..
Total de ingresos tributarios	**90**	**960**	**2 216**	**4 836**	**5 918**	**179**	**1 727**	**8 671**	**23 994**	**25 284**

.. No disponible

1. Las contribuciones de los empleadores al Instituto Nacional de Formación Profesional (INFOP) se incluyen en la partida 3000. Los ingresos tributarios se clasifican dentro del Gobierno central. En Honduras, estos ingresos se clasifican en una unidad aparte que se considera diferente del Gobierno central.
2. Las cifras pueden incluir ingresos no tributarios y transferencias del Gobierno central, aunque no ha sido posible distinguir los diferentes componentes de los ingresos tributarios de las administraciones locales.

Cuadro 6.18. Jamaica, ingresos tributarios por subsectores de gobierno general

Millones JMD

	Gobierno federal[1]					Estatal/Regional				
	1990	2000	2010	2021	2022	1990	2000	2010	2021	2022
1000 Imp. renta, utilidades y ganancias de capital	**3 639**	**35 457**	**105 917**	**167 112**	**206 743**	..	..	..	..	..
1100 De personas físicas	1 687	17 441	54 798	77 756	96 902	..	..	..	..	..
1200 De sociedades	1 280	7 627	33 091	68 791	79 485	..	..	..	..	..
1300 No clasificables entre 1100 y 1200	672	10 389	18 028	20 565	30 356	..	..	..	..	..
2000 Contribuciones a la seguridad social	**0**	**0**	**0**	**0**	**0**	..	..	..	..	..
2100 Empleados	..	..	..	..	..	..	..	..	..	..
2200 Empleadores	..	..	..	..	..	..	..	..	..	..
2300 Trabajadores por cuenta propia o no empleados	..	..	..	..	..	..	..	..	..	..
2400 No clasificables entre 2100, 2200 y 2300	..	..	..	..	..	..	..	..	..	..
3000 Imp. sobre nómina y fuerza de trabajo	**305**	**3 821**	**12 792**	**32 063**	**38 188**	..	..	..	..	..
4000 Impuestos sobre la propiedad	**965**	**3 623**	**7 339**	**8 609**	**11 399**	..	..	..	..	..
4100 Imp. recurrentes sobre propiedad inmueble	67	0	0	0	0	..	..	..	..	..
4200 Impuestos recurrentes sobre la riqueza neta	0	0	0	0	0	..	..	..	..	..
4300 Impuestos sobre sucesiones y donaciones	0	0	0	0	0	..	..	..	..	..
4400 Imp. transacciones finan. y de capital	898	3 623	7 339	8 609	11 399	..	..	..	..	..
4500 Otros imp. no recurrentes sobre propiedad	0	0	0	0	0	..	..	..	..	..
4600 Otros imp. recurrentes sobre propiedad	0	0	0	0	0	..	..	..	..	..
5000 Impuestos sobre los bienes y servicios	**2 824**	**43 907**	**149 544**	**365 499**	**457 446**	..	..	..	..	..
5100 Imp. sobre la producción, venta, etc.	2 760	43 107	147 500	357 080	448 649	..	..	..	..	..
5110 Impuestos generales	297	22 356	84 409	199 638	253 358	..	..	..	..	..
5120 Impuestos sobre bienes y servicios específicos	2 463	20 752	63 091	157 442	195 291	..	..	..	..	..
5130 No clasificables entre 5110 y 5120	0	0	0	0	0	..	..	..	..	..
5200 Sobre uso bienes y permiso para actividades	64	800	2 045	8 419	8 797	..	..	..	..	..
5300 No clasificables entre 5100 y 5200	0	0	0	0	0	..	..	..	..	..
6000 Otros impuestos	**16**	**266**	**748**	**1 967**	**2 551**	..	..	..	..	..
6100 Pagados únicamente por empresas	0	0	0	0	0	..	..	..	..	..
6200 Pagados por otros o no identificables	16	266	748	1 967	2 551	..	..	..	..	..
Total de ingresos tributarios	**7 748**	**87 074**	**276 340**	**575 251**	**716 327**	..	..	..	..	..

Millones JMD

	Gobiernos locales[1]					Autoridades de seguridad social[1]				
	1990	2000	2010	2021	2022	1990	2000	2010	2021	2022
1000 Imp. renta, utilidades y ganancias de capital	..	**0**	**0**	**0**	**0**	..	..	**0**	**0**	**0**
1100 De personas físicas	..	..	..	..	..	..	..	..	..	..
1200 De sociedades	..	..	..	..	..	..	..	..	..	..
1300 No clasificables entre 1100 y 1200	..	..	..	..	..	..	..	..	..	..
2000 Contribuciones a la seguridad social	..	**0**	**0**	**0**	**0**	..	..	**8 199**	**31 671**	**42 531**
2100 Empleados	..	..	..	..	..	..	..	..	..	..
2200 Empleadores	..	..	..	..	..	..	..	..	..	..
2300 Trabajadores por cuenta propia o no empleados	..	..	..	..	..	..	..	..	..	..
2400 No clasificables entre 2100, 2200 y 2300	..	..	..	..	..	..	..	8 199	31 671	42 531
3000 Imp. sobre nómina y fuerza de trabajo	..	**0**	**0**	**0**	**0**	..	..	**0**	**0**	**0**
4000 Impuestos sobre la propiedad	..	**639**	**2 600**	**9 546**	**9 716**	..	..	**0**	**0**	**0**
4100 Imp. recurrentes sobre propiedad inmueble	..	639	2 600	9 546	9 716	..	..	..	..	..
4200 Impuestos recurrentes sobre la riqueza neta	..	0	0	0	0	..	..	..	..	..
4300 Impuestos sobre sucesiones y donaciones	..	0	0	0	0	..	..	..	..	..
4400 Imp. transacciones finan. y de capital	..	0	0	0	0	..	..	..	..	..
4500 Otros imp. no recurrentes sobre propiedad	..	0	0	0	0	..	..	..	..	..
4600 Otros imp. recurrentes sobre propiedad	..	0	0	0	0	..	..	..	..	..
5000 Impuestos sobre los bienes y servicios	..	**0**	**0**	**0**	**0**	..	..	**0**	**0**	**0**
5100 Imp. sobre la producción, venta, etc.	..	..	..	..	..	..	..	..	..	..
5110 Impuestos generales	..	..	..	..	..	..	..	..	..	..
5120 Impuestos sobre bienes y servicios específicos	..	..	..	..	..	..	..	..	..	..
5130 No clasificables entre 5110 y 5120	..	..	..	..	..	..	..	..	..	..
5200 Sobre uso bienes y permiso para actividades	..	..	..	..	..	..	..	..	..	..
5300 No clasificables entre 5100 y 5200	..	..	..	..	..	..	..	..	..	..
6000 Otros impuestos	..	**0**	**0**	**0**	**0**	..	..	**0**	**0**	**0**
6100 Pagados únicamente por empresas	..	..	..	..	..	..	..	..	..	..
6200 Pagados por otros o no identificables	..	..	..	..	..	..	..	..	..	..
Total de ingresos tributarios	..	**639**	**2 600**	**9 546**	**9 716**	..	..	**8 199**	**31 671**	**42 531**

.. No disponible

1. Las cifras se refieren al ejercicio fiscal cerrado el 31 de marzo en relación con el período 1990-2003 y posteriormente al ejercicio natural cerrado a 31 de diciembre.

Cuadro 6.19. México, ingresos tributarios por subsectores de gobierno general

Millones MXN

	Gobierno federal					Estatal/Regional				
	1990	2000	2010	2021	2022	1990	2000	2010	2021	2022
1000 Imp. renta, utilidades y ganancias de capital[1]	**34 668**	**276 548**	**683 604**	**1 903 047**	**2 280 791**	**3**	**0**	**0**	**0**	**0**
1100 De personas físicas	..	..	313 473	938 623	1 066 965	..	..	..	..	..
1200 De sociedades	..	..	246 745	898 767	1 136 636	..	..	..	..	..
1300 No clasificables entre 1100 y 1200	34 668	276 548	123 386	65 657	77 190	3	..	..	..	..
2000 Contribuciones a la seguridad social	**0**	**0**	**0**	**0**	**0**	**0**	**0**	**0**	**0**	**0**
2100 Empleados	..	..	..	..	..	..	..	..	..	..
2200 Empleadores	..	..	..	..	..	..	..	..	..	..
2300 Trabajadores por cuenta propia o no empleados	..	..	..	..	..	..	..	..	..	..
2400 No clasificables entre 2100, 2200 y 2300	..	..	..	..	..	..	..	..	..	..
3000 Imp. sobre nómina y fuerza de trabajo	**818**	**0**	**0**	**0**	**0**	**972**	**11 215**	**36 818**	**116 910**	**141 140**
4000 Impuestos sobre la propiedad	**3**	**0**	**0**	**0**	**0**	**894**	**7 018**	**13 137**	**30 097**	**33 508**
4100 Imp. recurrentes sobre propiedad inmueble	0	..	..	..	..	482	5 238	8 522	19 407	21 898
4200 Impuestos recurrentes sobre la riqueza neta	0	..	..	..	..	0	0	0	0	0
4300 Impuestos sobre sucesiones y donaciones	0	..	..	..	..	7	0	0	0	0
4400 Imp. transacciones finan. y de capital	3	..	..	..	..	405	1 781	4 615	10 690	11 610
4500 Otros imp. no recurrentes sobre propiedad	0	..	..	..	..	0	0	0	0	0
4600 Otros imp. recurrentes sobre propiedad	0	..	..	..	..	0	0	0	0	0
5000 Impuestos sobre los bienes y servicios	**44 605**	**318 065**	**645 623**	**1 621 889**	**1 466 208**	**118**	**1 346**	**5 805**	**25 401**	**29 519**
5100 Imp. sobre la producción, venta, etc.	44 029	309 283	627 187	1 621 215	1 465 417	45	910	2 470	8 779	12 939
5110 Impuestos generales	26 635	189 606	504 509	1 123 699	1 221 803	0	0	0	0	0
5120 Impuestos sobre bienes y servicios específicos	17 394	119 677	122 678	497 517	243 614	30	910	2 470	8 779	12 939
5130 No clasificables entre 5110 y 5120	0	0	0	0	0	15	0	0	0	0
5200 Sobre uso bienes y permiso para actividades	576	8 782	18 436	673	792	73	436	3 335	16 622	16 580
5300 No clasificables entre 5100 y 5200	0	0	0	0	0	0	0	0	0	0
6000 Otros impuestos	**1 340**	**5 878**	**22 236**	**54 534**	**83 919**	**165**	**907**	**2 546**	**10 209**	**14 515**
6100 Pagados únicamente por empresas	0	0	0	0	0	0	0	0	0	0
6200 Pagados por otros o no identificables	1 340	5 878	22 236	54 534	83 919	165	907	2 546	10 209	14 515
Total de ingresos tributarios	**81 434**	**600 491**	**1 351 463**	**3 579 470**	**3 830 919**	**2 152**	**20 485**	**58 307**	**182 616**	**218 683**

Millones MXN

	Gobiernos locales					Autoridades de seguridad social[2]				
	1990	2000	2010	2021	2022	1990	2000	2010	2021	2022
1000 Imp. renta, utilidades y ganancias de capital[1]	**2**	**0**	**0**	**0**	**0**	**0**	**0**	**0**	**0**	**0**
1100 De personas físicas	..	..	..	..	..	..	..	..	..	..
1200 De sociedades	..	..	..	..	..	..	..	..	..	..
1300 No clasificables entre 1100 y 1200	2	..	..	..	..	..	..	..	..	..
2000 Contribuciones a la seguridad social	**0**	**0**	**0**	**0**	**0**	**17 165**	**138 223**	**277 459**	**612 175**	**681 672**
2100 Empleados	..	..	..	..	..	..	..	..	..	..
2200 Empleadores	..	..	..	..	..	..	..	..	..	..
2300 Trabajadores por cuenta propia o no empleados	..	..	..	..	..	..	..	..	..	..
2400 No clasificables entre 2100, 2200 y 2300	..	..	..	..	..	17 165	138 223	277 459	612 175	681 672
3000 Imp. sobre nómina y fuerza de trabajo	**7**	**2**	**93**	**0**	**0**	**0**	**0**	**0**	**0**	**0**
4000 Impuestos sobre la propiedad	**1 017**	**6 946**	**25 818**	**60 107**	**56 615**	**0**	**0**	**0**	**0**	**0**
4100 Imp. recurrentes sobre propiedad inmueble	554	4 710	17 202	36 739	34 214	..	..	..	..	..
4200 Impuestos recurrentes sobre la riqueza neta	0	0	0	0	0	..	..	..	..	..
4300 Impuestos sobre sucesiones y donaciones	1	0	0	0	0	..	..	..	..	..
4400 Imp. transacciones finan. y de capital	462	2 236	8 616	23 368	22 401	..	..	..	..	..
4500 Otros imp. no recurrentes sobre propiedad	0	0	0	0	0	..	..	..	..	..
4600 Otros imp. recurrentes sobre propiedad	0	0	0	0	0	..	..	..	..	..
5000 Impuestos sobre los bienes y servicios	**114**	**202**	**487**	**637**	**861**	**0**	**0**	**0**	**0**	**0**
5100 Imp. sobre la producción, venta, etc.	97	133	466	622	788	..	..	..	..	..
5110 Impuestos generales	0	0	0	0	0	..	..	..	..	..
5120 Impuestos sobre bienes y servicios específicos	95	133	466	622	788	..	..	..	..	..
5130 No clasificables entre 5110 y 5120	2	0	0	0	0	..	..	..	..	..
5200 Sobre uso bienes y permiso para actividades	17	69	21	15	73	..	..	..	..	..
5300 No clasificables entre 5100 y 5200	0	0	0	0	0	..	..	..	..	..
6000 Otros impuestos	**114**	**866**	**2 616**	**17 349**	**29 264**	**0**	**0**	**0**	**0**	**0**
6100 Pagados únicamente por empresas	0	0	0	0	0	..	..	..	..	..
6200 Pagados por otros o no identificables	114	866	2 616	17 349	29 264	..	..	..	..	..
Total de ingresos tributarios	**1 254**	**8 016**	**29 014**	**78 094**	**86 741**	**17 165**	**138 223**	**277 459**	**612 175**	**681 672**

.. No disponible

1. En los datos de la CEPAL, los impuestos sobre la renta se presentan netos de crédito en las cifras salariales.
2. En los datos de la CEPAL, las contribuciones a la seguridad social se presentan netas de transferencias procedentes del Gobierno federal en concepto de pago de las pensiones del IMSS (Instituto Mexicano del Seguro Social).

Cuadro 6.20. Nicaragua, ingresos tributarios por subsectores de gobierno general

Millones NIO

	Gobierno federal					Estatal/Regional				
	1990	2000	2010	2021	2022	1990	2000	2010	2021	2022
1000 Imp. renta, utilidades y ganancias de capital	..	**1 144**	**8 351**	**40 753**	**50 714**	..	..	..	..	..
1100 De personas físicas	..	299	1 857	7 753	9 648	..	..	..	..	..
1200 De sociedades	..	845	6 494	33 000	41 066	..	..	..	..	..
1300 No clasificables entre 1100 y 1200	..	0	0	0	0	..	..	..	..	..
2000 Contribuciones a la seguridad social	..	**0**	**0**	**0**	**0**	..	..	..	..	..
2100 Empleados	..	..	..	..	..	..	..	..	..	..
2200 Empleadores	..	..	..	..	..	..	..	..	..	..
2300 Trabajadores por cuenta propia o no empleados	..	..	..	..	..	..	..	..	..	..
2400 No clasificables entre 2100, 2200 y 2300	..	..	..	..	..	..	..	..	..	..
3000 Imp. sobre nómina y fuerza de trabajo	..	**0**	**0**	**0**	**0**	..	..	..	..	..
4000 Impuestos sobre la propiedad	..	**11**	**20**	**71**	**90**	..	..	..	..	..
4100 Imp. recurrentes sobre propiedad inmueble	..	0	0	0	0	..	..	..	..	..
4200 Impuestos recurrentes sobre la riqueza neta	..	0	0	0	0	..	..	..	..	..
4300 Impuestos sobre sucesiones y donaciones	..	0	0	0	0	..	..	..	..	..
4400 Imp. transacciones finan. y de capital	..	11	20	71	90	..	..	..	..	..
4500 Otros imp. no recurrentes sobre propiedad	..	0	0	0	0	..	..	..	..	..
4600 Otros imp. recurrentes sobre propiedad	..	0	0	0	0	..	..	..	..	..
5000 Impuestos sobre los bienes y servicios	..	**5 584**	**17 029**	**53 199**	**60 591**	..	..	..	..	..
5100 Imp. sobre la producción, venta, etc.	..	5 584	17 029	53 199	60 591	..	..	..	..	..
5110 Impuestos generales	..	2 931	10 353	33 341	38 449	..	..	..	..	..
5120 Impuestos sobre bienes y servicios específicos	..	2 653	6 676	19 858	22 142	..	..	..	..	..
5130 No clasificables entre 5110 y 5120	..	0	0	0	0	..	..	..	..	..
5200 Sobre uso bienes y permiso para actividades	..	0	0	0	0	..	..	..	..	..
5300 No clasificables entre 5100 y 5200	..	0	0	0	0	..	..	..	..	..
6000 Otros impuestos	..	**0**	**0**	**0**	**0**	..	..	..	..	..
6100 Pagados únicamente por empresas	..	..	..	..	..	..	..	..	..	..
6200 Pagados por otros o no identificables	..	..	..	..	..	..	..	..	..	..
Total de ingresos tributarios	..	**6 739**	**25 400**	**94 023**	**111 395**	..	..	..	..	..

Millones NIO

	Gobiernos locales[1]					Autoridades de seguridad social				
	1990	2000	2010	2021	2022	1990	2000	2010	2021	2022
1000 Imp. renta, utilidades y ganancias de capital	..	**0**	**0**	**0**	**0**	..	**0**	**0**	**0**	**0**
1100 De personas físicas	..	..	..	..	..	..	..	..	..	..
1200 De sociedades	..	..	..	..	..	..	..	..	..	..
1300 No clasificables entre 1100 y 1200	..	..	..	..	..	..	..	..	..	..
2000 Contribuciones a la seguridad social	..	**0**	**0**	**0**	**0**	..	**1 678**	**8 090**	**32 054**	**35 571**
2100 Empleados	..	..	..	..	..	..	..	..	..	..
2200 Empleadores	..	..	..	..	..	..	..	..	..	..
2300 Trabajadores por cuenta propia o no empleados	..	..	..	..	..	..	..	..	..	..
2400 No clasificables entre 2100, 2200 y 2300	..	..	..	..	..	..	1 678	8 090	32 054	35 571
3000 Imp. sobre nómina y fuerza de trabajo	..	**0**	**0**	**0**	**0**	..	**0**	**0**	**0**	**0**
4000 Impuestos sobre la propiedad	..	**0**	**403**	**1 707**	**1 726**	..	**0**	**0**	**0**	**0**
4100 Imp. recurrentes sobre propiedad inmueble	..	..	403	1 707	1 726	..	..	..	..	..
4200 Impuestos recurrentes sobre la riqueza neta	..	..	0	0	0	..	..	..	..	..
4300 Impuestos sobre sucesiones y donaciones	..	..	0	0	0	..	..	..	..	..
4400 Imp. transacciones finan. y de capital	..	..	0	0	0	..	..	..	..	..
4500 Otros imp. no recurrentes sobre propiedad	..	..	0	0	0	..	..	..	..	..
4600 Otros imp. recurrentes sobre propiedad	..	..	0	0	0	..	..	..	..	..
5000 Impuestos sobre los bienes y servicios	..	**0**	**1 922**	**5 494**	**6 063**	..	**0**	**0**	**0**	**0**
5100 Imp. sobre la producción, venta, etc.	..	..	1 579	4 431	4 824	..	..	..	..	..
5110 Impuestos generales	..	..	1 579	4 431	4 824	..	..	..	..	..
5120 Impuestos sobre bienes y servicios específicos	..	..	0	0	0	..	..	..	..	..
5130 No clasificables entre 5110 y 5120	..	..	0	0	0	..	..	..	..	..
5200 Sobre uso bienes y permiso para actividades	..	..	343	1 063	1 239	..	..	..	..	..
5300 No clasificables entre 5100 y 5200	..	..	0	0	0	..	..	..	..	..
6000 Otros impuestos	..	**0**	**347**	**1 240**	**1 420**	..	**0**	**0**	**0**	**0**
6100 Pagados únicamente por empresas	..	..	0	0	0	..	..	..	..	..
6200 Pagados por otros o no identificables	..	..	347	1 240	1 420	..	..	..	..	..
Total de ingresos tributarios	..	**882**	**2 672**	**8 440**	**9 209**	..	**1 678**	**8 090**	**32 054**	**35 571**

.. No disponible

Nota : No se pueden mostrar datos estadísticos comparables de 1990 por la devaluación de la córdoba nicaragüense.

1. Los datos de los ingresos tributarios locales de 2022 son una estimación.

Cuadro 6.21. Panamá, ingresos tributarios por subsectores de gobierno general

Millones PAB

	Gobierno federal[3]					Estatal/Regional				
	1990	2000	2010	2021	2022	1990	2000	2010	2021	2022
1000 Imp. renta, utilidades y ganancias de capital	**217**	**485**	**1 317**	**1 998**	**2 808**	..	..	..	..	..
1100 De personas físicas	140	295	440	1 101	1 418	..	..	..	..	..
1200 De sociedades	66	159	603	582	954	..	..	..	..	..
1300 No clasificables entre 1100 y 1200	11	31	273	315	435	..	..	..	..	..
2000 Contribuciones a la seguridad social	**0**	**0**	**0**	**0**	**0**	..	..	..	..	..
2100 Empleados	..	..	..	..	..	..	..	..	..	..
2200 Empleadores	..	..	..	..	..	..	..	..	..	..
2300 Trabajadores por cuenta propia o no empleados	..	..	..	..	..	..	..	..	..	..
2400 No clasificables entre 2100, 2200 y 2300	..	..	..	..	..	..	..	..	..	..
3000 Imp. sobre nómina y fuerza de trabajo[1]	**0**	**36**	**59**	**113**	**131**	..	..	..	..	..
4000 Impuestos sobre la propiedad	**32**	**43**	**138**	**180**	**208**	..	..	..	..	..
4100 Imp. recurrentes sobre propiedad inmueble	28	34	108	145	160	..	..	..	..	..
4200 Impuestos recurrentes sobre la riqueza neta	0	0	0	0	0	..	..	..	..	..
4300 Impuestos sobre sucesiones y donaciones	0	0	0	0	0	..	..	..	..	..
4400 Imp. transacciones finan. y de capital	3	9	30	35	48	..	..	..	..	..
4500 Otros imp. no recurrentes sobre propiedad	0	0	0	0	0	..	..	..	..	..
4600 Otros imp. recurrentes sobre propiedad	0	0	0	0	0	..	..	..	..	..
5000 Impuestos sobre los bienes y servicios	**349**	**565**	**1 547**	**2 093**	**2 490**	..	..	..	..	..
5100 Imp. sobre la producción, venta, etc.	332	546	1 473	1 974	2 365	..	..	..	..	..
5110 Impuestos generales	80	69	766	1 152	1 407	..	..	..	..	..
5120 Impuestos sobre bienes y servicios específicos[2]	251	477	707	822	959	..	..	..	..	..
5130 No clasificables entre 5110 y 5120	0	0	0	0	0	..	..	..	..	..
5200 Sobre uso bienes y permiso para actividades	15	19	75	119	125	..	..	..	..	..
5300 No clasificables entre 5100 y 5200	2	0	0	0	0	..	..	..	..	..
6000 Otros impuestos	**26**	**27**	**41**	**24**	**28**	..	..	..	..	..
6100 Pagados únicamente por empresas	0	0	0	0	0	..	..	..	..	..
6200 Pagados por otros o no identificables	26	27	41	24	28	..	..	..	..	..
Total de ingresos tributarios	**624**	**1 157**	**3 102**	**4 408**	**5 664**	..	..	..	..	..

Millones PAB

	Gobiernos locales[4]					Autoridades de seguridad social[5]				
	1990	2000	2010	2021	2022	1990	2000	2010	2021	2022
1000 Imp. renta, utilidades y ganancias de capital	..	**0**	**0**	**0**	**0**	**0**	**0**	**0**	**0**	**0**
1100 De personas físicas	..	..	..	..	..	..	..	..	..	..
1200 De sociedades	..	..	..	..	..	..	..	..	..	..
1300 No clasificables entre 1100 y 1200	..	..	..	..	..	..	..	..	..	..
2000 Contribuciones a la seguridad social	..	**0**	**0**	**0**	**0**	**325**	**742**	**1 637**	**3 570**	**4 217**
2100 Empleados	..	..	..	..	..	..	..	..	..	..
2200 Empleadores	..	..	..	..	..	..	..	..	..	..
2300 Trabajadores por cuenta propia o no empleados	..	..	..	..	..	..	..	..	..	..
2400 No clasificables entre 2100, 2200 y 2300	..	..	..	..	..	325	742	1 637	3 570	4 217
3000 Imp. sobre nómina y fuerza de trabajo[1]	..	**0**	**0**	**0**	**0**	**0**	**0**	**0**	**0**	**0**
4000 Impuestos sobre la propiedad	..	**0**	**0**	**0**	**0**	**0**	**0**	**0**	**0**	**0**
4100 Imp. recurrentes sobre propiedad inmueble	..	0	..	..	..	..	..	..	..	..
4200 Impuestos recurrentes sobre la riqueza neta	..	0	..	..	..	..	..	..	..	..
4300 Impuestos sobre sucesiones y donaciones	..	0	..	..	..	..	..	..	..	..
4400 Imp. transacciones finan. y de capital	..	0	..	..	..	..	..	..	..	..
4500 Otros imp. no recurrentes sobre propiedad	..	0	..	..	..	..	..	..	..	..
4600 Otros imp. recurrentes sobre propiedad	..	0	..	..	..	..	..	..	..	..
5000 Impuestos sobre los bienes y servicios	..	**43**	**76**	**128**	**158**	**0**	**0**	**0**	**0**	**0**
5100 Imp. sobre la producción, venta, etc.	..	0	0	0	0	..	..	..	..	..
5110 Impuestos generales	..	0	..	..	..	..	..	..	..	..
5120 Impuestos sobre bienes y servicios específicos[2]	..	0	..	..	..	..	..	..	..	..
5130 No clasificables entre 5110 y 5120	..	0	..	..	..	..	..	..	..	..
5200 Sobre uso bienes y permiso para actividades	..	43	76	128	158	..	..	..	..	..
5300 No clasificables entre 5100 y 5200	..	0	0	0	0	..	..	..	..	..
6000 Otros impuestos	..	**0**	**0**	**0**	**0**	**0**	**0**	**0**	**0**	**0**
6100 Pagados únicamente por empresas	..	0	..	..	..	..	..	..	..	..
6200 Pagados por otros o no identificables	..	0	..	..	..	..	..	..	..	..
Total de ingresos tributarios	..	**43**	**76**	**128**	**158**	**325**	**742**	**1 637**	**3 570**	**4 217**

.. No disponible

1. En los datos de la CEPAL, el seguro de educación se clasifica como "Otros impuestos" (6000).
2. En los datos del CIAT y la CEPAL, el impuesto a la banca, las financieras y los operadores de cambio de divisas se clasifica como un impuesto a la propiedad (4000).
3. Las cifras excluyen los documentos fiscales, ya que no se consideran ingresos tributarios según la clasificación de la OCDE descrita en la Guía de interpretación.
4. Los datos de los ingresos tributarios locales de 2022 son una estimación.
5. Las contribuciones a la seguridad social engloban contribuciones periódicas y especiales y también la prima por riesgos laborales recaudadas por la Caja de Seguro Social (CSS). Las cifras de 2022 son una estimación.

Cuadro 6.22. Paraguay, ingresos tributarios por subsectores de gobierno general

Millones PYG

	Gobierno federal					Estatal/Regional				
	1990	2000	2010	2021	2022	1990	2000	2010	2021	2022
1000 Imp. renta, utilidades y ganancias de capital	**73 726**	**470 388**	**2 096 498**	**6 920 734**	**8 736 495**	**..**	**..**	**..**	**..**	**..**
1100 De personas físicas	..	15 042	31 263	364 990	437 426	..	..	..	..	..
1200 De sociedades	..	455 346	2 065 235	6 555 744	8 299 069	..	..	..	..	..
1300 No clasificables entre 1100 y 1200	73 726	0	0	0	0	..	..	..	..	..
2000 Contribuciones a la seguridad social	**0**	**0**	**0**	**0**	**0**	**..**	**..**	**..**	**..**	**..**
2100 Empleados	..	..	..	..	..	..	..	..	..	..
2200 Empleadores	..	..	..	..	..	..	..	..	..	..
2300 Trabajadores por cuenta propia o no empleados	..	..	..	..	..	..	..	..	..	..
2400 No clasificables entre 2100, 2200 y 2300	..	..	..	..	..	..	..	..	..	..
3000 Imp. sobre nómina y fuerza de trabajo	**0**	**0**	**0**	**0**	**0**	**..**	**..**	**..**	**..**	**..**
4000 Impuestos sobre la propiedad	**17 162**	**71 777**	**332**	**65**	**141**	**..**	**..**	**..**	**..**	**..**
4100 Imp. recurrentes sobre propiedad inmueble	17 162	0	0	0	0	..	..	..	..	..
4200 Impuestos recurrentes sobre la riqueza neta	0	0	0	0	0	..	..	..	..	..
4300 Impuestos sobre sucesiones y donaciones	0	0	0	0	0	..	..	..	..	..
4400 Imp. transacciones finan. y de capital	0	71 777	332	65	141	..	..	..	..	..
4500 Otros imp. no recurrentes sobre propiedad	0	0	0	0	0	..	..	..	..	..
4600 Otros imp. recurrentes sobre propiedad	0	0	0	0	0	..	..	..	..	..
5000 Impuestos sobre los bienes y servicios	**438 444**	**2 080 878**	**9 226 584**	**19 108 227**	**20 487 571**	**..**	**..**	**..**	**..**	**..**
5100 Imp. sobre la producción, venta, etc.	438 444	2 080 878	9 226 493	19 108 227	20 487 571	..	..	..	..	..
5110 Impuestos generales	0	1 150 496	5 991 694	13 705 814	14 986 187	..	..	..	..	..
5120 Impuestos sobre bienes y servicios específicos	438 444	930 382	3 234 799	5 402 413	5 501 384	..	..	..	..	..
5130 No clasificables entre 5110 y 5120	0	0	0	0	0	..	..	..	..	..
5200 Sobre uso bienes y permiso para actividades	0	0	91	0	0	..	..	..	..	..
5300 No clasificables entre 5100 y 5200	0	0	0	0	0	..	..	..	..	..
6000 Otros impuestos	**49 807**	**44 875**	**109 001**	**210 427**	**191 917**	**..**	**..**	**..**	**..**	**..**
6100 Pagados únicamente por empresas	0	0	0	0	0	..	..	..	..	..
6200 Pagados por otros o no identificables	49 807	44 875	109 001	210 427	191 917	..	..	..	..	..
Total de ingresos tributarios	**579 139**	**2 667 918**	**11 432 415**	**26 239 453**	**29 416 125**	**..**	**..**	**..**	**..**	**..**

Millones PYG

	Gobiernos locales[1]					Autoridades de seguridad social[2]				
	1990	2000	2010	2021	2022	1990	2000	2010	2021	2022
1000 Imp. renta, utilidades y ganancias de capital	**..**	**..**	**0**	**0**	**0**	**0**	**0**	**0**	**0**	**0**
1100 De personas físicas	..	..	..	..	..	..	..	..	..	..
1200 De sociedades	..	..	..	..	..	..	..	..	..	..
1300 No clasificables entre 1100 y 1200	..	..	..	..	..	..	..	..	..	..
2000 Contribuciones a la seguridad social	**..**	**..**	**0**	**0**	**0**	**28 882**	**919 533**	**3 552 640**	**10 335 479**	**12 326 174**
2100 Empleados	..	..	..	..	..	..	..	..	..	..
2200 Empleadores	..	..	..	..	..	..	..	..	..	..
2300 Trabajadores por cuenta propia o no empleados	..	..	..	..	..	..	..	..	..	..
2400 No clasificables entre 2100, 2200 y 2300	..	..	..	..	..	28 882	919 533	3 552 640	10 335 479	12 326 174
3000 Imp. sobre nómina y fuerza de trabajo	**..**	**..**	**0**	**0**	**0**	**0**	**0**	**0**	**0**	**0**
4000 Impuestos sobre la propiedad	**..**	**..**	**275 787**	**488 829**	**498 161**	**0**	**0**	**0**	**0**	**0**
4100 Imp. recurrentes sobre propiedad inmueble	..	..	258 423	457 759	459 869	..	..	..	..	..
4200 Impuestos recurrentes sobre la riqueza neta	..	..	0	0	0	..	..	..	..	..
4300 Impuestos sobre sucesiones y donaciones	..	..	0	0	0	..	..	..	..	..
4400 Imp. transacciones finan. y de capital	..	..	15 623	30 491	38 168	..	..	..	..	..
4500 Otros imp. no recurrentes sobre propiedad	..	..	0	0	0	..	..	..	..	..
4600 Otros imp. recurrentes sobre propiedad	..	..	1 742	579	124	..	..	..	..	..
5000 Impuestos sobre los bienes y servicios	**..**	**..**	**235 877**	**440 350**	**424 734**	**0**	**0**	**0**	**0**	**0**
5100 Imp. sobre la producción, venta, etc.	..	..	19 384	15 371	13 270	..	..	..	..	..
5110 Impuestos generales	..	..	0	0	0	..	..	..	..	..
5120 Impuestos sobre bienes y servicios específicos	..	..	19 384	15 371	13 270	..	..	..	..	..
5130 No clasificables entre 5110 y 5120	..	..	0	0	0	..	..	..	..	..
5200 Sobre uso bienes y permiso para actividades	..	..	216 256	423 107	404 159	..	..	..	..	..
5300 No clasificables entre 5100 y 5200	..	..	237	1 872	7 304	..	..	..	..	..
6000 Otros impuestos	**..**	**..**	**141 811**	**52 172**	**94 794**	**0**	**0**	**0**	**0**	**0**
6100 Pagados únicamente por empresas	..	..	0	0	0	..	..	..	..	..
6200 Pagados por otros o no identificables	..	..	141 811	52 172	94 794	..	..	..	..	..
Total de ingresos tributarios	**..**	**..**	**653 476**	**981 351**	**1 017 689**	**28 882**	**919 533**	**3 552 640**	**10 335 479**	**12 326 174**

.. No disponible

1. Las cifras de los años anteriores a 2006 no incluyen los ingresos tributarios de las administraciones locales, porque no hay datos disponibles.
2. Las contribuciones a la seguridad social antes de 1999 no incluyen las contribuciones de ese tipo cobradas por las instituciones descentralizadas porque no hay datos disponibles.

Cuadro 6.23. Perú, ingresos tributarios por subsectores de gobierno general

Millones PEN

	Gobierno federal					Estatal/Regional				
	1990	2000	2010	2021	2022	1990	2000	2010	2021	2022
1000 Imp. renta, utilidades y ganancias de capital	**37**	**5 078**	**27 317**	**61 112**	**75 444**	**..**	**..**	**..**	**..**	**..**
1100 De personas físicas	3	2 117	6 518	16 765	18 325	..	..	..	..	..
1200 De sociedades	32	2 526	19 561	41 415	54 751	..	..	..	..	..
1300 No clasificables entre 1100 y 1200	1	436	1 239	2 932	2 368	..	..	..	..	..
2000 Contribuciones a la seguridad social	**0**	**0**	**0**	**0**	**0**	**..**	**..**	**..**	**..**	**..**
2100 Empleados	..	..	..	..	..	..	..	..	..	..
2200 Empleadores	..	..	..	..	..	..	..	..	..	..
2300 Trabajadores por cuenta propia o no empleados	..	..	..	..	..	..	..	..	..	..
2400 No clasificables entre 2100, 2200 y 2300	..	..	..	..	..	..	..	..	..	..
3000 Imp. sobre nómina y fuerza de trabajo[1]	**0**	**1 176**	**57**	**101**	**113**	**..**	**..**	**..**	**..**	**..**
4000 Impuestos sobre la propiedad	**87**	**0**	**944**	**271**	**309**	**..**	**..**	**..**	**..**	**..**
4100 Imp. recurrentes sobre propiedad inmueble	0	0	0	0	0	..	..	..	..	..
4200 Impuestos recurrentes sobre la riqueza neta	49	0	0	0	0	..	..	..	..	..
4300 Impuestos sobre sucesiones y donaciones	0	0	0	0	0	..	..	..	..	..
4400 Imp. transacciones finan. y de capital	38	0	944	271	309	..	..	..	..	..
4500 Otros imp. no recurrentes sobre propiedad	0	0	0	0	0	..	..	..	..	..
4600 Otros imp. recurrentes sobre propiedad	0	0	0	0	0	..	..	..	..	..
5000 Impuestos sobre los bienes y servicios	**454**	**16 205**	**36 064**	**74 021**	**80 377**	**..**	**..**	**..**	**..**	**..**
5100 Imp. sobre la producción, venta, etc.	454	16 205	36 064	74 021	80 377	..	..	..	..	..
5110 Impuestos generales	109	9 646	29 094	62 780	68 418	..	..	..	..	..
5120 Impuestos sobre bienes y servicios específicos	345	6 558	6 970	11 241	11 959	..	..	..	..	..
5130 No clasificables entre 5110 y 5120	0	0	0	0	0	..	..	..	..	..
5200 Sobre uso bienes y permiso para actividades	0	0	0	0	0	..	..	..	..	..
5300 No clasificables entre 5100 y 5200	0	0	0	0	0	..	..	..	..	..
6000 Otros impuestos	**9**	**697**	**888**	**3 910**	**2 098**	**..**	**..**	**..**	**..**	**..**
6100 Pagados únicamente por empresas	0	84	108	109	114	..	..	..	..	..
6200 Pagados por otros o no identificables	9	614	780	3 801	1 984	..	..	..	..	..
Total de ingresos tributarios	**587**	**23 156**	**65 270**	**139 414**	**158 341**	**..**	**..**	**..**	**..**	**..**

Millones PEN

	Gobiernos locales[2]					Autoridades de seguridad social				
	1990	2000	2010	2021	2022	1990	2000	2010	2021	2022
1000 Imp. renta, utilidades y ganancias de capital	**..**	**0**	**0**	**0**	**0**	**0**	**0**	**0**	**0**	**0**
1100 De personas físicas	..	..	..	..	..	..	..	..	..	..
1200 De sociedades	..	..	..	..	..	..	..	..	..	..
1300 No clasificables entre 1100 y 1200	..	..	..	..	..	..	..	..	..	..
2000 Contribuciones a la seguridad social	**..**	**0**	**0**	**0**	**0**	**50**	**3 185**	**7 929**	**16 407**	**17 877**
2100 Empleados	..	..	..	..	..	..	566	2 433	4 193	4 471
2200 Empleadores	..	..	..	..	..	..	2 515	5 454	12 166	13 353
2300 Trabajadores por cuenta propia o no empleados	..	..	..	..	..	..	95	42	48	54
2400 No clasificables entre 2100, 2200 y 2300	..	..	..	..	..	50	9	0	0	0
3000 Imp. sobre nómina y fuerza de trabajo[1]	**..**	**0**	**0**	**0**	**0**	**0**	**0**	**0**	**0**	**0**
4000 Impuestos sobre la propiedad	**..**	**323**	**1 287**	**2 994**	**3 251**	**0**	**0**	**0**	**0**	**0**
4100 Imp. recurrentes sobre propiedad inmueble	..	298	727	2 266	2 391	..	..	..	..	..
4200 Impuestos recurrentes sobre la riqueza neta	..	0	0	0	0	..	..	..	..	..
4300 Impuestos sobre sucesiones y donaciones	..	0	0	0	0	..	..	..	..	..
4400 Imp. transacciones finan. y de capital	..	25	560	728	861	..	..	..	..	..
4500 Otros imp. no recurrentes sobre propiedad	..	0	0	0	0	..	..	..	..	..
4600 Otros imp. recurrentes sobre propiedad	..	0	0	0	0	..	..	..	..	..
5000 Impuestos sobre los bienes y servicios	**..**	**59**	**290**	**366**	**485**	**0**	**0**	**0**	**0**	**0**
5100 Imp. sobre la producción, venta, etc.	..	34	135	83	162	..	..	..	..	..
5110 Impuestos generales	..	0	0	0	0	..	..	..	..	..
5120 Impuestos sobre bienes y servicios específicos	..	34	135	83	162	..	..	..	..	..
5130 No clasificables entre 5110 y 5120	..	0	0	0	0	..	..	..	..	..
5200 Sobre uso bienes y permiso para actividades	..	25	154	284	323	..	..	..	..	..
5300 No clasificables entre 5100 y 5200	..	0	0	0	0	..	..	..	..	..
6000 Otros impuestos	**..**	**48**	**26**	**52**	**55**	**0**	**0**	**0**	**0**	**0**
6100 Pagados únicamente por empresas	..	0	0	0	0	..	..	..	..	..
6200 Pagados por otros o no identificables	..	48	26	52	55	..	..	..	..	..
Total de ingresos tributarios	**..**	**430**	**1 603**	**3 413**	**3 792**	**50**	**3 185**	**7 929**	**16 407**	**17 877**

.. No disponible

1. Las contribuciones al SENATI se incluyen en la partida 3000. Los ingresos tributarios se clasifican dentro del Gobierno central. En Perú, estos ingresos se clasifican en una unidad aparte que se considera diferente del Gobierno central.
2. Las cifras de los años hasta 2000 no incluyen los ingresos tributarios de las administraciones locales, porque no hay datos disponibles.

Cuadro 6.24. Santa Lucía, ingresos tributarios por subsectores de gobierno general

Millones XCD

	Gobierno federal					Estatal/Regional				
	1990	2000	2010	2021	2022	1990	2000	2010	2021	2022
1000 Imp. renta, utilidades y ganancias de capital	..	**137**	**224**	**229**	**246**	..	..	..	..	..
1100 De personas físicas	..	49	83	130	135	..	..	..	..	..
1200 De sociedades	..	63	95	84	98	..	..	..	..	..
1300 No clasificables entre 1100 y 1200	..	26	46	15	13	..	..	..	..	..
2000 Contribuciones a la seguridad social	..	**0**	**0**	**0**	**0**	..	..	..	..	..
2100 Empleados	..	..	..	..	..	..	..	..	..	..
2200 Empleadores	..	..	..	..	..	..	..	..	..	..
2300 Trabajadores por cuenta propia o no empleados	..	..	..	..	..	..	..	..	..	..
2400 No clasificables entre 2100, 2200 y 2300	..	..	..	..	..	..	..	..	..	..
3000 Imp. sobre nómina y fuerza de trabajo	..	**0**	**0**	**0**	**0**	..	..	..	..	..
4000 Impuestos sobre la propiedad	..	**11**	**19**	**31**	**27**	..	..	..	..	..
4100 Imp. recurrentes sobre propiedad inmueble	..	2	3	8	8	..	..	..	..	..
4200 Impuestos recurrentes sobre la riqueza neta	..	0	0	0	0	..	..	..	..	..
4300 Impuestos sobre sucesiones y donaciones	..	0	0	0	0	..	..	..	..	..
4400 Imp. transacciones finan. y de capital	..	9	16	23	18	..	..	..	..	..
4500 Otros imp. no recurrentes sobre propiedad	..	0	0	0	0	..	..	..	..	..
4600 Otros imp. recurrentes sobre propiedad	..	0	0	0	0	..	..	..	..	..
5000 Impuestos sobre los bienes y servicios	..	**284**	**493**	**662**	**734**	..	..	..	..	..
5100 Imp. sobre la producción, venta, etc.	..	277	467	655	726	..	..	..	..	..
5110 Impuestos generales	..	101	119	306	335	..	..	..	..	..
5120 Impuestos sobre bienes y servicios específicos	..	176	348	349	390	..	..	..	..	..
5130 No clasificables entre 5110 y 5120	..	0	0	0	0	..	..	..	..	..
5200 Sobre uso bienes y permiso para actividades	..	7	26	7	9	..	..	..	..	..
5300 No clasificables entre 5100 y 5200	..	0	0	0	0	..	..	..	..	..
6000 Otros impuestos	..	**0**	**0**	**0**	**0**	..	..	..	..	..
6100 Pagados únicamente por empresas	..	..	..	..	..	..	..	..	..	..
6200 Pagados por otros o no identificables	..	..	..	..	..	..	..	..	..	..
Total de ingresos tributarios	..	**432**	**737**	**922**	**1 007**	..	..	..	..	..

Millones XCD

	Gobiernos locales					Autoridades de seguridad social[1]				
	1990	2000	2010	2021	2022	1990	2000	2010	2021	2022
1000 Imp. renta, utilidades y ganancias de capital	..	..	..	..	..	..	**0**	**0**	**0**	**0**
1100 De personas físicas	..	..	..	..	..	..	..	..	..	..
1200 De sociedades	..	..	..	..	..	..	..	..	..	..
1300 No clasificables entre 1100 y 1200	..	..	..	..	..	..	..	..	..	..
2000 Contribuciones a la seguridad social	..	..	..	..	..	..	**48**	**92**	**125**	**154**
2100 Empleados	..	..	..	..	..	..	..	..	..	..
2200 Empleadores	..	..	..	..	..	..	..	..	..	..
2300 Trabajadores por cuenta propia o no empleados	..	..	..	..	..	..	..	1	1	1
2400 No clasificables entre 2100, 2200 y 2300	..	..	..	..	..	..	48	91	124	153
3000 Imp. sobre nómina y fuerza de trabajo	..	..	..	..	..	..	**0**	**0**	**0**	**0**
4000 Impuestos sobre la propiedad	..	..	..	..	..	..	**0**	**0**	**0**	**0**
4100 Imp. recurrentes sobre propiedad inmueble	..	..	..	..	..	..	..	..	..	..
4200 Impuestos recurrentes sobre la riqueza neta	..	..	..	..	..	..	..	..	..	..
4300 Impuestos sobre sucesiones y donaciones	..	..	..	..	..	..	..	..	..	..
4400 Imp. transacciones finan. y de capital	..	..	..	..	..	..	..	..	..	..
4500 Otros imp. no recurrentes sobre propiedad	..	..	..	..	..	..	..	..	..	..
4600 Otros imp. recurrentes sobre propiedad	..	..	..	..	..	..	..	..	..	..
5000 Impuestos sobre los bienes y servicios	..	..	..	..	..	..	**0**	**0**	**0**	**0**
5100 Imp. sobre la producción, venta, etc.	..	..	..	..	..	..	..	..	..	..
5110 Impuestos generales	..	..	..	..	..	..	..	..	..	..
5120 Impuestos sobre bienes y servicios específicos	..	..	..	..	..	..	..	..	..	..
5130 No clasificables entre 5110 y 5120	..	..	..	..	..	..	..	..	..	..
5200 Sobre uso bienes y permiso para actividades	..	..	..	..	..	..	..	..	..	..
5300 No clasificables entre 5100 y 5200	..	..	..	..	..	..	..	..	..	..
6000 Otros impuestos	..	..	..	..	..	..	**0**	**0**	**0**	**0**
6100 Pagados únicamente por empresas	..	..	..	..	..	..	..	..	..	..
6200 Pagados por otros o no identificables	..	..	..	..	..	..	..	..	..	..
Total de ingresos tributarios	..	..	..	..	..	..	**48**	**92**	**125**	**154**

.. No disponible

1. Las cifras del período 2021-2022 son una estimación.

Cuadro 6.25. Trinidad y Tobago, ingresos tributarios por subsectores de gobierno general

Millones TTD

	Gobierno federal					Estatal/Regional				
	1990	2000	2010	2021	2022	1990	2000	2010	2021	2022
1000 Imp. renta, utilidades y ganancias de capital	**2 595**	**6 224**	**27 213**	**17 206**	**30 756**	..	..	..	..	..
1100 De personas físicas	669	2 325	4 674	5 816	6 191	..	..	..	..	..
1200 De sociedades	1 856	3 704	21 659	10 384	23 499	..	..	..	..	..
1300 No clasificables entre 1100 y 1200	70	195	881	1 005	1 067	..	..	..	..	..
2000 Contribuciones a la seguridad social	**0**	**0**	**0**	**0**	**0**	..	..	..	..	..
2100 Empleados	..	..	..	..	..	..	..	..	..	..
2200 Empleadores	..	..	..	..	..	..	..	..	..	..
2300 Trabajadores por cuenta propia o no empleados	..	..	..	..	..	..	..	..	..	..
2400 No clasificables entre 2100, 2200 y 2300	..	..	..	..	..	..	..	..	..	..
3000 Imp. sobre nómina y fuerza de trabajo	**0**	**0**	**0**	**0**	**0**	..	..	..	..	..
4000 Impuestos sobre la propiedad	**90**	**175**	**194**	**289**	**359**	..	..	..	..	..
4100 Imp. recurrentes sobre propiedad inmueble	39	64	22	2	2	..	..	..	..	..
4200 Impuestos recurrentes sobre la riqueza neta	0	0	0	0	0	..	..	..	..	..
4300 Impuestos sobre sucesiones y donaciones	1	0	0	0	0	..	..	..	..	..
4400 Imp. transacciones finan. y de capital	49	111	172	287	357	..	..	..	..	..
4500 Otros imp. no recurrentes sobre propiedad	0	0	0	0	0	..	..	..	..	..
4600 Otros imp. recurrentes sobre propiedad	0	0	0	0	0	..	..	..	..	..
5000 Impuestos sobre los bienes y servicios	**2 055**	**3 852**	**9 667**	**12 740**	**9 954**	..	..	..	..	..
5100 Imp. sobre la producción, venta, etc.	1 973	3 603	9 282	12 480	9 687	..	..	..	..	..
5110 Impuestos generales	980	1 890	6 358	9 173	6 006	..	..	..	..	..
5120 Impuestos sobre bienes y servicios específicos	993	1 713	2 924	3 307	3 681	..	..	..	..	..
5130 No clasificables entre 5110 y 5120	0	0	0	0	0	..	..	..	..	..
5200 Sobre uso bienes y permiso para actividades	81	249	386	260	267	..	..	..	..	..
5300 No clasificables entre 5100 y 5200	0	0	0	0	0	..	..	..	..	..
6000 Otros impuestos	**0**	**0**	**0**	**0**	**0**	..	..	..	..	..
6100 Pagados únicamente por empresas	..	..	..	..	..	..	..	..	..	..
6200 Pagados por otros o no identificables	..	..	..	..	..	..	..	..	..	..
Total de ingresos tributarios	**4 740**	**10 251**	**37 074**	**30 235**	**41 069**	..	..	..	..	..

Millones TTD

	Gobiernos locales					Autoridades de seguridad social[1]				
	1990	2000	2010	2021	2022	1990	2000	2010	2021	2022
1000 Imp. renta, utilidades y ganancias de capital	..	..	..	..	..	**0**	**0**	**0**	**0**	**0**
1100 De personas físicas	..	..	..	..	..	..	..	..	..	..
1200 De sociedades	..	..	..	..	..	..	..	..	..	..
1300 No clasificables entre 1100 y 1200	..	..	..	..	..	..	..	..	..	..
2000 Contribuciones a la seguridad social	..	..	..	..	..	**183**	**702**	**2 645**	**4 510**	**4 530**
2100 Empleados	..	..	..	..	..	..	..	..	..	..
2200 Empleadores	..	..	..	..	..	..	..	..	..	..
2300 Trabajadores por cuenta propia o no empleados	..	..	..	..	..	..	..	..	..	..
2400 No clasificables entre 2100, 2200 y 2300	..	..	..	..	..	183	702	2 645	4 510	4 530
3000 Imp. sobre nómina y fuerza de trabajo	..	..	..	..	..	**0**	**0**	**0**	**0**	**0**
4000 Impuestos sobre la propiedad	..	..	..	..	..	**0**	**0**	**0**	**0**	**0**
4100 Imp. recurrentes sobre propiedad inmueble	..	..	..	..	..	..	..	..	..	..
4200 Impuestos recurrentes sobre la riqueza neta	..	..	..	..	..	..	..	..	..	..
4300 Impuestos sobre sucesiones y donaciones	..	..	..	..	..	..	..	..	..	..
4400 Imp. transacciones finan. y de capital	..	..	..	..	..	..	..	..	..	..
4500 Otros imp. no recurrentes sobre propiedad	..	..	..	..	..	..	..	..	..	..
4600 Otros imp. recurrentes sobre propiedad	..	..	..	..	..	..	..	..	..	..
5000 Impuestos sobre los bienes y servicios	..	..	..	..	..	**0**	**0**	**0**	**0**	**0**
5100 Imp. sobre la producción, venta, etc.	..	..	..	..	..	..	..	..	..	..
5110 Impuestos generales	..	..	..	..	..	..	..	..	..	..
5120 Impuestos sobre bienes y servicios específicos	..	..	..	..	..	..	..	..	..	..
5130 No clasificables entre 5110 y 5120	..	..	..	..	..	..	..	..	..	..
5200 Sobre uso bienes y permiso para actividades	..	..	..	..	..	..	..	..	..	..
5300 No clasificables entre 5100 y 5200	..	..	..	..	..	..	..	..	..	..
6000 Otros impuestos	..	..	..	..	..	**0**	**0**	**0**	**0**	**0**
6100 Pagados únicamente por empresas	..	..	..	..	..	..	..	..	..	..
6200 Pagados por otros o no identificables	..	..	..	..	..	..	..	..	..	..
Total de ingresos tributarios	..	..	..	..	..	**183**	**702**	**2 645**	**4 510**	**4 530**

.. No disponible

1. Las cifras siguen el ejercicio financiero comprendido entre los meses de julio y junio.

Cuadro 6.26. Uruguay, ingresos tributarios por subsectores de gobierno general

Millones UYU

	Gobierno federal					Estatal/Regional				
	1990	2000	2010	2021	2022	1990	2000	2010	2021	2022
1000 Imp. renta, utilidades y ganancias de capital	**114**	**8 698**	**42 583**	**178 797**	**207 294**	**..**	**..**	**..**	**..**	**..**
1100 De personas físicas	0	3 597	19 148	98 825	113 351	..	..	..	..	..
1200 De sociedades	114	5 102	21 772	71 500	82 729	..	..	..	..	..
1300 No clasificables entre 1100 y 1200	0	0	1 662	8 472	11 214	..	..	..	..	..
2000 Contribuciones a la seguridad social	**0**	**0**	**0**	**0**	**0**	**..**	**..**	**..**	**..**	**..**
2100 Empleados	..	..	..	..	..	..	..	..	..	..
2200 Empleadores	..	..	..	..	..	..	..	..	..	..
2300 Trabajadores por cuenta propia o no empleados	..	..	..	..	..	..	..	..	..	..
2400 No clasificables entre 2100, 2200 y 2300	..	..	..	..	..	..	..	..	..	..
3000 Imp. sobre nómina y fuerza de trabajo	**0**	**0**	**0**	**0**	**0**	**..**	**..**	**..**	**..**	**..**
4000 Impuestos sobre la propiedad	**105**	**2 690**	**11 688**	**31 343**	**36 294**	**..**	**..**	**..**	**..**	**..**
4100 Imp. recurrentes sobre propiedad inmueble	0	533	1 252	5 352	5 951	..	..	..	..	..
4200 Impuestos recurrentes sobre la riqueza neta	94	1 769	8 760	22 357	25 740	..	..	..	..	..
4300 Impuestos sobre sucesiones y donaciones	0	0	0	0	0	..	..	..	..	..
4400 Imp. transacciones finan. y de capital	11	372	1 350	2 866	3 553	..	..	..	..	..
4500 Otros imp. no recurrentes sobre propiedad	0	0	0	0	0	..	..	..	..	..
4600 Otros imp. recurrentes sobre propiedad	1	15	326	768	1 050	..	..	..	..	..
5000 Impuestos sobre los bienes y servicios	**1 301**	**29 556**	**96 432**	**269 110**	**293 884**	**..**	**..**	**..**	**..**	**..**
5100 Imp. sobre la producción, venta, etc.	1 301	29 556	96 432	269 110	293 884	..	..	..	..	..
5110 Impuestos generales[1]	660	18 009	69 951	184 834	199 428	..	..	..	..	..
5120 Impuestos sobre bienes y servicios específicos	641	11 546	26 480	84 275	94 456	..	..	..	..	..
5130 No clasificables entre 5110 y 5120	0	0	0	0	0	..	..	..	..	..
5200 Sobre uso bienes y permiso para actividades	0	0	0	0	0	..	..	..	..	..
5300 No clasificables entre 5100 y 5200	0	0	0	0	0	..	..	..	..	..
6000 Otros impuestos	**-10**	**-145**	**586**	**1 099**	**1 205**	**..**	**..**	**..**	**..**	**..**
6100 Pagados únicamente por empresas	-10	-145	586	1 099	1 205	..	..	..	..	..
6200 Pagados por otros o no identificables	0	0	0	0	0	..	..	..	..	..
Total de ingresos tributarios	**1 510**	**40 799**	**151 289**	**480 349**	**538 678**	**..**	**..**	**..**	**..**	**..**

Millones UYU

	Gobiernos locales[2]					Autoridades de seguridad social[3]				
	1990	2000	2010	2021	2022	1990	2000	2010	2021	2022
1000 Imp. renta, utilidades y ganancias de capital	**0**	**0**	**0**	**0**	**0**	**0**	**0**	**0**	**0**	**0**
1100 De personas físicas	..	..	..	..	..	..	..	..	..	..
1200 De sociedades	..	..	..	..	..	..	..	..	..	..
1300 No clasificables entre 1100 y 1200	..	..	..	..	..	..	..	..	..	..
2000 Contribuciones a la seguridad social	**0**	**0**	**0**	**0**	**0**	**717**	**17 679**	**49 742**	**165 500**	**196 064**
2100 Empleados	..	..	..	..	..	..	..	..	..	..
2200 Empleadores	..	..	..	..	..	..	..	..	..	..
2300 Trabajadores por cuenta propia o no empleados	..	..	..	..	..	..	..	..	..	..
2400 No clasificables entre 2100, 2200 y 2300	..	..	..	..	..	717	17 679	49 742	165 500	196 064
3000 Imp. sobre nómina y fuerza de trabajo	**0**	**0**	**0**	**0**	**0**	**0**	**0**	**0**	**0**	**0**
4000 Impuestos sobre la propiedad	**107**	**2 819**	**7 277**	**21 045**	**23 631**	**0**	**0**	**0**	**0**	**0**
4100 Imp. recurrentes sobre propiedad inmueble	87	2 715	6 887	19 570	22 189	..	..	..	..	..
4200 Impuestos recurrentes sobre la riqueza neta	0	0	0	0	0	..	..	..	..	..
4300 Impuestos sobre sucesiones y donaciones	0	0	0	0	0	..	..	..	..	..
4400 Imp. transacciones finan. y de capital	20	104	390	1 475	1 442	..	..	..	..	..
4500 Otros imp. no recurrentes sobre propiedad	0	0	0	0	0	..	..	..	..	..
4600 Otros imp. recurrentes sobre propiedad	0	0	0	0	0	..	..	..	..	..
5000 Impuestos sobre los bienes y servicios	**57**	**2 583**	**3 851**	**15 097**	**16 581**	**0**	**0**	**0**	**0**	**0**
5100 Imp. sobre la producción, venta, etc.	0	7	63	100	177	..	..	..	..	..
5110 Impuestos generales[1]	0	0	0	0	0	..	..	..	..	..
5120 Impuestos sobre bienes y servicios específicos	0	7	63	100	177	..	..	..	..	..
5130 No clasificables entre 5110 y 5120	0	0	0	0	0	..	..	..	..	..
5200 Sobre uso bienes y permiso para actividades	57	2 576	3 788	14 996	16 404	..	..	..	..	..
5300 No clasificables entre 5100 y 5200	0	0	0	0	0	..	..	..	..	..
6000 Otros impuestos	**7**	**303**	**748**	**2 861**	**3 306**	**0**	**0**	**0**	**0**	**0**
6100 Pagados únicamente por empresas	0	0	0	0	0	..	..	..	..	..
6200 Pagados por otros o no identificables	7	303	748	2 861	3 306	..	..	..	..	..
Total de ingresos tributarios	**171**	**5 705**	**11 876**	**39 002**	**43 518**	**717**	**17 679**	**49 742**	**165 500**	**196 064**

.. No disponible

1. El impuesto a la venta de productos en subasta pública de esta partida se clasifica dentro de la categoría 4000 en los datos de la CEPAL.
2. Los datos de los ingresos tributarios locales de 2022 son una estimación.
3. Las cifras del periodo 1990-1998 son una estimación de la Dirección General Impositiva (DGI). Desde 1999, las cifras incluyen ingresos del Banco de Previsión Social (BPS) publicados por el Ministerio de Economía y Finanzas.

Cuadro 6.27. Venezuela, ingresos tributarios por subsectores de gobierno general

VES

	Gobierno federal[2]					Estatal/Regional				
	1990	2000	2010	2021	2022	1990	2000	2010	2021	2022
1000 Imp. renta, utilidades y ganancias de capital	**3 444**	**46 856**	**368 365**	..	..	..	..	..	..	..
1100 De personas físicas	..	..	..	..	..	..	..	..	..	..
1200 De sociedades[1]	3 148	33 683	86 998	..	..	..	..	..	..	..
1300 No clasificables entre 1100 y 1200	297	13 173	281 367	..	..	..	..	..	..	..
2000 Contribuciones a la seguridad social	**0**	**0**	**0**	..	..	..	..	..	..	..
2100 Empleados	..	..	..	..	..	..	..	..	..	..
2200 Empleadores	..	..	..	..	..	..	..	..	..	..
2300 Trabajadores por cuenta propia o no empleados	..	..	..	..	..	..	..	..	..	..
2400 No clasificables entre 2100, 2200 y 2300	..	..	..	..	..	..	..	..	..	..
3000 Imp. sobre nómina y fuerza de trabajo	**0**	**0**	**0**	..	..	..	..	..	..	..
4000 Impuestos sobre la propiedad	**11**	**3 999**	**2 217**	..	..	..	..	..	..	..
4100 Imp. recurrentes sobre propiedad inmueble	0	0	0	..	..	..	..	..	..	..
4200 Impuestos recurrentes sobre la riqueza neta	0	0	0	..	..	..	..	..	..	..
4300 Impuestos sobre sucesiones y donaciones	11	191	2 217	..	..	..	..	..	..	..
4400 Imp. transacciones finan. y de capital	0	3 808	0	..	..	..	..	..	..	..
4500 Otros imp. no recurrentes sobre propiedad	0	0	0	..	..	..	..	..	..	..
4600 Otros imp. recurrentes sobre propiedad	0	0	0	..	..	..	..	..	..	..
5000 Impuestos sobre los bienes y servicios	**457**	**51 726**	**733 363**	..	..	..	..	..	..	..
5100 Imp. sobre la producción, venta, etc.	457	51 726	733 363	..	..	..	..	..	..	..
5110 Impuestos generales	0	32 716	561 005	..	..	..	..	..	..	..
5120 Impuestos sobre bienes y servicios específicos	457	19 011	172 357	..	..	..	..	..	..	..
5130 No clasificables entre 5110 y 5120	0	0	0	..	..	..	..	..	..	..
5200 Sobre uso bienes y permiso para actividades	0	0	0	..	..	..	..	..	..	..
5300 No clasificables entre 5100 y 5200	0	0	0	..	..	..	..	..	..	..
6000 Otros impuestos	**0**	**0**	**0**	..	..	..	..	..	..	..
6100 Pagados únicamente por empresas	..	..	..	..	..	..	..	..	..	..
6200 Pagados por otros o no identificables	..	..	..	..	..	..	..	..	..	..
Total de ingresos tributarios	**3 913**	**102 581**	**1 103 944**	..	..	..	..	..	..	..

VES

	Gobiernos locales					Autoridades de seguridad social[2, 3]				
	1990	2000	2010	2021	2022	1990	2000	2010	2021	2022
1000 Imp. renta, utilidades y ganancias de capital	..	..	..	..	..	**0**	**0**	**0**	..	..
1100 De personas físicas	..	..	..	..	..	..	..	..	..	..
1200 De sociedades[1]	..	..	..	..	..	..	..	..	..	..
1300 No clasificables entre 1100 y 1200	..	..	..	..	..	..	..	..	..	..
2000 Contribuciones a la seguridad social	..	..	..	..	..	**202**	**5 905**	**96 896**	..	..
2100 Empleados	..	..	..	..	..	..	..	..	..	..
2200 Empleadores	..	..	..	..	..	..	..	..	..	..
2300 Trabajadores por cuenta propia o no empleados	..	..	..	..	..	..	..	..	..	..
2400 No clasificables entre 2100, 2200 y 2300	..	..	..	..	..	202	5 905	96 896	..	..
3000 Imp. sobre nómina y fuerza de trabajo	..	..	..	..	..	**0**	**0**	**0**	..	..
4000 Impuestos sobre la propiedad	..	..	..	..	..	**0**	**0**	**0**	..	..
4100 Imp. recurrentes sobre propiedad inmueble	..	..	..	..	..	..	..	..	..	..
4200 Impuestos recurrentes sobre la riqueza neta	..	..	..	..	..	..	..	..	..	..
4300 Impuestos sobre sucesiones y donaciones	..	..	..	..	..	..	..	..	..	..
4400 Imp. transacciones finan. y de capital	..	..	..	..	..	..	..	..	..	..
4500 Otros imp. no recurrentes sobre propiedad	..	..	..	..	..	..	..	..	..	..
4600 Otros imp. recurrentes sobre propiedad	..	..	..	..	..	..	..	..	..	..
5000 Impuestos sobre los bienes y servicios	..	..	..	..	..	**0**	**0**	**0**	..	..
5100 Imp. sobre la producción, venta, etc.	..	..	..	..	..	..	..	..	..	..
5110 Impuestos generales	..	..	..	..	..	..	..	..	..	..
5120 Impuestos sobre bienes y servicios específicos	..	..	..	..	..	..	..	..	..	..
5130 No clasificables entre 5110 y 5120	..	..	..	..	..	..	..	..	..	..
5200 Sobre uso bienes y permiso para actividades	..	..	..	..	..	..	..	..	..	..
5300 No clasificables entre 5100 y 5200	..	..	..	..	..	..	..	..	..	..
6000 Otros impuestos	..	..	..	..	..	**0**	**0**	**0**	..	..
6100 Pagados únicamente por empresas	..	..	..	..	..	..	..	..	..	..
6200 Pagados por otros o no identificables	..	..	..	..	..	..	..	..	..	..
Total de ingresos tributarios	..	..	..	..	..	**202**	**5 905**	**96 896**	..	..

.. No disponible

1. Desde 2016 no hay datos disponibles sobre ingresos procedentes de los impuestos a los beneficios del petróleo (clasificados en la partida 1200).
2. No hay datos tributarios disponibles a partir de 2018. Las cifras correspondientes al período entre 2015 y 2017 deberían interpretarse con precaución porque se han visto afectadas por la elevada tasa de inflación durante este período.
3. Desde 2014, no hay datos disponibles sobre contribuciones a la seguridad social.

Anexo A. Clasificación de impuestos de la OCDE y guía de interpretación de la OCDE

Índice[1]

A.1 Clasificación de impuestos de la OCDE

1. **1000. Impuestos sobre la renta, las utilidades y las ganancias de capital**
    - 1100. Impuestos sobre la renta, utilidades y ganancias de capital de personas físicas
        - 1110. Renta y utilidades
        - 1120. Ganancias de capital
    - 1200. Impuesto sobre la renta, utilidades y ganancias de capital de sociedades
        - 1210. Renta y utilidades
        - 1220. Ganancias de capital
    - 1300. No clasificables entre 1100 y 1200
2. **2000. Contribuciones a la seguridad social**
    - 2100. Empleados
        - 2110. Sobre la base de la nómina
        - 2120. Sobre la base del impuesto sobre la renta
    - 2200. Empleadores
        - 2210. Sobre la base de la nómina
        - 2220. Sobre la base del impuesto sobre la renta
    - 2300. Trabajadores por cuenta propia o no empleados
        - 2310. Sobre la base de la nómina
        - 2320. Sobre la base del impuesto sobre la renta
    - 2400. No clasificables entre 2100, 2200 y 2300
        - 2410. Sobre la base de la nómina
        - 2420. Sobre la base del impuesto sobre la renta
3. **3000. Impuestos sobre la nómina y la fuerza de trabajo**
4. **4000. Impuestos sobre la propiedad**
    - 4100. Impuestos recurrentes sobre la propiedad inmueble
        - 4110. Hogares
        - 4120. Otros
    - 4200. Impuestos recurrentes sobre la riqueza neta
        - 4210. Personas físicas
        - 4220. Sociedades
    - 4300. Impuestos sobre sucesiones, herencias y donaciones
        - 4310. Impuestos sobre sucesiones y herencias
        - 4320. Impuestos sobre donaciones
    - 4400. Impuestos sobre transacciones financieras y de capital

4500. Otros impuestos no recurrentes sobre la propiedad

4510. Otros impuestos sobre la riqueza neta

4520. Otros impuestos no recurrentes

4600. Otros impuestos recurrentes sobre la propiedad

5. 5000. Impuestos sobre los bienes y servicios

5100. Impuestos sobre la producción, venta, transferencia, arrendamiento y entrega de bienes y prestación de servicios

5110. Impuestos generales

5111. Impuestos sobre el valor agregado

5112. Impuestos sobre las ventas

5113. Otros impuestos generales sobre ingresos brutos y sobre bienes y servicios

5120. Impuestos sobre bienes y servicios específicos

5121. Impuestos selectivos

5122. Utilidades de los monopolios fiscales

5123. Derechos de aduanas y otros derechos de importación

5124. Impuestos sobre las exportaciones

5125. Impuestos sobre los bienes de inversión

5126. Impuestos sobre servicios específicos

5127. Otros impuestos sobre el comercio y las transacciones internacionales

5128. Otros impuestos sobre bienes y servicios específicos

5130. No clasificables entre 5110 y 5120

5200. Impuestos sobre el uso de bienes y sobre el permiso para usar bienes y realizar actividades

5210. Impuestos recurrentes

5211. Pagados por los hogares sobre vehículos automotores.

5212. Pagados por otros sobre vehículos automotores

5213. Otros impuestos recurrentes

5220. Impuestos no recurrentes

5300. No clasificables entre 5100 y 5200

6. 6000. Otros impuestos

6100. Pagados únicamente por empresas

6200. Pagados por otros distintos de las empresas o no identificables

A.2 Cobertura

Criterios generales

1. En la clasificación de la OCDE, el término "impuestos" se circunscribe exclusivamente a los pagos sin contraprestación efectuados al gobierno general o una autoridad supranacional. Los impuestos carecen de contraprestación en el sentido en que, normalmente, las prestaciones proporcionadas por el gobierno a los contribuyentes no guardan relación directa con los pagos realizados por estos.

2. El término "impuestos" no incluye las multas, sanciones pecuniarias, ni préstamos obligatorios pagados al gobierno. La delimitación entre ingresos tributarios y no tributarios en relación con ciertas tasas y cargos se abordan en los § 12-15.

3. El gobierno general comprende la Administración central y los organismos que se hallan bajo su control efectivo, los gobiernos estatales y locales y sus respectivas administraciones, y ciertos regímenes de seguridad social y entidades gubernamentales autónomas, excluidas las empresas públicas. Esta definición del gobierno proviene del *Sistema de Cuentas Nacionales* (SCN) 2008;[2] en esa publicación, el sector del gobierno general y sus subsectores se hallan definidos en el capítulo 4, párrafos 4.117 a 4.165 de la versión en inglés.

4. Las unidades extrapresupuestarias son parte del sistema de gobierno general. Estas son entidades del gobierno general con presupuestos individuales que no están completamente cubiertos por el presupuesto principal o general. Estas entidades operan bajo la autoridad o el control de un gobierno central, estatal o local. Las entidades extrapresupuestarias pueden tener sus propias fuentes de ingresos, que pueden complementarse con subvenciones (transferencias) del presupuesto general o de otras fuentes. A pesar de que sus presupuestos pueden estar sujetos a la aprobación de la legislatura, similar a la de las cuentas presupuestarias, tienen discreción sobre el volumen y la composición de sus gastos. Dichas entidades pueden establecerse para llevar a cabo funciones gubernamentales específicas, como la construcción de carreteras o la producción de servicios de salud o educación pública. Los arreglos presupuestarios varían ampliamente entre países, y se utilizan diversos términos para describir estas entidades, pero a menudo se los denomina "fondos extrapresupuestarios" o "agencias descentralizadas".

5. Los pagos obligatorios y sin contraprestación recaudados por los gobiernos nacionales y abonados a las autoridades supranacionales se considerarán también como impuestos según la definición del párrafo 1. Los ingresos tributarios que recaudan los gobiernos nacionales y que se pagan a una autoridad supranacional se asignan como ingresos fiscales a la autoridad supranacional en el SCN 2008 (véanse los párrafos 22.60-61, 22.88 y 22.99) y en el SEC 2010 (véase el párrafo 20.165). En las estadísticas tributarias, estos ingresos tributarios incluyen los derechos de aduana, las contribuciones al Fondo de Resolución Única de la UE y cualquier otro impuesto recaudado por los Estados miembros de la UE en nombre de la Unión Europea. Se incluyen en los importes de los ingresos tributarios en los cuadros de países (capítulo 5) del país en el que se recaudan y se atribuyen a la autoridad supranacional (véase el §102).

6. En los países en los que la Iglesia forma parte del gobierno general y las autoridades supranacionales, se computan los impuestos eclesiásticos, siempre que reúnan los criterios establecidos en el § 1. Además, habida cuenta de que los datos hacen referencia a las entradas que recibe el gobierno general, quedan excluidos los gravámenes abonados a órganos no gubernamentales, organismos de bienestar o regímenes de seguro social externos al gobierno general, y sindicatos u organizaciones profesionales, aun cuando dichos gravámenes sean obligatorios; sin embargo, los pagos obligatorios al gobierno general asignados a esos entes sí están incluidos aquí siempre que el gobierno no actúe como mero agente de estos[3]. Las utilidades de los monopolios fiscales se diferencian de las de otras empresas públicas, y se tratan como impuestos porque reflejan el ejercicio del poder tributario del Estado mediante

el uso de prerrogativas monopolísticas (véanse los § 66-68), al igual que las utilidades percibidas por el gobierno por la compra y la venta de divisas a diferentes tipos de cambio (véase el § 76).

7. Los impuestos pagados por el gobierno (p. ej., contribuciones a la seguridad social e impuestos sobre la nómina pagados por el gobierno en su calidad de empleador, impuestos sobre el consumo en sus compras o impuestos sobre sus propiedades) no se han excluido de los datos presentados. Sin embargo, cuando ha sido posible identificar las cantidades de ingreso implicadas[4], se han mostrado en el Cuadro 5.39 de la publicación Estadísticas Tributarias en países de la OCDE.

8. La relación entre esta clasificación y la del Sistema de Cuentas Nacionales (SCN) se aclara en los apartados A.9 y A.11 infra.; dado que estas dos clasificaciones no coinciden en todos sus aspectos, en ocasiones, los datos presentados en las cuentas nacionales se calculan o clasifican de forma diferente a lo establecido en la presente guía y, aunque esas y otras diferencias se han mencionado en determinados casos (p. ej., en el § 31 infra.), no ha sido posible hacer referencia a todas ellas. Por otra parte, pueden darse asimismo ciertas disparidades entre la presente clasificación y la empleada internamente por algunas administraciones nacionales (véase el § 13), por lo que quizá las estadísticas de la OCDE y las nacionales no siempre concuerden; sin embargo, es más que probable que esas diferencias sean mínimas en lo que a la cuantía de ingresos se refiere.

Contribuciones a la seguridad social

9. Las contribuciones obligatorias a la seguridad social, tal y como se definen en el § 40, abonadas al gobierno general, se tratan aquí como ingresos tributarios. No obstante, pueden diferir de otros impuestos por el hecho de que la recepción de prestaciones de la seguridad social depende, en numerosos países, de que se hayan aportado las debidas contribuciones, aunque la magnitud de dichas prestaciones no tiene por qué estar supeditada obligatoriamente al importe de las contribuciones. Al tratar las contribuciones sociales como impuestos, se obtiene un mayor grado de comparabilidad entre países, aunque se han consignado en una categoría separada para poder distinguirlas en cualquier análisis.

10. La estricta distinción entre los ingresos tributarios (pagos obligatorios sin contraprestaciones directas a los gobiernos generales o una autoridad supranacional) y los pagos obligatorios no tributarios (NTCPs por sus siglas en inglés) (pagos que con derechos a contraprestaciones o que se realizan a otras instituciones) está claramente definida. Sin embargo, dentro del rango de diferentes pagos obligatorios realizados a los gobiernos en todos los países, no siempre es sencillo en la práctica decidir si los pagos específicos son impuestos o NTCPs. Por ejemplo, los ahorros de pensión obligatorios que son controlados por el gobierno general y que se acumulan en una cuenta individual obteniendo una rentabilidad del mercado o una tasa que compensa la inflación se clasificarían a primera vista como NTCPs en lugar de impuestos. Sin embargo, incluso estos pagos podrían no dar origen a "reembolsos" y clasificarse como impuestos en lugar de NTCPs (por ejemplo, si estos ahorros no se pagan cuando el contribuyente muere antes de alcanzar la edad de jubilación y los fondos se utilizan para proporcionar una pensión mínima a todos los contribuyentes que están asegurados). Estos problemas hacen que las cifras de ingresos de la seguridad social reportadas para la mayoría de los países se basen en la premisa de que todos los tipos de pagos obligatorios a las administraciones públicas se consideran en cierta medida como elementos de redistribución. Cabe señalar que esta conclusión se basa en una interpretación generalmente amplia del término "no correspondido" en la definición del impuesto.

11. Por el contrario, las contribuciones a la seguridad social voluntarias o no pagaderas al gobierno general (véase el § 1) no se tratan como impuestos, aunque en ciertos países, tal y como se indica debidamente en cada caso en las notas que figuran al pie de los cuadros, plantea dificultades el eliminar tanto las contribuciones voluntarias como algunos pagos obligatorios al sector privado de las cifras de recaudo tributario. Las contribuciones a la seguridad social imputadas tampoco son considerados impuestos.

Tasas, cargos a usuarios y licencias

12. Aparte de las tasas por licencia de vehículos, universalmente consideradas como impuestos, no resulta fácil distinguir entre las tasas y cargos a usuarios que deben tratarse como impuestos y las que no, ya que, aunque toda tasa o cargo se impone en conexión con un servicio o una actividad específicos, la intensidad del vínculo entre el derecho cobrado y el servicio prestado puede variar considerablemente, al igual que puede hacerlo la relación entre la cuantía de la tasa y el costo que supone proporcionar el servicio en cuestión. En todo caso, cuando el beneficiario del servicio pague una tasa claramente relacionada con el costo que supone prestar un servicio, puede inferirse que el gravamen tiene contraprestación y, de acuerdo con la definición reseñada en el § 1, no se considerará como impuesto. En sentido contrario, puede estimarse que el gravamen "carece de contraprestación" cuando:

a) el cargo exceda con creces el costo que supone prestar el servicio;
b) el pagador o sujeto pasivo del gravamen no sea el beneficiario del servicio (p. ej., tasas recaudadas de los mataderos para financiar un servicio proporcionado a los titulares de explotaciones agropecuarias);
c) el gobierno no proporcione un servicio específico a cambio del pago del gravamen, aun y cuando se emita un permiso en beneficio del sujeto pasivo (p. ej., cuando el gobierno concede licencias de caza, pesca o tiro que no otorgan el derecho a usar una zona específica propiedad del gobierno);
d) los servicios beneficien únicamente a los pagadores del gravamen, pero las utilidades recibidas por cada persona no guarden necesariamente proporción con sus pagos (p. ej., el gravamen sobre la comercialización de la leche que recae en los criadores de ganado lechero y que se utiliza para fomentar el consumo de la leche).
e) el pagador de la tasa no pueda optar por no pagarla cuando no usa el servicio (por ejemplo, en el caso de las tasas públicas de radiodifusión, en las que el pagador está obligado a pagar la tasa aunque no consuma el servicio público de radiodifusión).

13. Pese a las anteriores consideraciones, en ciertos casos excepcionales la aplicación de los criterios plasmados en el § 1 puede resultar particularmente compleja. La solución adoptada –dada la conveniencia de uniformidad internacional y las cantidades de ingreso relativamente bajas implicadas por lo general– ha consistido en seguir la práctica dominante en la mayoría de las administraciones, en lugar de permitir que cada país aplique su propia visión sobre si estos gravámenes deben considerarse como ingresos tributarios o no tributarios.[5]

14. Seguidamente, se ofrece una lista de las principales tasas y cargos en cuestión, y su tratamiento normal[6] en esta publicación:

Ingresos no tributarios:	tasas procesales, permisos de conducir, tasas portuarias, tasas por expedición de pasaportes
Impuestos de la partida 5200	permiso para realizar actividades tales como distribución cinematográfica; caza, pesca o tiro; suministro de instalaciones para actividades recreativas o de ocio o juegos de azar; venta de bebidas alcohólicas o tabaco; posesión de animales domésticos o uso de vehículos automotores; derechos sobre la extracción

15. En la práctica, puede que no siempre resulte posible aislar las entradas tributarias de las no tributarias cuando estas se registran conjuntamente. En ese caso, si se considera que la mayoría de las entradas proviene de ingresos no tributarios, se tratará el importe total como tal; de lo contrario, esas entradas del gobierno se incluirán y clasificarán según las normas recogidas en el § 33.

Regalías

16. La propiedad de los activos del subsuelo en forma de depósitos de minerales o combustibles fósiles (carbón, petróleo o gas natural) depende de la forma en que los derechos de propiedad están definidos por la ley y también de los acuerdos internacionales en el caso de depósitos bajo aguas internacionales. En algunos casos, ya sea en el terreno por debajo del cual se encuentran los depósitos minerales, los depósitos en sí o ambos pueden pertenecer a una unidad del gobierno local o central.

17. En tales casos, estas unidades del gobierno general pueden otorgar arrendamientos a otras unidades institucionales que les permitan extraer estos depósitos durante un período de tiempo específico a cambio de un pago o una serie de pagos. Estos pagos a menudo se describen como "regalías", pero son esencialmente rentas que se acumulan a los propietarios de los recursos naturales a cambio de poner estos activos a disposición de otros agentes durante períodos de tiempo específicos. El alquiler puede tomar la forma de pagos periódicos de cantidades fijas, independientemente de la tasa de extracción, o, más comúnmente, pueden ser una función de la cantidad, el volumen o el valor del activo extraído. Las empresas dedicadas a la exploración en tierras del gobierno pueden hacer pagos a las unidades del gobierno general a cambio del derecho a realizar perforaciones de prueba o investigar de otro modo la existencia y ubicación de los activos del subsuelo. Dichos pagos también se registran como rentas aunque no se realice ninguna extracción. Por lo tanto, estos pagos se clasifican como ingresos no tributarios.

18. Los mismos principios se aplican cuando a otras unidades institucionales se les conceden arrendamientos que les permiten talar madera en bosques naturales en tierras que son propiedad de unidades del gobierno general. Estos pagos también se clasifican como ingresos no tributarios.

19. Estas rentas o regalías pagadas al gobierno general no deben confundirse con los impuestos sobre los ingresos y las ganancias, los impuestos sobre la extracción de recursos naturales, las licencias comerciales u otros impuestos. Si los pagos se aplican a las ganancias de la actividad de extracción, entonces deben clasificarse como impuestos sobre ingresos, utilidades y ganancias (1000). Además, cualquier pago que se imponga a la extracción de minerales y combustibles fósiles de las reservas de propiedad privada o de otro gobierno se debe clasificar como impuestos. Los pagos relacionados con el valor bruto de la producción deben clasificarse como otros impuestos sobre bienes y servicios (5128). Los pagos de una licencia o permiso para realizar operaciones de extracción se deben clasificar como impuestos sobre el uso de bienes y sobre el permiso para usar bienes o realizar actividades (5213).

Multas y sanciones pecuniarias

20. En principio, las multas y sanciones pecuniarias impuestas por el pago tardío de los impuestos o por el intento de evasión de los impuestos no deben registrarse como ingresos tributarios. Sin embargo, en ocasiones no es posible distinguir y separar los pagos por multas y penalidades del recaudo del impuesto a los que estos están relacionados. En este caso, las multas y sanciones pecuniarias vinculadas a un determinado impuesto se registran con los ingresos de ese impuesto. Las multas y penalidades pagadas sobre el recaudo de impuestos no identificados se clasifican como otros impuestos en la partida 6000. Las multas que no están relacionadas con delitos tributarios (por ejemplo, las infracciones por estacionamiento indebido), o que no puedan ser identificadas como ofensas tributarias, no serán tratadas como ingresos tributarios.

A.3. Principios de registro

Criterio de devengo o de caja

21. Los datos recogidos en las publicaciones *Estadísticas tributarias* de los últimos años relativos a los países de la OCDE se han registrado predominantemente según el criterio de devengo, esto es, se

han computado en el momento en que nace la obligación. Se ofrece más información al respecto en las notas que figuran al pie de los cuadros de países en el Capítulo 5 del informe.

22. Sin embargo, los datos relativos a años anteriores y a países que no pertenecen a la OCDE han seguido registrándose principalmente según el criterio de caja, es decir, en el momento en que el gobierno recibió el pago. Por lo tanto, por ejemplo, los impuestos descontados por los empleadores en un año pero pagados al gobierno al año siguiente y los impuestos debidos un año pero liquidados el año después constan ambos en las entradas del segundo año. Las transacciones correctoras, tales como devoluciones, reembolsos y reintegros, se deducen de los ingresos brutos del periodo en que se realizan.

23. Los datos sobre ingresos tributarios se registran sin deducción de los gastos administrativos propios de la recaudación impositiva. De igual modo, cuando los recursos generados por un impuesto se emplean para subvencionar a miembros particulares de la comunidad, el subsidio no se descuenta del producto impositivo, aunque puede que el impuesto aparezca sin los subsidios en los registros nacionales de algunos países.

24. En lo que a los monopolios fiscales se refiere (5122), únicamente se incluye en los ingresos del gobierno el importe realmente transferido a este. Sin embargo, si cualquier gasto de los monopolios fiscales se considera gasto del gobierno (p. ej., gastos sociales emprendidos por los monopolios fiscales en beneficio del gobierno), se añadirán posteriormente con el fin de llegar a cifras de ingreso tributario (véase el § 66 infra.).

Distinción entre disposiciones tributarias y disposiciones relativas al gasto[7]

25. Dado que la presente publicación aborda únicamente la actividad del gobierno desde el punto de vista del ingreso, sin tener en cuenta los aspectos relacionados con el gasto, resulta preciso realizar una distinción entre las disposiciones que rigen estos dos elementos. Por lo general, no existe dificultad alguna en diferenciar ambos aspectos, ya que los gastos operan en un ámbito externo al sistema tributario y sus cuentas, y se rigen por una legislación separada de la impositiva. En los casos de difícil delimitación, se emplea el flujo de caja para distinguir entre disposiciones tributarias y disposiciones relativas al gasto. En la medida en que una disposición incida en el flujo de pagos tributarios del contribuyente al gobierno, se entenderá que reviste un carácter tributario y se tendrá en cuenta en los datos recogidos en esta publicación. Cualquier disposición que no afecte a ese flujo se reputará como relativa al gasto y no se tendrá en consideración en la información plasmada en la publicación.

26. Las desgravaciones, exenciones y deducciones tributarias sobre la base imponible afectan claramente a la cantidad transferida al gobierno y, por ende, se consideran disposiciones de naturaleza tributaria. En el extremo opuesto, los subsidios o exoneraciones que no compensen la obligación tributaria y que estén claramente desvinculados del proceso de evaluación, no reducen los ingresos tributarios consignados en esta publicación. De particular interés en este ámbito resultan los créditos fiscales, que son cantidades deducibles del impuesto liquidable (lo que los diferencia de las deducciones sobre la base imponible). Cabe distinguir dos tipos de créditos fiscales: los créditos fiscales no exigibles (a veces denominados desaprovechables), limitados al importe de la obligación tributaria y que, por ende, no pueden generar un pago de las autoridades al contribuyente; y los créditos fiscales exigibles (o no desaprovechables), que no están sometidos a dicho límite, de forma que toda cantidad que exceda la obligación tributaria puede abonarse al contribuyente[8]. Al igual que las desgravaciones, un crédito fiscal no exigible afecta claramente a la cantidad transferida al gobierno y, por ende, se considerará como tributario. La práctica seguida para los créditos fiscales exigibles[9] consiste en distinguir entre "el componente de gasto tributario"[10] que es la porción del crédito empleada en reducir o eliminar la obligación del contribuyente" y el "componente de transferencia", constituido por la parte que excede la obligación del contribuyente y que se paga a este. Al registrar los ingresos tributarios deberá restarse la parte equivalente al componente de gasto tributario, pero no la correspondiente al componente de transferencia. Además, las cantidades de ambos componentes deberán figurar como partidas informativas

en los cuadros de países. Los países que no puedan diferenciar entre estos dos componentes deberán indicar si se ha restado de los ingresos tributarios el total de ellos y presentar las evaluaciones disponibles del valor que ambos representan. Para mayor información, consúltese el Capítulo 1 de la publicación Revenue Statistics de la OCDE, que examina el efecto de los diversos tratamientos de los créditos fiscales exigibles en la relación impuestos sobre PIB.

Calendario y ejercicio fiscal

27. Las autoridades nacionales cuyos ejercicios fiscales no coinciden con el año calendario deben presentar los datos, siempre que sea posible, sobre la base del año calendario, a fin de permitir el mayor grado posible de comparación con la información de otros países. Subsisten algunos países en los que los datos hacen referencia a los ejercicios fiscales; para ellos, los datos relativos al PIB utilizados en los cuadros comparativos corresponden igualmente a los ejercicios fiscales.

A.4 Criterios generales de clasificación

Principales criterios de clasificación

28. El desglose de las entradas fiscales en las diversas categorías (1000, 2000, 3000, 4000, 5000 y 6000) se rige en general por la base sobre la cual recae el impuesto: 1000, renta, utilidades y ganancias de capital; 2000 y 3000, remuneraciones, nómina o número de empleados (fuerza de trabajo); 4000, propiedad; 5000, bienes y servicios; 6000, bases múltiples, otras bases o bases no identificables. Cuando un impuesto se calcula sobre más de una base, las entradas que genera se distribuyen, en la medida de lo posible, entre las diversas categorías (véanse los § 33 y 84). Las categorías 4000 y 5000 no sólo cubren aquellos impuestos en los que la base tributaria está constituida por la propiedad, los bienes o los servicios en sí mismos, sino también ciertos impuestos afines; y así, por ejemplo, los impuestos sobre transmisiones patrimoniales se incluyen en la partida 4400,[11] y los impuestos sobre el uso de bienes y sobre el permiso para realizar actividades, en la 5200. En las categorías 4000 y 5000, se distingue en ocasiones entre impuestos recurrentes y no recurrentes: son impuestos recurrentes los que se recaudan a intervalos regulares (por lo general, anualmente), y no recurrentes, los que se imponen una sola vez (véanse los § 48 §51, §54 §55 y §81 para profundizar en las aplicaciones particulares de esta distinción).

29. La asignación de un impuesto a fines específicos no afecta a la clasificación de las entradas fiscales que genera. Sin embargo, tal y como se explica en el § 40 en relación con la clasificación de las contribuciones a la seguridad social, el hecho de que estas confieran un derecho a recibir prestaciones sociales es decisivo para la definición de la categoría 2000.

30. La forma en que se establece o recauda un impuesto (p.ej., mediante el uso de timbres) no afecta a su clasificación.

Clasificación de los contribuyentes

31. En ocasiones, se distingue entre diversas clases de contribuyentes. Esas distinciones dependen de cada impuesto.

a) Entre personas físicas y sociedades en relación con los impuestos sobre la renta y sobre la riqueza neta

La distinción básica aquí es que los impuestos sobre la renta de las sociedades (impuesto de sociedades), a diferencia de los impuestos sobre la renta de las personas físicas, gravan a la sociedad como entidad y no a sus propietarios, independientemente de las circunstancias personales de estos; la misma distinción se aplica a los impuestos sobre la riqueza neta de las sociedades y de las personas físicas. Los impuestos liquidados sobre las utilidades de las asociaciones y sobre la renta de las instituciones, tales como seguros de vida o fondos de pensiones, se clasifican siguiendo la misma regla, y así, se considerarán impuestos sobre las sociedades (1200) si se cargan a la asociación o institución como persona jurídica sin tener en cuenta las circunstancias personales de sus propietarios, o impuestos sobre las personas físicas en el caso contrario (1100). Por lo general, los impuestos aplicados a las sociedades y a las personas físicas se rigen por legislaciones diferentes.[12] La distinción realizada aquí entre personas físicas y sociedades no sigue la categorización por sectores entre hogares, empresas, etcétera, del Sistema de Cuentas Nacionales para las cuentas de ingresos y desembolsos. La clasificación del SCN requiere que ciertas empresas no constituidas en sociedad[13] se excluyan del sector de los hogares y vengan a sumarse a las empresas no financieras y las instituciones financieras. Sin embargo, el impuesto sobre las utilidades de esos negocios no siempre puede separarse del impuesto sobre la renta de sus propietarios o, como mucho, puede deslindarse sólo arbitrariamente. Por ello, no se ha intentado reproducir aquí esa separación, y la totalidad del impuesto sobre la renta de las personas físicas se ha recogido en un solo bloque, independientemente de la naturaleza del ingreso imponible.

b) Entre hogares y otros en relación con los impuestos sobre la propiedad inmueble

Esta distinción es la misma que la adoptada por el SCN para las cuentas de gasto del consumo final de los hogares y de producción. Se trata pues de diferenciar a los hogares como consumidores (esto es, excluidas las empresas no constituidas en sociedad), por una parte, y a los productores, por otra. Los impuestos sobre las viviendas ocupadas por los hogares, tanto a cargo de los propietarios-ocupantes como de los arrendatarios o de los arrendadores, se incluyen en los hogares, lo que coincide con la diferenciación que suele hacerse comúnmente entre los impuestos sobre la propiedad doméstica y los impuestos sobre la propiedad empresarial. No obstante, algunos países no se hallan en situación de operar esta distinción.

c) Entre hogares y otros en relación con las licencias de vehículos automotores

Se distingue aquí entre los hogares como consumidores, por una parte, y los productores, por otra, al igual que en las cuentas de gasto del consumo final de los hogares y de producción del SCN.

d) Entre empresas y otros en relación con los impuestos residuales (6000)

La distinción es la misma que en c), esta vez, entre los productores, por una parte, y los hogares como consumidores, por otra. Los impuestos recogidos en la categoría 6000 bien porque gravan más de una base tributaria, o bien porque su base no entra dentro del ámbito de ninguna de las categorías anteriores pero es identificable como imponible sobre los productores, y no sobre los hogares, se incluyen en 'empresas'. El resto de los impuestos de la categoría 6000 se imputan a 'otros' o no identificables.

Recargos

32. Las entradas procedentes de recargos relacionados con impuestos particulares se clasifican por lo general en base al impuesto correspondiente, ya sea el recargo temporal o no. Pero si el recargo posee una característica que lo califica para ser clasificada en una categoría diferente de la lista de la OCDE, las entradas generadas por el recargo se recogen en dicha categoría, separadas de las del correspondiente impuesto.

Entradas tributarias no identificables y partidas residuales

33. En un cierto número de casos, no logra determinarse que los impuestos pertenezcan enteramente a una categoría o partida de la clasificación de la OCDE y, en esos casos, se aplican las siguientes pautas:

a) Se conoce la categoría, pero no la forma de distribuir las entradas entre las diversas subdivisiones: las entradas se clasifican en la correspondiente partida o subpartida residual (1300, 2400, 4520, 4600, 5128, 5130, 5300 o 6200).

b) Se sabe que la mayor parte de las entradas procedentes de un grupo de impuestos (normalmente, impuestos locales) proviene de impuestos de una categoría o una partida particulares, pero algunos de los impuestos del grupo cuya cuantía no puede determinarse con exactitud pueden clasificarse en otras categorías o partidas: las entradas se consignan en la categoría o partida a la que pertenezca la mayoría de ellas.

c) No puede identificarse ni la categoría ni la partida correspondiente al impuesto (normalmente, local): el impuesto se incorpora a la partida 6200, a menos que se conozca que se trata de un impuesto sobre las empresas, en cuyo caso se incluye en la partida 6100.

A.5 Comentarios sobre ítems de la lista

1000 – Impuestos sobre la renta, las utilidades y las ganancias de capital

34. Esta categoría cubre los impuestos aplicados a la renta o a las utilidades netas (esto es, la renta bruta menos las deducciones permitidas) de las personas físicas y las sociedades, así como los impuestos a los que se someten las ganancias de capital de esos mismos sujetos pasivos, y las ganancias obtenidas en juegos de azar.

35. Se incluyen en esta categoría:

a) los impuestos que gravan predominantemente la renta o las utilidades, aunque recaigan parcialmente sobre otras bases; los impuestos aplicados a varias bases que no sean mayoritariamente la renta o las utilidades se clasifican de acuerdo con los principios establecidos en los § 33 y 84;

b) los impuestos sobre la propiedad aplicados a un ingreso presunto o estimado como parte de un impuesto sobre la renta (véase el § 48(a), (c) y (d));

c) los pagos obligatorios al fondo de contribuciones de la seguridad social impuestos sobre la renta que no confieran un derecho a prestaciones sociales; si esas contribuciones otorgan derecho a prestaciones sociales, se incluyen en la categoría 2000 (véase el § 40);

d) el producto de los sistemas integrados de impuestos sobre la renta de régimen cedular se clasifican como un todo en esta categoría, aunque algunos de los impuestos cedulares puedan basarse en la renta bruta y no tener en cuenta las circunstancias personales del contribuyente.

36. La principal división de esta categoría se efectúa entre los gravámenes a personas físicas (1100) y aquellos a sociedades (1200). A su vez, en cada partida, se separa entre impuestos sobre la renta y las utilidades (1110 y 1210) e impuestos sobre las ganancias de capital (1120 y 1220). Si algunas entradas no pueden atribuirse pertinentemente a la partida 1100 o a la 1200, o si no puede realizarse esta distinción en la práctica (p. ej., por falta de datos fiables sobre los receptores de los pagos de los que se deducen los impuestos con retención en la fuente), las entradas se incorporan a la partida 1300 como "no clasificables".

Tratamiento de los créditos fiscales en los sistemas de imputación

37. En los sistemas de imputación del impuesto de sociedades, los accionistas están exentos, total o parcialmente, de responder en concepto del impuesto sobre la renta por los dividendos abonados por la compañía a partir de la renta o de las utilidades sometidas al impuesto de sociedades. En los países con este sistema,[14] una parte del impuesto sobre las utilidades de la sociedad está disponible para exonerar a los accionistas de su propia obligación tributaria. La exoneración del accionista reviste la forma de un crédito fiscal, cuyo importe puede ser inferior, igual o superior al pasivo tributario total del accionista. Si el

crédito fiscal excede al pasivo tributario, puede que ese exceso sea pagadero al accionista. Dado que este tipo de crédito fiscal es parte integrante del sistema de imputación del impuesto sobre la renta de las sociedades, cualquier pago a los accionistas se trata como devolución tributaria, y no como gasto (compárese con el tratamiento de otros créditos fiscales descrito en el § 26).

38. Puesto que en los sistemas de imputación el crédito fiscal (incluso cuando excede la obligación tributaria) debe considerarse como disposición tributaria, se plantea la cuestión de determinar si deberá deducirse de las entradas en concepto de impuesto sobre la renta de las personas físicas (1110) o de las entradas atribuibles al impuesto sobre la renta de las sociedades (1210). En este informe, la cantidad total pagada a título del impuesto sobre la renta de las sociedades se recoge en la subpartida 1210, y el impuesto no imputado en la subpartida 1110. Por lo tanto, la cuantía total del crédito se resta de esta última subpartida, tanto si el crédito da lugar a una reducción de la obligación tributaria por renta personal, como si se realiza un reembolso porque el crédito fiscal excede el pasivo tributario por este concepto. (No obstante, si los créditos fiscales se deducen del impuesto de sociedades por dividendos repartidos a otras sociedades, las correspondientes cantidades se descuentan de las entradas registradas en la subpartida 1210.)

1120 y 1220 – Impuestos sobre las ganancias de capital

39. Como su nombre indica, estas subpartidas engloban los impuestos sobre las ganancias de capital, ya de las personas físicas (1120), ya de las sociedades (1220), siempre que las entradas procedentes de estos impuestos puedan identificarse por separado. Ese no es el caso en numerosos países, y las entradas de estos impuestos se clasifican junto con las del impuesto sobre la renta. La subpartida 1120 contiene asimismo los impuestos sobre las ganancias obtenidas en juegos de azar.

2000 – Contribuciones a la seguridad social

40. Entran en esta categoría todos los pagos obligatorios a las administraciones públicas que confieran un derecho a recibir una prestación social futura (contingente). Esos pagos suelen estar asignados al financiamiento de prestaciones sociales y, a menudo, se pagan a las instituciones del gobierno general que proporcionan dichas prestaciones. Sin embargo, esa asignación no forma parte de la definición de las contribuciones a la seguridad social y no es necesaria para que un impuesto sea clasificado en esta categoría, pero, para que un impuesto se incluya aquí, sí será preciso que confiera un derecho. Y así, los gravámenes sobre la renta o la nómina asignados a los fondos de seguridad social pero que no confieran el derecho a recibir prestaciones sociales quedan excluidos de la presente categoría y se registran bien entre los impuestos sobre la renta de las personas físicas (1100), bien junto con los impuestos sobre la nómina y la fuerza de trabajo (3000). Los impuestos aplicados sobre otras bases, como los bienes y servicios, no se consignarán aquí aunque estén asignados a prestaciones de la seguridad social, sino que se catalogarán según sus respectivas bases, ya que por lo general no otorgarán derecho alguno a prestaciones sociales.

41. Entre otras, se incluirán aquí las contribuciones a los siguientes tipos de prestaciones de la seguridad social: prestaciones y suplementos por seguro de desempleo; prestaciones por accidente, lesión o enfermedad; pensiones por jubilación, invalidez y supervivencia; ayudas familiares; reembolsos de gastos médicos u hospitalarios o prestación de servicios médicos u hospitalarios. Las contribuciones pueden recaudarse tanto de los empleados como de los empleadores.

42. Las contribuciones pueden tener como base bien las remuneraciones o la nómina (‘sobre la base de la nómina’), bien la renta neta tras deducciones y exenciones por circunstancias personales (‘sobre la base del impuesto sobre la renta’), y el producto de ambas bases deberá identificarse separadamente en la medida de lo posible. Cuando las contribuciones al régimen general de la seguridad social se basen en la nómina, pero las de grupos particulares (tales como los trabajadores por cuenta propia) no puedan

evaluarse en función de esta base y se emplee en ese caso la renta neta como una aproximación de las remuneraciones brutas, las entradas seguirán clasificándose sobre la base de la nómina. En principio, esta categoría excluye las contribuciones voluntarias aportadas a los regímenes de seguridad social, que, cuando sea posible identificarlas de forma separada, se recogerán en la partida informativa sobre el financiamiento de las prestaciones sociales; sin embargo, en la práctica, estas aportaciones no siempre pueden desvincularse de las contribuciones obligatorias, en cuyo caso se incluirán igualmente en esta categoría.

43. Las contribuciones a los regímenes de seguro social no vinculados a instituciones del gobierno general, así como las aportaciones a otros tipos de sistemas de seguro, tales como planes de previsión o planes de pensiones, mutualidades u otros planes de ahorro, no se consideran contribuciones a la seguridad social. Los planes de previsión son acuerdos por los que las contribuciones de cada empleado y la parte correspondiente del empleador en nombre de aquél se conservan en una cuenta separada que genera interés, de la que pueden retirarse en circunstancias específicas. Por su parte, los planes de pensiones son regímenes organizados separadamente, negociados entre empleados y empleadores, que conllevan disposiciones sobre diversas contribuciones y prestaciones, a veces más directamente vinculadas a los niveles salariales y a la duración del servicio que en otros esquemas sociales. Cuando las contribuciones a esos regímenes son obligatorias o cuasiobligatorias (p. ej., en virtud de un acuerdo con sindicatos u organizaciones profesionales), se hacen constar en la partida informativa (véase el Cuadro 5.38 de este Reporte).

44. Las contribuciones de los empleados del gobierno y de este con respecto a sus empleados a los regímenes de seguridad social incluidos en el gobierno general se clasifican en esta categoría. También se consideran impuestos las contribuciones de los empleados del gobierno a regímenes diferentes que puedan reputarse sustitutivos de los regímenes generales de seguridad social.[15] Por el contrario, cuando un régimen diferente no pueda considerarse sustitutivo de uno general y haya sido negociado entre el gobierno, en su papel de empleador, y sus empleados, no se estimará como régimen de seguridad social y, por lo tanto, las contribuciones a él no se tendrán como impuestos, aunque el régimen haya sido instaurado por la legislación.

45. Esta categoría excluye las contribuciones 'imputadas', que corresponden a las prestaciones sociales pagadas directamente por los empleadores a sus empleados, antiguos empleados o personas a cargo de estos (p. ej., cuando los empleadores están legalmente obligados a correr con las prestaciones por enfermedad durante cierto tiempo).

46. Las contribuciones se dividen en tres partidas principales – empleados (2100), empleadores (2200) y trabajadores por cuenta propia o no empleados (2300) – y se subdividen posteriormente en función de la base que gravan. A efectos de la presente publicación, se entiende por empleados todas las personas contratadas en actividades de unidades empresariales, órganos gubernamentales, instituciones privadas sin ánimo de lucro u otro tipo de empleo remunerado, con excepción de los dueños de empresas no constituidas en sociedad y de los miembros no remunerados de sus familias. También se consideran empleados los miembros de las Fuerzas Armadas, independientemente de la duración y del tipo de su servicio, siempre que coticen a regímenes de la seguridad social. Por su parte, las contribuciones de los empleadores se definen como las aportaciones que estos realizan por cuenta de sus empleados a los sistemas de seguridad social. Si los empleados o los empleadores tienen la obligación de continuar cotizando a la seguridad social en el caso de desempleo de un empleado, esas contribuciones se muestran en las partidas 2100 y 2200, respectivamente, siempre que los datos lo permitan. En consecuencia, la partida 2300 queda reservada a las contribuciones abonadas por los trabajadores por cuenta propia y por quienes no se hallan incluidos en la población activa (p. ej., incapacitados o jubilados).

3000 – Impuestos sobre la nómina y la fuerza de trabajo

47. Consiste en los impuestos pagados por las firmas o empresas, ya sea como una proporción de los salarios o la nómina, ya como una cantidad fija por persona empleada. No incluyen pagos a la seguridad social obligatorios pagados por empleadores u otros impuestos pagados por los empleados mismos de sus salarios o remuneraciones.

4000 – Impuestos sobre la propiedad

48. Esta categoría engloba los impuestos, recurrentes y no recurrentes, sobre el uso, la titularidad o la transmisión de la propiedad, lo que incluye impuestos sobre la propiedad inmueble y la riqueza neta, sobre el cambio de titularidad en la propiedad por herencia o donación, y sobre transacciones financieras y de capital. Quedan excluidas de esta categoría los siguientes tipos de impuestos:

a) los impuestos sobre las ganancias de capital procedentes de la venta de propiedad (1120 o 1220);

b) los impuestos sobre el uso de bienes y sobre el permiso para usar bienes o realizar actividades (5200): véase el § 78;

c) los impuestos sobre los bienes inmuebles gravados sobre la base de un ingreso neto presunto que tiene en cuenta las circunstancias personales del contribuyente: se clasifican como impuestos sobre la renta junto con los impuestos sobre la renta y sobre las ganancias de capital derivadas de la propiedad (1100);

d) los impuestos sobre el uso de la propiedad con fines residenciales, tanto si debe responder del impuesto el propietario como el arrendatario, siempre que la cantidad debida tenga en cuenta las circunstancias personales del usuario (ingresos, personas a cargo, etcétera): se integran en los impuestos sobre la renta (1100);

e) los impuestos sobre los edificios con una densidad máxima superior a la permitida; sobre la ampliación, construcción o modificación de ciertos edificios más allá de un valor umbral; y sobre la construcción de edificios: todos ellos se integran en los impuestos sobre el permiso para realizar actividades (5200);

f) los impuestos sobre el uso de la propiedad propia para fines comerciales especiales, tales como la venta de bebidas alcohólicas, tabaco o carne, o para la explotación de tierras (p. ej., impuestos sobre la extracción en Estados Unidos): se integran en los impuestos sobre el permiso para realizar actividades (5200).

4100 – Impuestos recurrentes sobre la propiedad inmueble

49. Esta partida comprende los impuestos con que se grava de forma regular el uso o la titularidad de bienes inmuebles.

- Estos impuestos gravan las tierras y los edificios.
- Pueden consistir en un porcentaje del valor tasado de una propiedad, basado a su vez en un ingreso por alquiler hipotético, en el precio de venta, en un rendimiento capitalizado o en otras características de la propiedad inmueble (por ejemplo, el tamaño o la ubicación) de las que quepa inferir un alquiler o un valor de capital hipotéticos.
- Estos impuestos pueden aplicarse a los propietarios, a los arrendatarios o a ambos. También pueden pagarse de un nivel de gobierno a otro en relación con los bienes bajo jurisdicción de este último.
- Para la evaluación de estos impuestos, no se tienen en cuenta las deudas y, en ese sentido, difieren de los impuestos sobre la riqueza neta.

50. Los impuestos recurrentes sobre la propiedad inmueble se subdividen a su vez en los pagados por los hogares (4110) y los abonados por otros sujetos pasivos (4120), de acuerdo con los criterios establecidos en el § 31(b) supra.

4200 – Impuestos recurrentes sobre la riqueza neta

51. Esta partida abarca los impuestos con que se grava periódicamente (por lo general, anualmente) la riqueza neta, esto es, los impuestos sobre un amplio abanico de bienes muebles e inmuebles, descontadas sus deudas. Esta partida se subdivide a su vez en los impuestos pagados por las personas físicas (4210) y los abonados por las sociedades (4220), de acuerdo con los criterios establecidos en el § 31(a) supra. Si existen cifras separadas para las entradas correspondientes a pagos realizados por instituciones, se añaden a la subpartida de las sociedades.

4300 – Impuestos sobre sucesiones, herencias y donaciones

52. Esta partida se divide entre impuestos sobre sucesiones o herencias (4310) e impuestos sobre donaciones (4320).[16] Los impuestos sobre sucesiones gravan el valor total de la sucesión o del caudal hereditario, mientras los impuestos sobre herencias se aplican a las cuotas recibidas por los causahabientes individualmente considerados o en función de la relación de estos con el difunto.

4400 – Impuestos sobre transacciones financieras y de capital

53. Esta partida incluye, entre otros, los impuestos sobre la emisión, transmisión, compra y venta de activos no financieros y financieros (como divisas o valores), sobre los cheques y otras formas de pago y sobre transacciones legales específicas, tales como la validación de contratos o la venta de bienes inmuebles. La partida no incluye:

- *a)* los impuestos sobre el uso de bienes y sobre el permiso para realizar ciertas actividades (5200);
- *b)* las tasas abonadas en concepto de costos procesales o expedición de actas de nacimiento, matrimonio o defunción, que suelen considerarse como ingresos no tributarios (véase el § 12);
- *c)* los impuestos sobre ganancias de capital (1000);
- *d)* los impuestos recurrentes sobre la propiedad inmueble (4100);
- *e)* los impuestos recurrentes sobre la riqueza neta (4200);
- *f)* otros impuestos no recurrentes sobre la propiedad o la riqueza (4500);
- *g)* impuestos de timbre no relacionados con transacciones financieras y de capital
    - i. impuestos de timbre sobre la venta de productos específicos, tales como bebidas alcohólicas o tabaco (5121);
    - ii. impuestos de timbre restringidos por ley a productos importados (5123) o productos exportados (5124); o
    - iii. impuestos de timbre que no caen exclusivamente en una única categoría de transacción (6000).

4500 – Otros impuestos no recurrentes sobre la propiedad16

54. Esta partida cubre los gravámenes sobre la propiedad que, a diferencia de los impuestos recurrentes, se recaudan una sola vez. Se divide en impuestos no recurrentes sobre la riqueza neta (4510)

y otros impuestos no recurrentes sobre la propiedad (4520). La subpartida 4510 contiene los impuestos que se recaudan a fin de hacer frente a gastos excepcionales o de redistribuir la riqueza. Por su parte, la subpartida 4520 comprende los impuestos que gravan los incrementos de valor de la tierra, debido, por ejemplo, a permisos para su desarrollo concedidos por el gobierno general o a la provisión por parte de este de instalaciones locales adicionales; cualesquiera impuestos sobre la reevaluación del capital; y aquellos impuestos gravados una sola vez sobre determinados tipos de propiedad.

4600 – Otros impuestos recurrentes sobre la propiedad

55. Aunque este tipo de impuestos rara vez se dan en los países miembros de la OCDE, esta partida incluye los impuestos sobre bienes tales como ganado bovino, joyas, ventanas y otros signos externos de riqueza.

5000 – Impuestos sobre los bienes y servicios

56. Se incluyen en esta categoría todos los impuestos y derechos sobre la producción, extracción, venta, transmisión, arrendamiento y entrega de bienes, así como sobre la prestación de servicios (5100), y también los impuestos aplicados al uso de bienes y al permiso para usar bienes o realizar actividades (5200). Por lo tanto, esta categoría comprende:

- *a)* los impuestos acumulativos de etapas múltiples;
- *b)* los impuestos generales sobre las ventas aplicados, ya sea en la fabricación/producción, ya sea en la venta al por mayor o al por menor;
- *c)* los impuestos sobre el valor agregado;
- *d)* los impuestos selectivos;
- *e)* los impuestos sobre las importaciones y exportaciones de bienes;
- *f)* los impuestos sobre el uso de bienes y sobre el permiso para usar bienes o realizar ciertas actividades;
- *g)* los impuestos sobre la extracción, el procesamiento o la producción de minerales y otros productos.

57. Los casos de difícil delimitación entre esta categoría y la categoría 4000 (impuestos sobre la propiedad) o la partida 6100 (otros impuestos pagados únicamente por empresas) se tratan en los § 48, §53 y §80. La partida 5300 y la subpartida 5130, ambas residuales, incluyen, respectivamente, las entradas tributarias que no hayan podido clasificarse entre las partidas 5100 y 5200 o entre las subpartidas 5110 y 5120, respectivamente, véase §33.

5100 – Impuestos sobre la producción, venta, transmisión, arrendamiento y entrega de bienes, y la prestación de servicios

58. Esta partida comprende todos los impuestos aplicados a transacciones de bienes y servicios por las características intrínsecas de estos (p. ej., valor, peso del tabaco, graduación de las bebidas alcohólicas, etcétera) a diferencia de los impuestos determinados por el uso de bienes o por el permiso para usar bienes o realizar actividades, que entran dentro del ámbito de la partida 5200.

5110 – Impuestos generales

59. En esta subpartida, se incluyen todos los impuestos, aparte de los derechos de importación y exportación (5123 y 5124, respectivamente), que gravan la producción, el arrendamiento, la transmisión, la entrega o la venta de un amplio abanico de bienes o la prestación de una gran variedad de servicios, independientemente de que sean de producción nacional o importados, o de la etapa de producción o de

distribución en la que recaigan. Por ende, comprende los impuestos sobre el valor agregado, los impuestos sobre las ventas y los impuestos acumulativos de etapas múltiples. A las entradas brutas generadas, se añaden las entradas por ajustes fronterizos en concepto de esos impuestos cuando se importan bienes, y se restan las devoluciones de dichos impuestos cuando se exportan bienes. Esta subpartida se divide a su vez en los epígrafes 5111, impuestos sobre el valor agregado; 5112, impuestos sobre las ventas; y 5113, otros impuestos generales sobre los ingresos brutos y sobre bienes y servicios.

60. Suelen plantearse dificultades de delimitación entre esta subpartida y la dedicada a los impuestos sobre bienes y servicios específicos (5120) cuando los impuestos se aplican a un gran número de bienes, como, por ejemplo, en el caso del impuesto sobre las compras del Reino Unido (abolido en 1973) o el impuesto sobre mercancías de Japón (abolido en 1988). De acuerdo con las respectivas perspectivas nacionales, el antiguo impuesto sobre las compras británico se ha clasificado como impuesto general (5112), mientras el desaparecido impuesto sobre mercancías japonés se ha incluido entre los impuestos selectivos (5121).

5111 – Impuestos sobre el valor agregado

61. Todos los impuestos generales al consumo cargados sobre el valor agregado entran dentro de este epígrafe, independientemente del método de deducción y de las etapas en las que recaiga el impuesto. En la práctica, todos los países de la OCDE con este tipo de impuestos permiten que todos los intermediarios, excepto el consumidor final, se deduzcan inmediatamente los impuestos sobre las compras e imponen tributación en todas las etapas. Para algunos países, puede que se incluyan en este epígrafe otros impuestos, tales como los aplicados sobre actividades financieras y de seguros, o bien porque las entradas que generan no pueden identificarse separadamente de las procedentes del impuesto sobre el valor agregado, o bien porque se considera que forman parte de este último, aunque esos mismos impuestos puedan clasificarse diferentemente en terceros países (p. ej., como impuestos sobre servicios específicos (5126) o impuestos sobre transacciones financieras y de capital (4400).

5112 – Impuestos sobre las ventas

62. Se clasifican aquí todos los impuestos generales aplicados a una sola etapa, ya sea en la fabricación/producción, o en la venta al por mayor o al por menor.

5113 – Otros impuestos generales sobre los ingresos brutos y sobre bienes y servicios

63. Estos son impuestos acumulativos de etapas múltiples e impuestos en los que el impuesto al consumo se combina con otros impuestos multifásicos. Estos impuestos se aplican cada vez que se realiza una transacción sin deducción del valor de los impuestos pagados sobre los insumos. Los impuestos multifásicos pueden combinarse con elementos de los impuestos sobre el valor agregado o sobre las ventas.

5120 – Impuestos sobre bienes y servicios específicos

64. Se incluyen en esta subpartida los impuestos selectivos, las utilidades generadas y transferidas por los monopolios fiscales, y los derechos de aduana y otros derechos de importación, así como los impuestos sobre las exportaciones, las transacciones de divisas, los bienes de inversión y las apuestas, y los impuestos especiales sobre los servicios que no formen parte de uno de los impuestos generales de la subpartida 5110.

5121 – Impuestos selectivos

65. Los impuestos selectivos gravan la unidad de un producto específico de una gama predefinida y limitada de bienes. Los impuestos generalmente se aplican a tasas diferenciadas sobre bienes no esenciales o de lujo, bebidas alcohólicas, tabaco y la energía. Los selectivos pueden imponerse en cualquier etapa de la producción o distribución y generalmente se aplican como un cargo específico por unidad en función de las características del bien con referencia al valor, peso, intensidad o cantidad del producto. Se incluyen impuestos especiales sobre productos como el azúcar, la remolacha azucarera, fósforos y chocolates; e impuestos que gravan a tasas variables una cierta gama de bienes; e impuestos aplicados a los productos de tabaco, bebidas alcohólicas, combustibles para motores e hidrocarburos. Si un impuesto recaudado principalmente sobre bienes importados también se aplica, o se aplicaría, bajo la misma ley a bienes comparables de producción nacional, entonces los ingresos de este impuesto se clasifican como impuestos selectivos más que de derechos de importación. Este principio se aplica incluso si no hay producción nacional comparable o no hay posibilidad de tal producción. Los impuestos sobre el uso de servicios como agua, electricidad, gas y energía se consideran como impuestos selectivos más que impuestos sobre servicios específicos (5126). Los selectivos no incluyen los gravámenes que se aplican como impuestos generales sobre bienes y servicios (5110); beneficios de los monopolios fiscales (5122); derechos de aduana y otros derechos de importación (5123); o impuestos a las exportaciones (5124).

5122 – Utilidades de los monopolios fiscales

66. Este epígrafe comprende la parte de las utilidades de los monopolios fiscales transferida al gobierno general o usada para financiar gastos considerados como gastos del gobierno (véase el § 24). Las cantidades implicadas se registran cuando se transfieren al gobierno general o cuando se usan para gastos considerados como gastos del gobierno.

67. Los monopolios fiscales reflejan el ejercicio del poder tributario del gobierno mediante el uso de prerrogativas monopolísticas. Se trata de empresas públicas no financieras que ejercen un monopolio, en la mayoría de los casos sobre la producción o la distribución de tabaco, bebidas alcohólicas, sal, fósforos, cartas de juego, productos derivados del petróleo y productos agrícolas (es decir, sobre el tipo de productos susceptibles de estar sometidos, alternativa o adicionalmente, a los impuestos selectivos del epígrafe 5121), con el fin de recaudar ingresos para el gobierno que en otros países se obtienen gravando las operaciones que sobre dichos bienes efectúan las unidades empresariales privadas. El monopolio del gobierno puede intervenir en la etapa de producción o, en el caso de los establecimientos de licores propiedad del gobierno o bajo control de éste, en la etapa de distribución.

68. Cabe distinguir los monopolios fiscales de los servicios públicos, tales como el transporte ferroviario, la electricidad, los servicios de correos y otras comunicaciones, que pueden gozar también de una posición monopolística o cuasi-monopolística, pero cuyo fin primero suele ser la prestación de servicios básicos y no la obtención de ingresos para el gobierno; las transferencias de esas otras empresas públicas al gobierno se consideran ingresos no tributarios. Generalmente, el concepto tradicional de monopolio fiscal no abarca a las loterías estatales, cuyas utilidades usualmente se consideran, en consecuencia, ingresos no tributarios. No obstante, se pueden considerar como ingresos tributarios si su función principal es la de recaudar para financiar gasto gubernamental. Las utilidades de los monopolios fiscales se han separado de las de los monopolios de importación y exportación (5127) transferidas de juntas de comercialización u otras empresas dedicadas al comercio internacional.

5123 – Derechos de aduana y otros derechos de importación

69. Se incluyen aquí los impuestos, derechos de timbre y sobrecargas limitados por ley a los productos importados, así como los gravámenes sobre los productos agrícolas importados impuestos en

los países miembros de la Unión Europea y las cantidades satisfechas por algunos de esos países a tenor del sistema de montantes compensatorios monetarios (MCM).[17] Los derechos de aduana recaudados por los Estados miembros de la Unión Europea en nombre de ésta ya se registran en este epígrafe a nivel de autoridad supranacional en los cuadros de países (Capítulo 4 de la publicación Revenue Statistics de la OCDE). Quedan excluidos aquí los impuestos recaudados de las importaciones como parte de un impuesto general sobre los bienes y servicios, así como los impuestos selectivos aplicables tanto a bienes importados como a bienes de producción nacional.

5124 – Impuestos sobre las exportaciones

70. En los años 1970, los derechos de exportación se aplicaban en Australia, Canadá y Portugal como una medida de carácter regular, y en Finlandia se han utilizado con fines contracíclicos. Algunos países miembros de la Unión Europea pagan un gravamen sobre las exportaciones, en el marco del sistema MCM (véase la nota §16 - § 69). Cuando las cantidades recaudadas son identificables, se integran en este epígrafe, que no incluye, sin embargo, las devoluciones de impuestos generales al consumo, de impuestos selectivos o de derechos de aduana sobre los bienes exportados, que se deducirán de las entradas brutas de 5110, 5121 o 5123, según corresponda.

5125 – Impuestos sobre los bienes de inversión

71. Este epígrafe cubre los impuestos sobre los bienes de inversión, tales como la maquinaria. Estos impuestos pueden cargarse por un cierto número de años o temporalmente con fines contracíclicos. No se incluyen aquí aquellos impuestos sobre los insumos industriales que recaen también en los consumidores (p. ej., el impuesto sobre la energía en Suecia, que se clasifica en 5121).

5126 – Impuestos sobre servicios específicos

72. Todos los impuestos sobre el pago por servicios específicos, tales como los impuestos sobre las primas de seguro, los servicios bancarios, los juegos de azar y las apuestas (p. ej., carreras de caballos, quinielas de fútbol, lotería), el transporte, las actividades recreativas o de ocio, los restaurantes y la publicidad, entran dentro de este epígrafe. También se clasifican en esta partida los impuestos sobre la entrada en casinos, carreras u otras manifestaciones o espacios similares, así como los impuestos de timbre sobre servicios específicos. También se clasifican aquí los impuestos sobre el ingreso bruto de las empresas que prestan un servicio específico (p. ej., transporte, como los impuestos de aeropuerto y otros impuestos de pasajeros; seguros; actividad bancaria; actividades recreativas o de ocio; restaurantes y publicidad).

73. Los ingresos tributarios procedentes de gravámenes bancarios y pagos a sistemas de seguro de depósitos y de estabilidad financiera se han incluido también en este epígrafe

- Los pagos obligatorios de tasas de estabilidad, gravámenes bancarios y primas de seguro de depósitos se tratarán por lo general como ingresos tributarios cuando se abonen al gobierno general o una autoridad supranacional y se asignen a los fondos consolidados o generales de este, de forma que el gobierno pueda utilizar libre e inmediatamente el dinero para los fines que elija. Este principio se aplicará independientemente de que el gobierno prometa revertir esos pagos para garantizar los depósitos de los clientes de los bancos en caso de necesidad futura.
- Si los pagos obligatorios se abonan al gobierno general y se destinan a fondos afectados exclusivamente a volver al sector de la economía que engloba a las sociedades sujetas a dichos pagos, éstos seguirán considerándose ingresos tributarios dado que los fondos estarán disponibles para el gobierno y podrán reducir su déficit presupuestario, que la tasa no conlleva contraprestación para una entidad individual y que las cantidades recaudadas no tienen relación

con cualquier pago posterior a los depositantes o cualquier gasto realizado como medio de respaldo más amplio al sector financiero.

- Se clasificarán como tasa por servicio los pagos que deban aportarse a sistemas permanentes más reducidos para garantizar los depósitos de "particulares" cuando los niveles de pago concuerden con el coste del seguro.
- También se clasificarán como tasa por servicio, y no como ingreso tributario, los pagos que impliquen que el gobierno ejecute los activos de una institución en quiebra o tenga un derecho prioritario sobre la liquidación de activos de esta con objeto de financiar los pagos de compensación a los clientes por la pérdida de sus depósitos.
- Los pagos obligatorios a fondos gestionados fuera del sector público y a instituciones no estatales apoyadas por depositantes, así como todos los pagos a planes voluntarios, no deben tratarse como ingresos tributarios.
- También se incluyen aquí las contribuciones al Fondo de Resolución Única de la UE, que se atribuyen a la autoridad supranacional en los cuadros de los países.

74. Se excluyen de este epígrafe:

a) los impuestos sobre servicios que formen parte de un impuesto general sobre los bienes y servicios (5110);

b) los impuestos sobre la electricidad, el gas y la energía (5121, impuestos selectivos);

c) los impuestos sobre las ganancias de las personas físicas en los juegos de azar (1120, impuestos sobre las ganancias de capital de las personas físicas o de las empresas no constituidas en sociedad) y los impuestos fijos sobre la transferencia de loterías privadas o sobre el permiso para crear loterías (5200);[18]

d) los impuestos sobre los cheques y sobre la emisión, transmisión o compra y venta de valores (4400, impuestos sobre transacciones financieras y de capital);

e) impuestos generales sobre los ingresos brutos (5113).

5127 – Otros impuestos sobre el comercio y las transacciones internacionales

75. Este epígrafe abarca los ingresos percibidos por el gobierno por la compra y la venta de divisas a diferentes tipos de cambio. Cuando el gobierno ejerce poderes monopolísticos para obtener un margen entre los precios de compra y de venta de divisas superior al que sería necesario para cubrir los costos administrativos, el ingreso generado constituye un gravamen obligatorio impuesto en proporciones indeterminadas tanto sobre el comprador como sobre el vendedor de divisas. Es un equivalente común de los derechos de importación y exportación cargados en un sistema con tipo de cambio único o de un impuesto sobre la compraventa de divisas. Al igual que las utilidades de los monopolios fiscales o de los monopolios de importación y exportación transferidas al gobierno, representa el ejercicio de las prerrogativas monopolísticas con fines fiscales y, por lo tanto, se incluye en los ingresos tributarios.

76. El epígrafe engloba asimismo las utilidades de los monopolios de importación y exportación, que, sin embargo, son inexistentes en los países de la OCDE; los impuestos sobre la compraventa de divisas; y cualesquiera otros impuestos que recaigan sobre el comercio o las transacciones internacionales.

5128 – Otros impuestos sobre bienes y servicios específicos

77. Este epígrafe incluye los impuestos sobre la extracción de minerales, combustibles fósiles y otros recursos agotables de yacimientos de propiedad privada o de otro nivel de gobierno, así como cualesquiera otras entradas no clasificables procedentes de impuestos sobre bienes y servicios específicos. Los impuestos sobre la extracción de recursos agotables suelen traducirse en un importe fijo por cantidad o peso, pero también pueden adoptar un valor porcentual. Los impuestos se registran en el

momento de extracción de los recursos. Los pagos por extracción de recursos agotables de yacimientos propiedad de la unidad de gobierno que recibe el pago se clasifican como alquiler.

5200 – Impuestos sobre el uso de bienes y sobre el permiso para usar bienes o realizar actividades

78. Esta partida incluye los impuestos aplicados al uso de bienes a diferencia de los impuestos sobre los propios bienes. Al contrario que los impuestos de este último tipo (registrados en la partida 5100), los impuestos considerados aquí no se basan en el valor de los bienes, sino que suelen revestir la forma de importes fijos. Los impuestos sobre el permiso para usar bienes o realizar actividades entran asimismo en esta partida, como, por ejemplo, los impuestos sobre la contaminación que no se basan en el valor de bienes particulares. En ocasiones, resulta complejo distinguir entre cargos obligatorios a los usuarios y tasas de licencia que se consideran como impuestos y aquellos que quedan excluidos por reputarse como ingresos no tributarios; los criterios de deslinde empleados se explican en los § 12 y §13.

79. Aunque el título de esta partida menciona el "uso" de bienes, es posible que sea el registro de la propiedad, y no el uso, lo que dé lugar a la obligación tributaria, y que los impuestos contenidos aquí se apliquen más al hecho de ser titular de ciertos animales o bienes (p. ej., caballos de carreras, perros y vehículos automotores) que al uso que se hace de ellos, o que recaigan incluso en bienes inutilizables (p. ej., vehículos automotores o armas inservibles).

80. Se plantean casos de difícil delimitación con respecto a:

a) los impuestos sobre el permiso para realizar actividades empresariales que parten de una base combinada de renta, nómina o volumen de ventas, que se clasifican de acuerdo con las normas del §84;

b) los impuestos sobre la propiedad o el uso de la propiedad de las partidas 4100, 4200 y 4600; la partida 4100 se dedica exclusivamente a los impuestos sobre la titularidad o la posesión de bienes inmuebles y, a diferencia de los impuestos de la partida 5200, recaen siempre sobre el valor de la propiedad; los impuestos sobre la riqueza neta (4200) y otros impuestos recurrentes sobre la propiedad (4600) se circunscriben al hecho de ser titular de propiedades, y no al uso de activos; se aplican a grupos de activos, y no a bienes particulares; y están en todo caso relacionados con el valor de los activos en cuestión.

5210 – Impuestos recurrentes sobre el uso de bienes y sobre el permiso para usar bienes o realizar actividades

81. La principal característica de los impuestos consignados aquí es que se recaudan a intervalos regulares y se cobran por lo general según una cantidad fija. En términos de ingresos, el elemento más importante está constituido por los impuestos por licencia de vehículos, aunque también integran esta subpartida los impuestos sobre los permisos de caza, pesca o tiro o sobre la venta de ciertos productos, así como los impuestos sobre la propiedad de animales domésticos, impuestos de radiodifusión y tasas sobre la prestación de ciertos servicios siempre que estos reúnan los criterios establecidos en los § 12 y §13. Los epígrafes en que se divide la partida 5210 son:

- impuestos de uso sobre vehículos automotores pagados por los hogares (5211);
- impuestos sobre vehículos automotores abonados por otros (5212); y
- otros impuestos recurrentes (5213). Esta subpartida abarca las licencias comerciales y profesionales pagadas por las empresas para obtener una licencia para desarrollar un determinado tipo de negocio o profesión cuando los gravámenes se imponen de forma recurrente. Se incluyen licencias como las licencias de taxi o de casinos. También se incluyen las licencias de perros y las licencias generales periódicas de caza, pesca y tiro cuando el derecho a emprender

esas actividades no se otorga como parte de una transacción comercial normal. Las tasas de servicios de radiodifusión se incluyen cuando quien realiza su pago no puede optar por no pagar por la radiodifusión pública si no desea ver o escuchar servicios de radiodifusión públicos (por ejemplo, declarando que no consume servicios de radiodifusión pública). Las exenciones específicas (por ejemplo, para las personas mayores) no modifican el carácter obligatorio del pago.

82. Se excluyen de la subpartida 5213:

a) las licencias cuando el derecho a emprender esas actividades se otorga como parte de una transacción comercial normal (p. ej., la concesión de la licencia va acompañada del derecho a usar una zona específica que es propiedad pública);

b) los pagos relativos a los controles efectuados por el gobierno para comprobar la idoneidad y/o la seguridad de los establecimientos o equipos comerciales o la calidad o normalización de los bienes o servicios producidos como condición para la concesión de dicha licencia. Dichos pagos no son unilaterales y deben tratarse como pagos por los servicios prestados, salvo que los importes cobrados por las licencias sean desproporcionados con relación a los gastos de los referidos controles efectuados por el gobierno.

c) las tasas de servicios de radiodifusión si los usuarios pueden optar por no pagar las tasas de radiodifusión en caso de que no deseen consumir estos servicios, sin que ello afecte la capacidad de consumir servicios de radiodifusión privados.

d) 5220 – Impuestos no recurrentes sobre el uso de bienes y sobre el permiso para usar bienes o realizar actividades

83. Se incluyen aquí los impuestos no recurrentes aplicados sobre el uso de bienes y sobre el permiso para utilizar bienes o realizar actividades, así como los impuestos aplicados cada vez que se utilizan los bienes.

- Entran en esta subpartida los impuestos sobre la emisión o liberación en el medio ambiente de gases y líquidos nocivos y otras sustancias peligrosas. Los pagos por permisos negociables de emisión expedidos por los gobiernos en el marco de programas de límites máximos y comercio de emisiones deberán registrarse aquí en la fecha en que se produzcan las emisiones. No se computarán ingresos por los permisos que los gobiernos expidan a título gratuito. El registro según el criterio de devengo implica que habrá una diferencia temporal entre el momento en que el gobierno reciba el pago por los permisos y el momento en que se produzca la emisión. En las cuentas nacionales, esta diferencia genera un pasivo para el gobierno durante ese periodo.
- Se excluirán los pagos efectuados por la recogida y eliminación de desechos o sustancias nocivas por parte de los poderes públicos, ya que constituyen una venta de servicios a las empresas.

84. También se incluyen aquí otros impuestos que entren dentro del ámbito de aplicación de la partida 5200 y que no se recauden recurrentemente. Por lo tanto, quedarán comprendidos los pagos únicos por permisos para la venta de alcohol o tabaco o para la creación de centros de apuestas, siempre que cumplan los criterios de los § 12 -13.

6000 – Otros impuestos

85. Esta categoría recoge los impuestos que reposan en una o varias bases diferentes de las descritas en las categorías 1000, 3000, 4000 y 5000, o en bases que no puedan considerarse relacionadas a ninguna de estas categorías, se incluyen aquí. Los impuestos de base múltiple, y si es posible estimar las entradas relacionadas con cada base las cantidades desglosadas se repartirán en las correspondientes categorías de acuerdo a su base. Si no pueden calcularse los valores por separado y se sabe que la mayoría de las entradas proceden de una base determinada, el total de estas se atribuirán de acuerdo con dicha base. En caso contrario, las entradas se clasificarán aquí. Otros ingresos incluidos

aquí son los impuestos presuntos no incluidos en el sistema de clasificación, los impuestos a las personas en forma de impuesto de capitación, impuestos de sellos no relacionados con las transacciones financieras y de capital que no pertenecen exclusivamente a una sola categoría de transacción, impuestos a los gastos donde se aplican deducciones o exenciones personales y recibos de impuestos no identificables. Esta categoría se subdivide entre los impuestos pagados completa o principalmente por las empresas (6100) y los abonados por otros sujetos pasivos (6200).

A.6. Conciliación con las cuentas nacionales

86. Esta sección de los cuadros reconcilia el cálculo de la recaudación tributaria total realizado por la OCDE y el total de todos los impuestos y contribuciones sociales pagados al gobierno general tal y como figuran en el registro de las cuentas nacionales de cada país. Cuando el país es miembro de la Unión Europea (UE), la comparación se establece entre el cálculo de la recaudación tributaria total realizado por la OCDE y la suma de los ingresos tributarios y contribuciones sociales registrado en la combinación del gobierno general y de las instituciones de los sectores de la UE de las cuentas nacionales.

A.7. Partida informativa sobre el financiamiento de las prestaciones sociales

87. A la vista de la variedad de relaciones entre la tributación y las contribuciones a la seguridad social y de los casos mencionados en los § 40 al §46, se ha previsto una partida informativa que recopile todos los pagos asignados a las prestaciones tipo de la seguridad social, aparte de los pagos voluntarios al sector privado. Los datos se presentan de la forma siguiente (véase el Cuadro 5.38 de este Reporte):

- *a)* Impuestos de la categoría 2000.
- *b)* Impuestos asignados a las prestaciones de la seguridad social.
- *c)* Contribuciones voluntarias al gobierno.
- *d)* Contribuciones obligatorias al sector privado.

Los § 40 al §46 ofrecen las debidas orientaciones para efectuar el desglose entre las rúbricas (a) a (d).

A.8. Partida informativa sobre impuestos identificables pagados por el gobierno

88. Los impuestos identificables realmente pagados por el gobierno se presentan en una partida informativa, desglosados según las principales categorías de la clasificación de impuestos de la OCDE. En la vasta mayoría de los países, sólo pueden identificarse las contribuciones a la seguridad social y los impuestos sobre la nómina satisfechos por el gobierno, que, sin embargo, suelen ser los gravámenes más importantes liquidados por los gobiernos (véase el Cuadro 5.39 de este Reporte).

A.9. Relación de la clasificación de impuestos de la OCDE con el Sistema de Cuentas Nacionales

89. El Sistema de Cuentas Nacionales (SCN) pretende proporcionar un marco coherente para registrar y presentar los principales flujos relacionados con la producción, el consumo, la acumulación y las transacciones con el exterior de una determinada zona económica, por lo general, un país o una región destacada de un país, y, en este sentido, los ingresos del gobierno constituyen una importante parte de las transacciones registradas en todo sistema de cuentas nacionales. En agosto de 2009, la versión final del SCN 2008 se publicó conjuntamente por cinco organizaciones internacionales: la Organización de las Naciones Unidas, el Fondo Monetario Internacional, la Unión Europea, la Organización para la Cooperación y el Desarrollo Económicos, y el Banco Mundial. La publicación está diseñada para ser

empleada en países con economías de mercado, sea cual sea su estadio de desarrollo económico, así como en países en transición hacia economías de mercado. Las principales partes del marco conceptual y las definiciones de los diversos sectores económicos del SCN se han plasmado en la clasificación de impuestos de la OCDE.

90. Sin embargo, existen ciertas diferencias, reseñadas seguidamente, entre la clasificación de impuestos de la OCDE y los conceptos del SCN, debidas a que la finalidad de la clasificación de la OCDE consiste en lograr la máxima desagregación posible de los datos estadísticos en relación con lo que, por lo general, las Administraciones tributarias consideran como impuestos. Y así:

a) la OCDE incluye las contribuciones a la seguridad social obligatorias, pagadas al gobierno general en la recaudación tributaria total. No se consideran como impuestos las contribuciones imputadas y voluntarias, además de aquellas pagadas a fondos privados (véanse los §9 y §11 supra.);

b) los puntos de vista sobre la calificación de algunos gravámenes y tasas como impuestos son diferentes (§12 y §13 supra.);

c) la OCDE excluye los impuestos imputados o los subsidios procedentes de la aplicación de múltiples tipos de cambio oficiales, o del pago de una tasa diferente a otras del mercado sobre reservas requeridas que pueda hacer el banco central;

d) los créditos fiscales exigibles se tratan de forma diferente.

91. Tal y como se ha apuntado en los §1 y §2, las categorías 1000 a 6000 de la lista de impuestos de la OCDE cubren todos los pagos sin contraprestación al gobierno general o una autoridad supranacional, aparte de las multas y los préstamos obligatorios. Esos pagos sin contraprestación, incluidas las multas pero excluidos los préstamos obligatorios, pueden obtenerse añadiendo los siguientes valores del SCN 2008:

- impuestos sobre el valor agregado (D211);
- impuestos y derechos sobre las importaciones, IVA no incluido (D212);
- impuestos sobre las exportaciones (D213);
- impuestos sobre los productos, IVA e impuestos sobre las importaciones y exportaciones no incluidos (D214);
- otros impuestos sobre la producción (D29);
- impuestos sobre la renta (D51);
- otros impuestos corrientes (D59);
- las contribuciones efectivas a la seguridad social (D.611 y D1613), con exclusión de las contribuciones voluntarias y los pagos a planes de seguro social relacionados con el empleo que no sean planes de seguridad social;
- impuestos sobre el capital (D91).

A10. Relación de la clasificación de impuestos de la OCDE con el sistema de estadísticas de finanzas públicas del Fondo Monetario Internacional

92. La cobertura y la valoración de los ingresos tributarios en el sistema de estadísticas de finanzas públicas (EFP) y en el SCN 2008 son muy similares. Por lo tanto, a excepción del tratamiento dado a los créditos fiscales exigibles, las diferencias entre la clasificación de la OCDE y la del SCN 2008 (véase el §90 supra.) son de aplicación igualmente al sistema de EFP. Además, el Fondo Monetario Internacional (FMI) escinde la categoría única 5000 de la OCDE en dos categorías distintas dedicadas a los impuestos nacionales sobre bienes y servicios (114) y a los impuestos sobre el comercio y las transacciones

internacionales (115). Esto refleja el hecho de que, mientras estos últimos impuestos suelen generar insignificantes cantidades de ingresos en la zona de la OCDE, ese no es el caso en la mayoría de los países no pertenecientes a la Organización.

A.11. Comparación de la clasificación de impuestos de la OCDE con otras clasificaciones internacionales

93. El cuadro siguiente recoge una comparación ítem por ítem entre la clasificación de impuestos de la OCDE y las clasificaciones empleadas en:

a) el Sistema de Cuentas Nacionales (SCN 2008);

b) el Sistema Europeo de Cuentas (SEC 2010);

c) el Manual de estadísticas de finanzas públicas del FMI (MEFP 2014).

94. Estas comparaciones representan equivalencias que podrán aplicarse en la mayoría de los casos. Con todo, deberán emplearse con cierta flexibilidad, ya que, en casos particulares, los países pueden adoptar enfoques diferentes para la clasificación de los ingresos en las cuentas nacionales.

			Clasificación de la OCDE	SCN 2008	SEC 2010	MEFP 2014
1000			Impuestos sobre los ingresos, utilidades y ganancias de capital			
	1100		Personas			
		1110	Ingresos y utilidades	D51-8.61a	D51A	1111
		1120	Ganancias de capital	D51-8.61c, d	D51C, D	1111
	1200		Corporaciones			
		1210	Ingresos y ganancias	D51-8.61b	D51B	1112
		1220	Ganancias de capital	D51-8.61c	D51C	1112
	1300		No clasificables entre 1100 y 1200			1113
2000			Contribuciones a la seguridad social			
	2100		Empleados	D613-8.85	D613	1211
	2200		Empleadores	D611-8.83	D611	1212
	2300		Auto-empleados y no empleados	D613-8.85	D613	1213
	2400		No asignables entre 2100, 2200 y 2300			1214
3000			Impuestos sobre la nómina y fuerza de trabajo	D29-7.97a	D29C	112
4000			Impuestos sobre la propiedad			
	4100		Impuestos recurrentes sobre la propiedad			
		4110	Hogares	D59-8.63a	D59A	1131
		4120	Otro	D29-7.97b	D29A	1131
	4200		Impuestos recurrentes sobre la riqueza neta			
		4210	Hogares	D59-8.63b	D59A	1132
		4220	Corporaciones	D59-8.63b	D59A	1132
	4300		Impuestos sobre sucesiones, herencias y			
		4310	Impuestos sobre sucesiones y	D91-10.207b	D91A	1133
		4320	Impuestos sobre donaciones	D91-10.207b	D91A	1133
	4400		Impuestos sobre transacciones financieras y de capital	D59-7.96d; D29-7.97e	D214B, C	114114; 1161
	4500		Otros impuestos no recurrentes sobre la	D91-10.207a	D91B	1135
	4600		Otros impuestos recurrentes sobre la	D59-8.63c	D59A	1136

5000			Impuestos sobre los bienes y servicios			
	5100		Impuestos sobre la producción, venta y transmisión de bienes y prestación de servicios			
		5110	Impuestos generales sobre bienes y servicios			
		5111	Impuestos sobre el valor agregado	D211-7.89	D211; D29G	11411
		5112	Impuestos sobre las ventas	D2122-7.94a;	D21224; D214I	11412
		5113	Otros impuestos generales sobre los ingresos brutos y sobre bienes y servicios	D214-7.96a	D214I	11413
		5120	Impuestos sobre bienes y servicios específicos			
		5121	Impuestos selectivos	D2122-7.94b; D214-7.96b	D21223; D214A, B, D	1142
		5122	Utilidades de los monopolios fiscales	D214-7.96e	D214J	1143
		5123	Derechos de aduanas y otros derechos de importación	D2121-7.93	D2121; D21221, 2	1151
		5124	Sobre las exportaciones	D213-7.95a	D214K	1152-4
		5125	Sobre los bienes de inversión			
		5126	Sobre servicios específicos	D2122-7.94c; D214-7.96c	D21225; D214E, F, G, H; D29F	1144; 1156
		5127	Otros impuestos sobre el comercio y las transacciones internacionales	D2122-7.94d D29-7.95b	D21226; D29D; D59E	1153; 1155-6
		5128	Otros impuestos sobre bienes y servicios específicos			1146
		5130	No clasificables entre 5110 y 5120			
	5200		Impuestos sobre el uso de bienes y sobre el permiso para usar bienes y realizar actividades			
		5210	Impuestos recurrentes			
		5211	Sobre vehículos automotores: hogares	D59-8.64c	D59D	11451
		5212	Sobre vehículos automotores: otros	D29-7.97d	D214D; D29B	11451

		5213	Otros impuestos recurrentes en el uso de bienes y en el permiso para el uso de bienes y la realización de actividades	D29-7.97c, d, f D59-8.64c	D29B, E, F; D59D	11452
		5220	Impuestos no recurrentes sobre el permiso para el uso de bienes o la realización de actividades			11452
	5300		No clasificables entre 5100 y 5200			
6000			Otros impuestos			
	6100		Pagados únicamente por empresas			1161
	6200		Pagados por otros distintos de las empresas o no identificables	D59-8.64a, b	D59B, C	1162

A.12. Atribución de ingresos tributarios por subsectores del gobierno general

95. La clasificación de la OCDE requiere un desglose de los ingresos tributarios por subsectores del gobierno general. Seguidamente, se establecen la definición de cada subsector y los criterios que deben emplearse para atribuir los ingresos tributarios entre ellos, que siguen las orientaciones del SCN 2008 y del MEFP 2014.

Identificación de los subsectores del gobierno general

a) Gobierno central

96. El subsector del gobierno central incluye todos los departamentos, oficinas y establecimientos del gobierno, así como otros órganos que constituyen organismos o instrumentos de la autoridad central, cuya competencia se extiende a todo el territorio, con excepción de la administración de los fondos de seguridad social. En consecuencia, el gobierno central tiene la facultad de someter a tributación a todas las unidades residentes y no residentes que emprendan actividades económicas en el país.

b) Gobierno estatal, provincial o regional

97. Este subsector está compuesto por unidades intermedias del gobierno que ejercen su competencia a un nivel inferior al del gobierno central. Incluye a todas las unidades que operan independientemente del gobierno central en una parte del territorio de un país que engloba numerosas pequeñas localidades, con la excepción de la administración de los fondos de seguridad social. En los países unitarios, puede considerarse que los gobiernos regionales tienen una existencia separada, en la que cuentan con la suficiente autonomía como para recaudar sus ingresos de fuentes bajo su control, y sus funcionarios son independientes del control administrativo externo en el ejercicio de las actividades de la unidad.

98. En la actualidad, los países federales representan la mayoría de los casos en los que los ingresos atribuidos a unidades intermedias del gobierno se identifican de forma separada. España es el único país unitario en ese caso; en el resto de los países unitarios, los ingresos regionales se computan junto con los de los gobiernos locales.

c) Gobierno local

99. Este subsector incluye todas las demás unidades del gobierno que ejercen una competencia independiente en parte del territorio de un país, con excepción de la administración de los fondos de seguridad social. Engloba varios entes urbanos o rurales (p. ej., autoridades locales, municipios, ciudades, delegaciones, distritos).

d) Fondos de seguridad social

100. Los fondos de seguridad social forman un subsector separado del gobierno general. El SCN 2008 define el subsector de la seguridad social según lo expuesto en sus párrafos 4.124 a 4.126 y 4.147, citados seguidamente:

"Los regímenes de seguridad social son sistemas de seguros sociales que cubren a la comunidad en su conjunto o a amplios sectores de la misma, y que son impuestos y controlados por unidades del gobierno. Los sistemas abarcan una gran variedad de programas, y ofrecen prestaciones en dinero o en especie por vejez, invalidez o muerte, supervivencia, enfermedad y maternidad, accidentes de trabajo, desempleo, ayudas familiares, asistencia sanitaria, etc. No existe necesariamente una relación directa entre la cuantía de la contribución pagada por un individuo y las prestaciones que este pueda recibir." (Párrafo 4.124)

"Cuando los sistemas de seguridad social se organizan por separado de las demás actividades de las unidades del gobierno, mantienen sus activos y pasivos separados de estas últimas, y realizan operaciones financieras por cuenta propia, se califican de unidades institucionales, que reciben el nombre de fondos de seguridad social." (Párrafo 4.125)

"Las cantidades recaudadas y pagadas por contribuciones y prestaciones de la seguridad social pueden modificarse deliberadamente con el fin de alcanzar determinados objetivos de la política del gobierno que no tengan relación directa con el concepto de la seguridad social como sistema destinado a ofrecer prestaciones sociales a los miembros de la comunidad. Pueden aumentarse o disminuirse, por ejemplo, con el fin de influir en el nivel de la demanda agregada de la economía. No obstante, mientras se mantengan como fondos constituidos por separado, han de ser tratados, en el SCN, como unidades institucionales diferentes." (Párrafo 4.126)

"El subsector de los fondos de seguridad social [del gobierno general] está conformado por los fondos de seguridad social que operan en todos los niveles del gobierno. Dichos fondos son sistemas de seguros sociales que cubren a la comunidad en su conjunto o a amplios sectores de la misma, y que son impuestos por unidades del gobierno." (Párrafo 4.147)

101. La clasificación de la OCDE sigue esta definición de los fondos de seguridad social con las dos siguientes excepciones, por las se excluyen:

- los sistemas impuestos por el gobierno pero administrados por órganos externos al sector del gobierno general, tal y como se ha definido en el § 3 de este manual; y
- los sistemas en los que todas las contribuciones son voluntarias.

Autoridades supranacionales

102. Este subsector engloba las operaciones de recaudación fiscal de autoridades supranacionales dentro de un país. En la práctica, la única autoridad supranacional que cabe tener en cuenta en la zona de la OCDE es la que conforman las instituciones de la Unión Europea (UE). Los ingresos tributarios recaudados por los países miembros y remitidos a la UE se incluyen en las estadísticas tributarias a nivel de autoridad supranacional. No se deben incluir los impuestos sobre la renta y las contribuciones a la seguridad social recaudados por las instituciones de la Unión Europea y pagados por funcionarios de la Unión Europea residentes en países miembros de la Unión Europea.

Criterios de atribución de los ingresos tributarios

103. Cuando un gobierno recauda impuestos y los transfiere, en todo o en parte, a otros gobiernos, es necesario determinar si esos ingresos se imputarán al gobierno recaudador que los distribuye a otros en forma de donaciones, o si se atribuirán a los gobiernos beneficiarios para los que el gobierno recaudador actúa como mero agente, recibiendo el producto de los impuestos y transfiriéndolos posteriormente. Los criterios de atribución de los ingresos se establecen en los §104–§107 siguientes, y siguen lo dispuesto en los puntos 3.70 a 3.73 del SCN 2008.

104. Por regla general, un impuesto se atribuye a la unidad de gobierno que:

a) ejerce la facultad de aplicar el impuesto (como entidad principal o a través de la autoridad delegada por la entidad principal); y

b) puede a su discreción establecer y modificar la tasa del impuesto.

105. Cuando un gobierno recauda impuestos para y en nombre de otro, y este último tiene la facultad de aplicar el impuesto y establecer y modificar su tasa impositiva, entonces el gobierno recaudador actúa como agente de este, y el impuesto se reasigna. Cualquier cantidad retenida por el gobierno recaudador como cargo por la recaudación deberá tratarse como pago por un servicio. Cualquier otra cantidad retenida por el gobierno recaudador, por ejemplo, en el marco de un arreglo de coparticipación de impuestos, deberá tratarse como una donación corriente. Si se delegó al gobierno recaudador la autoridad para establecer y modificar la tasa impositiva entonces las cantidades recaudadas deberán tratarse como ingresos tributarios de este gobierno.

106. Cuando diferentes gobiernos establecen conjuntamente y por igual la tasa de un impuesto y el uso de los recursos, sin que ninguno de ellos tenga la autoridad final y exclusiva, entonces los ingresos tributarios se atribuyen a cada gobierno según la proporción de recursos que le corresponda; si el acuerdo permite a una unidad del gobierno ejercer el control final y exclusivo, entonces todos los ingresos tributarios se atribuirán a dicha unidad.

107. También puede ocurrir que un gobierno tenga la autoridad constitucional o de otra índole de aplicar un impuesto, pero que otros gobiernos establezcan individualmente la tasa de ese impuesto en sus jurisdicciones; los recursos generados por el impuesto en cuestión en la jurisdicción de cada gobierno se atribuirán como ingresos tributarios a los respectivos gobiernos.

108. Los gravámenes satisfechos por los Estados miembros de la Unión Europea (UE) revisten la forma de:

a) derechos de aduana y gravámenes sobre los bienes agrícolas (5123);

b) cuentas de compensación monetaria brutas (5123 en relación con las importaciones y 5124 en relación con las exportaciones);

c) contribuciones al Fondo de la Resolución Única (5126); y

d) gravámenes sobre el acero, el carbón, el azúcar y la leche (5128).

109. Los derechos de aduana recaudados por los Estados miembros de la UE en nombre de esta se registran de la siguiente forma:

- sobre la base de un coeficiente de recaudación bruta;
- ajustando los resultados, siempre que sea posible, de forma que esos derechos se muestren en relación con una base de "destino final", por oposición a la base de "país de primera entrada"; estos ajustes atañen particularmente a los derechos colectados en importantes puertos (marítimos); aunque los derechos de la UE se perciben por las autoridades del país de primera entrada, siempre que sea posible cabrá excluir esos derechos del ingreso del país recaudador e incluirlos en el ingreso del país de destino final.

110. Son los gravámenes específicos de la UE los que cumplen más claramente con el criterio de asignación descrito en el §102 anterior. Por consiguiente, estas cantidades se indican en notas a pie de página en los cuadros por país de los Estados miembros de la UE (en el capítulo 5) y aparecen como ingresos supranacionales en cada uno de los epígrafes fiscales identificados en el §108.

Notas

[1] Las referencias a la publicación Revenue Statistics de la OCDE en esta Guía Interpretativa, aluden a OECD (2023), *Revenue Statistics 2023*, Publicaciones de la OCDE, París.

[2] Todas las referencias al SCN deberán entenderse hechas a la edición de 2008.

[3] Véase el apartado A.12 de la presente guía para el análisis del concepto de agente.

[4] Por lo general, es posible identificar la cuantía de las contribuciones a la seguridad social y de los impuestos sobre la nómina, pero no otros impuestos asumidos por el gobierno.

[5] Sin embargo, si un gravamen considerado como ingreso no tributario en la mayoría de los países se califica de tributario –o permite recaudar sustanciales ingresos– en uno o más países, las entradas en concepto de dicho gravamen se indican en las notas que figuran al pie de los cuadros de países, pero no se incluyen en la recaudación tributaria total.

[6] Obsérvese, no obstante, que los nombres pueden dar lugar a confusión. Por ejemplo, aunque una tasa sobre los pasaportes se trataría normalmente como ingreso no tributario, si se impone un gravamen suplementario sobre los pasaportes (como en el caso de Portugal) con el fin de conseguir un ingreso sustancialmente mayor que el costo que supone proporcionar el pasaporte, dicho gravamen deberá considerarse como un impuesto sobre el uso de bienes (5200).

[7] Para una explicación más detallada de esta distinción, consúltese el estudio especial sobre cuestiones de actualidad en relación con el registro de los ingresos tributarios Current issues in reporting tax revenues, en la edición 2001 de *Revenue Statistics*.

[8] En ocasiones, se emplean asimismo los términos “no reembolsable” y “reembolsable”, pero puede parecer ilógico hablar de “reembolsable” cuando no se ha pagado nada.

[9] Con la excepción del diferente tratamiento dado a los créditos fiscales exigibles en los sistemas de imputación del impuesto sobre sociedades (§ 37 - 39).

[10] No se trata aquí de verdaderos gastos tributarios en sentido formal, ya que tales gastos requieren que se identifique un sistema tributario de referencia para cada país o, mejor si cabe, una referencia internacional común y, en la práctica, no se ha logrado acuerdo sobre esta última.

[11] A menos que se basen en la plusvalía obtenida con la venta, en cuyo caso se clasificarían como impuestos sobre las ganancias de capital, en las subpartidas 1120 o 1220.

[12] Con todo, algunos países aplican la misma legislación a ambos en impuestos particulares sobre la renta, aunque las entradas procedentes de dichos impuestos suelen ser fácilmente atribuibles a uno u otro caso y pueden, por lo tanto, consignarse en la debida partida.

[13] Por ejemplo, “[...] que son suficientemente autónomas e independientes y se comportan como si fueran sociedades [...] (incluido en el hecho de llevar) conjuntos completos de cuentas” (SCN 2008, 4.44).

14. En Canadá, país en el que se considera que rige un sistema de imputación, el crédito fiscal (no exigible) para el accionista nace en relación con el impuesto nacional sobre sociedades que se reputa haber pagado, tanto si ha surgido una obligación tributaria para la sociedad como si no. Habida cuenta de que no existe una conexión íntegra entre la obligación tributaria de la sociedad y el crédito concedido en relación con el impuesto sobre la renta en esos sistemas, los créditos por dividendos se tratan, junto con otros créditos fiscales, según lo descrito en el § 26.

15. Esto puede darse, por ejemplo, cuando ya existía un régimen para los empleados del gobierno previo a la introducción de un régimen general de seguridad social.

16. En el SCN 2008, se consideran transferencias de capital y no impuestos (véase la sección A.8.).

17. Mediante este sistema, la Unión Europea ajusta las diferencias entre los tipos de cambio empleados para determinar los precios de la política agrícola común (PAC) y los tipos de cambio reales. Los pagos realizados en este sistema pueden estar relacionados con importaciones o exportaciones y, cuando ha sido posible identificar por separado las respectivas cantidades, se han mostrado en el correspondiente epígrafe (5123 o 5124). En el presente informe, esas cantidades se han consignado en valores brutos (esto es, sin deducir ningún subsidio otorgado en el marco del sistema MCM).

18. Las transferencias de las utilidades de las loterías del Estado se consideran ingresos no tributarios (véase el § 68).

www.ingramcontent.com/pod-product-compliance
Lightning Source LLC
LaVergne TN
LVHW082034051026
849532LV00011B/3357